U0525918

汉语词汇语法耕耘集

马真 著

图书在版编目(CIP)数据

汉语词汇语法耕耘集 / 马真著. — 北京：商务印书馆，2024（2025.9 重印）
ISBN 978-7-100-23187-9

Ⅰ.①汉… Ⅱ.①马… Ⅲ.①汉语—词汇—文集 ②汉语—语法—文集 Ⅳ.①H1-53

中国国家版本馆 CIP 数据核字（2023）第 210052 号

权利保留，侵权必究。

汉语词汇语法耕耘集
马真 著

商 务 印 书 馆 出 版
（北京王府井大街36号 邮政编码100710）
商 务 印 书 馆 发 行
北京虎彩文化传播有限公司印刷
ISBN 978-7-100-23187-9

| 2024 年 1 月第 1 版 | 开本 710×1000 1/16 |
| 2025 年 9 月北京第 2 次印刷 | 印张 33½ |

定价：148.00 元

自序：语言研究的乐趣

1955年我报考北大中文系是冲着文学去的，因为觉得文学有意思。可是我们那个年代，大家思想都很单纯——一切服从组织分配，"国家的需要就是我们的志愿"是我们这一代人的普遍理念。入学开始不分专业，文学、汉语两方面的基础课都得学习。1957年第三学年开始分专业（当时叫"专门化"），一般都报文学专业，组织上动员我报汉语专业，说"你年纪轻，学语言容易"（其实汉语专业主要不是学语言）。于是我二话没说就进入了汉语专业学习。1960年毕业后留校任教，开始了从事现代汉语的教学与研究工作。在工作中我逐渐感觉到，研究文学固然有意思，研究语言也非常有意思，而且语言研究有语言研究的另一种乐趣。读者翻阅我的论集会感受到这一点。

本论集共收录我公开发表的论文39篇，大多是有关虚词研究的，少部分是关涉其他语法、修辞研究以及汉语二语教学的。其中《先秦复音词初探》，是我所发表的第一篇有分量的学术论文。我是从事现代汉语教学与研究的，怎么会发表谈论古汉语词汇的文章呢？在教"现代汉语"课的时候，常说"古汉语词汇以单音节为主，现代汉语词汇以双音节为主"。课堂上老这么说，可是我心里没有底：在古代汉语里双音节词的情况是怎么样的呢？有多少双音节词？具体有些什么样的双音节词？构词方式和现代汉语是否相同？我有点儿好奇，就想去探究一下。从1977年我就搜集资料，开始着手研究。《先秦复音词初探》正是我探究的成果。先在1980年"中文系'五四'科学讨论会"上报告，后经王力先生审阅，在《北京大学学报》上分两期发表。

可是20世纪80年代初，中文系领导的一个决定让我无法继续研究下去。当时系领导要我为汉语专业高年级开设"现代汉语虚词研究"专题课，同时要为中文系外国留学生本科高年级学生开设"现代汉语虚词"专题课。这是全新的课。为了能获得较好的教学效果，我大量阅读有关虚词的论著、教材和辞书。在阅读过程中，既学习吸收了前人有关虚词研究的成果，同时也让我发现了某些虚词研究方面的分歧意见和存在的问题。我想，我上课不能只是将前人的虚词研究成果和分歧意见摆出来介绍一下就完事，总得说说自己的看法与意见。这就逼着我对现代汉语里一些常用的虚词逐个认真研究。这样，我的研究就转向了现代汉语虚词研究。

我们知道，科学研究贵在探索与创新。通过研究我还真有一些新的发现。当我在研究中发现新的语言事实，或发现某种新的语言规律的时候；当我用翔实的语言事实、严密的逻辑推理，修正甚至完全纠正前人的某种说法的时候；当我提出一种新的更有解释力的分析理论和方法的时候，哪怕我的研究从整体看是非常微小的，但对我个人来说就会产生一种辛勤劳动后丰收的喜悦，就会觉得语言研究其乐无穷。

在研究中我们一定要做一个有心人——时时有意识地注意从书本上、从现实的语言生活中去发现问题。而发现问题后，不要放过，要用心去思考，去分析研究，寻求满意的答案。如此有心用心，坚持下去，我们就会不断增强自己的研究能力，不断提高自己的研究素养，久而久之，对我们来说，语言研究就不仅是一种责任（为教学，为语言学事业的发展），而且也是一种乐趣了。而探索的乐趣会促使我们不断深入研究，不断解开谜团，获得带有规律性的结论。我深深体会到，科学研究靠的就是八个字：**有心用心，勤于思考**。发现问题，要靠这八个字；分析问题、解决问题，也要靠这八个字！研究的乐趣就伴随在"发现问题—分析问题—解决问题"的过程中。

目　录

虚词研究论
　　虚词研究浅论……………………………………………………（3）
　　汉语虚词研究需要继续深入……………………………………（24）

具体虚词研究
　　说"也"……………………………………………………………（43）
　　包含副词"也"的并列复句句式及其他 …………………………（55）
　　说"反而"…………………………………………………………（66）
　　关于"反而"的语法意义 …………………………………………（75）
　　副词"反而"的不同教法 …………………………………………（76）
　　关于"都/全"所总括的对象的位置 ……………………………（88）
　　程度副词在表示程度比较的句式中的分布情况考察 …………（96）
　　"很不——"补说 ………………………………………………（106）
　　说副词"有一点ㄦ" ……………………………………………（111）
　　普通话里的程度副词"很、挺、怪、老" ……………………（120）
　　关于表示程度浅的副词"还" …………………………………（129）
　　"稍微"和"多少" ………………………………………………（142）
　　修饰数量词的副词 ……………………………………………（147）

关于时间副词…………………………………………（154）
"已经"和"曾经"的语法意义…………………………（183）
关于表重复的副词"又""再""还"…………………（193）
表加强否定语气的副词"并"和"又"
　　——兼谈词语使用的语义背景…………………（207）
说副词"净"……………………………………………（218）
"才"和"就"在数量表达上所呈现的主观性的异同……（222）
"把"字句补议…………………………………………（232）
"比"字句新探…………………………………………（242）

词语释义研究

谈谈虚词释义的问题…………………………………（268）
谈谈《现代汉语词典》第5版虚词的注释……………（279）
说说目前辞书的释义…………………………………（285）
是词的意义还是格式的意义…………………………（297）

语法修辞研究

先秦复音词初探………………………………………（305）
汉语句法里的缩略现象………………………………（339）
形容词做结果补语情况考察…………………………（357）
病句、偏误句给我们的启示
　　——消极修辞研究还可另辟蹊径…………………（390）
南充话里的反复问句与"没得"和"没有"……………（405）
四川南充话与北京话语法比较………………………（419）
勤于思考
　　——研究者的基本素质……………………………（437）
比较——语言研究的基本方法………………………（451）

汉语二语教学研究
  在汉语教学中要重视词语使用的语义背景……………………（473）
  教有法，教无定法………………………………………………（494）
  双语教学最需要的是什么？……………………………………（496）
  汉语教师所需具备的最重要的素质………………………………（509）

虚词研究论

虚词研究浅论[*]

一　虚词研究的重要性

虚词研究是汉语语法研究的重要组成部分。

虚词研究的重要性，首先是由虚词在语言中的重要地位决定的。

虚词是对实词而言的。从数量上看，虚词要比实词少得多，但其重要性，从总体上说不亚于实词，就个体说大大超过实词。拿汉语来说，我们要是取消某些常用实词（如桌子、馒头、电灯、吃、走、好等），对交际当然会有所影响，但不会因此就没法说话，只是话要说得啰唆些罢了。可是如取消了"的、了、把、不、也、呢"这些虚词，那影响可就大了，可能因此就无法用汉语进行正常交际。下面几个实例可以让我们进一步体会到虚词在语言中的重要作用：

（1）我把他叫来了。

（2）他买的苹果不好。

（3）社会主义才能救中国。

例（1）去掉"把"，这话的意思就不大能用别的话来表达。要是将"把"换成"被"，意思就大不相同。例（2）如去掉"的"，意思也就完全变了。原是说那苹果不好，去掉了"的"，变成他买苹果那件事不好了。例（3）有"才"没有"才"，影响到"社会主义"跟"救中国"之间的关系。没有"才"，只是说社会主义有救中国的可

---

[*] 本文与陆俭明合写。

能；有了"才"，"社会主义"便成了救中国的唯一条件。上面提到的"把""的""才"都是虚词。

　　虚词在各种语言里都占极重要的地位，而在汉语中尤其显得重要。汉语就其语法来说是属于分析型的，它"缺少严格意义的形态变化"。① 汉语既没有俄、法、英诸语言里那种形态标志和屈折变化，也没有日、朝、蒙、土耳其诸语言里那种黏附形式。这样，汉语的虚词就要担负更为繁重的语法任务，起着更为重要的语法作用。因此，要学习、研究汉语语法，就不能不重视对汉语虚词的学习和研究。

　　汉语的实际运用情况也说明需要加强对虚词的研究。

　　我们知道，在一般写作中，常常出现这样那样的病句，而由于虚词运用不当所造成的病句（包括不该用某个虚词而用了、该用某个虚词而没有用、该用某个虚词但放得不是地方、该用这个虚词而用了那个虚词、句子里共现虚词不相配，以及没有满足所用虚词的特殊要求等）总是占很大的比例。我们曾统计分析了吕叔湘、朱德熙编写的《语法修辞讲话》一书里所引的病例。该书总共引病例1112个（练习中所引病例未统计在内），这些病例涉及词汇、逻辑、语法、修辞、标点符号等各个方面。属于语法方面的病例有658个，其中虚词运用不当的达337个，占了病例总数的30.3%，占了语法方面病例总数的51.2%。《语法修辞讲话》注重语言的实际运用，偏重于"匡谬正俗"，它所引的病例大致反映了我们在语言运用中实际存在的问题。我们还曾对十三名外国留学生和两名外国进修生②的1464个有语法错误的病句作了统计、分析（这些病句是他们在一个学期所做的作文和练习中出现的），发现其中由于虚词使用不当而造成的病句竟达952个，占

---

　　① 吕叔湘：《汉语语法分析问题》，商务印书馆，1979年。
　　② 这十三名留学生的国籍分别是：罗马尼亚（1名）、伊朗（2名）、斯里兰卡（1名）、日本（3名）、阿尔巴尼亚（2名）、南斯拉夫（2名）和朝鲜（2名）。两名进修生都是法国的。

65%。上述事实说明，虚词是汉语学习中的一个难点。因此，不论是我们中国人要提高文化水平和语文修养，还是外国人要学好汉语，虚词学习都是不可忽视的重要一环。

这里必须指出的是，毛病出在学生和写作者的笔下，责任却在汉语教员，特别是语法工作者的身上。下面讲的是一件真事，它很说明问题。某院校有位外国留学生在作文中写了这么个句子："他这样做是合情合理。"老师批改时在末尾给加了个"的"字，改成"他这样做是合情合理的"，并告诉学生说：在"合情合理"前用了"是"字，那么按汉语的习惯后面就要求有个"的"与它相配，构成"是……的"格式；现在缺了这个"的"，句子就煞不住，所以要加上这个"的"字。学生记住了，于是，后来在一次作文中他写了这样一个句子："他这样做是偏听偏信的。"可是这一回老师批改时却把那个"的"字给删去了。学生看了就去问老师，为什么要删掉这个"的"字。老师说：有了这个"的"，句子就显得拖泥带水；去掉这个"的"，说成"他这样做是偏听偏信"，就很干脆、有力。学生感到茫然了，问老师："您上次不是说前面用了'是'，后面要用'的'相配吗？怎么在这个句子里前面用了'是'后面又不能用'的'了呢？"老师被问得一时答不上话来。学生这个问题也确实不大好回答。类似的例子如：

（4）a* 我下车后，中国同学热情地帮了我搬行李。

　　　b 我下车后，中国同学热情地帮我搬行李。

（5）a* 昨天你们真是帮我的大忙。

　　　b 昨天你们真是帮了我的大忙。

为什么例（4）"帮"的后面不能加"了"，而例（5）"帮"的后面又得加"了"呢？虽然我们可以举上一两条理由，但是说实在的，目前还说不清楚，因为我们对这些虚词研究得还很不够。

总之，无论从理论上说，或是从实用的角度看，虚词研究不仅是重要的，而且已经成为汉语语法研究中刻不容缓的事了。

研究虚词，一方面要力求正确把握每个虚词的意义，另一方面要注意考察每个虚词的用法。下面分别加以说明。

二　怎样把握虚词的意义

虚词表示的是抽象的语法意义，一般不易捉摸。要正确把握虚词的意义，最有效的办法是进行具体的比较、分析。举例来说，"常常"和"往往"乍一看似乎意思差不多，例如：

（1）a 北方冬季常常会有人因不注意煤气而不幸身亡。
　　　b 北方冬季往往会有人因不注意煤气而不幸身亡。
（2）a 星期天他常常去南河边钓鱼。
　　　b 星期天他往往去南河边钓鱼。
（3）a 每当跳高运动员腾空一跃起跳时，他常常会下意识地抬一下大腿。
　　　b 每当跳高运动员腾空一跃起跳时，他往往会下意识地抬一下大腿。

单就例（1）—（3）看，似乎"常常"和"往往"都表示某种情况或行为动作经常出现或发生。不少辞书正是按这种理解用"常常"去注释"往往"。[①] 如果我们对更多的实例进行一番比较分析，就会发现它们之间的区别。试比较分析下列各例：

（4）a 每逢节假日，他常常去刘庄姥姥家玩儿。
　　　b 每逢节假日，他往往去刘庄姥姥家玩儿。
（5）a 他常常去刘庄姥姥家玩儿。
　　　b*他往往去刘庄姥姥家玩儿。

[①] 参见《新华字典》《新华词典》《辞源》（修订本）。

（6）a 她很少一个人来看戏，常常跟她丈夫一起来。

　　　b 她很少一个人来看戏，往往跟她丈夫一起来。

（7）a 据说她常常来看戏。

　　　b* 据说她往往来看戏。

不难看出，能用"常常"的地方不一定都能用"往往"。从上面各例a、b两句的对比中，我们起码可以获得这样一点认识：当说明某种情况或行为动作通常只在某种条件下才会出现或发生时，方可使用"往往"，而"常常"没有这个限制。再进一步作些比较：

（8）a 每星期六晚上，只要我没事，就常常到老李家去闲聊。

　　　b 每星期六晚上，只要我没事，就往往到老李家去闲聊。

（9）a 以后，星期六晚上你要没事，请常常来这儿玩儿。

　　　b* 以后，星期六晚上你要没事，请往往来这儿玩儿。

（10）a 我外甥女放暑假后，常常要在我这儿住上十天半个月的。

　　　b 我外甥女放暑假后，往往要在我这儿住上十天半个月的。

（11）a 希望你放暑假后，常常去看看姥姥。

　　　b* 希望你放暑假后，往往去看看姥姥。

从上面各例a、b两句的对比中，我们可以进一步认识到，"往往"只用来说明根据以往的经验所总结得出的带规律性的情况，"常常"不受此限。

　　通过以上对比分析，我们大致可以较好地把握住"常常"和"往往"的语法意义。"常常"强调事情或行为动作发生的经常性和频繁性；"往往"则强调按经验，在某种条件下，情况通常是这样。细细体味，我们将会觉察到，即使像上面所举的（1）（2）（3）（4）（6）（8）（10）各例的a、b两句，也只是表面相通，其意思也并不完全相同。

　　类似的例子如"更加"和"越发"。现在通行的字典、词典上，都用"更加"来注释"越发"，给人的感觉是这两个副词的意义一样。

事实上,"更加"和"越发"虽然都能表示程度加深,但是用"越发"总与时间因素相联系,"更加"则不受此限。因此下面例句中的"更加"就不能用"越发"替换:

（12）他的精力比我更加充沛。

（13）琼斯的汉语说得比杰克更加流利些。

对"更加"和"越发"意义上的差异的认识,也是通过对具体实例的比较分析才获得的。①

再如,许多语法论著或工具书,在解释连词"否则"时,都说它是"如果不这样"的意思,其实这个解释并不很贴切。试比较:

（14）我们必须努力提高教育、科学、文化在现代化建设中的地位和作用,明确肯定知识分子也是社会主义事业的依靠力量,如果不这样,要实现社会主义现代化是困难的。

（15）我们必须努力提高教育、科学、文化在现代化建设中的地位和作用,明确肯定知识分子也是社会主义事业的依靠力量,否则要实现社会主义现代化是困难的。

注意,例（14）在"如果不这样"之后还可以插入一个与之平行的在意思上跟它一致的假设分句,形成例（16）:

（16）我们必须努力提高教育、科学、文化在现代化建设中的地位和作用,明确肯定知识分子也是社会主义事业的依靠力量,如果不这样,如果继续轻视知识、歧视知识分子,要实现社会主义现代化是困难的。

例（15）的"否则"之后就不能插入这样的分句。原因在哪儿呢?原来"否则"是表示"如果不是这样,那么……"的意思。有不少人就是根据目前的语法论著或工具书上的说法去理解"否则",把"否则"与"如果不这样"等同起来,因而常常用错:

---

① 参见陆俭明《"更加"和"越发"》,《语文研究》1981年第1期。

（17）*凡事要三思而行，否则如果贸然行事，往往会好心办坏事。

（18）*我们一定要反对和抵制各种歪风邪气，否则让形形色色的资产阶级思想自由泛滥，就会腐蚀我们的革命队伍。

这里的"否则"都用得不对，例（17）宜将"否则"删去，例（18）宜换用"如果"。

上面我们强调了比较分析的重要性。说到比较，可以有种种不同的比较。

一是把彼此同义或近义的虚词放在一起，进行比较辨析。这是最常见的做法。上面所作的比较就都属于这一类。

二是把说明同一方面问题的虚词放在一起进行比较辨析，以显示这些虚词各自所表示的语法意义。例如在本书所收的《修饰数量词的副词》这一篇中，我们把能用来说明数量的副词放到一起进行比较辨析，就属这一类比较。

三是将意义相对的虚词放在一起进行对比分析，以辨明各自表示的语法意义。譬如比较副词"才"和"就"，比较介词"把"和"被"，比较语气词"吗"和"呢"等等。

四是把包含有某虚词的句子跟抽掉了该虚词的句子拿来比较，即作有无某虚词的比较，以显示出这个虚词的语法意义。举例来说，口语里有个很常用的句末语气词"好了"，例如：

（19）"李老师，这本小说我拿去看看好吗？""你拿去看好了。"

（20）"听说他要去告你。""让他去告好了。我不怕！"

（21）"你别怕，尽管放手干好了，有我们呢！"

（22）"现在一切都准备就绪了，你只管开闸好了。"

（23）"师傅，没米饭了。""没米饭吃面条好了。"

（24）"既然他不愿意带你去，你就自己去好了。"

这个语气词尚未引起语法学界的广泛注意，以往的语法论著很少提到它。它到底表示什么语气呢？我们不妨将包含"好了"的句子跟不用

"好了"的句子比较一下。例如：

你拿去看好了～你拿去看

让他去告好了～让他去告

尽管放手干好了～尽管放手干

你只管开闸好了～你只管开闸

没米饭吃面条好了～没米饭吃面条

通过比较，我们大致可以把握住语气词"好了"的语法意义：表示不介意、不在乎或尽管放心的语气。再如，我们确定"也"的语法意义，基本上也用的这种比较法（详见本书《说"也"》篇）。

上面所提到的这几种比较，彼此不是对立的。采用哪一种比较，要视各虚词的具体情况而定。有时可能要同时运用不同的比较，比如为了把握介词"把"的语法意义，既需将"把"和"被"作比较，也需将用"把"的句子与不用"把"的句子作比较。

要正确把握某个虚词的意义，有时还需注意考察这个虚词使用的语义背景。例如"反而"一词，长期来大家对它表示的语法意义看法很不一致。有的说它表示转折关系，有的说它表示递进关系，有的说它兼表这两种关系，等等。其实这种种说法都欠妥当，根据这些解释外国留学生常常错用"反而"，例如：

（25）*我们都以为他会夺得跳高冠军，他反而得了个第四名。

（26）*他竟一个人先去上海玩儿了，反而把我们扔下不管了。

（27）*大家都看电影去了，他反而在宿舍里看书。

如果我们能注意分析一下"反而"在句中出现的语义背景，就能比较正确地把握住"反而"的语法意义。原来，不管"反而"具体出现在什么句式里，它出现的语义背景不变，都是：

1 甲现象或情况出现或发生了；

2 按说〔常情〕/原想〔预料〕甲现象或情况的出现或发生会引起乙现象或情况的出现或发生；

3　事实上乙现象或情况没有出现或发生；

4　倒出现或发生了与乙相背的丙现象或情况。

根据"反而"在句中出现的语义背景，"反而"表示的语法意义大致可表述如下：表示所出现或发生的情况、现象跟所预料的或按常情应出现的结果相反（详见本书《说"反而"》篇）。

再如连词"况且"，一般人都不太会用，而一般工具书往往用"而且"来注释"况且"，或只是一般地说"表示更进一层"。这样，不少人把"况且"跟"而且"视为同一而错用。例如：

（28）*陈老师很欢迎大家提问题，况且鼓励大家多提问题。

（29）*雨来很勇敢，况且也很机智。

（30）*我很早就知道中国不但有光辉灿烂的文化，勤劳勇敢的人民，况且有许多游览胜地，所以我一直希望能到中国来，这个愿望今天终于实现了。

如果我们能考察一下"况且"出现的语义背景，就能比较好地掌握"况且"的意义和用法。"况且"在句中使用的语义背景是：

1　说话人是在申述理由（或叙述原委）；

2　说话人已将主要理由摆出来；

3　说话人为使理由更充分而需要进一步追加或补充某些理由。

"况且"一词就用在追加、补充理由的分句或句子里。例如：

（31）拉车的方法，以他干过的那些推、拉、扛、挑的经验来领会，也不算十分难。况且他有他的主意：多留神，少争胜，大概总不会出了毛病。（老舍《骆驼祥子》）

（32）糊涂涂虽然心里有事睡不着，只是上了几岁年纪，半夜三更不想磕磕撞撞出来活动，况且使唤惯了孩子们，也有点懒，只是坐在炕沿上叫有翼。（赵树理《三里湾》）

（33）……无论如何，我明天决计要走了。况且，一想到昨天遇见祥林嫂的事，也就使我不能安住。（鲁迅《祝福》）

可见，说"况且"表示递进关系，这虽不能说不对，但未免太笼统；而说它表示"更进一层的意思"，未免有些不确切。第一，它不是一般地表示递进；第二，没有"更"的含义在里边。确切地说，"况且"表示进一步申述理由——在主要理由之外再追加或补充某些理由。因此，一般表示递进关系时不能用"况且"，只能用"而且"；"况且"只用在申述理由的句子里。这里附带要指出的，"况且"不能与连词"不仅/不但"连用，即使是在说明理由的时候。这就是说，只能有"不仅/不但……而且……"的说法，不能有"不仅/不但……况且……"的说法。这是因为"况且"引出的只是次要理由，而用"不仅/不但"意味着后面说的理由与前面说的同等重要，甚至比前面的更重要些。例如：

（34）这个钢铁厂被誉为全国先进单位，是当之无愧的。他们不仅炼出了优质钢材，而且培养了一大批出色的炼钢人才。

（35）为了把我国建设成为一个伟大的社会主义国家，我们不但要团结国内一切可能团结的力量，而且要争取国际上的一切有利条件，团结国际上一切可能团结的力量。（刘少奇《中国共产党中央委员会向第八次全国代表大会的政治报告》）

再拿语气副词"并"来说，一般都认为它表示"加强否定的语气"[①]，可是下面两句话，如想要加强一点否定语气，决不能在否定词前面加上"并"字：

（36）"老师，今天王信益病了，不能来上学了。"

（37）"你今天一定得去。""我不去！"

要加强否定语气的话，例（36）得在"不能……"前加"确实"或"是"（重读）等那样一些词，例（37）得在"不去"前加上"决"或

---

① 参见吕叔湘主编：《现代汉语八百词》"并"条，商务印书馆，1981年。

"就（是）"等那样一些词。可见，说"并"表示加强否定语气，这并不确切。我们要正确把握住"并"这个副词的语法意义，最好也先考虑一下它在句中使用的语义背景。原来这个"并"只有当说话者为强调说明事实真相或实际情况而否定或反驳某种看法时才用。例如：

（38）"我们本来住在一处，何必这样的客气。""我并不客气，但是你每天当我回来的时候，总站起来让我，我却觉得对不起得很。"（郁达夫《春风沉醉的晚上》）

（39）这可见这事知道的人很多，报纸上并非乱载。（叶圣陶《校长》）

（40）吃亏不小是真，但并未全军覆没。（姚雪垠《李自成》）

因此，"并"所表示的语法意义应该是：强调说明事实不是对方或一般人所想的或者自己原先所认为的那样。"并"在句中出现的语义背景也决定了它总是用在否定词语的前边。

最后，在把握虚词的意义时，还要注意防止这样一点：把本来不属于某个虚词的语法意义硬加到这个虚词的身上去。

我们知道，一个虚词在话语中的使用频率越高，它的用法也就越复杂，它表示的语法意义也就越不易为人们所把握。这可以说是一个普遍规律。因此，这样的虚词也就容易让人把本来不属于它的语法意义误认为是它的语法意义。这种弊病在虚词研究中是常有的。譬如副词"也"使用频率就很高，用法很纷繁，然而它的基本作用，也就是说它的语法意义，是表示类同。但是，过去不少语法论著对于"也"的意义，除指出表示类同外，还列了好多条，如表示并列关系、假设关系、递进关系、转折关系、条件关系，等等。其实，这些都不是"也"的语法意义，而是含有"也"的句子格式所具备的语法意义（详见本书《说"也"》篇）。再譬如语气词"吧"（早期写作"罢"），一般语法论著和工具书上都说它能表示"各种语气"，这个看法就很值得商榷。"吧"的分布确实很广，它不仅可以用在各类句子（陈述句、祈使句、疑问句、感叹句）的末尾，也可以用在句子中间，例如：

（41）祥林嫂还哭喊了几声，此后便再没有什么声息，大约给用什么堵住了罢。（鲁迅《祝福》）

（42）小顺拉着小福道："走吧走吧！"（赵树理《李有才板话》）

（43）你又骑快了吧？（侯宝林《夜行记》）

（44）再见吧！

（45）我没主意：把它放了吧，它准是死；养着它吧，家里没有笼子。（老舍《小麻雀》）

这些包含"吧"的句子都带有各不相干的语气，于是让人误认为"吧"本身可以表示各种互不相干的语法意义。其实，这多种意义"并不是'吧'本身的语法意义"，而是各句在其句型句调或句中其他词语影响下所产生的。①

误将本来不是某个虚词的语法意义硬归到那个虚词身上，这应该列为虚词研究中的一大禁忌。因为这样做的结果不仅不能使我们正确地把握虚词的意义，而且也会把某个虚词的本来有内在联系的各种用法人为地割裂开来，而被看作是各不相干的用法。这一来，这个虚词的意义和用法就很难讲清楚了。关于这一点，何容先生早在四十多年前就提醒大家了。他在《中国文法论》里批评了黎锦熙先生在助词研究上存在的问题，接着指出：我们研究助词的作用时，"难免把这个被帮助的东西所生的作用，一并当作那个帮助它的助词所能生的作用。这是我们研究助词的作用的时候应该注意的"，"因为要是这样，就不免把这个助词所没有的作用也当成它的作用，把一个作用很单纯的助词当成作用很复杂的，而永远弄不清楚"。②

---

① 参见胡明扬：《北京话的语气助词和叹词（下）》，《中国语文》1981年第6期；陆俭明：《关于现代汉语里的疑问语气词》，《中国语文》1984年第5期。

② 参见何容：《中国文法论》第八节"助词、语气与句类"，新知识出版社，1957年。

三 怎样考察虚词的用法

虚词的用法比起实词来要复杂得多，而且虚词的个性也比实词强得多。虚词词类所揭示的特点，对于了解该类各虚词的用法是远远不够的。同一类，甚至是同一小类里的虚词在用法上可以差别很大。"的"和"所"都是结构助词，但它们的用法就很不相同。因此，对于虚词的用法得一个一个地去考察、研究。但是，这也不是说虚词的用法是无规律可循的。对于虚词的用法，大致可从以下八个方面去考察：

（一）句类

"或者"和"还是"这两个连词都能在表示选择关系的复句中起连接作用，但是"或者"只用于陈述句，"还是"则用于疑问句。语气词"吗"只能用在问句里，"呢"则既能用于疑问句，也能用于陈述句（他们正在开会呢）；即使用于疑问句，二者也还有所不同："吗"只能用于是非问句，"呢"则正相反，只能用于非是非问句，即除是非问句以外的其他问句。① "更"和"最"都能用于比较，都表示程度高，但是"更"可以用在"比"字句里（小张的成绩比我们更好），而"最"则不能（*小张的成绩比我们最好）。与之类同的，"稍"和"较"都是能用于比较、表示程度浅的程度副词，但是"稍"可以用于"比"字句（我比他稍高一点儿），"较"则不能（*我比他较高一点儿）。

（二）词类

连词"和"跟"并"都能用来连接词或词组，但是"和"主要用

---

① 参见陆俭明：《关于现代汉语里的疑问语气词》，《中国语文》1984年第5期。

来连接名词性词语，也可以有条件地用来连接动词或形容词性词语，①而"并"只能用来连接动词或形容词性词语。表示程度的副词"老"意思跟"很"相当，但是"很"可以修饰动词性成分（如"很喜欢""很希望去""很有办法"等），"老"不能修饰动词性成分，即使在修饰形容词这一点上也有区别："老"只能用来修饰往大的方面说的有限的几个表量度的单音节形容词（如"大、长、沉、重、肥、高、粗、厚、宽、远、多、硬、烫"等），"很"则没有这种限制。

（三）音节

在汉语用词造句中，常常需要注意音节问题，这是汉语的一个很重要的特点。副词在这一点上表现得特别突出。有的副词要求所修饰的成分必须是个单音节词，如"过"，只能说"过静""过难""过密"，不能说"过安静""过困难""过密切"。而与之同义的"过于"则不受此限（过于静｜过于难｜过于密｜过于安静｜过于困难｜过于密切）。跟"过"相类似的，还有"尽、屡、互"等。有的副词可以修饰一个词组，但是要求紧跟在它后面的必须是个单音节词，如"足"，只能说"足等了两个小时"，不能说"足等候了两个小时"；与之同义的"足足"就不受此限，既可以说"足足等了两个小时"，也可以说"足足等候了两个小时"。有的副词跟上述情况正相反，要求所修饰的必须是个双音节成分。如"大力"，只能说"大力帮助""大力支援"，决不能说"大力帮"。与"大力"类似的例子如"行将、万分、明明"等。另外，由"为"构成的双音节副词，如"大为、最为、甚为、颇为、极为"等，也都不能修饰单音节词。其他词类里的虚词，对音节也有特殊要求，如助词"与否"只能跟在一个双音节成分后

---

① 参见陆俭明、侯学超：《对〈关于"和"的用法〉的一些意见》，《中国语文》1961年2月号。

面，决不跟在一个单音节成分后面（正确与否｜考虑与否｜ʹ对与否｜ʹ想与否）。

（四）轻重音

一个虚词往往可以表示多种不同的语法意义，而这又往往是通过轻重音来表示的。这一点在副词身上表现得特别明显。譬如"都"，试比较：

（1）我们ʹ都看完了。
（2）ʹ我们都看完了。
（3）我们都看ʹ完了。

例（1）重音在"都"上，"都"总括主语所指的全范围。例（2）重音在"我"上，"都"虽然仍表示总括，但全句含有"甚至"的意思（甚至连我们都看完了）。例（3）重音在"完"上，"都"是"已经"的意思。

"已经"修饰数量词时，既可言够，也可言多，其区别就在轻重音上。如"已经三个了"，如果重音在"已经"上（ʹ已经三个了），是言够；如果重音在"三"上（已经ʹ三个了），是言多（详见本书《修饰数量词的副词》篇）。

"再"表示重复时，可以表示两种不同的重复。一是实在的重复，例如："这个电影太好了，明天再看一遍，怎么样？"这是说已经看过一遍，准备第二天重新看一遍。二是空缺的重复，例如："票卖完了吗？没关系，我们明天再看好了。"这是说想要看，但票没买着，准备第二天实现计划。"再"表示这两种重复，就是通过轻重音的不同来实现的。表示实在的重复，重音只能在"再"或"再"后面的某个音节上，如"明天ʹ再看一遍""明天再ʹ买一双"，决不能在"再"之前。表示空缺的重复，重音则一定在"再"之前，如"ʹ明天再看吧""ʹ星期天再买好了"。

（五）肯定与否定

多数虚词既可以同肯定形式发生关系，也可以同否定形式发生关系，但有些虚词在这方面有特殊要求。这有多种情况。

1　有的只能同否定形式直接发生关系。如副词"从"就要求后面必须跟一个否定形式（从不说谎｜从没有听说过｜*从就很规矩），与之同义的"从来"就没有这种限制（从来不说谎｜从来就很规矩）。副词"万万"只能修饰一个否定形式（万万不可粗心大意｜万万没有想到｜*万万小心），与之同义的"千万"则不是这样（千万不可粗心大意｜千万要注意）。副词"毫、决、断"等也只能修饰一个否定形式。

2　有的则只能同肯定形式直接发生关系。如副词"万分""分外"就只能用于肯定（万分高兴｜*万分不愉快｜分外晴朗｜*分外不愿意），分别跟它们同义的"十分""非常"和"格外"就既能用于肯定（十分高兴｜非常愉快｜格外清静），也能用于否定（十分不满意｜非常不愉快｜格外不高兴）。我们常说在"把"字句中否定词要放在"把"字之前，从另一个角度说，也就是由"把"组成的介词结构不能修饰一个否定形式。

3　有些虚词有两种不同的意义或用法，而这在肯定、否定的要求上也正好形成对立。如"绝"，当它表示程度时，只能用于肯定（绝好机会｜绝妙的计策）；当它表示加强语气时，则只能用于否定（绝不妥协｜绝没有好下场）。再如程度副词"太"，当它表示赞叹时，只用于肯定（太棒了｜太精彩了）；当它表示过分时，则既可用于肯定（太浅了），也可用于否定（太不懂事了）。

4　有的既能用于肯定，也能用于否定，意思却一样。如"难免不犯错误"和"难免要犯错误"意思一样；"自行车别是他骑走了"跟"自行车别不是他骑走了"意思一样。"差一点儿"也属这种情况。①

---

① 参见朱德熙：《说"差一点"》，《中国语文》1959年第9期。

（六）简单与复杂

由"把"组成的介词结构后面一定得跟一个复杂形式，这是众所周知的了。副词"终究、往往、白白、恐怕、略微"也要求所修饰的成分必须是个复杂形式，而分别跟它们同义或近义的"必将、常常、白、也许、较为"就没有这种要求。试比较：

终究：终究要灭亡｜终究会取得胜利｜*终究灭亡｜*终究胜利

必将：必将要灭亡｜必将取得胜利｜必将灭亡｜必将胜利

往往：每到星期天，他往往去颐和园｜*故宫他往往去

常常：他常常去颐和园｜故宫他常常去

白白：白白劳动了一天｜难道这房子就这样白白丢了｜*算我白白说，行不行？

白：白劳动了一天｜不能白吃｜算我白说，行不行？

略微：略微高些｜略微清静些｜*略微整洁

较为：较为高些｜较为清静｜较为整洁

再如，由"对于"组成的介词结构做状语时，一般要求中心语是个复杂形式，而由"对"组成的介词结构做状语时，没有这种要求。例如用"对"时，我们可以说"对他要好好帮助""对他能不能批评"，也可以说"对他帮助""对他批评"；可是用"对于"时，我们可以说"对于他要好好帮助""对于他能不能批评"，但不能说"对于他帮助""对于他批评"。与上述情况相反，有的则要求所修饰的成分得是个简单形式，如"异常、万分"。

（七）位置

在"把"字句和"被"字句中，否定副词和能愿动词只能放在"把""被"的前面；介词结构"关于……"只能放在主语前面，介词结构"对于……"就没有这种限制。这都涉及位置问题。一个虚词在句

中有比较固定的位置，这固然需要注意，但更要引起重视的是另一种现象，即有些虚词在句子中的位置比较灵活，它可以在某种成分之前，也可以在某种成分之后，而在前在后，句子的意思就不一样。例如：

他幸亏回来了，……（主句指出避免了于"他"不利的事情）

≠幸亏他回来了，……（主句指出在"他"的作用下避免了一起不如意的事情）

光他吃米饭（别人不吃米饭）

≠他光吃米饭（他别的不吃）

没有全听懂（部分不懂）

≠全没有听懂（全部不懂）

很不习惯（强调不习惯，程度深，语气重）

≠不很习惯（表示不习惯，程度浅，语气委婉）

有的在前在后，似乎意思差不多，如"他也许不回来了"和"也许他不回来了"，"电话铃忽然响了"和"忽然电话铃响了"，"我才工作一年"和"我工作才一年"，但细细体会还是会觉察出细微的区别来。

（八）跟其他词语的配搭

"只有"要求由"才"与之相配，"只要"要求由"就"与之相配，这是大家所熟知的。复句中常犯的一种毛病，就是前后的连接成分配搭不当。需要注意的是，不光连词存在着配搭问题，别类虚词有的也有这方面的特殊要求。程度副词"怪"，除了风格、色彩跟"很"不同外，很重要的一点，"怪"要求后面由"的"与之配搭（怪可爱的｜*怪可爱），"很"的后面则不是非要有"的"不可的。再如，"恐怕"后面常有语气词"吧"与之相配；"本来"后面常用语气词"嘛"与之相配；而用助词"罢了""而已"，前面常有副词"不过""只"与之相配；用助词"不成"，前面常用"难道""莫非"与之相配。

以上所谈的八个方面，也只是列举性的，并不是说虚词的用法只表现在这八个方面。而每一方面所包含、涉及的内容，也不限于上面所说的。譬如说，某些虚词或某些虚词格式，如表示程度浅的"还""有点儿"和"不很……"等，它们对于与之发生直接关系的成分在意义色彩上（褒义和贬义，积极和消极）还有所选择，这一点上文就没提到。至于具体到某个虚词，对上述诸方面的要求也各不相同，而正是这种不同，造成了各虚词用法上的千差万别。

四　结束语

把握虚词的意义和考察虚词的用法是虚词研究的两项重要内容，它们之间既有区别，又有联系，彼此是相辅相成的。譬如上面我们指出连词"况且"不能与"不仅/不但"搭配使用，构成"不仅/不但……况且……"的格式。"况且"用法上的这一特点正是在揭示了"况且"的语法意义之后才获得的。因此，对各个虚词的意义揭示得越透彻，也就越能认清各个虚词的种种用法。同样，我们越是对虚词的用法挖掘得深，也就越能彻底地揭示虚词的意义。举例来说，表示程度深的"还"能表示比拟（如"那蛇比碗口还粗""场上的小麦堆得比山还高"），这一点正是在比较"还"和"更"的用法中被揭示出来的。[1]

无论是研究虚词的意义或考察虚词的用法，都要防止只根据少数例证或表面现象就轻易下结论的做法。例如副词"千万"和"万万"如果从例（1）（2）看，便会认为"千万"和"万万"的意思和用法差不多：

（1）你千万不可粗心大意。

（2）你万万不可粗心大意。

所不同的只是用"万万"语气要重一些。如果再多看些例子就会感到

---

[1]　参见陆俭明：《"还"和"更"》，《语言学论丛》1980年第6辑。

它们有差别了：

(3) 你千万要好好的干哪！（峻青《黎明的河边》）

(4) 你千万要小心。

(5) 周大勇说："是呀，这是敌人万万没想到的。"（杜鹏程《保卫延安》）

(6) 他万万料想不到就在约定的这天清晨，鲁迅先生竟与世长辞了。

不难发现，例（3）（4）中的"千万"决不能换成"万万"，例（5）（6）中的"万万"决不能换成"千万"。这是什么原因呢？原来"千万"和"万万"在意义上和用法上有着重要的区别：

第一，"万万"只能用在否定句式中，不能用在肯定句式中，例（3）（4）都是肯定句式，所以不能用"万万"，只能用"千万"。

第二，"千万"只能用在祈使句中表示劝告或禁止，不能用在陈述句中，而"万万"除了能用在祈使句中表示劝阻之外，还能用在陈述句中强调事情非常出人意外。例（5）（6）都是陈述句，不表示劝阻，所以只能用"万万"不能用"千万"。

再如作为时间副词的"才"和"就"，根据下面的例（7）和例（8），我们可能认为"才"和"就"的差别只在于"才"用以说明过去的事，表示行为动作是在说话之前不久发生或进行的，而"就"用以说明未来的事，表示行为动作在说话之后不久会马上发生或进行：

(7) 他才来。〔已经来了〕

(8) 他就来。〔还没有来〕

多看一些例子，就会发现上述看法是不正确的。试看：

(9) 他昨天才来。

(10) 他昨天就来了。

(11) 他明天才来。

(12) 他明天就来。

例（9）(10）说的都是过去的事，既可用"才"也可用"就"；例（11）（12）说的都是未来的事，同样既可用"才"也可用"就"。可见，"才"和"就"的根本区别不在前者表示过去，后者表示未来，而在于用"才"表示在说话人看来行为动作发生或进行得晚、慢；用"就"表示在说话人看来行为动作发生或进行得早、快。以上所举各例都可以根据这一差别作出解释。

（参见陆俭明、马真：《现代汉语虚词散论》，北京大学出版社，1985年。）

汉语虚词研究需要继续深入

　　虚词研究在汉语语法研究中占有极其重要的地位。可是目前我们对汉语虚词的研究还远远不够。前面我们说过，虚词的个性很强，需要一个一个深入研究说明。现在离这个要求很远，特别是常用虚词。因为，凡是使用频率高的常用虚词，其语法意义和具体用法往往都十分复杂，我们常常不容易说清楚。在这方面前人与时贤虽已做过不少研究，也已有很多研究成果，但总的来说还比较粗。现有的研究成果及其相应的工具书都还不能让学习者，特别是外国的汉语学习者，在这些工具书中找到他们所希望找到的、比较满意的答案。因此，汉语虚词研究需要进一步加大力度，需要继续深入。

一　需要继续分类研究

　　汉语虚词一般认为包括五类：副词、介词、连词、助词、语气词。关于虚词到底包括哪几类词，语法学界的分歧主要在副词上，一般认为是虚词，有人认为是实词，有人认为是半虚半实的词，各有各的道理，这里我们不想专门讨论这个问题。重要的是需要继续对各类虚词进行具体深入的研究，真正把握住它们的意义和用法。

　　虚词在汉语中有着特殊的重要性，因此无论从理论上看，还是从实用的角度看，虚词研究在汉语语法研究中占有极重要的地位，这已成为汉语语法学界的共识。可是目前对虚词的研究还远远不够，许多问题尚不清楚。下面分类举例性地提出一些问题，目的是要引起大家注意，希望大家都来重视对虚词的研究。

（一）介词

现在大家都承认介词是标示与动词相关的角色（亦即格）的。汉语的介词标示哪些角色？目前研究得还不是很清楚。解决好这个问题不仅有助于汉语语法研究，也有助于中文信息处理。

关于具体的介词，也有不少具体问题需要解决。例如"被、给、叫、让"，一般认为"被"是专门表示被动的，"给、叫、让"也能表示被动。它们表示被动时有没有区别呢？单就下面的例子看，似乎只有风格色彩的区别：

（1）他被流氓打了。

　　他给流氓打了。

　　他叫流氓打了。

　　他让流氓打了。

（2）衣服被他撕破了。

　　衣服给他撕破了。

　　衣服叫他撕破了。

　　衣服让他撕破了。

但是把"被、给、叫、让"后的宾语成分抽掉，区别就显示出来了：

（3）他被打了。

　　他给打了。

　　*他叫打了。

　　*他让打了。

（4）衣服被撕破了。

　　衣服给撕破了。

　　*衣服叫撕破了。

*衣服让撕破了。

这说明这几个表示被动的介词在用法上并不完全相同。它们到底有些什么不同？值得进一步研究。

再如介词"把"，语法学界已对它研究得很多了，但不是说没有问题了。事实上还有不少问题我们现在还弄不清楚。比如"把"字句里的动词可以带上动态助词"了""着"，但是一般不能带上动态助词"过"，例如：

（5）把废纸扔了。

（*把废纸扔过。）

（6）把介绍信带着。

（*把介绍信带过。）

这是为什么？目前有关"把"字句的种种理论都还不能解释这个现象。①

说"把"字句里的动词一般不能带动态助词"过"，但也不是绝对不能带"过"，我们也曾见到下面这样的句子：

（7）我考虑什么问题，从来没有把你抛开过。

（8）她从来没有把自己打扮得这么漂亮过。

（9）你看，他什么时候把事情办利落过？

到底为什么"把"字句里的动词一般不能带动态助词"过"？在什么条件下也能带"过"？我们还没法作出回答。我们提出这个问题就是希望大家共同来探讨。

又如，下面的"把"字句都能成立：

（10）你把他放了。

（11）你把手洗洗。

（12）我把昨天的事再说一遍。

---

① 马真、陆俭明：《现代汉语虚词散论》第 3 版，北京大学出版社，2017 年，第 193—195 页。

但如果加进了否定词"不/没有"就不能成立了：

　　*你不/没有把他放了。

　　*你不/没有把手洗洗。

　　*我不/没有把昨天的事再说一遍。

可是，如改变一下句类，或加上一些成分，就又能成立了：

　　你不/没有把他放了？

　　你也不把手洗洗。

　　我不/没有敢把昨天的事再说一遍。

这是为什么？这说明使用"把"字句的条件还需进一步研究。

（二）连词

　　连词也有不少问题值得研究。这主要是同义连词辨析问题。有的比较清楚，例如"和、或（者）、还是"这一组连词。首先，"和"跟"或（者）、还是"是对立的，"和"表示加合关系，"或（者）、还是"表示选择关系。"或（者）"和"还是"虽然都表示选择关系，二者也有不同，"或（者）"用于陈述句，"还是"用于疑问句。总之，这三个连词的区别是明显的。不过这区别分明的三个连词却又可以出现在同一语境中，即都可以在表示无条件的连词后使用。例如：

　　（13）无论刮风和下雨，……

　　　　　无论刮风或（者）下雨，……

　　　　　无论刮风还是下雨，……

这为什么？也还值得研究。

　　更多的同义连词现在辨析得还不是很清楚，需要我们去进一步研究。例如：

　　表示递进关系的"而且、况且、何况"。

　　表示让步的"虽然、尽管、固然"。

　　表示转折关系的"但是、可是、然而、不过、只是"。

表示假设让步的"即使、就是、哪怕"。

表示推论结果关系的"既、既然"。

表示原因的"因为、由于"。

表示因果关系的"所以、因而、于是、以致、从而"。

（三）助词

现在一般说的助词是一个大杂烩，哪一类都不好归进去的词就往往放到助词里去。所以，从某个角度说，助词是汉语词类划分中剩余词的收容所。正因为这样，所以助词数量虽然不多，总计不到四十个，但这类词里的每个词个性往往大于共性。因此，对于助词我们需要一个一个地进行研究。下面略举些例子：

1. 了

动态助词"了"表示完成态（或说表示实现），这已为语法学界所公认。问题是什么时候用，什么时候不用，我们现在还说不大清楚。例如：

（14）吃了饭来找我。

　　（*吃饭来找我。）

（15）我们去年一年才看（了）三个电影。

（16）刚才看的是《红楼梦》。

　　（*刚才看了的是《红楼梦》。）

例（14）里的"了"一定要用，不能省去；如果省去了这个"了"，说成"吃饭来找我"，意思就大不相同（前者是"吃了饭以后来找我"的意思，后者是"要吃饭就来找我"的意思）。例（15）里的"了"可用可不用，不影响句子的意思。例（16）里决不能加进"了"，"刚才看了的是《红楼梦》"就不合语法。

那么到底什么时候用"了"，什么时候不用"了"？这还需要研究。

2. 着

"着"表示进行态，或表示行为动作正在进行，或表示状态的持续。是不是表示行为动作或状态的动词都能带"着"呢？不是。例如"游泳"这个动词表示的动作可以处于正在进行之中，"休息"这个动词所表示的状态也可以在持续之中，但是我们不能说"游泳着""休息着"，我们只能说"正在游泳""正在休息"。这说明有的动词能带"着"，有的动词不能带"着"。到底哪些动词能带"着"，哪些动词不能带"着"，这也需要研究。

能带"着"的动词也不是在任何表示进行态的时候都要用"着"。这有三种情况：一种是一定要用"着"，例如：

（17）他笑着说。

这里的"着"决不能省去，省去了就不成话了（*他笑说）。再一种是可用可不用，例如：

（18）他正说（着）话呢！

还有一种是不能用"着"，虽然动词表示的行为动作处于进行态，例如：

（19）他在看电视。

　　（*他在看着电视。）

例（19）动词"看"后就不能用"着"，用了"着"就不成话了。到底什么时候需要用"着"，什么时候不需要用"着"，也需要研究。

3. 的

这些年来对"的"研究得还是比较多的，但并不等于没有问题了，事实上还有许多问题值得研究。突出的问题是什么时候用"的"，什么时候不用"的"，现在还说不清楚。

先说定语和中心语之间的"的"。有的偏正词组定语和中心语之间可用"的"，也可不用"的"，例如：

干净手绢儿　　　干净的手绢儿

热粥　　　　　　热的粥

木头桌子	木头的桌子
树叶子	树的叶子

有的则根本不能用"的",例如:

男同学	*男的同学
女孩子	*女的孩子
煤油炉子	*煤油的炉子
饺子汤	*饺子的汤

可是有的则一定要用"的",例如:

*水密度	水的密度
*铁重量	铁的重量
*热烤鸭	热的烤鸭

定语和中心语之间的"的"用与不用的规律是什么,就很需要研究。

现在说说句尾的"的"。句尾的"的"也有一个什么时候用,什么时候不用的问题。在对外汉语教学中,就有这么一个实际例子。有个留学生在作文中写了这么一句话:"他这样做是合情合理。"老师改作文时就在句尾加了个"的",改为:"他这样做是合情合理的。"这改得好,加了这个"的"确实句子就通顺了。学生就问老师,为什么要加这个"的"。老师回答说:汉语里有这么一种格式"是……的",前面用了"是",后面就要用"的",你那个句子前面有"是",可是后面没用"的",就让人感觉缺了点东西,所以要加"的"。过了一段时间,那同学又在作文中写了这样一个句子:"他这样做是偏听偏信的。"老师改作文时,把末尾这个"的"删去了。学生看了以后就感到奇怪了,问老师为什么要删去这个"的"。老师说:没有这个"的",句子干脆利落;有了这个"的"就有点儿拖泥带水了,所以要删去。那学生又问了:"老师,您上次不是说前面用了'是'后面就得用'的'吗?我现在前面用了'是',所以后面就用了'的',为什么要删去呢?"老师自己也回答不出了。这当然不能怪这位老师,我们确实也没有研究清楚句尾这个"的"到底什么时候一定得用,什么时候不能用。这个问题也需要进一步研究。

(四) 语气词

关于语气词有几个问题值得注意。

1. 过去一般分析句子结构时都不考虑语气词,朱德熙先生提出有个语气词结构的问题。例如:

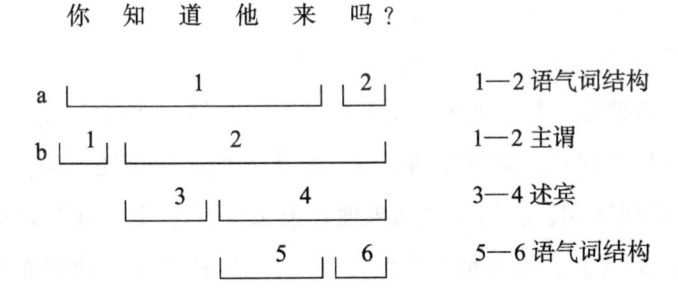

你 知 道 他 来 吗?

```
a  |    1    |  2  |      1—2 语气词结构
b |1|    2    |             1—2 主谓
       |  3  |  4  |        3—4 述宾
              |5|6|         5—6 语气词结构
```

按 a 分析,重点问"你知道吗";按 b 分析,重点问"他来吗"。二者意思不同。提出"语气词结构"的概念对分化类似上面那个句子的两种意思确实有帮助。但带来的问题是,语气词到底是句子平面上的东西呢,还是词组平面上的东西呢?目前一般都认为语气词是句子平面上的东西。如果承认有语气词结构,那么语气词是否就不是句子平面上的东西了?承认有语气词结构跟认为语气词是句子平面上的东西二者之间有没有矛盾?这些问题都可以深入研究。

2. 确定语气词所表示的语气,不能凭感觉(语感),而要得到验证。比如要判断出现在疑问句末尾的语气词是不是疑问语气词,决不能只根据语感,而要看它是不是真正负载疑问信息,这一点又必须在形式上得到验证。验证的办法是比较,那就是从疑问句和非疑问句、这种疑问句和那种疑问之间的最小对比中,来确定出现在疑问句末尾的语气词是否真正负载疑问信息。比如,语气词"啊",不少书上都说它能在疑问句末尾表示疑问语气。如《现代汉语词典》"啊"

条的第三个义项是这样的："用在句末表示疑问语气：你吃不吃啊？｜你这说的是真的啊？"试问，这些句子里的"啊"是表示疑问语气吗？应该说，如果把这两个问句里的"啊"去掉，句子的语调、句子所表示的疑问语气没有变化。这一点跟"吗""呢"的情况不同。例如"你去吗？"如果把"吗"去掉，就变成"你去？"，虽然"你去？"和"你去吗？"都是疑问句，但有区别：第一，"你去吗？"可以是升调，也可以是降调，"你去？"则只能是升调，不能是降调。第二，二者所表示的疑问语气不同，"你去？"是问话人事先听说过你要去，问话是为了证实；"你去吗？"是问话人事先不知道你去不去而进行发问。再例如"他去呢？"如果把"呢"去掉，变成"他去？"，这虽然也还是个问句，但是这两个问句所表示的疑问语气差别很大。有"呢"是特指问句，相当于"如果他去怎么样？"；无"呢"则是个是非问句，相当于"他去是不是？"，可见，"吗""呢"确实能表示某种疑问语气。然而"啊"不是这样的情况，用不用"啊"并不改变句子的疑问语气。事实上"啊"在疑问句中并不表示疑问语气。① 那么这个"啊"在疑问句中到底起什么作用，表示什么语气，也值得研究。

3. 现在工具书中对于语气词的解释一般都太简单，也不太确切，尤其不大注意具体使用条件的说明。比如"吧"和"呢"，一般都谈到它们可以用在表示假设的分句末尾，表示假设。例如：

办吧，没有那么多钱；不办吧，上头有意见。

办呢，没有那么多钱；不办呢，上头有意见。

是不是所有表示假设的分句末尾都能用"吧"或"呢"呢？它们在假设复句中的使用条件是否相同呢？事实告诉我们回答是否定的。请看例句：

---

① 参见陆俭明：《关于现代汉语里的疑问语气词》，《中国语文》1984年第5期。

（20）"你明天上课时把这封信带给王平。""他要不来上课呢？"

（21）房间大呢，我要；不大呢，我不要。

例（20）（21）里的"呢"都出现在表示假设的分句末尾，但都不能换用"吧"。那么"吧""呢"在假设复句里使用的条件是什么？也需要研究。

4. 现代汉语中的语气词除了一般书上提到的"啊、吗、吧、呢、嘛、呗……"外，还有没有？也值得研究。例如"你试试看""你骑骑看"里的"看"是不是语气词？有人认为是语气词。[①]再有，"等我写完了的（de）""我先抄完了的（de）"里的"的（de）"是什么词？是不是语气词？如果是，是个什么语气词？还没有见诸文字，需要研究。

(五) 副词

副词中的问题也不少。这里只想谈谈同义副词的辨析问题。如何真正把握同义副词的共同点和各自的不同点，尤其是把握住各自的不同点，很值得研究，这里试以"曾经"和"已经"为例。

关于"曾经"和"已经"不少书进行过辨析，但说得都不太清楚，不太确切。例如《现代汉语八百词》上那么说：

"曾经"表示从前有过某种行为或情况，时间一般不在最近。

"已经"表示事情完成，时间一般在不久以前。

说"曾经"表示从前有过某种行为或情况，"已经"表示事情完成，这是对的；但是说用"曾经"时间一般不在最近，用"已经"时间一般在不久以前，这就值得商榷了。例如：

（22）昨天我曾经去过一趟。

（23）前天我已经去过一趟。

---

① 参见陆俭明：《现代汉语中一个新的语助词"看"》，《中国语文》1959年第10期；马真、陆俭明：《现代汉语虚词散论》第3版，北京大学出版社，2017年。

例（22）（23）都是合法的句子。昨天显然比前天离说话的时间要近，但说到昨天倒用了"曾经"，而说到前天却用了"已经"。再例如：

（24）二十年前他曾经学过法语。

（25）二十年前他已经学过法语。

（26）刚才他曾经说过，……

（27）刚才他已经说过，……

二十年前应该说是"不在最近"，但我们可以用"曾经"，也可以用"已经"；刚才就在说话前不久，我们可以用"已经"，也可以用"曾经"。

那么是不是说"曾经"和"已经"在时态上没有区别呢？不是，它们是有区别的，只是不是《现代汉语八百词》说的那样。区别在哪儿呢？请先看例句：

（28）过去我曾经看过这本书。

　　（过去我已经看过这本书。）

（29）现在已经到吃饭时间了。

　　（*现在曾经到吃饭时间了。）

（30）等你赶到那里他大概已经走了。

　　（*等你赶到那里他大概曾经走了。）

例（28）说的是过去的事，"曾经""已经"都能用。例（29）、例（30）分别说的是现在和将来的事，只能用"已经"，不能用"曾经"。"曾经"和"已经"在使用时态上的差别可列如下表：

	过去	现在	将来
曾经	＋	－	－
已经	＋	＋	＋

"曾经"和"已经"虽然都能用于过去，但二者还有区别。用"曾经"往往含有非延续性和非有效性（暗含着"过去一度如此，现在不如此了"的意思），而用"已经"含有延续性和有效性（暗含着过去

的事至今有效的意思）。例如：

（31）十年前他曾经是个演员。

十年前他已经是个演员。

（32）我曾经丧失过信心。

我已经丧失了信心。

（33）我曾经学过法语。

我已经学过法语。

例（31）用"曾经"意味着他现在不是演员了，用"已经"意味着他现在仍是演员。例（32）用"曾经"意味着现在又有信心了，用"已经"意味着现在还没有信心。例（33）用"曾经"意味着学法语那是过去的事了，现在法语已忘了，需要重新学；用"已经"意味着学法语的经历至今有效，法语现在还记得，不用再学了。

除了上述区别外，"曾经"和"已经"还有一点区别，那就是"曾经"不能用来说明只能一次性的行为动作或情况，"已经"则不受此限。例如"他已经诞生了"里的"已经"就不能换用"曾经"，我们不说"他曾经诞生过"，因为"诞生"是一次性行为。类似的例子如：

（34）他已经牺牲了。

（*他曾经牺牲过。）

（35）你给我的那块玻璃已经打碎了。

（*你给我的那块玻璃曾经打碎过。）

"曾经"和"已经"的区别是不是就是这样？也还可以讨论。

上面我们就各类虚词举例性地提出了一些问题，从中不难领悟到虚词研究是极需挖掘、大可开发的领域。我们所以不厌其烦地列举这些问题，其目的是要引起大家对虚词研究的重视，并希望大家对汉语虚词多作研究。

总之，虚词需要继续深入研究，而且需要加大力度去进行研究。

二　虚词继续深入研究的三个方面

虚词比实词少得多，可是虚词的意义比实词虚得多，不易捉摸；虚词的用法比实词复杂得多，不易掌握；虚词的个性比实词强得多，虚词词类所揭示的特点对于了解该类各个虚词的用法是远远不够的。这给虚词研究带来一定的困难。我们认为，对于汉语虚词大体可以从以下三个方面去进行研究。

（一）把握虚词的语法意义

虚词表示的是抽象的语法意义，比较虚。要把握虚词的语法意义，基本的方法是比较。孤立地看，一个虚词的意义不容易捉摸，把它放进句子里，并同有关的词进行比较，意义就显示出来了，例如"常常"和"往往"。有些字典用"常常"来注释"往往"（如《新华字典》）。"往往"是不是就等于"常常"呢？它们之间到底有没有区别呢？要解决这些问题，最好的办法是将它们放到相同的语言环境中去进行比较，通过比较我们可以了解到，"往往"只用来说明根据以往的经验所总结得出的带规律性的情况，"常常"不受此限。"常常"强调事情或行为动作的经常性和频繁性，"往往"则强调按经验，在某种条件下，情况通常是这样。[1]

所以，要正确把握虚词的语法意义，必须善于进行具体的分析、比较。

说到比较，可以有种种不同的比较。

---

[1] 马真、陆俭明：《现代汉语虚词散论》第3版，北京大学出版社，2017年，第4—6页。

一是把彼此同义或近义的虚词放在一起，进行比较分析。这是最常见的做法。上面所作的比较就属于这一类。

二是把说明同一方面问题的虚词放在一起进行比较辨析，以显示这些虚词各自所表示的语法意义。例如在《修饰数量词的副词》这篇文章中，① 我们把用来说明数量的副词放到一起进行比较辨析，就属于这一类。

三是将意义相对的虚词放在一起进行对比分析，以辨明各自表示的语法意义。例如比较副词"才"和"就"，比较介词"把"和"被"，比较语气词"吗"和"呢"，等等。

四是把包含有某虚词的句子跟抽掉了该虚词的句子拿来比较，即作有无某虚词的比较，以显示出这个虚词的语法意义。例如我们确定口语里常用的句末语气词"好了"的语法意义就用的这种比较法。②

这里，我们要特别强调一点，就是在考察虚词的语法意义时，必须把虚词本身的语法意义和它所在的格式的语法意义区别开来，切忌将某个句子格式所表示的语法意义硬归到该格式中所包含的这个虚词身上去。③

（二）考察虚词出现的语法环境

所谓语法环境，说得通俗一点，就是指它的左邻右舍，它的前前后后。比如，副词它能修饰什么，不能修饰什么，被修饰的成分有什么限制等。例如程度副词"还"有两个，一个表示程度深（他比你还好），一个表示程度浅（"他怎么样？""还好。"）。它们都能修饰形

---

① 马真:《语言教学与研究》1981年第1期。
② 参见马真、陆俭明:《现代汉语虚词散论》第3版，北京大学出版社，2017年，第7—8页。
③ 参见马真:《说"也"》，《中国语文》1982年第4期。

容词，但不相同。表示程度浅的"还"对它所修饰的成分是有选择性的，只能修饰积极意义的形容词，不能修饰消极意义的形容词：他还好（*他还坏）| 这个房间还干净（*这个房间还脏）| 小王还聪明（*小王还笨）| 小华还懂事（*小华还淘气）。表示程度深的"还"却不受这个限制，既可以修饰积极意义的形容词，也可以修饰消极意义的形容词：

这个人比他还好／坏

这个房间比那个房间还干净／脏

小王比小李还聪明／笨

小华比兵兵还懂事／淘气

另外，表示程度深的"还"一般用在"比"字句中，表示程度浅的"还"则总是用在非"比"字句中。这也是它们出现的语法环境的不同。

上面是举例性的。所谓语法环境，归纳起来，具体指下面八个方面：（1）句类，（2）词类，（3）音节，（4）肯定与否定，（5）简单与复杂，（6）搭配，（7）位置，（8）轻重音。① 这八个方面都是虚词出现的语法环境，我们研究虚词，必须注意从这些方面去考察。

（三）分析虚词使用的语义背景

我们要真正说清楚虚词所表示的语法意义和它的用法，还必须了解这个虚词的语用环境，就是说它在什么情况下、什么上下文中能用，在什么情况下、什么上下文中不能用，这种语用环境我们称之为语义背景。例如语气词"并"（我并不知道 | 他并没有去），一般都认为它表示"加强否定语气"，但事实上并不是这样。例如：

---

① 参见马真、陆俭明：《现代汉语虚词散论》第3版，北京大学出版社，2017年，第12—17页。

（36）甲：你今天一定得去！

乙：我不去。

（37）甲：小华，那飞机给小军玩儿吧！

乙：不，我不给。

例（36）（37）里的"我不去""我不给"要加强否定语气的话，只能用"就"或"偏"（我就/偏不去｜我就/偏不给），不能用"并"(*我并不去｜*我并不给)。可见，说"并"表示加强否定语气，这并不确切。要了解"并"所表示的语法意义，最好先考察一下它使用的语义背景。先看下面的例句：

（38）"听说你想去广州。""我并不想去啊。"

（39）"他已经灰心了。""他并没有灰心。"

（40）"你有点傻。""他并不傻。"

（41）你说他笨，我看他并不笨。

（42）"你何必这样客气呢？""我并不客气呀！"

不难看出，这个"并"不是任何表示加强否定语气的情况下都能用的，只有当说话人为强调说明事实真相（或实际情况）而否定（或反驳）某种看法时才用。这也就是"并"使用的语义背景。弄清了"并"使用的语义背景，我们就可以知道"并"的语法意义应该是：加强否定语气，强调说明事实不是对方或一般人所想的或原先自己所以为的那样。

可见，考察虚词使用的语义背景是很重要的，特别需要花大力气去研究。事实告诉我们，不少虚词如果不注意考察它使用的语义背景，就很难说清楚它们的语法意义和用法。例如"反而"，如不考察它使用的语义背景，就很容易误解它的意义和用法；弄清了"反而"使用的语义背景，不但有助于把握"反而"的语法意义，从而正确地运用它，而且有助于解决语法学界对"反而"一词在看法上存在的分歧。①

以上所述说明，把握虚词的语法意义、考察虚词出现的语法环境、分析清楚虚词使用的语义背景是研究虚词很重要的三个方面。

（参见马真:《现代汉语虚词研究方法论》（修订本）伍，商务印书馆，2016年。）

---

① 参见马真:《说"反而"》,《中国语文》1983年第3期；马真、陆俭明:《现代汉语虚词散论》第3版，北京大学出版社，2017年，第68—76页。文中尽管正确分析了"反而"使用的语义背景，但关于"反而"的语法意义还沿用了《现代汉语词典》和《现代汉语八百词》的说法，看来不妥，后来修正为:"反而"表示实际出现的情况或现象跟按常情或预料在某前提下应出现的情况或现象相反。

具体虚词研究

说 "也"

副词"也"在现代汉语里的使用频率很高。它在句中到底起什么作用，表示什么语法意义，具体用法如何，众说纷纭。[①] 在我们看来，现代汉语里"也"的基本作用是表示类同，此外，还能表示委婉语气。

一 "也"的基本作用

"也"的基本作用是表示类同。例如：
（1）我是前年才来西藏工作的，他也是前年才来西藏工作的。
（2）你今年二十啦？我今年也二十啦，我们俩同岁！
（3）我们也划船，也游泳。
（4）风停了，浪也小了。
（5）地扫了，玻璃也擦了。
例（1）（2）里前后所说的两件事或两种情况相同。例（3）的"游泳"

[①] 就《现代汉语虚词》（景士俊编，内蒙古人民出版社，1980年）、《新华词典》、《现代汉语词典》、《现代汉语八百词》（以下分别简称《虚词》《新华》《现汉》《八百词》）来说，对"也"的分析就可归纳为如下十一条：1.表示相同或同样（《虚词》《新华》《现汉》《八百词》）；2.表示并列关系（《虚词》《新华》《现汉》）；3.表示递进关系（《虚词》）；4.表示转折、让步关系（《虚词》《新华》《现汉》）；5.表示假设关系（《虚词》）；6.表示条件关系（《虚词》）；7.表示强调（《虚词》《现汉》）；8.表示加强语气（《新华》）；9.表示"甚至"（《八百词》）；10.表示委婉语气（《虚词》《现汉》《八百词》）；11.表示别无办法（《新华》）。

和"划船"虽不相同，但从某个角度说，它们是相类同的两件事。例（4）的"浪小了"和"风停了"是相互联系的两种自然现象，在缓和、减弱这一点上相类同。例（5）的"擦玻璃"和"扫地"虽然不是相同的两件事，但都是属于打扫卫生一类事情，从这个意义上说，它们又是相类同的。"也"在这些句子里的作用在于强调后者与前者相类同。

"也"既然表示类同，那么按理说，类同的各项都应该在句中出现（如例（1）—（5））。但是我们看到，有时类同的各项并不都在句中出现，这倒是正常的。例如：

（6）为什么李四不及格也录取了？

（7）他一口酒也不喝。

从字面上看，例（6）（7）都只说出了一件事——李四不及格录取了，他一口酒不喝。其实，我们会明显感到在这两个句子里都分别隐含着未明言的话，而隐含着的话跟明白说出的话一定有相同的成分，如：

〔张三等人都及格，当然该录取〕为什么李四不及格也录取了？

〔他大量的酒不喝〕他一口酒也不喝。

例（6）（7）之所以会给人传递上面所说的那种信息，正是由于"也"的作用。因此，上面两例中的"也"还是表示类同。

上述情况告诉我们，"也"在表示类同时有实、虚两种用法。下面分别说明。

二 "也"的实用用法

所谓"也"的实用用法，就是指在有"也"的句子里，相类同的诸项都明白说出。这有以下三种格式：

I. XW，Y 也 W

II. XW_1，X 也 W_2

Ⅲ. XW_1，Y 也 W_2

Ⅰ式是前后分句主语不同而谓语相同的复句，"也"主要强调就某种行为动作、状况、性质（W）说，Y 和 X 相类同。例如：

（8）他看了，我也看了。

（9）他挨批评了，我也挨批评了。

（10）他做的不实用，你做的也不实用。

Ⅰ式通常表示并列关系，如例（8）—（10）就都是并列复句。有时，也可以表示假设关系。

例如：

（11）〔"最后决定谁去呀？"〕"你去，我也去。"

（12）〔"你敢去吗？"〕"你去，我也去。"

（13）你去，我也去。

例（11）表示并列关系；例（12）表示假设关系，意思是如果你敢去，那么我跟你一样也敢去；例（13）由于离开一定的上下文，所以有歧义，既可以看作并列复句，也可以看作假设复句。不管表示哪种关系，"也"的作用还是表示类同。这里必须指出的是，如果表示假设关系，W 末尾不能有"了"。试比较：

甲	乙
（14）你去了，我也去了。	你去，我也去。
（15）他去上海了， 我也去上海了。	他去上海， 我也去上海。
（16）他不抽烟了， 我也不抽烟了。	他不抽烟， 我也不抽烟。

甲组句子 W 末尾有"了"，都只表示并列关系；乙组句子 W 末尾没有"了"，都有歧义，既可以表示并列关系，也可以表示假设关系。

Ⅱ式是前后主语相同而谓语不同的并列复句，"也"主要强调对 X 来说，W_2 所占的位置、所起的作用与 W_1 类同。由于前后主语相同，后一分句的主语往往承前省略，因此 B 式可以改写为：

$$XW_1, （X）也 W_2$$

例如：

（17）他搞文艺批评，（他）也搞文艺创作。

（18）他很爱打排球，（他）也很爱踢足球。

（19）他个儿很高，（他）也很有力气。

Ⅲ式是前后主语不同、谓语也不同的并列复句，"也"主要强调后者（Y）的情况（W_2）与前者（X）的情况（W_1）相类同。例如：

（20）风停了，浪也小了。

（21）地扫了，玻璃也擦了。

（22）假期我去广州了，他也去桂林了。

上述三种格式当它们表示并列关系时，在前后两项（或几项）中，可以只出现一个"也"，也可以出现两个（或几个）"也"。如果只出现一个"也"，那只在后一项出现，绝不能只在前一项出现。

有时，前面不用"也"，用"既"，构成"既……也……"的格式，但是这只限于前面所说的Ⅱ式，即必须两个分句主语相同。例如：

（23）他既搞文艺批评，也搞文艺创作。

（24）他既爱打排球，也爱踢足球。

（25）这个地方既能攻，也能守。

我们上面说了，在实用的用法中，类同的两项（或几项）都要在句子中出现，但有时似乎只出现了一项，这有两种情况：

一种情况是另一项已见于上文，不用再在这句话中出现了。例如：

（26）昨天小张他们去割麦子了，回来得挺晚。小陈他们也去割麦子了吗？也回来得很晚吗？

另一种情况是对话中有条件地省略了，我们可以自然地补出来。例如：

（27）"我决定放假去上海，你呢？""我也去上海。"

（28）班长问李铁柱："你星期天进城吗？"李答道："不进城。"又问顾小明，小明说："我也不进城。"

可见，不管是哪种情况，实际上还是两项都出现了，不过不是在一个句子里，而是在前后句子里出现。

由上可知，"也"的实用用法通常用于并列的句式中。有人就因此认为"也"可以表示并列关系，强调两事并列。[①]我们认为，这种看法是不妥当的，这无疑是将"也"字所在句式所表示的语法意义归到"也"的身上去了。为了说明这一点，不妨先比较下面两句话：

a 他吃了一个苹果，我吃了一个苹果。

b 他吃了一个苹果，我也吃了一个苹果。

a、b 都是并列复句，都是把"他吃了一个苹果"和"我吃了一个苹果"这两件事并列起来说；但由于 a 无"也"，b 有"也"，所以 a 和 b 意思有所不同：b 句说话者强调后者（我吃了一个苹果）与前者（他吃了一个苹果）类同，a 句说话者并未强调这一点。并列复句的各分句总是分别说明几件事或几种情况，在并列复句中用不用"也"，就取决于是否要强调后者与前者类同。如果二者根本无类同之处，或者虽有类同之处，但无须强调，则不用"也"。例如：

（29）他是教员，我是农民。

（30）"你们俩去哪儿？""他去上海，我去哈尔滨。"

例（29）所说的两件事（他是教员，我是农民）无类同之处，不能加"也"；例（30）所说的两件事虽有类同之处（都是去外地），但从上下文看这里无须强调，所以不用"也"。反之，当所说的两件事或两种情况有类同之处并且需要加以强调时，就用"也"。例如：

（31）他是教员，我也是教员。

---

① 参见《现代汉语虚词》247 页，《新华词典》982 页，《现汉》1198 页。

（32）"暑假你们俩不到哪儿去吧？""不，他要去上海，我也要去哈尔滨。"

例（31）强调在职务上，我与他类同（都是教员）。例（32）强调在暑假里要去外地这一点上，我和他类同。

总之，用于并列复句中的"也"，并不是"表示并列关系，强调两事并列"，而是表示类同。

三 "也"的虚用用法

所谓"也"的虚用用法，就是指在有"也"的句子里，相类同的前项只是隐含着而未明白说出，甚至是假想的，实际上不一定能明白确切地说出，如前面所举的例（6）（7）。

在"也"的虚用用法中，"也"往往跟其他某些词语构成固定格式，整个格式表示某种特殊的语法意义。常见的格式有：

（一）"虽然/尽管……，也……。"（斜线符号"/"表示"或者"的意思，下同。）例如：

（33）他虽然不及格，也被录取了。

（34）尽管下雨，他也来了。

这个格式表示让步转折，其中的"也"还是表示类同。

有人认为"他虽然不及格，也被录取了"里的"也"表示转折。[①] 我们认为这个句子里"也"的基本作用仍然是表示类同。在这里有必要说明一下"也"所表示的两种不同性质的类同：相应性类同和不相应性类同。请看例句：

[①] 参见《现代汉语虚词》247—248页，《新华词典》982页，《现汉》1198—1199页。

（35）只要及格，八十分的能录取，六十分的也能录取。

（36）及格的录取了，不及格的也录取了。

例（35）"也"所表示的是相应性类同，意思是只要及格的都录取。例（36）"也"表示的是不相应性类同：按说，不及格和及格是相对立的，不及格的和及格的不能一律对待，同等处理，而现在竟同等处理了。并列复句里的"也"一般表示相应性类同，转折复句里的"也"总表示不相应性类同。由此可见，例（33）（34）所表示的转折意思，跟"也"的存在不能说没有关系，但不是由"也"直接表示的，它是由整个前后分句的意思决定的。"也"在这里仍然表示类同，只是它表示的是不相应性类同。

（二）"即使/就是……，也……。"例如：

（37）水从悬崖上像条飞练似的泻下，即使站在十里外的山头上，也能看见那飞练的白光。

（38）就是下雨，也要坚持锻炼。

有人认为这些句子里的"也"是表示假设关系。[①]这种看法也是不妥当的，也是把整个格式所表示的语法意义归到"也"的身上去了。应该说例（37）（38）分句之间那种假设让步转折关系，是由"即使/就是……，也……"这个格式表示的，而其中的"也"仍然是表示类同，这跟（一）中的情况一样，也是表示不相应性类同。

再如：

（39）即使我去拿，也不一定能拿来。

说这句话时，总是预设着这样的内容：某人去拿过了，没能拿来。句中的"也"正是强调"我"将和那个人一样，不一定能拿来。显然，这个句子里的"也"还是表示类同，而不是表示假设。

（三）"不仅/不但……，也……。"例如：

[①] 参见《现代汉语虚词》248页。

（40）世界语不仅我不会，他也不懂。

（41）这个玩意儿不但我没见过，我妈也没见过。

这个格式表示递进关系。有人就因此认为这里的"也"表示递进关系。①这个看法同样是不妥当的。就例（40）来说，句中的递进关系真是由"也"表示的吗？不是。如果我们将这句话的"不仅"删去，这个句子就是一个表示并列关系的复句了。可见递进关系是"不仅……，（而且）也……"这一格式表现出来的。而"也"在这里仍表示类同，强调他和我在"不懂"或者说"不会"这一点上是类同的。

（四）"无论/不论/不管……，也……。"

例如：

（42）无论什么天气，他也会去。

（43）不管怎么说，他也不听。

这是一个表示无条件的复句句式，强调在任何情况下都这样（或都不这样）。有人也就认为这些句子里的"也"本身就表示条件关系。②其实，"也"在这里是强调在任何条件下其结果都类同。如例（42）的意思是好天气他会去，坏天气他也会去，不管天气好坏，结果都一样：会去。例（43）的意思是你少说他不听，你多说他也不听，不管你怎么说，结果都一样：他不听。

（五）"连……也……。"例如：

（44）连他也来了。

（45）连饭也忘了吃。

这个格式在于强调性状或行为动作的主体或客体范围之广，反过来又强调这种性状或行为动作所达到的程度之深。"连"字后面、"也"字

---

① 参见《现代汉语虚词》247页。

② 参见《现代汉语虚词》248页。

前面那个成分总是该格式的重音所在，它所举出的总是说话者认为最有可能（或最不可能）这样的事例，"也"在这里的作用在于强调一类中最有可能（或最不可能）这样的也跟一般的一样没能这样（或这样了）。

（六）"V 也 V + 可能补语否定式。"（V 代表动词）例如：

（46）洗也洗不干净。

（47）跑也跑不动。

这些句子的前面，或者可以加上"即使"（即使洗也洗不干净），或者可以加上"连"（连跑也跑不动），因此格式（六）兼表让步转折（这时跟格式（二）一样）和强调（这时跟格式（五）一样）这两种意思，着重强调通过某种行为动作，不可能达到某种结果。

（七）"一……也 + 不 / 没有……。"例如：

（48）一口酒也不喝。

（49）一个人也没有来。

这是一个既表让步转折，又强调周遍意义的格式。句子头上有时可以加"即使"（即使一口酒也不喝），有时可以加"连"（连一个人也没有来）。例（48）强调不喝酒，哪怕是一小口；例（49）强调人都没有来，哪怕是一个人。

（八）"疑问代词 + 也……。"例如：

（50）谁也不说话。

（51）什么也不吃。

（52）谁也懂得。

"也"后面的成分以否定形式居多。这种格式强调某种情况对主体或客体来说是无一例外的。这虽是一种单句格式，但从表达的角度看，跟格式（四）属一类，因此句子头上都可以加"无论""不论"或"不管"这些连词。

上述种种格式所表示的语法意义各不相同，但这些格式中的

"也"的作用却是相同的，都表示类同。因此这种种格式又具有共同的特点，都表示事情的结果不因条件的不同或情况的变化而不同，即条件、情况等不同了，变化了，而结果还是类同的。

四 "也"表示委婉语气

"也"除了表示类同外，还能表示委婉语气。比较下面两句话：

（53）你太不客气了。

（54）你也太不客气了。

上面两句话的基本意思一样，但语气不同：例（53）没有"也"，说得很直，口气很硬，甚至带有训斥的语气，让人听起来感到刺耳；例（54）有"也"，语气就委婉多了。

"也"能用来表示委婉语气，是跟它的基本作用分不开的。由于"也"的基本作用是表示类同，所以在表示责怪、怨恨的语句中用了"也"，就含有这样的意思：所指出的问题并非只是提到的人才有，从而减弱了责怪、怨恨的语气。如例（54）说话人要说对方太不客气，但又不想使对方太受不了，于是就用个"也"，表示"你"是太不客气，但这不是"你"一个人这样，以此来减弱责怪的语气。再如：

（55）你也太不懂事了。

（56）你也得体谅体谅别人嘛！

可见，"也"表示委婉语气还是从它的基本作用派生出来的。

"也"表示委婉语气，除了可以用于表示责怪、怨恨的语句以外，还可以用于表示无可奈何、别无办法的语句中。例如：

（57）音量也就这样了。

（58）这事儿也只好由他了。

五　关于在某些句式中"也"和"都"的互换问题

在上面谈到的用"也"的格式中,有的"也"可以换为"都",句子基本意思差不多。例如:

(59) a 连他也来了。
　　　b 连他都来了。
(60) a 一个人也没来。
　　　b 一个人都没来。
(61) a 不论是什么鱼,他也不吃。
　　　b 不论是什么鱼,他都不吃。
(62) a 谁也不知道。
　　　b 谁都不知道。

但是,这并不是说"都"就等于"也"。用"也"还是用"都"反映了两种不同的说话角度。拿例(59)来说,用"也"是说最不可能来的"他"竟和一般人一样,来了。"也"在这里表示在"来了"这一点上类同。用"都"是举出一类中最不可能来的"他"为代表,强调说明这一类无一例外地全来了,"都"在这里表示总括。再如例(61),无论用"也"还是用"都"都强调"他"无条件地不吃鱼。用"也"意在表示一般人心目中的小鱼、次鱼他不吃,一般人心目中的大鱼、好鱼,他同样不吃;"也"强调在"不吃"这点上类同。用"都"意在表示不管小鱼大鱼,次鱼好鱼,他都不吃;"都"总括"鱼"的范围。

同一个意思,人们可以从不同的角度去说明,去反映,这在语言表达上就往往可以选用不同的说法,不同的表达手段。"也"和"都"在某些句式中互换的现象,正说明了这一点。

六　余论

副词"也",许多语法论著都谈到过它。我们之所以还要谈论这个"也",一方面想说明"也"的基本作用是表示类同,而不是别的什么;另一方面也想通过对"也"的基本作用和具体用法的剖析,说明在虚词研究中切忌将含有某个虚词的某种句子格式所表示的语法意义硬归到格式中所包含的这个虚词身上去。

虚词只表示语法意义,而一个虚词在句子中往往有种种不同的用法。那么怎样才能把握住这个虚词的语法意义呢?我们认为很重要的一点是,一定要通过比较分析,透过表面的种种用法去把握住这个虚词的实际作用,找出种种用法的内在联系,这样才不至于为表面现象所迷惑,把本来有内在联系的用法割裂开,把本来不属于这个虚词的语法意义误认为是它的语法意义。

（原载于《中国语文》1982年第4期）

包含副词"也"的并列复句句式及其他

引　言

关于副词"也"，我曾写过一篇文章，题目是"说'也'"，发表在 1982 年《中国语文》第 4 期上。在那篇文章里，我用大量事实，分析说明各种复句中的副词"也"不管出现在并列复句、递进复句还是转折复句、条件复句、假设复句中，它的基本意义是"表示类同"。现代汉语中还有另外一个"也"，表示委婉语气，但它是由表示类同的"也"经虚化（用现在的话来说就是"语法化"）而成的。最后我指出，"在虚词研究中切忌将含有某个虚词的某种句子格式所表示的语法意义硬归到格式中所包含的这个虚词身上去"。这篇文章得到了学界的普遍肯定。

最近我对副词"也"的用法又进行了一些新的探究。前年我在美国访问，有个美国孩子在向我们介绍他的朋友佩雷斯时，说了这么一个用"也"的并列复句，引起了我的注意：

（1）*佩雷斯是我很要好的朋友，他是犹太人，从小生活在纽约，很喜欢学习中文，除了母语，现在他会说中文，也会说一口流利的英语。

我总觉得这个句子有点别扭。别扭在哪里呢？觉得最后两个小句的次序好像应该倒一下，应说成：

（1′）佩雷斯……，除了母语，现在他会说一口流利的英语，也会说中文。

这个句子引发我思考这样一个问题：用了"也"的并列复句，如果有A、B两项，那么该哪一项在前？

如果不好好思索，可能就会这样回答：那就要看说话人着意要说"谁跟谁类同"，如果是要说B跟A类同，那么A在前，B在后；如果是要说A跟B类同，那么B在前，A在后。例如：

（2）他吃了个面包，我也吃了个面包。

（3）我吃了个面包，他也吃了个面包。

例（2）是要说"我"跟"他"类同，例（3）是要说"他"跟"我"类同。情况就那么简单吗？例（1）偏误的事实说明不会那么简单。根据语料，经研究发现，包含"也"的并列复句，从形式上来看，有两大类型，一类是只在并列各项的最后一项用"也"；另一类是并列各项每项都用"也"。下面分别说明。

一　只在并列各项最后一项用"也"

只在并列各项最后一项用"也"的并列复句，具体还可分两种情况。

第一种情况：A和B在语义上不分主次，孰前孰后，确实完全取决于语境，就看说话人是要说"谁跟谁类同"。如上一节所举的例（2）、例（3）就是。好多例子属于这一大类。这里不再举例赘述。

第二种情况：A和B在语义上不平等，孰前孰后有讲究。具体可以细分为以下几种情况：

（一）A和B在语义上有主次之分，主者在前，次者在后。例如：

（4）水库可以用来灌溉、发电，也可以用来养鱼。*

---

* 例（4）及下文所用的未注明出处的例句，均为自己所造，但经咨询多人而定。

（5）李学群是中文系的研究生，也在经济系听些课。

水库的主要功能是灌溉、发电，而不是养鱼；中文系的研究生主修的当然是中文系的课程，而经济系听课只是辅修的。所以例（4）—（5）绝不能采用下列说法：

（4′）*水库可以用来养鱼，也可以用来灌溉、发电。

（5′）*中文系研究生李学群在经济系听些课，也在中文系上课。

上一节所举的例（1）偏误句，就属于这一小类。

（二）A 和 B 在时间上有先后之分，先者在前，后者在后。例如：

（6）第一批出发的已到达指定地点，第二批出发的也到达指定地点了。

（7）今年老大上大学，明年老二也要上大学了。

（8）今年大海哥参军了，我长大后也要参军。

例（6）—（8）A 和 B 存在着明显的时间先后顺序，所以不采用下面的说法：

（6′）*第二批出发的已到达指定地点，第一批出发的也到达指定地点了。

（7′）*明年老二要上大学了，今年老大也上大学。

（8′）*我长大后要参军，今年大海哥也参军了。

（三）在表达仿照关系的复句中，总是被仿照者 A 在前，仿照者 B 在后。例如：

（9）他们都喝咖啡，那我跟他们一样，也来一杯咖啡。

（10）你先跟我学，我怎么做，你也怎么做。

（11）参观回来，他们就模仿祁连大队，也建起了草莓种植大棚。

（四）A 和 B 如果在情理上隐含因果关系，那么表示"因"的 A 在前，表示"果"的 B 在后。例如：

（12）爸爸经过一年治疗，病好了，人也变得有精神了。

（13）到了下午，风停了，浪也小了。

例（12）在"病好了"和"有精神了"之间，例（13）在"风停"和"浪小"之间，都含有因果关系，所以不采用下面的说法：

（12'）*爸爸经过一年治疗，人变得有精神了，病也好了。

（13'）*到了下午，浪小了，风也停了。

（五）A 和 B 具有量级关系，表示类同关系时遵循"递减"准则（张斌 2001，王伟 2006），量级高的 A 在前，量级低的 B 在后。例如：

（14）这么难的问题小孩儿不知道，科学家也不知道。

（15）这么容易的问题，别说一般人能回答出来，小孩儿也能回答出来。

就对客观现象或问题的认识或解释这一点来说，"孩子"与"科学家"之间就存在着量级关系。例（14）对于难的问题，就"不知道"而言，小孩儿与科学家呈现"递减"的量级关系——小孩儿量级高，在前；科学家量级低，在后。例（15）对于容易的问题，就"能回答出来"而言，一般人（"一般人"总是指成人）与小孩儿呈现"递减"的量级关系——一般人量级高，在前；小孩儿量级低，在后。这两个例子都不能说成：

（14'）*这么难的问题科学家不知道，小孩儿也不知道。

（15'）*这么容易的问题，别说小孩儿能回答出来，一般人也能回答出来。

下面是同类的例子：

（16）挂得太高了，个子矮的够不着，个子高的也够不着。

（17）这个洞太小了，大个子钻不进去，小个子也钻不进去。

这种并列复句在实际话语交际中更常见的是采用表示"极性强调"的、体现量级序位关系的"连"字句（张谊生 2005，张旺熹 2009）来表达，说成：

（18）这么难的问题连科学家也不知道。

（19）这问题容易，连小孩儿也回答得出来。

（20）挂得太高了，连个子高的也够不着。

（21）这个洞太小了，连小个子也钻不进去。

二　并列各项都用"也"

每一个并列项都用"也"，最常见的还是只包含两项的，但也有包含三项、四项甚至更多项的。例如：

（22）他最初也很沮丧，也很难过，但音乐使他开始了新的人生。（北京大学中国语言学研究中心语料库，新华社2004年新闻稿）

（23）这里花儿还是美丽地开着，蜻蜓蝴蝶还是妖俏地飞着；也不刮大风，也不下雪，河里也不结冰。（老舍《小坡的生日》）

（24）何以度心眼，一声阿弥陀，行也阿弥陀，住也阿弥陀，坐也阿弥陀，卧也阿弥陀，……。（北京大学中国语言学研究中心语料库，《佛法概要》）

（25）这样的时候，似乎可以说我让那东西移了情了。山也移情，水也移情，晴空也移情，田畴也移情，飞鸟也移情，游鱼也移情，一切景物融合成一个整体而移我们的情的时候，……（叶圣陶《良辰入奇怀》）

下面以只包含两个并列项的并列复句为代表来加以分析说明，所得结论也适用于包含多项的。

我们所说的并列两项都用"也"的并列复句句式是这样一种复句句式——前后分句用"也"，而且彼此互相呼应，以凸显前后分句之间的类同关系。所以，需要注意的是：在复句里，前后分句都用"也"不见得就一定是我们这里所说的前后两项都用"也"的并列复句。例如：

（26）我爹在村里什么团体也不参加，谁也管不着他的事，光凭我一个人怎么争取得了他？（赵树理《三里湾》）

（27）男队的实力……。我们女子的实力也很强，也要多得金牌。（北京大学中国语言学研究中心语料库，新华社2004年新闻稿）

（28）何科长说："我们家乡的地名可没有……唔！也不少，也不少！"赵树理《三里湾》）

上面所举的几个例子前后虽是并列关系，但都不属于我们要说的"A……也……，B……也……"并列复句句式，它们句中前后的"也"没有呼应关系，并不凸显前后分句之间的类同性。如例（26）的"什么团体也不参加，谁也管不着他的事"，是两个周遍性主语句的并列；例（27）的"我们女子的实力也很强"和"也要多得金牌"也都分别跟"男队……"具有类同性，而不是显示"我们女子的实力也很强"和"也要多得金牌"这二者之间相类同；至于例（28）的"也不少，也不少"根本就不能看作复句，是一种叠用现象——"也不少"的叠用。

总之，我们这里所说的并列两项都用"也"的并列复句句式，是前后两个分句之间不仅有并列关系，而且前后分句之间彼此具有类同性。具体又可分两种情况：

一种情况，A项和B项在语义上无先后主次之分，孰前孰后，取决于语境，就看说话人是要说"谁跟谁类同"。例如：

（22）他最初也很沮丧，也很难过，但音乐使他开始了新的人生。（北京大学中国语言学研究中心语料库，新华社2004年新闻稿）

（29）要说居住，这里比城里不知好多少倍。这里天也特别蓝，空气也特别清新，让人觉得特舒服。

例（22）（29）也可以说成：

（22'）他最初也很难过，也很沮丧，但音乐使他开始了新的人生。

（29'）要说居住，这里比城里不知好多少倍。这里空气也特别清新，天也特别蓝，让人觉得特舒服。

大量的是属于这一类。

另一种情况是，A项和B项在语义上有先后主次之分。这种主次之分大致可分为：

（一）肯定与否定并举，肯定项在前，否定项在后。例如：

（30）未确定结果前还得找工作，遇到满意的单位签也不是，不签也不是，这种两难境地深深折磨着许多毕业生。（北京大学中国语言学研究中心语料库，新华社2004年新闻稿）

（31）天赐怕也不是，不怕也不是，一会儿以为老师是怪物，一会儿……。（老舍《牛天赐传》）

（32）及至见了他，她的勇气又消散了，笑也不是，不笑也不是，无聊的，敷衍的，跟他说几句极平常，不着边际的话。（老舍《蜕》）

（33）你们认罪也死，不认罪也死，何苦多饶一面呢？（老舍《四世同堂》）

（34）杜亦甫莫名其妙的在后面跟着，跑也不好，不跑也不好，十分的不好过。（老舍《杀狗》）

（二）含有指示代词，近指"这—"与远指"那—"并举，那么近指"这—"在前，远指"那—"在后。例如：

（35）那塔砖放在自己的家中，凡事都必平安，如意，逢凶化吉，于是这个也挖，那个也挖，挖之久久，便倒了。（鲁迅《坟》）

（36）到了店里，满眼是五颜六色的丝巾，这条也好看，那条也漂亮她不知挑选哪一条好了。

（37）只见他在墙上摸来摸去，一会儿又这里也敲敲，那里也敲敲，好像在找什么东西。

（38）就是插队，这儿也插队，那儿也插队，有的是一中的，有的是就咱们这左近的，……（北京大学中国语言学研究中心语料库，口语，1982年北京话调查资料）

（三）有些成为习惯性的说法，如"旱涝"不说"涝旱"，"远近"不说"近远"，"东西"不说"西东"，"好歹"不说"歹好"，"书报"不说"报书"，等等。如果二者对举时，就按习惯分列前后。例如：

（39）我自己的那几亩旱也不收，涝也不收。（老舍《四世同堂》）

（40）车轮磁拉磁拉的响，喇叭也有仆仆的，有的吧吧的乱叫。远处也是车，近处也是车，……。（老舍《二马》）

（41）东也闹兵，西也闹兵，谁敢走啊！（老舍《骆驼样子》）

（42）好也不行，歹也不行，这条路上只有死亡，而且说不定哪时就来到，自己一点也不晓得。（老舍《骆驼祥子》）

（43）回家以后，他躺了三天三夜，茶也不思，饭也不想！（老舍《四世同堂》）

（44）同久病初愈的患者一样，日日但伸展了四肢，躺在藤椅子上，书也懒得读，报也不愿看。（郁达夫《灯蛾埋葬之夜》）

（四）按时间先后排列。例如：

（45）我们与友人定约会的时候，若说随便什么时间，早晨也好，晚上也可以，反正我一天不出门，你哪时来也可以。（老舍《四位先生》）

（46）一天老是，三顿就那个，早上也那个，中午也那个，晚上也是那，你还甭去排队，……（北京大学中国语言学研究中心语料库，口语，1982年北京话调查资料）

（47）当那次会议的精神一传达，凤阳县小岗村的农民伤心地说："早也盼，晚也盼，盼来了两个'不许干'！"（北京大学中国语言学研究中心语料库，《中国农民调查》）

三 对郭锐（2008）关于"也"的分析的回应

郭锐在《世界汉语教学》2008年第4期上发表了《语义结构和汉语虚词语义分析》一文，对"也"所表示的语法意义作了新的分析。这里附带对他的分析作一些回应。

郭锐将自己的新的分析法称为"虚词的语义结构分析法"。郭锐在介绍这一分析法时举了副词"也"的例子（所引例子按本文例句顺序排列）：

（48）你去北京参观访问，我们也去北京参观访问。

（49）有人看着认真干，没有人看着也认真干。

对例（48）郭锐的分析是：

语义要素：{{事物 y，事物 x}，{状况 P}}

其中，x 是"也"约束的焦点，如例（48）中的"我们"，y 是上文中或隐含的与之对比的成分，如例（1）中的"你"。

关系：y 具有状况 P，x 具有状况 P（x 具有与 y 相同的状况）。

例（48）这种用法就是过去研究中所说的"类同"义。

对例（49）郭锐的分析是：

语义要素：{{条件 y，条件 x}，{状况 P}}

关系：条件 y 具有状况 P，条件 x 具有状况 P（在条件 x 下出现的状况与条件 y 下出现的状况相同）。

例（49）与"也"发生关联的不是某个事物，而是某种条件。例（48）这种用法表示不同条件下具有相同状况。这可以叫"条件"义。

郭锐的结论是：

例（48）与例（49）虽然"关系"一样，但"语义要素"不同，应分为两个义项。

郭锐所提出的"虚词的语义结构分析法"的总体思想，我们是赞成的，但他对"也"所表示的语法意义的分析，值得商榷。

我们觉得，他对例（48）和例（49）里"也"的语法意义的分析采用了不同的标准。他对例（48）的分析，着眼于 y 与 x 之间的关系，"x 具有与 y 相同的状况"，所以例（48）里的"也"就"表示'类同'义"。而他对例（49）的分析则着眼于语义要素的性质，说例（49）里"与'也'发生关联的不是某个事物，而是某种条件"，因此例（49）里的"也"表示"'条件'义"。

事实上，我们说"也"表示类同，实际是就 A 和 B 的关系说的。至于 A 和 B 作为"也"引出的语义要素，可以是不同的人，可以是不同的事物，可以是不同的事件，可以是不同的时间，也可以是不同的处所，也可以是不同的条件。

因此，确定"也"的基本意义不应该看"也"所引出的是什么语义要素，而是应该看那不同语义要素之间的关系是否有类同关系。

结　　尾

本文所作的描写说明，希望对于汉语作为第二语言/外语教学，能有些参考价值。

参考文献

郭锐:《语义结构和汉语虚词语义分析》,《世界汉语教学》2008 年第 4 期。
马真:《说"也"》,《中国语文》1982 年第 4 期。
王伟:《名词性并列结构中语义量级的句法投射》,《北京大学学报（国内访问学者、进修教师论文专刊）》, 2006 年。
张斌主编:《现代汉语虚词词典》, 商务印书馆, 2001 年。
张旺熹:《连字句序位框架及其对条件成分的映射》,《汉语句法结构隐性量探微》,

北京语言大学出版社，2009年。
张谊生:《汉语"都"的语法化和主观化》,《徐州师范大学学报》(哲学社会科学版)2005年第1期。

（原载于《世界汉语教学》2014年第1期）

说"反而"

就已有的资料看，对"反而"一词的看法存在着明显的分歧：第一，"反而"到底是什么词？有的说它是副词，有的说它是连词，有的说它既是副词又是连词。① 第二，"反而"在句子中到底表示什么关系？有的说它表示转折关系；有的说它表示递进关系；有的说它既表示递进关系，又表示转折关系。②

关于"反而"，过去谈得不多，所谈也极为简单。目前大家的不同看法，从某一方面说，也正反映了我们对"反而"这个词，特别是对它的具体用法，搞得不是很清楚。就拿《现代汉语词典》《现代汉语八百词》来说，它们对"反而"的语法意义的解释还是可取的，③但是都未能具体分析说明"反而"的用法。本文试对"反而"的用法、词性作些具体分析。

---

① 吕叔湘主编的《现代汉语八百词》（以下简称《八百词》，商务印书馆，1981年，北京）认为是副词；王国璋、安汝磐等编著的《常用词用法例释》（中国人民大学出版社，1980年，北京）以及华南师范中文系编的《现代汉语虚词》（以下简称《现虚》，广东人民出版社，1981年，广州）认为是连词；景士俊的《现代汉语虚词》（以下简称《虚词》，内蒙古人民出版社，1980年，呼和浩特）认为既是副词，又是连词。

② 《八百词》认为表示转折关系；《虚词》认为表示递进关系；《现虚》认为既表示递进关系，又表示转折关系。

③ 《现代汉语词典》的解释是"表示跟上文意思相反或出乎预料和常情之外"，《八百词》的解释是"表示跟前文意思相反或出乎预料之外"。

一

要搞清楚"反而"的具体用法，首先必须了解这个词在句中出现的语义背景。

现代汉语里用到"反而"，总有如下的语义背景：

A. 甲现象或情况出现或发生了；

B. 按说〔常情〕/原想〔预料〕甲现象或情况的出现或发生会引起乙现象或情况的出现或发生；

C. 事实上乙现象或情况没有出现或发生；

D. 倒出现或发生了与乙相背的丙现象或情况。

上述 A、B、C、D 指的是四层意思，"反而"就用在说明 D 意的语句里。这四层意思可以在句中一起明确地说出来，也可以不全明确地说出来；这四层意思可以通过一个复句形式来表达（这是最常见的），也可以通过一个句群来表达；这四层意思有时也可以压缩，通过一个最小的复句形式（只包含两个分句的复句），甚至是一个单句来表达。下面我们着重分析讨论这四层意思在复句里出现的具体情况，也兼及其他两种情况。

如果我们将"反而"出现的语义背景在一个复句中全都说出来，那么将得到格式 I：

Ⅰ. A＋B＋可是①C＋反而 D

这是一个多重复句的格式。例如：

（1）（A）今天午后下了一场雷阵雨，（B）原以为可以凉快一些，

---

① 这里仅仅以"可是"为代表，其实可以有"可是、但是、然而、谁知（道）、谁想到、没想到、哪知道"等多种说法。

可是（C）并没有凉下来，（D）反而更闷热了。
C分句里常常有"不但""不仅"等表示递进的前置连词。例如：

（2）（A）有些演员唱歌、演奏必伴之以摇摆、扭屁股的动作，
（B）以为可以赢得观众，谁知（C）不但没有博得喝彩声，
（D）反而引起了多数观众的议论和指责。（文摘报）

例（1）C分句也可以说成"可是不但没有凉下来"。因此，格式Ⅰ可以改写为：

Ⅰ. A＋B＋可是（不但）C＋反而D

格式里的括号表示其中的成分可以出现，也可以不出现，下同。

人们在交际过程中，总是要求说话尽量经济，用最少的言辞表达所要说的意思。因此，格式Ⅰ除非出于某种表达的需要，一般很少用，在我们所搜集的一百四十个例句中，仅见一例，即例（2）。由于B和C实际起着互相衬托的作用，在C里实际包含了B的意思，而在B里隐含着C的意思，因此在实际交际中常常省去B，例如：

（3）（A）今天午后下了一场雷阵雨，可是（C）天气不但没有凉下来，（D）反而更闷热了。

（4）（A）中央曾对其中有些问题有过指示，要求各级党委予以重视和解决，但是（C）不但没有解决，（D）反而越来越严重。（毛泽东《解决"五多"问题》）

（5）（A）蕙气得回房间哭了半天，（C）她的丈夫不但不安慰她，（D）反而责备她小气。（巴金《春》）

这就构成格式Ⅱ：

Ⅱ. A＋可是（不但）C＋反而D

也可以保留B，省去C，例如：

（6）（A）今天午后下了一场雷阵雨，（B）原以为可以凉快一些，谁知（D）反而更闷热了。

（7）（A）九号十二号两天刚说好停战，（B）大家以为没有事了，

谁知（D）敌人反而在这时候用大炮轰城。(《田汉剧作选》)

（8）（A）他往灶里塞了好多柴火，（B）想让火烧得旺些，没想到（D）反而把火压灭了，弄得满屋子是烟。

这就构成格式Ⅲ：

  Ⅲ. A + B + 可是 + 反而 D

也可以 B、C 都省去，只保留 A、D，例如：

（9）（A）今天午后下了一场雷阵雨，（D）天气反而更闷热了。

（10）永新、宁冈两县的党组织全部解散，重新登记。（A）党员数量大为减少，（D）战斗力反而增加。(毛泽东《井冈山的斗争》)

（11）一路上，我们都不约而同地谈论着：为什么（A）一个人自己种了玉蜀米，山薯，辛辛苦苦地，（D）一年到头反而只能够吃蕲米。(《叶紫创作集》)

这就构成格式Ⅳ：

  Ⅳ. A + 反而 D

将四种格式排列在一起：

  Ⅰ. A + B + 可是（不但）C + 反而 D
  Ⅱ. A   + 可是（不但）C + 反而 D
  Ⅲ. A + B + 可是   + 反而 D
  Ⅳ. A   + 反而 D

这四个格式从表面看虽然各不相同，实际上却有内在的联系。如果我们把格式Ⅰ看作是繁式，那么格式Ⅱ、Ⅲ、Ⅳ就分别是它的省略式，因此这四个格式也可以概括表示为：

  A +（B）+（可是（不但）C）+ 反而 D

D 是"反而"所在的分句，当然不能省。A 是使用"反而"的前提条件，因此也不能省。

包含"反而"的复句格式，其内部的语义结构关系可图示如下：

A+(B)+(可是（不但）C)+反而D

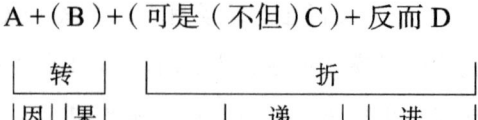

```
  |转|    |    折    |
  |因|果| |递  |  进 |
  （或目的）
```

很明显，所有包含"反而"的复句，就全句说都是转折复句。可是，在格式Ⅰ和Ⅱ里，"反而"所在的D，只跟C发生关系，它们之间都是递进关系；而在格式Ⅲ和Ⅳ里，"反而"所在的D跟"A+B"或A发生关系，它们之间都是转折关系。至此，我们就可以明白，为什么"反而"会让人感到它有时表示递进关系，有时表示转折关系。

二

前面已经指出，A是使用"反而"的前提条件，因此不能省。但是，A有四种变化情况：①

1. A取名词短语的形式，作后面某一段的主语。上文所举的例（1）（3）（6）（9），就都可以分别改为：

（12）（A）今天午后这一场雷阵雨，（B）大家以为会使天气凉快一些，谁知（C）不但没凉快下来，（D）反而更闷热了。

（13）（A）今天午后这一场雷阵雨（C）不但没使天气凉快下来，（D）反而更闷热了。

（14）（A）今天午后这一场雷阵雨（B）按说该使天气凉快一些，

---

① 有时，A意也可以用一个谓词性短语表达，例如：
他常常喜欢想呀想的，只是有时候（A）想了（D）反而把事情弄得更糟。（《儿童文学选》）
你让他哭好了，抱他干么？小孩子（A）多哭哭（D）反而卫生。（林淡秋《散荒雪》）

谁知（D）反而更闷热了。

(15)（A）今天午后这一场雷阵雨（D）反而使天气更闷热了。

再如：

(16)（A）这种不正确的谦逊（C）不但不能成为一个人的美德，（D）反而有害于我们共同的事业。（转引自《语文知识》1955年第12期）

(17)（A）你这个年青人（B）照理应该走在头里，（D）你怎么反而掉在我们老头儿后边啦？（文汇报）

(18)难道（A）这不幸的事件（D）反而使得她不想望孩子了吗？（《散文特写选》1953.9—1955.12）

2. A 取介词短语形式，做后面某一段的状语。上文的例（1）（3）（6）（9）也可分别改写为：

(19)（A）经过午后这一场雷阵雨，（B）原以为天气会凉快一些，谁知（C）不但没凉快下来，（D）反而更闷热了。

(20)（A）经过午后这一场雷阵雨，（C）天气不但没凉快下来，（D）反而更闷热了。

(21)（A）经过午后这一场雷阵雨，（B）原以为可以凉快一些，谁知（D）反而更闷热了。

(22)（A）经过午后这一场雷阵雨，（D）天气反而更闷热了。

再如：

(23)（A）在他得知自己患了血癌以后，（B）同志们都担心他会经受不住这一突如其来的打击，谁知（D）他倒反而来安慰自己的爱人和同志们了。（长江日报）

(24)（A）自从母亲死后，（D）大小姐的身体反而健康发福了，气性也反而温驯了。（李劼人《暴风雨前》）

在上述两种情况下，当句中B、C、D都出现时，跟前面分析过的格式Ⅰ一样，全句是个转折复句，"反而"所在的D跟C发生递进关系，如例（12）（19）；当句中只出现 C、D 时，全句便是个递进复句，如例（13）（16）（20）；当句中只出现 B、D 时，全句便是个转折复句，如例（14）(17)（21）（23）；当句中只出现 D 时，全句通常是一个含有转折意思的单句，如例（15）（18）（22）。

3. A 见于前句。例如：

（25）（A）民国以来,（C）也还是谁也不作声。（D）反而在外国，倒常有人说起中国的，但那都不是中国人自己的声音，是别人的声音。（鲁迅《三闲集·无声的中国》）

例（25）包含"反而"的复句里并没有 A，A 是在前面一个句子里。再如：

（26）（C）他不但没有成为列车上的调皮鬼,（D）反而成了积极带头的模范。（峻青《黎明的河边·东去列车》）

（27）哼！依你说,（D）反而是周乡绅怕了乡下人么？（《洪深选集》）

例（26）（27）包含"反而"的复句里都没有 A，可是在原文里 A 都出现了，只是在较前的句子里。这种情况，实际上就是前面所提及的 A、B、C、D 四层意思包含在一个句群中的现象。

4. A 取假设分句形式。前面所提到的 A，都是一个已然的前提条件，然而在运用"反而"的语义背景中，A 也可以是一个假设的前提条件。例如：

（28）要是先把刁小三抓起来，看来没有什么不可以，事实上刁小三目前对我们用处不是很大，反而会打草惊蛇，对整个侦破工作不利。

这与 A 为已然的前提条件时基本一致。需要指出的是，当 A 为假设的前提条件时，格式Ⅳ便成了：

如果 A＋反而 D

这时，"反而"所在的分句 D 与 A 之间是假设关系。例如：

（29）不能！（A）打死一两个敌人，（D）反而碍事！（陈登科《淮河边上的儿女》）

在这种情况下，会让人感到"反而"又能表示假设关系。

三

下面讨论"反而"的词性问题。

我们同意《现代汉语八百词》的意见，把它归入副词。理由有三：

1. 运用"反而"的句子，虽然有种种不同的格式，但是，从上面的分析中可以看出，Ⅰ式是最基本的格式，其余都是由它衍化出来的，因此出现在各种格式里的"反而"其实是同一个词。这说明把"反而"处理为既是副词又是连词，是不恰当的。

2. "反而"经常用于复句，但并不是非得用于复句不可。当"反而"语义背景中的 A 取名词短语形式做主语或取介词短语形式做状语时，"反而"可以用于单句，如例（15）（18）（22）。

3. 不管"反而"出现在哪一种具体的句子格式里，它所表示的语法意义都是相同的（即《现代汉语词典》与《现代汉语八百词》所指出的，见注③）。至于"反而"所在的分句，与前面的分句有时是转折关系，有时是递进关系，有时是假设关系，这是包含"反而"的复句所表示的语法意义，而不是"反而"本身所表示的语法意义，虽然二者有联系。我们不能将"反而"所在的句式所表示的语法意义归到"反而"头上去。

因此，我们认为"反而"是一个副词。

与副词"反而"同义的还有副词"反""反倒"。例如：

（30）中国最多的却是枉道：不打落水狗，反被狗咬了。（鲁迅《坟·论"费厄泼赖"应该缓行》）

（31）疯哥，你是好人，真有你的，不记前仇，反倒把我扶到这儿来，你的心眼太好了。（老舍《龙须沟》，1951年本）

上面二例中的"反"和"反倒"都可以换成"反而"，意思不变，所不同的是，"反倒"多用于口语，"反"多用于书面语，"反而"则书面语和口语都用。

（原载于《中国语文》1983年第3期）

关于"反而"的语法意义

我在《说"反而"》(《中国语文》1983年第3期，又见《现代汉语虚词散论》，北京大学出版社，1985年)一文中分析了使用"反而"的语义背景，这看来还是符合语言事实的。但是，对于"反而"所表示的语法意义，当时我仍沿用了《现代汉语词典》和《现代汉语八百词》(以下分别简称为《现汉》和《八百词》)的说法，它们的说法是：

表示跟上文意思相反或出乎预料和常情之外。(《现汉》)

表示跟前文意思相反或出乎预料之外。(《八百词》)

王还先生对此提出了意见，她指出，按《现汉》和《八百词》的说法，外国留学生造出了如下的例子：

他以为我不喜欢他，我反而很喜欢他。

因此，王还先生认为，"反而"的语法意义应该是："当某一现象或情况没有导致按理应导致的结果，而导致相反的结果，就用'反而'引出这相反的结果。"

王还先生的意见是有道理的。我也已经意识到《现汉》和《八百词》关于"反而"的语法意义的说法有问题，所以我在《谈谈虚词研究》(卢绍昌主编《华语研究单篇论文之三》，新加坡国立大学华语研究中心，1991年)一文中已对"反而"的语法意义作了如下的修改："'反而'表示实际出现的情况或现象跟所预料的或按常情在某种前提下应出现的情况或现象相反。"我感谢王还先生对拙作提出宝贵意见。

(原载于《世界汉语教学》1994年第1期)

副词"反而"的不同教法

这一讲要说说"反而"这个虚词，因为这个虚词，将关涉两方面问题：一是关涉教学法的问题；二是关涉如何有效进行虚词教学和虚词研究问题。

一　不同对象不同教法

在汉语教学中，时常会提到教学法的问题，被视为"三教"问题之一，并时常成为汉语教学界的一个热门话题，甚至举行专门的讨论会。大家关心教学法，应该说是个好事儿。可是我们必须了解这样一点，那就是，方法是这里能用那里不一定能用、这里好用那里不一定好用、对这个老师来说好用对那个老师来说不一定好用、对这样的学生适用对那样的学生不一定适用的一种技巧和艺术而已。现在不少人都在热议美国库玛（B.Kumaravadivelu）提出来的"后方法"（postmethod）。"后方法"，按我的体会，就是强调不要拘泥于某一种教学方法，要因人、因时、因地、因条件采用有针对性的教学手段。而这也就是我们的先师孔夫子早就教导的"因材施教"，也就是我们前辈老师所总结的"教有定则，教无定法"之说。

要做到"因材施教"，做到"教有定则，教无定法"，我觉得有两样东西特别重要——

第一样东西，就是高度的教育责任心。这是教好课的关键。具体说眼睛里要有学生，心里要有学生。课程是教学计划所定的，但是具体该讲什么内容、所讲内容前后该怎么安排，具体讲解时又该怎么开头、怎么提出问题，该从哪里切入，该怎么展开，说明问题时最好该举什么样的例子，最后，该让学生做什么样的练习，这得多从学生的角度考虑，得考虑怎么讲授学生更好懂、更好理解、更好接受。有了这种教育责任心，就会根据经验，针对不同教学对象、不同教学内容，考虑运用不同的教学方法。

第二样东西，教员自己肚子里要有东西。这也就是我们常讲的"要给学生一碗水，自己要有一桶水"。具体说作为一名教师得具有扎实而又较为广博的所教课程的基础知识，得具有一定的所教课程的基本技能。就汉语教师来说，由于汉语教学最直接的目的是要让外国学生学习、掌握好汉语，所以必须具备扎实的汉语言文字学和教育学方面的功底和一定的研究能力。

总之，作为一名教师，有了高度的教育责任心，同时自己肚子里有东西，在教学中就会游刃有余，就能针对不同的对象，根据不同的教学内容琢磨出有针对性的好的教学法。也只有这样，才能较好地吸取、运用别人提出的好的教学法。

我曾说到，20 世纪 80 年代初，系里要我给汉语专业高年级学生开设"现代汉语虚词研究"专题课，给我们中文系的外国留学生中文专业本科三年级学生开设"现代汉语虚词"专题课。这都是新课，而且这两个课虽说都是现代汉语虚词方面的课程，但性质并不一样——给中国学生开设的课，主要是让学生初步了解与掌握虚词研究的方法；给留学生开设的课，主要是让他们在原有学习的基础上，对现代汉语里一些常用虚词的意义与用法有更好的了解与掌握，同时也学到一点分析方法。要上好这两门课，必须做三件事：第一件事，广泛阅读、学习已有的有关汉语虚词方面的论著，以便吸取、借鉴前人的研究成果；第二件事，搜集大量有关现代汉语虚词的语料，语料可以帮助我们鉴别前人的说法怎么样,也可以帮助自己深入思考研究;第三件事,必须进行科学研究,对一些常用虚词、疑难虚词在前人研究的基础上作进一步的研究,做到心中有数。我在这两门课里都讲授了"反而"这个虚词,但讲法就并不完全一样。为什么不一样?这就关涉到怎样有效进行虚词研究与虚词教学问题。

在我的两门虚词课上,之所以要讲授"反而"这个虚词,出于以下两方面考虑:

一个方面,汉语学界对"反而"这个虚词的词性和所表示的语法意义存在着分歧。就词性而言,有的说它是副词(《现代汉语八百词》)[①],有的说它是连词[②],有的说它既是副词又是连词[③]。就所表示的语法意义而言,有的认为它表示转折关系[④],有的认为它表示递进关系[⑤],有的认为它既表示递进关系,又表示转折关系[⑥]。

另一个方面,外国汉语学习者,即使有的已经拿了学士学位,汉语已经说得相当不错了,但是在"反而"的使用上还时常出现偏误。例如:

(1)*大家都看电影去了,她反而在宿舍看书。(马耳他留学生)

(2)*玛沙干得比谁都卖力,这一次我想老师准会表扬他,谁知老师反而没有表扬他。(罗马尼亚留学生)

(3)*他以为我不喜欢跳舞,我反而很喜欢跳舞。(日本留学生)

[①] 吕叔湘主编《现代汉语八百词》(商务印书馆,1980年)认为"反而"是副词。

[②] 王国璋、安汝盘《常用词用法例释》(中国人民大学出版社,1980年)认为"反而"是连词。

[③] 景士俊《现代汉语虚词》(内蒙古人民出版社,1980年)认为"反而"既是副词又是连词。

[④] 这是吕叔湘主编《现代汉语八百词》(商务印书馆,1980年)的看法。

[⑤] 这是景士俊《现代汉语虚词》(内蒙古人民出版社,1980年)的看法。

[⑥] 这是华南师范中文系《现代汉语虚词》(广东人民出版社,1981年)的看法。

例（1）、例（2）里的"反而"都宜改用"却"；例（3）里的"反而"宜改用"其实"（将"其实"放在主语"我"之前更好一些）。值得注意的是，"反而"这个虚词由于是书面语词，所以母语为汉语的中国人有时也会用错，甚至个别语言学学者也用错。例如：

(4) *大家都主张种植大棚蔬菜，老村长反而反对，主张种植棉花。（报）

(5) *黎锦熙先生把主语规定为动作行为的施事（即动作者），或性质状态的具有者，赵元任先生反而认为汉语的主语不限于此，其他如动作行为的工具、时间、处所等都可以做主语。（刊）

例（4）、例（5）里的"反而"都宜换成"却"。

根据我的研究，我觉得汉语语法学界对"反而"看法存在分歧，外国留学生使用"反而"出现偏误现象，都跟没有了解"反而"使用的语义背景有关。当时我想，我给大家讲授"反而"这个虚词，不在于要让大家一般地了解"反而"的意义和用法，而在于要让大家通过"反而"这个词的学习，深切而又具体地了解词语或句法格式使用的语义背景。但是，在具体教法上，对中国学生和对外国留学生，不完全一样。

二　在中国学生的专题课上讲授"反而"

在中国学生的专题课上，我是这样讲授"反而"的——

（一）首先给大家介绍汉语语法学界对"反而"的不同看法——语法学界在对"反而"的看法上有着明显的分歧：第一，"反而"到底是什么词？有不同看法。第二，"反而"在句子中到底表示什么关系？也有不同看法。（学界的不同看法，上面已经介绍，这里不再重复说明。）

（二）然后，我向大家说明我们到底该怎么看。我明确指出，学界之所以有不同的看法，根本的原因是大家没有分析"反而"使用的语义背景。如果认真分析了"反而"使用的语义背景，汉语语法学界不同意见的争论就将迎刃而解。

（三）接着我请同学们跟我一起来具体分析"反而"使用的语义背景。我先举了三个没用"反而"而用"却"的例子：

（1）今天午后下了一场雷阵雨，原以为天气可以凉快一些，可是并没有凉下来，却更闷热了。

（2）大家都看电影去了，她却在宿舍看书。

（3）黎锦熙先生把主语规定为动作行为的施事（即动作者），或性质状态的具有者，赵元任先生却认为汉语的主语不限于此，其他如动作行为的工具、时间、处所等都可以做主语。

例（1）—（3）"却"前后分句之间有转折关系，句中都用"却"来显示这种转折关系。值得注意的是，例（1）里的"却"可以用"反而"来替换，说成例（4），意思基本不变。请看：

（4）今天午后下了一场雷阵雨，原以为天气可以凉快一些，可是并没有凉下来，反而更闷热了。

而例（2）、例（3）里的"却"不能用"反而"来替换，不能说成：

（5）*大家都看电影去了，她反而在宿舍看书。

（6）*黎锦熙先生把主语规定为动作行为的施事（即动作者），或性质状态的具有者，赵元任先生反而认为汉语的主语不限于此，其他如动作行为的工具、时间、处所等都可以做主语。

那么为什么例（1）里的"却"可以用"反而"来替换，而例（2）、例（3）所表示的转折关系不能用"反而"来表示，要用"却"来表示呢？这个问题的本身正好说明了这样一点：不是所有表示转折关系的复句里都能用"反而",只有在某种语义背景下,转折复句里才能用"反而"。因此,要确切了解并掌握"反而"的意义和用法及其词性,必须考察和了解"反而"使用的语义背景。

例(4)里的"反而"是用得很贴切的,这个例句也充分显示了"反而"使用的语义背景。这个语义背景包含了四层意思,可以描述如下:

A.甲现象或情况出现或发生了;

B.按说(常情)/原想〔预料〕甲现象或情况的出现或发生会引起乙现象或情况的出现或发生;

C.事实上乙现象或情况并没有出现或发生;

D.倒出现或发生了与乙现象或情况相背的丙现象或情况。

例(4)里的"午后下了一场雷阵雨"就属于甲现象,例(4)里的"天气可以凉快一些"就属于乙现象,例(4)里所说的"天气并没有凉下来"就是C意所说的情况(乙现象并没有出现或发生),例(4)里的"更闷热了"就属于丙现象。"反而"就用在说明D意思的语句里。为了使大家更明了起见,我在例句里用〔A意〕〔B意〕〔C意〕〔D意〕将例(4)改写为例(7):

(7)〔A意〕今天午后下了一场雷阵雨,〔B意〕原以为天气可以凉快一些,〔C意〕可是并没有凉下来,〔D意〕反而更闷热了。

我们可以将包含四层意思的语义背景说得概括、简单一点,那就是"反而"只能在这种情况下使用:甲现象的出现并没有导致理应出现的乙现象或情况,却出现了与之相悖的丙现象或情况,这时用"反而"来引出那与之相悖的丙现象。

上面所说的〔A意〕〔B意〕〔C意〕〔D意〕这四层意思,可以在一个句子里一起明确地说出来,如例(4)、例(7)。而为了表达的经济,也可以不完全说出来。请看:

(8)［A意］今天午后下了一场雷阵雨,［C意］可是天气并没有凉下来,［D意］反而更闷热了。(省去［B意］)

(9)［A意］今天午后下了一场雷阵雨,［B意］原以为天气可以凉快一些,［D意］可是反而更闷热了。(省去［C意］)

(10)［A意］今天午后下了一场雷阵雨,［D意］天气反而更闷热了。(省去［B意］［C意］两层意思)

［D意］是"反而"所在的语句,当然不能省去。［A意］是使用"反而"的前提条件,因此也不能省去。

例(4/7)(8)(9)(10)具体代表了使用"反而"的四种不同的情况。不管属于哪一种,使用"反而"的语义背景是相同的,都包含着［A意］［B意］［C意］［D意］这四层意思,只是在例(4/7)里,那四层意思是全部显露的,而在例(8)、例(9)、例(10)里,那四层意思是有所隐含的。前面一开始我们所举的例(2)、例(3)之所以不能用"反而"替换,就因为这些句子并不具有"反而"所使用的语义背景。拿例(2)来说,"大家都看电影去了",不一定"她"也非得去看电影,二者之间没有这种"理应"的必然关系(不是"大家都看电影去,她也理应看电影"),所以在这句话里用"反而"就不恰当了。如果是下面这样说就可以:

(11)大家都看电影去了,原以为宿舍会安静一些,谁知不仅没有安静下来,反而更吵了。

例(3)也都可以照此分析。

考察、了解了"反而"使用的语义背景,我们就可以比较好地把握"反而"的语法意义。"反而"所表示的语法意义可以这样描写:

"反而"表示实际出现的情况或现象跟按常情或预料在某种前提下理应出现的情况或现象相反。

我们弄清了"反而"出现的语义背景,语法学界关于"反而"的分歧意见,就可以迎刃而解了。

关于第一个分歧意见——"反而"是什么词？

上面我们说了使用"反而"的语义背景，而且指出了语义背景的四层意思，即［A意］［B意］［C意］［D意］四层意思，不一定都在句子中出现。其中，［A意］和［D意］必须出现，［B意］和［C意］在句中可出现可不出现。这样就形成了使用"反而"的四种不同的格式：

Ⅰ. A＋B＋可是（不但）C＋反而 D。
Ⅱ. A　　＋可是（不但）C＋反而 D。
Ⅲ. A＋B＋可是　　　＋反而 D。
Ⅳ. A　　（可是）　＋反而 D。

这四个格式彼此有着内在的联系，如果我们把格式Ⅰ看作是基本式，那么格式Ⅱ、Ⅲ、Ⅳ就是它的省略式，因此这四个格式也可以概括为：

A＋（B）＋（可是（不但）C）＋反而 D。[①]

从上面的分析我们可以看出，上述种种格式表面看各不相同，实际上是同一语义背景的不同表达形式，彼此都有联系。其中，Ⅰ式是最基本的格式，其余的是由Ⅰ式省略而派生出来的。因此，出现在各种格式里的"反而"，其实是同一个词。这样看来，把"反而"处理为既是副词又是连词这显然是不恰当的。

那么"反而"该分析为副词还是该分析为连词呢？我引导学生注意这样一点："反而"虽然经常用在复句中，但并不是非得用在复句中不可。譬如格式Ⅳ，当"反而"使用的语义背景的 A 意以名词短语或介词短语来表达时，"反而"就是用在单句中。请看：

（9）今天午后这一场雷阵雨，反而使天气更闷热了。

[①] 格式中的圆括号内表示其中的成分在实际的言语交际中可出现可不出现。下同。

（10）经过午后这一场雷阵雨，天气反而更闷热了。

例（9）（10）都是单句。例（9）是主谓结构（"今天午后这一场雷阵雨"做主语），例（10）是"状—中"偏正结构（介词结构"经过午后这一场雷阵雨"做状语）。这种情况在实际使用中较多，在我们收集的139个例句中就有23个。上述情况告诉我们，将"反而"分析为副词（如《现代汉语八百词》的意见）是合适的，也是合理的，因为在现代汉语里副词可以在复句中起连接作用。

关于第二个分歧意见——"反而"表示什么关系？

不管"反而"出现在哪一种具体的句子格式里，它所表示的语法意义都是相同的，即都是表示实际出现的情况或现象跟按常情或预料在某种前提下理应出现的情况或现象相反。所谓转折关系、递进关系，不是"反而"所表示的，而是"反而"所在的句子格式所表示的，我们只要分析一下使用"反而"的各种格式的内部层次构造，问题就清楚了。请看：

I. A＋B＋可是（不但）C＋反而 D。

　　―― ――――――――　　［转折］
　　　　　 ――――― ―――　［反意递进］

II. A＋可是（不但）C＋反而 D。

　　― ――――――――　　　［转折］
　　　　　 ――――― ―――　［反意递进］

III. A＋B＋可是＋反而 D。

　　―― ――――――――　　［转折］

IV. A（可是）＋反而 D。

　　― ――――――　　　　　［转折］

以上，是我在"现代汉语虚词研究"课上给中国学生的讲授法。

三 在外国留学生专题课上讲授"反而"

在外国留学生专题课上，我是这样讲授"反而"的——先以留学生使用"反而"不当的偏误句作为切入点。我举了下面三个病例：

(1)*他以为我不喜欢她，我反而很喜欢她。

(2)*玛沙干得比谁都卖力，这一次我想老师准会表扬他，谁知老师反而没有表扬他。

(3)*"大家都出去玩儿了，她怎么反而在宿舍看书？"我当时这样想。

我向大家指出，这三个句子里的"反而"都用得不合适，得用表示转折的"却"，不能用"反而"。我刚说完，有一位美国学生就站起来说了："马老师，您说这些句子里的'反而'用得不合适，我不理解。《现代汉语八百词》上说，'反而'表示转折关系。这些句子既然都表示转折关系，为什么就不能用'反而'？"

留学生能提出这样的问题，说实在的，我心里很高兴。我对大家说："约翰逊的问题提得很好，而且也说明他很用功，能在课外认真地阅读参考资料。"我特地转向约翰逊说："你提的问题，也正是我今天要向大家解释清楚的问题。下面我就来跟大家分析说明一下。"

不错，"反而"跟"却"一样，都能用在表示转折关系的复句中。但不能认为凡是表示转折关系的复句就能用"反而"。"却"用于转折关系，适用面很宽，"却"所受的限制只在于它不能用在主语或话题之前，只能用在主语或话题之后。例如：

(4) 今天天气晴朗，气温却很低，只有3℃。

例(4)不能说成例(5)：

(5)*今天天气晴朗，却气温很低，只有3℃。

这里顺带说一下，连词"而"也表示转折，但它只能用在句子头上，如：

（6）今天天气晴朗，而气温很低，只有3℃。

"而"和"却"正好形成互补。它们也可以在一个句子内共现，例如：

（7）今天天气晴朗，而气温却很低，只有3℃。

"反而"用在表示转折的复句里，就不像"却"那么自由，要受到很大限制，主要是只能在某种语义背景下才能使用。

我告诉同学，所谓"语义背景"，就是指某个词语或句法格式能在什么样的情况或上下文中出现，不能在什么样的情况或上下文中出现。接着，我就给同学们举了下面这样一个使用"反而"的句子：

（8）今天午后下了一场雷阵雨，原以为天气可以凉快一些，可是并没有凉下来，反而更闷热了。

我向同学们说，例（8）里的"反而"是用得很贴切的，这个例句也充分显示了"反而"使用的语义背景。于是我向同学们具体分析了"反而"使用的语义背景（这在前面已经分析过了，这里不再重复了）。之后，我就向同学们指出，前面一开始我们所举的例（1）—例（3）的偏误句之所以不能用"反而"替换，就因为这些句子并不具有"反而"使用的语义背景——前后内容不存在"理应"的逻辑关系。拿例（1）来说，在实际生活中，不会是因为"他以为我不喜欢她"，所以"我"就不喜欢"她"了。这就是说，"他以为我不喜欢她"跟"我不喜欢她"之间不存在"理应"的关系。我接着请同学们来具体讨论分析一下例（2）和例（3）的偏误情况，大家七嘴八舌踊跃发言，很快就作出了正确的分析。

接着，我又告诉大家，考察、了解了"反而"使用的语义背景，我们就可以将"反而"使用的语义背景融入对"反而"的释义中，这样就可以比较好地把握"反而"的语法意义。"反而"的语法意义是：

"反而"表示实际出现的情况或现象跟按常情或预料在某种前提下理应出现的情况或现象相反。

我特别提醒大家要注意"理应"这两个字。不是一般的前后意思不一样、不是一般的前后表示转折关系就能用"反而"的，必须是"理应"出现某个情况或现象而没有出现，却出现了相反的情况，才能用"反而"。

对留学生，我们这样讲授。这在讲法上显然与给中国学生的讲授不一样。

四　共同的教学要求

从上面的介绍中可以了解到，讲授"反而"，对象不同，教法也就不一样。不过有一点是共同的，而且十分重要，那就是都需要讲清楚"反而"使用的语义背景。这可以说是共同的教学要求。

（原载于《现代汉语虚词二十讲》，商务印书馆，2019年。）

关于"都/全"所总括的对象的位置[①]

"都（dōu）"和"全"（以下写作"都/全"）作为范围副词，表示总括。一般认为，"都/全"所总括的对象在它们之前，[②] 如"我们都去""全家都在厂里干活""他无论干什么都很带劲儿"。《现代汉语八百词》（以下简称《八百词》）注意到"都"所总括的对象有时也可以放在"都"之后，条件是：(a) 只限于问话；(b) 总括的对象为疑问代词。例如："你都去过哪儿？""老王刚才都说了些什么？"不过，《八百词》只注意到了上述情况，事实上不限于此，特别是在口语中。本文试描写"都/全"所总括的对象在后的种种格式。

格式Ⅰ 都/全＋疑问代词＋动 例如：

(1) 都谁来了？
(2)（你猜）全哪些人迟到了？
(3) 都什么样的牛给宰了？

格式中的"疑问代词"既指单个的疑问代词（如例(1)），也指以疑问代词为定语的偏正词组（如例(2)(3)）；"动"指动词性词语，下同。格式Ⅰ都是疑问句，从语法上说，"疑问代词＋动"为主谓结构，"都/全"作为状语修饰这个主谓结构，如例(1)(2)应分别分析为：

[①] 本文所用的部分口语例句曾经语言研究所孟琮、晁继周二位同志帮助审定，在此谨致谢忱。

[②] 中国社会科学院语言研究所词典编辑室所编的《现代汉语词典》明确指出："都"所总括的成分在前。其他许多书，有的也明确说了这一点，多数没有明说，但所举的例子都是总括成分在前的句子。

都谁来了？　（你猜）全哪些人迟到了？

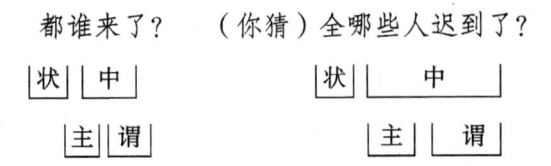

```
 状 | 中        状 | 中
 主 | 谓        主 | 谓
```

　　从语义上说，"都/全"是总括句中主语成分的。要知道，疑问代词"谁"可以用来提问某一个人（如"他是谁？"），也可以用来提问某些人（如"他们是谁？"）。而例（1）里的"谁"一定不是提问某一个人，而是提问某些人。① 如果问话者知道只来了一个人，那么提问时就决不会用"都谁来了"，而用"谁来了"。这也足以说明"都/全"在这里确实是用来总括后面的主语成分的。余者同此。

　　格式Ⅱ　都/全＋动＋疑问代词　例如：

　　（4）（你）都看见谁了？

　　（5）（这时候，你）全想些什么呀！

格式Ⅱ"都/全"后面的"动＋疑问代词"是个述宾结构，"都/全"总括的是述宾结构中的宾语成分。又可分为两个小类：

　　Ⅱa类：为疑问句，疑问代词表示疑问，如例（4）。再如：

　　（6）都看见些什么了？

　　（7）他家里都有什么人？

　　（8）你全看了哪些书？

　　Ⅱb类：为非疑问句，疑问代词不表示疑问，表示虚指，如例（5）。再如：

　　（9）你看他都说些什么！

　　（10）你看他都写了些什么！真不像话！

　　（11）你自己想想，你全干了些什么事！

---

　　① "什么"和"谁"类同，可以用来提问某一个事物（如"这一个是什么？"），也可以用来提问某些事物（如"那几个是什么？"）。

关于Ⅱb类还有以下几点值得注意：第一，疑问代词只限于"什么"；第二，疑问代词前有不定数量词"（一）些"；第三，"都/全"所总括的对象总是说话人不大满意的或持否定态度的事物；第四，不用于疑问句，多用于感叹句。

Ⅰ、Ⅱ是两个不同的格式，但有一点是共同的，"都/全"所总括的都是用疑问代词表示的。在现代汉语里，疑问代词有三种功用：表示疑问，表示虚指，表示任指。我们看到，在格式Ⅰ和格式Ⅱ里，"都/全"总括的疑问代词只表示疑问或虚指，不表示任指；而当"都/全"总括的疑问代词在"都/全"之前时，那疑问代词就只表示任指，不表示疑问或虚指了（如"谁都看见了""谁都知道""什么全说了""他什么全吃"），二者正好形成互补的局面：

	表疑问	表虚指	表任指
疑问代词在"都/全"后	＋	＋	－
疑问代词在"都/全"前	－	－	＋

反过来说，如果"都/全"总括的是疑问代词，那么，当疑问代词表示疑问或虚指时，一定在"都/全"之后；当疑问代词表示任指时，一定在"都/全"之前。

格式Ⅲ　都/全＋动＋（一）些＋名　例如：

（12）你都看些没用的东西。

（13）你全结交些不三不四的人！

（14）他全说些废话。

格式中的"名"指名词性词语，下同。格式Ⅲ与格式Ⅱb相类似，它也具备格式Ⅱb所具有的一些特点，譬如也为非疑问句，名词前有"（一）些"，"都/全"所总括的对象总是说话人不大满意或持否定态度的事物。所不同的是格式Ⅱb中的宾语成分一定包含有疑问代词，格式Ⅲ中的宾语成分则正相反，一定不含有疑问代词。

格式Ⅳ　都／全＋动＋人称代词[①]　例如：

（15）我都教过他们。

（16）妈妈都认识他们。

（17）全放了它们吧！

（18）我都找他们谈了。

（19）他都通知你们了？

从语法构造说，格式Ⅳ和格式Ⅱ、Ⅲ类同，所不同的是格式Ⅳ的宾语成分是人称代词（以第三人称代词居多）。这个格式中的人称代词总是有定的，所指代的人或物一定在上文出现过，人称代词在这里起着复指的作用。就这一点来说，似乎也可以认为"都／全"所总括的对象还是在前面，下面的句子似乎更能说明这一点：

（20）王萍、李茂生我都认识他们。

（21）这些鸟全放了它们吧。

但是格式Ⅳ在对话中可以作为一个独立的句子出现。例如：

（22）"王萍、李茂生你认识吗？""我都认识他们。"

（23）"这些鸟怎么办呢？""你全放了它们吧！"

（24）"下午开碰头会，老李、小张、小王都知道了吗？""我全通知他们了。"

因此，我们还是认为，格式Ⅳ中的"都／全"起着总括后面人称代词的作用。

格式Ⅴ　都／全＋把＋代词＋动[②]　例如：

---

　　① 格式Ⅳ中的"都"一定得重读。如果不考虑语音条件，这个格式用"都"时会有歧义，例如：

　　　　a. 我′都教过他们。（＝我全教过他们。）
　　　　b.′我都教过他们。（＝连我都教过他们。）
　　　　c. 我都′教过他们。（＝我曾经教过他们。）

　　a、b、c中只有a句属于格式Ⅳ。

　　② 格式Ⅴ中的"都"也一定得重读。参见注①。

（25）你都把谁请来了？

（26）你都把什么东西打碎了？

（27）我知道，我都把哪些人得罪了。

（28）你看，我全把他们找回来了。

（29）都把它们扔了，我用什么？

从语法构造上说，格式Ⅴ是一种"把"字句式，它与前面几种格式不尽相同。例（25）（28）应分别分析为：

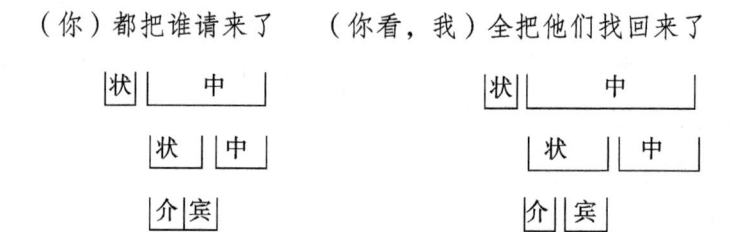

（你）都把谁请来了　　（你看，我）全把他们找回来了

```
| 状 |   中   |        | 状 |   中   |
      | 状 | 中 |              | 状 | 中 |
      | 介 | 宾 |              | 介 | 宾 |
```

但格式Ⅴ跟格式Ⅱ、Ⅳ有某种联系：第一，从表面看，格式Ⅴ"都/全"总括的是"把"的宾语，从语义上来分析，实际总括的也跟格式Ⅱ、Ⅳ一样，是后面动词的受事。第二，格式Ⅱ、Ⅳ"都/全"分别总括疑问代词（格式Ⅱ）、人称代词（格式Ⅳ），格式Ⅴ"都/全"所总括的正是这两种代词。更值得注意的是，当"都/全"总括疑问代词时，跟格式Ⅱ一样，疑问代词也只表示疑问或虚指，不表示任指。

格式Ⅵ　都/全 + 动 + 的 + 名　例如：

（30）他没吃别的，都吃的馒头。

（31）柱子可没写小字，全写的大字。

（32）他全借的小说。

格式Ⅵ里的"动"只限于单个动词。格式Ⅵ与格式Ⅰ从语法构造上说大体相同，"都/全"修饰的是一个主谓结构，"都/全"总括它所修饰的那个主谓结构的主语成分。不同的是，格式Ⅵ中充任主语的不是疑问代词，而是由动词加"的"构成的"的"字结构；充任谓语的不

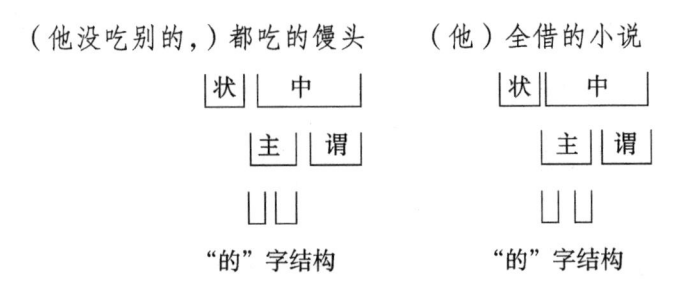

是动词性成分，而是名词性成分。例（30）（32）应分别分析为：

　　（他没吃别的，）都吃的馒头　　（他）全借的小说

```
          状 | 中                    状 | 中
          ———————                   ———————
            主 | 谓                   主 | 谓
            —————                    —————
         "的"字结构                "的"字结构
```

注意，充任谓语的那个名词性成分，从意念上说，它是前面"的"字结构里那个动词的受事，例（30）（31）的"馒头""大字"分别是"吃""写"的受事。

　　格式Ⅶ　都/全+动+名　例如：

　　（33）他不吃别的，都吃馒头。
　　（34）柱子不写小字，全写大字。
　　（35）"你要给他借些什么书啊？"
　　　　　"全借小说。"

格式Ⅶ里的"动"也只限于单个动词。从表面上看，格式Ⅶ和格式Ⅵ只差一个"的"字，但是无论从语法构造上来看或从语义关系上来看，二者都不同。格式Ⅶ"都/全"修饰的是一个述宾结构。例（33）（34）应分别分析为：

```
         都 吃 馒头           全 写 大字
         状 | 中              状 | 中
         ———————              ———————
           述 | 宾              述 | 宾
```

从语义上看，格式Ⅵ"都/全"总括主语成分（即那个"动+的"的"的"字结构），而这里的"都/全"总括宾语成分（即充任宾语的那个名词性成分）。更重要的区别是，格式Ⅵ总是表示已然，格式Ⅶ总是表示未然，正好互补。但是二者也有着内在的联系：第一，格式Ⅶ和格式Ⅵ所用的实词性成分（如动、名）都相同，所差就是个虚词

"的";第二,"名"都是"动"的受事。因此,它们之间存在着相互的变换关系:

$$\text{Ⅵ 都/全+动+的+名} \underset{\text{"加的"}}{\overset{\text{"删的"}}{\rightleftharpoons}} \text{Ⅶ 都/全+动+名}$$

〔表示已然〕　　　　〔表示未然〕

例如:

都吃的馒头 ⇌ 都吃馒头

都写的大字 ⇌ 都写大字

全借的小说 ⇌ 全借小说

以上七种格式基本上可分为两大类,一类是"都/全"总括主语成分,这包括格式Ⅰ、Ⅵ;另一类是"都/全"总括宾语成分,这包括格式Ⅱ、Ⅲ、Ⅳ、Ⅴ、Ⅶ。

这种总括对象后置的格式,口语中用得比较多,而很少见于书面语。

在古代汉语里,表示总括的范围副词常见的是"皆、具、悉、尽、举"等[①],值得注意的是,这些词所总括的对象虽然大多在前,但也可以在后。例如:

(36) 小人有母,皆尝小人之食矣;未尝君之羹,请以遗之。(《左传·隐公元年》)

(37) 汉王所以具知天下厄塞,户口多少,强弱之处,民所疾苦者,以何具得秦图书也。(《史记·萧相国世家》)

(38) 遂自大理评事拜工部尚书,代逸淮为宣武军节度使,悉有其舅司徒之兵与地。(韩愈《许国公神道碑》)

(39) 陈相见许行而大悦,尽弃其学而学焉。(《孟子·滕文公上》)

(40) 僖子不对而泣,曰:"君举不信群臣乎?"(《左传·哀公六年》)

---

① 《马氏文通》称这些词为"约指代字"("代字"即"代词"),杨树达《词诠》称之为"代名副词",黎锦熙《比较文法》称之为"统指代词"。

由此可见，总括对象在后的这种用法早已有之。至于，在古代汉语里总括对象在前在后有什么规律，为什么总括对象在后的这种古代汉语中早已有之的用法，现在却多见于口语而很少见于书面语，这些问题都有待进一步研究。

（原载于《汉语学习》1983 年第 1 期）

程度副词在表示程度比较的句式中的分布情况考察

程度副词是现代汉语中使用频率较高的一类副词。凡说到程度时，就往往要用到程度副词，而程度的深浅又往往跟比较联系在一起。本文试考察程度副词在表示程度比较的句式中的分布情况。所谓表示程度比较的句式，是指以下一些句式（句式中的 X、Y 表示比较项，F 表示程度副词，AP 表示形容词性词语）：

Ⅰ 相比之下，X + F + AP

Ⅱ 比较起来，X + F + AP

Ⅲ 跟 Y 相比，X + F + AP

Ⅳ 比起 Y 来，X + F + AP

Ⅴ 在……中/上，X + F + AP

Ⅵ X + 比 Y + F + AP

一般按意义将程度副词分为两大组，一组表示程度深，如"很、最、更"等；一组表示程度浅（或说程度轻微），如"有点儿[①]、比较[②]、稍微"等。

[①] 现代汉语中有两个"有点儿"，一个是述宾词组，例如："还有酒吗？""有点儿。"另一个是程度副词，如"有点儿热、有点儿脏"中的"有点儿"。这里指的是后者。

[②] 现代汉语中另有一个动词"比较"，如"你们不妨比较一下"里的"比较"。

一

现在先考察表示程度深的程度副词在上述比较句式中的分布情况。

表示程度深的程度副词常用的有"很、挺、十分、万分、非常、异常、太、极端、最、最为、顶、更、更加、更为、越发、越加、愈加、还$_1$[①]"等。无论从用法上和意义上看,这些程度副词可以细分为三小类:

"很"类:很 挺 十分 万分 非常 异常 太 极 极端

"最"类:最 最为 顶

"更"类:更 更加 更为 越发 越加 愈加 还$_1$

每一小类内部的各个副词在具体用法和意义上还会有些细微的差别,这里不细说,但就各小类在上述比较句式中的分布情况看,每一个小类内部存在着明显的一致性,而小类与小类之间存在着明显的对立。

"很"类程度副词不能进入任何一个比较句式。我们不说(以"很"为代表):

(1)*相比之下,这个教室很大。

(2)*比较起来,他很好。

(3)*跟别的房间相比,302房间很干净。

---

① "还"作为程度副词可分为两个:一个表示程度深,大致相当于"更",我们把它记为"还$_1$";一个表示程度浅,大致相当于文言里的"尚",我们把它记为"还$_2$"。关于"还$_1$""还$_2$"的详细用法,请参见陆俭明《"还"和"更"》(见马真、陆俭明《现代汉语虚词散论》第3版,第198页—216页。)和马真的《关于表示程度浅的副词"还"》(见本书)。

（4）*比起别的工厂来，东风厂的设备很先进了。

（5）*在我们当中，小张很高。

（6）*这本书比那本书很难懂。

而"最"类和"更"类能分别进入上述某些比较句式。下面是"最"类的例子：

（1）相比之下，这个教室最大。

（2）比较起来，他最好。

（3）跟别的房间相比，302房间最为干净。

（4）比起别的工厂来，东风厂的设备顶先进了。

（5）在我们班上，小张最高。

下面是"更"类的例子：

（1）相比之下，这个教室更大一些。

（2）比较起来，他更好。

（3）跟别的房间相比，302房间更为干净。

（4）比起前几年来，现在东风厂的设备越发先进了。

（5）这本书比那本书还难懂。

上述情况说明，"很"类程度副词都不能用于比较，而"最"类和"更"类都能用于比较。王力先生曾从意义上将程度副词分为绝对程度副词和相对程度副词两类[①]，我们的"很"类程度副词正是王力先生所说的绝对程度副词，我们的"最"类和"更"类程度副词正是王力先生所说的相对程度副词。这里我们从程度副词的功能上进一步证实了王力先生对程度副词分类的合理性。

"最"类和"更"类都能用于比较，但这两类在用法上还存在着明显的区别。

1."最"类可进入格式V："在……中/上，X＋F＋AP。"例如：

---

① 参见王力：《中国现代语法》第3章第19节。

（1）在他们当中，小华最聪明。

（2）在我们班上，小张最高。

（3）在这几家工厂中，东风厂的设备最为先进。

（4）在这些房间中，302房间顶干净了。

而"更"类程度副词不能进入格式Ⅴ。上面各例中的"最、最为、顶"都不能换成"更"类程度副词。

2. 反之，"更"类程度副词都能用于"比"字句，即都能进入格式Ⅵ，例如：

（1）这本书比那本书更有趣。

（2）302房间比303房间更加干净。

（3）东风厂的设备比京华厂更为先进。

（4）小宝比小时候越发／越加淘气了。

（5）他比刚来的时候愈加沉默寡言了。

（6）王平比张军还勤奋。

而"最"类程度副词不能用于"比"字句，即都不能进入格式Ⅵ，上面各例中的"更、更加、更为、越发、越加、愈加、还"都不能用"最"类程度副词替换。

3. "最"类和"更"类程度副词显然都能进入格式Ⅰ—格式Ⅳ，但又有区别：

第一，用"最"类程度副词时，形容词A后面绝对不能带数量宾语"一些／一点儿"，[①] 例如，我们可以说：

（1）相比之下，这个教室最干净。

但是我们不说：

"相比之下，这个教室最干净一些。"

再如：

[①] 有人把"大一些／一点儿"里的"一些／一点儿"分析为补语。

（2）比较起来，他最好。

　　*比较起来，他最好一点儿。

（3）跟别的房间相比，302房间最为干净。

　　*跟别的房间相比，302房间最为干净些。

（4）比起别的工厂来，现在东风厂的设备顶先进了。

　　*比起别的工厂来，现在东风厂的设备顶先进一些了。

而用"更"类程度副词时，则没有这个限制，例如：

（5）相比之下，这个教室更干净。

　　相比之下，这个教室更干净一些。

（6）比较起来，他更加好。

　　比较起来，他更加好一点儿。

（7）跟别的房间相比，302房间更为干净。

　　跟别的房间相比，302房间更为干净一些。

（8）比起前几年来，现在东风厂的设备越发先进了。

　　比起前几年来，现在东风厂的设备越发先进一些了。

第二，在格式Ⅲ、Ⅳ里，用"最"类程度副词要受到限制，那就是Y只限于"别的/其他的＋名词性成分"，用"更"类程度副词，则没有这种限制。试比较：

（1）跟别的班相比，四班更活跃。

　　跟别的班相比，四班最活跃。

（2）跟三班相比，四班更活跃。

　　*跟三班相比，四班最活跃。

（3）比起其他同学来，王平进步更快。

　　比起其他同学来，王平进步最快。

（4）比起张华来，王平进步更快。

　　*比起张华来，王平进步最快。

上面我们把表示程度深的程度副词分为三小类，现在看来，这三小类事实上并不在一个平面上，正如下表所示：

绝对程度副词："很"类程度副词

相对程度副词 { "最"类程度副词
              "更"类程度副词

二

现在考察表示程度浅的程度副词在上述比较句式中的分布情况。

表示程度浅的程度副词常用的有"有点儿、有些、比较、较、较为、还₂、稍微、稍、稍稍、多少、略微、略略"等。无论从用法上和意义上看这些程度副词也可以细分为三小类：

"有点儿"类：有点儿　有些

"比较"类：比较　较　较为　还₂

"稍微"类：稍微　稍　稍稍　多少　略微　略略

这里值得我们注意的是，这三类表示程度浅的程度副词跟前面所讲的表示程度深的三类程度副词明显地存在着一种分类上的平行现象。具体说，"有点儿"类相当于"很"类，"比较"类相当于"最"类，"稍微"类相当于"更"类。

"有点儿"类程度副词，跟"很"类程度副词相类同，在意义上也表示绝对程度，在用法上，也不能进入上述任何一个比较句式[①]。

[①] 我们说表示程度浅的"有点儿"在意义和用法上跟表示程度深的"很"有类同之处，只是指：（1）它们都表示绝对程度；（2）它们都不能用于比较。事实上它们在意义和用法上还是有区别的。突出的一点，"有点儿"用于表示程度轻微时对形容词有选择性，只能修饰贬义的和中性的形容词，含有不如意的感情色彩，前者如"有点儿脏、有点儿乱、有点儿马虎"等，后者如"有点儿大、有点儿小、有点儿肥、有点儿瘦"等；它不能直接修饰褒义形容词，如不说"有点儿干净、有点儿虚心、有点儿健康"等。而"很"没有这种限制。关于"有点儿"的具体用法我们将另文讨论。

我们不说：

（1）*相比之下，今天有点儿/有些热。

（2）*比较起来，他有点儿/有些高。

（3）*跟别的同学比，他有点儿/有些笨。

（4）*比起别的房间来，这个房间有点儿/有些脏。

（5）*在我们班上，张军跑得有点儿/有些快。

（6）*他比你有点儿/有些矮。

而"比较"类和"稍微"类，分别跟"最"类和"更"类相类同。在意义上它们也表示的是相对程度，在用法上他们能分别进入某些比较句式中。下面是"比较"类的例子：

（1）相比之下，你的孩子比较懂事。

（2）比较起来，这种说法较为可信。

（3）跟别的同学相比，他较高。

（4）比起别的房间，这个房间还干净。

（5）在我们班上，张军跑得比较快。

下面是"稍微"类的例子：

（1）相比之下，你的孩子稍微懂事一点儿。

（2）比较起来，这种说法稍稍可信一些。

（3）跟别的同学相比，他稍高一点儿。

（4）比起别的房间来，这个房间多少干净一些。

（5）他比你略微矮一点儿。

上述情况说明，"有点儿"类不能用于比较，而"比较"类和"稍微"类能用于比较。

"比较"类和"稍微"类，虽都能用于比较，但他们在用法上也明显地存在着类似"最"类和"更"类的区别。

1. "比较"类跟"最"类一样可以进入格式V："在……中/上，X＋F＋AP"。例如：

（1）在你们当中，小王比较能干。

（2）在我们班上，李华较高。

（3）在这些房间中，302房间较为干净。

（4）在所有的绳子中，这根绳子还结实一点儿。

而"稍微"类程度副词都不能进入这个格式，上面各例中的"比较、较、较为、还"都不能换成"稍微"类程度副词。

2. 跟"更"类程度副词一样，"稍微"类程度副词都能用于"比"字句，即都能进入格式Ⅵ。例如：

（1）华华比苹苹稍微高一点儿。

（2）这根绳子比那根稍长一点儿。

（3）他比你稍稍多一些。

（4）赵兴比李华多少强一点儿。

（5）这个教室比那个教室略微/略略干净一些。

而"比较"类程度副词都不能用于"比"字句，即都不能进入格式Ⅵ，上面各例中的"稍微、稍、稍稍、多少、略微、略略"都不能用"比较"类程度副词替换①。

3. "比较"类和"稍微"类程度副词都能进入格式Ⅰ—格式Ⅳ，但又有区别：

第一，用"比较"类程度副词时，形容词A后可以带数量宾语"一些/一点儿"，也可以不带。例如：

（1）相比之下，你的孩子比较懂事一些。

相比之下，你的孩子比较懂事。

（2）比较起来，这个地方较为安静一些。

比较起来，这个地方较为安静。

---

① 似乎也有"这个教室比那个教室还干净"的说法，但是这里的"还"不是表示程度浅的"还$_2$"，而是上面讲过的表示程度深的"还$_1$"。

（3）跟别的工厂相比，这个工厂的设备较好一点儿。

　　跟别的工厂相比，这个工厂的设备较好。

（4）比起别的房间来，这个房间还干净一点儿。

　　比起别的房间来，这个房间还干净。

而用"稍微"类程度副词时，形容词 A 后则一定要带数量宾语"一些／一点儿"①。例如：

（5）相比之下，你的孩子稍微懂事一些。

　　*相比之下，你的孩子稍微懂事。

（6）比较起来，这个地方略微安静一些。

　　*比较起这来，这个地方略微安静。

（7）跟别的工厂相比，这个工厂的设备稍稍好一点儿。

　　*跟别的工厂相比，这个工厂的设备稍稍好。

（8）比起别的房间来，这个房间多少干净一点儿。

　　*比起别的房间来，这个房间多少干净。

第二，在格式Ⅱ、Ⅳ里，用"比较"类程度副词要受到限制，即 Y 只限于"别的／其他的＋名词性成分"，而用"稍微"类程度副词，则没有这个限制。试比较：

（1）跟别的同学相比，小张稍微高一点儿。

　　跟别的同学相比，小张比较高一点儿。

（2）跟小王相比，小张稍微高一点儿。

　　*跟小王相比，小张比较高一点儿。

（3）比起其他的房间来，302 房间多少干净一些。

　　比起其他的房间来，302 房间较为干净一些。

（4）比起 303 房间来，302 房间多少干净一些。

　　*比起 303 房间来，302 房间较为干净一些。

---

① 有"略高""稍低"的说法，但这是一种文言说法的遗留。

跟"很"类、"最"类、"更"类的情况一样,"有点儿"类、"比较"类、"稍微"类也不在一个平面上,其关系也可表示如下:

绝对程度副词:"有点儿"类

相对程度副词 $\begin{cases} \text{"比较"类} \\ \text{"稍微"类} \end{cases}$

以上所述,可概括如下:

(一)表示程度深的"很"类程度副词,不用于比较,当然也不能用于"比"字句;"最"类程度副词,能用于比较,但不能用于"比"字句;而"更"类程度副词,能用于比较,也能用于"比"字句。

(二)表示程度浅的"有点儿"类程度副词,不用于比较,当然也不能用于"比"字句;"比较"类程度副词,能用于比较,但不能用于"比"字句;而"稍微"类程度副词,能用于比较,也能用于"比"字句。

(三)表示程度深的程度副词跟表示程度浅的程度副词之间,存在着分类上的平行现象,而这种分类上的平行现象正好表明他们二者之间形成一种镜像关系,可图示如下:

程度	例词	用于比较	用于"比"字句
深	很	−	−
	最	+	
	更		+
浅	稍微	+	+
	比较		−
	有点儿	−	

(原载于《世界汉语教学》1988年第2期)

"很不——"补说

"很不＋A"（A表示形容词，下同）是现代汉语中，特别是口语中很常用的格式。例如：

很不干净　　很不谦虚　　很不热情
很不好看　　很不愉快　　很不严格
很不熟练　　很不积极　　很不耐心

但是，并不是所有的形容词都能占据 A 的位置，出现在"很不——"这个格式里的，例如：

*很不辛苦　　*很不别扭　　*很不可怜
*很不利害　　*很不古怪　　*很不小气
*很不矛盾　　*很不啰唆　　*很不粗暴

那么为什么有的形容词能出现在"很不——"这个格式中，有的不能？其中有无规律可循？吕叔湘先生曾专门撰文对此作了比较好的解释（《中国语文》1965年第5期）。这里我们只想从教学的角度再谈些意见。

教学实践告诉我们，当我们把这个格式教给外国学生时，他们首先希望教员能简单明了地告诉他们，什么样的形容词能进入"很不——"这个格式，什么样的形容词不能进入这个格式。根据学生的这种心理和要求，我们试着总结了这样三条：

（一）如果形容词有褒贬意义或者有积极、消极意义的差别，那么表示褒义的或积极意义的形容词就可以用在"很不——"这个格式里，而表示贬义的或者消极意义的形容词不能用在"很不——"这个格式里。试比较：

很不干净　*很不肮脏
很不好听　*很不难听
很不乐观　*很不悲观
很不积极　*很不消极
很不热情　*很不冷淡
很不老实　*很不狡猾
很不清楚　*很不模糊
很不虚心　*很不骄傲
很不坚强　*很不软弱
很不安全　*很不危险
很不文明　*很不野蛮
很不熟悉　*很不生疏
很不熟　　*很不生
很不便宜　*很不贵
很不容易　*很不难
很不走运　*很不倒霉
很不大方① *很不小气
很不先进　*很不落后

以上举的都是成对的。上述规则也适用于不成对的，例如：

很不严格　*很不可怜
很不爽快　*很不麻烦
很不一致　*很不辛苦
很不明显　*很不别扭

---

① 吕先生在文章中认为，不能说"很不大方""很不先进"。根据我们的调查，是可以说的。

很不彻底　　*很不古怪

很不健康　　*很不疲倦

很不漂亮　　*很不薄弱

很不顺利　　*很不可怕

很不严肃　　*很不冒失

很不愉快　　*很不顽固

很不高兴　　*很不伤心

很不放心　　*很不严重

很不负责　　*很不固执

很不懂事　　*很不利害

很不努力　　*很不悲惨

由表示褒义的或表示积极意义的形容词构成的"很不A",整个格式有不赞成、不满意或不喜欢的意思。

似乎有例外,例如可以说"很不错""很不坏""很不含糊"。其实,这里的"不错""不坏""不含糊"已经不是一般的"不＋A"的句法结构了,而是相当于一个词的固定词组了,它们跟作为句法结构的"不错""不坏""不含糊"在意义上也不相同了。就拿"很不错"来说,这里的"不错"不是正确的意思,而是好的意思,相当于"正确"意思的"不错"是句法结构,它前面不能再受"很"的修饰,例如:

(1)"这个词是不是拼错了？"

　　"不错,一点儿也不错。"

　　(*不错,很不错。)

(2)"那自行车是不是坏的？"

　　"不坏,一点儿也不坏。"

　　(*不坏,很不坏。)

(3)"这句话的意思有点儿含糊。"

"我认为是清楚的，一点儿也不含糊。"

(*我认为是清楚的，很不含糊。)

因此，像"很不错""很不坏""很不含糊"不宜看作例外。

不过，例外倒也确实存在，那就是一些非常书面语化的形容词，虽然是表示褒义的或积极意义的，但不能用在"很不——"这个格式里。例如我们可以说"很不美""很不漂亮"，但不说"很不美丽"（"美、漂亮"都是口语词，"美丽"是非常书面语化的词）。再如：

*很不庄严　　*很不壮丽　　*很不灿烂
*很不崇高　　*很不宝贵　　*很不敬爱
*很不甜蜜　　*很不真挚　　*很不珍重

（二）现代汉语中有一部分形容词，是表示量度性质的，例如"多/少""长/短"等。在这些形容词中，凡表示量小的形容词可以用在"很不——"的格式里，表示量大的形容词则不能用在"很不——"这一格式里。例如：

很不小（了）　　*很不大
很不轻（了）　　*很不重
很不短（了）　　*很不长
很不低（了）　　*很不高
很不近（了）　　*很不远
很不薄（了）　　*很不厚
很不慢（了）　　*很不快
很不早（了）　　*很不晚

由表示量小的形容词所构成的"很不 A"整个格式表示：应该承认已经达到了一定的程度、一定的数量。

这似乎也有例外，例如可以说"对这个问题我理解得很不深"。其实这里的"深"已不表示量度，而表示深入的意思，含褒义；它的反义词是"肤浅"，含贬义，所以就不能说"很不肤浅"。因此"（理解得）很不深"的说法并不是例外，还是符合上述规律的。

（三）形容词"方、圆、红、白、咸、淡、软、硬、干、湿"以及"奥妙、初步、干燥、高涨、密集"等、都不能用在"很不——"格式里。例如：

*很不方　　*很不圆

*很不红　　*很不白

*很不咸　　*很不淡

*很不软　　*很不硬

*很不干　　*很不湿

*很不奥妙　*很不初步

*很不干燥　*很不高涨

*很不密集　*很不悠久

教学实践证明，外国学生根据上述三条，一般都能够掌握和运用"很不——"这个格式。

以上所说，算是对吕先生一文的一点儿补充。

（原载于《语言研究与教学》1986 年第 2 期）

说副词"有一点儿"

现代汉语里有两个"有（一）点儿"：一个是词组（述宾词组），例如：

（1）"您还有糖吗？""还有（一）点儿。"

（2）"缸里有水吗？""有（一）点儿，但不多了。"

一个是词（副词），例如：

（3）那苹果有（一）点酸儿。

（4）那衣服有（一）点脏儿。

（5）这个人有（一）点儿虚伪。

词组"有（一）点儿"表示量少，我们不妨把它看作是"有+（一）点儿+名"（如"有（一）点儿糖""有（一）点儿水"等）这一述宾结构的省略形式；副词"有（一）点儿"则表示程度低。本文只讨论副词"有（一）点儿"。

副词"有（一）点儿"在口语里以说成"有点儿"为常，为使行文简洁起见，下文讨论时径直写作"有点儿"。

关于副词"有点儿"的意义和用法，《现代汉语八百词》已有所说明。但我们觉得简单了些，有些重要用法也未曾提到，为使读者全面了解副词"有点儿"的意义和用法，《现代汉语八百词》已经谈到的一些内容，本文将不避重复。

前面已经指出，副词"有点儿"表示程度低，这是概括的说法，在不同格式中具体表现不尽相同，下面就作些具体的分析。

I. 有点儿 + 形容词

这个格式具体表示两种语法意义：

A. 表示程度轻微。例如：

有点儿脏　　　有点儿笨
有点儿懒　　　有点儿骄傲
有点儿马虎　　有点儿虚伪
有点儿冷淡　　有点儿小气
有点儿野蛮　　有点儿消极
有点儿难受　　有点儿做作
有点儿粗心　　有点儿自满
有点儿紧张　　有点儿糊涂
有点儿悲观　　有点儿生气

值得注意的是，当表示程度轻微这一语法意义时，能进入这个格式的形容词多数是贬义形容词。褒义形容词都不能直接进入这个格式，我们不说：

*有点儿干净　　*有点儿聪明
*有点儿勤快　　*有点儿谦虚
*有点儿认真　　*有点儿诚恳
*有点儿热心　　*有点儿大方
*有点儿文明　　*有点儿积极
*有点儿舒服　　*有点儿自然
*有点儿细心　　*有点儿虚心
*有点儿轻松　　*有点儿明白
*有点儿乐观　　*有点儿高兴

只有当这些褒义形容词受否定副词"不"修饰后，整个偏正结构可以进入这个格式：

有点儿不干净　　　有点儿不聪明

有点儿不勤快	有点儿不谦虚
有点儿不认真	有点儿不诚恳
有点儿不热心	有点儿不大方
有点儿不舒服	有点儿不自然
有点儿不细心	有点儿不虚心
有点儿不轻松	有点儿不明白
有点儿不乐观	有点儿不高兴

而贬义形容词如前面加"不"后整个偏正结构便不能进入这个格式，我们不说：

*有点儿不脏	*有点儿不笨
*有点儿不懒	*有点儿不骄傲
*有点儿不马虎	*有点儿不虚伪
*有点儿不冷淡	*有点儿不小气
*有点儿不野蛮	*有点儿不消极
*有点儿不难受	*有点儿不做作
*有点儿不粗心	*有点儿不自满
*有点儿不紧张	*有点儿不糊涂
*有点儿不悲观	*有点儿不生气

这说明，当"有点儿+形容词"表示程度轻微的语法意义时，能进入这一格式的形容词性成分是有选择性的，只限于表示消极意义的成分，即：或是贬义形容词，或是"不+褒义形容词"。

B. 表示性质轻度偏离。例如：

有点儿长/短	有点儿大/小
有点儿肥/瘦	有点儿高/低
有点儿硬/软	有点儿稠/稀
有点儿厚/薄	有点儿多/少
有点儿浓/淡	有点儿快/慢

"有点儿长/短"是说偏离了所要求的长度，但偏离的幅度不大。余者类推。当"有点儿+形容词"表示性质轻度偏离的语法意义时，进入这个格式的形容词只限于中性词。

综上所述，"有点儿+形容词"不管表示 A 义或 B 义，都是表示不如意的意思。

Ⅱ. **有点儿+形容词+了**

前面我们说过，褒义形容词不能进入"有点儿+形容词"的格式，但是，却可以进入"有点儿+形容词+了"的格式。"有点儿+形〔褒〕+了"表示变化幅度小，例如：

有点儿干净了　　有点儿聪明了
有点儿勤快了　　有点儿谦虚了
有点儿认真了　　有点儿热心了
有点儿文明了　　有点儿积极了
有点儿细心了　　有点儿虚心了
有点儿轻松了　　有点儿明白了
有点儿乐观了　　有点儿高兴了
有点儿懂事了　　有点儿暖和了
有点儿老练了　　有点儿凉快了
有点儿努力了　　有点儿齐心了
有点儿缓和了　　有点儿专心了

"有点儿干净了"是说出现了从不干净到干净的变化，但变化幅度不大。余者类推。这里，"有点儿"所修饰的并不是形容词本身，而是"形〔褒〕+了"这个结构，因为"形〔褒〕+了"所表示的正是性质的变化。"有点儿+形（褒）+了"的内部层次构造应分析为（以"有点儿干净了"为例）：

有　点　儿　　干　净　了
｜___状___｜　｜___中___｜

能在这个格式里出现的,不限于褒义形容词,贬义形容词也能出现在这一格式里,而且"有点儿+形〔贬〕+了"整个格式也表示变化幅度不大。例如:

(1)他现在有点儿糊涂了。

(2)饭有点儿馊了,不能吃了。

(3)衣服有点儿脏了。

(4)我有点儿累了。

(5)挺聪明一个人,今天怎么也有点儿傻了?

所不同的是一种不如意的变化。

中性词也可以进入这个格式,但"有点儿+形〔中性〕+了"这整个格式可以表示两种语法意义:

1. 表示变化幅度小。例如:

(1)上星期红叶还没有红,现在有点儿红了,再过些日子就全红了。

(2)我尝了尝,江米酒有点儿甜了,再过两天就更甜了。

(3)那些柿子都还是硬的,就这两个有点儿软了。

(4)天气有点儿冷了,要加一点衣服。

(5)以前的考试都不难,这次有点儿难了。

(6)腌的鸭蛋已经有点儿咸了,口轻的可以吃了,口重的还得等几天。

2. 表示出现了性质轻度偏离的情况。例如:

(7)我觉得这个颜色有点儿红了,稍微浅一点就好看了。

(8)这个菜有点儿甜了,糖放得多了点儿。

(9)今天的米饭煮得有点儿软了。

(10)稀饭有点儿稠了,得加点儿水。

(11)这个题对于他来说有点儿难了。

(12)汤有点儿咸了,再加一点水吧。

（13）这双鞋有点儿大了。

（14）你这件衣服有点儿长了。

（15）这幅画儿挂得有点儿高了。

（16）这床被子有点儿薄了。

（17）这竹竿儿有点儿细了。

（18）你托运的行李可能有点儿重了。

注意，在中性形容词中有一类是表示量度的形容词，如例（13）—（18）里的"大、长、高、薄、细、重"等，它们出现在这个格式里，整个格式大多表示第二种意思（即出现性质轻度偏离的情况），很少表示第一种意思（即变化幅度小）。有时也能见到表示第一种意思的句子，例如"今天早晨起来，发现水位有点儿高/低了"，但这种说法实际使用的频率比较低，一般多说"今天早晨起来，发现水位高/低点儿了"。

Ⅲ. 有点儿+动词性成分

这个格式表示两种语法意义：

1. 表示程度轻微。例如：

（1）有点儿讨厌　　有点儿怀疑

　　有点儿浪费　　有点儿担心

　　有点儿嫉妒　　有点儿埋怨

　　有点儿反对　　有点儿嫌弃

　　有点儿轻视　　有点儿歧视

　　有点儿害怕　　有点儿迁就

（2）有点儿脱离群众

　　有点儿吓唬人

　　有点儿调和矛盾

　　有点儿拖延时间

　　有点儿违反常情

　　有点儿逃避现实

（3）有点儿不乐意

　　　有点儿不喜欢

　　　有点儿不满意

　　　有点儿不值得

　　　有点儿不赞成

　　　有点儿不理解

　　　有点儿不关心

　　　有点儿不熟悉

（4）有点儿不通情理

　　　有点儿不合要求

　　　有点儿不受欢迎

　　　有点儿不讲道理

　　　有点儿下不来台

　　　有点儿说不过去

　　　有点儿合不来

　　　有点儿抓不住要害

　　　有点儿受不了

　　　有点儿忙不过来

当表示程度轻微这一语法意义时，能进入这一格式的动词性成分有两个特点：第一，一般都能受"很、更"之类程度副词的修饰，如"很讨厌、很怀疑、很浪费、很担心、很脱离群众、很吓唬人、很不乐意、很不通情理、很说不过去"等，这说明这些动词性成分在意思上都可以有程度高低深浅之分；第二，都是表示消极意义的，例（1）各例的动词都是贬义动词，例（2）各例都是贬义的述宾结构，例（3）各例都是"不+褒义动词"的偏正结构，例（4）各例都是褒义的述宾结构、述补结构的否定式。

2. 表示变化幅度小。例如：

（1）投资有点儿增加。

（2）饭量有点儿减少。

（3）开支有点儿缩减。

（4）水位有点儿上升。

（5）成绩有点儿下降。

（6）计划有点儿变动。

（7）态度有点儿改变。

（8）病情有点儿加重。

（9）体重有点儿减轻。

（10）他最近学习有点儿退步。

表示变化幅度小这一语法意义时，能进入这个格式的动词都含有变化的语义特征。

"有点儿＋动词性成分"这个格式后可以加上"了"，表示新情况的出现。例如：

（1）有点儿讨厌了。

　　有点儿脱离群众了。

　　有点儿不乐意了。

　　有点儿不通情理了。

（2）投资有点儿增加了。

　　水位有点儿上升了。

　　成绩有点儿下降了。

　　体重有点儿减轻了。

例（1）都表示出现了轻度不如意的情况，例（2）都表示出现了幅度不大的变化情况。

参考文献

1. 吕叔湘主编:《现代汉语八百词》,商务印书馆,1981 年,北京。
2. 杨从洁:《不定量词"点"以及"一点""有点"的用法》,载《语言教学与研究》1988 年第 3 期。

（原载于《世界汉语教学》1989 年第 4 期）

普通话里的程度副词"很、挺、怪、老"

"很"是大家熟知的"表示程度高"的程度副词。在词典里,"挺、怪、老"也都有一个表示程度高的义项,一般都直接用"很"来加以注释。如《新华字典》(第12版):

挺　❸副词,很:～好|～和气。

怪　❸副词,很,非常:～好的天气|这孩子～讨人喜欢的。

老　❷副词,极,很:～早|～远。

《现代汉语词典》等辞书与之雷同。这样,就会给汉语学习者一种错觉——"很、挺、怪、老"它们作为程度副词时,意思、用法都是一样的。实际并不是这样。

有的时候,确实可以通用。例如:

(1)那被子很厚的。

例(1)中的"很"可以用"挺、怪、老"代替,分别说成例(1′)各句,而意思基本不变:

(1′)那被子挺厚的。

那被子怪厚的。

那被子老厚的。

但是,我们进一步作一些观察就能发现,它们并不完全相同,无论在意义和用法上都有所区别。本文的目的就是要比较、分析清楚这一组程度副词的异同。

这组程度副词有共同点:第一,从意义上看,都表示程度深,或者说程度高;第二,从用法上看,都不能用于比较,不能用于"比"

字句，即使是最常用的"很、挺"也不能。下面的句子都不成立：

（2）*比较起来，这个房间很/挺干净的。

（3）*相比之下，他个子很/挺高的。

（4）*这个孩子比那个孩子很/挺可爱的。

（5）*那根竹竿比这根竹竿很/挺长的。

如果改成非比较的句子，句子就都能说了，请看：

（2′）这个房间很/挺干净的。

（3′）他个子很/挺高的。

（4′）这个孩子很/挺可爱的。

（5′）那根竹竿很/挺长的。

不能用于比较的句子，是这组程度副词的共同点，因此从王力先生《中国现代语法》开始，将这些程度副词称为"绝对程度副词"。

但是，它们有不同点。不同点在哪里呢？这也可以从意义和用法两个方面来看。

从意义上来看，它们有下面两点不同：

一是风格色彩不同。"很"，书面语、口语都常用；而"挺、怪、老"，都是口语词，所以在正式文告和政论文中不用"挺、怪、老"这些程度副词。

二是感情色彩不同。"很、挺"不带感情色彩；"怪、老"都带有较强的感情色彩。"怪"带有亲昵、满意、爱抚、调皮的感情色彩。例如：

（6）这孩子怪机灵的。

（7）他们俩怪亲热的。

（8）这孩子怪招人喜欢的。

（9）怪聪明的一个小姑娘，手也勤，嘴也巧。

（10）奶奶逗着小孙孙说："宝宝怪臭的，洗洗就香啦！"

有时，表示一种说不出的、没法形容的心理感受，例如：

(11) 这么多人，怪难为情的。

(12) 别闹得太厉害了，弄得人家新娘子怪不好意思的。

(13) 怪说不出口的，你叫我怎么说啊！

(14) 心里怪难受的，说不出是什么滋味。

下面的句子都不能用"怪"：

(15)*敌人怪残酷的。

(16)*忽然，他的态度变得怪严肃的。

因为例（15）、例（16）都不含有上述"亲昵、满意、爱抚、调皮"的感情色彩。注意，例（16）的"怪严肃的"如果出现在下面的句子里，就可以说了：

(16′) 妈妈一边看，一边说："冬冬平时那么淘气，今天演起老师来，还怪严肃的。"

因为这个句子含有亲昵、满意、爱抚、调皮的感情色彩。

"老"常常带有说话人不喜爱的感情色彩。例如：

(17) 老远的，不想去了。

(18) 老长的胡子，留着干吗？

(19) 这靴子老沉的，我不要。

(20) 那被子老厚的，热死了。

下面的例子都表示喜爱的或合意的事情，用"老"就不合适：

(21)*姑娘眼睫毛老长的，十分好看。

(22)*你看这根绳子老粗的，该合你的意了吧！

现在分析它们在用法上的差异。主要谈以下五个方面：

一、修饰形容词

"很、挺、怪、老"都能修饰形容词，但范围宽窄不同。"很"所能修饰的形容词最宽，一般的形容词都能受它修饰。许多能受"很"修饰的形容词，也能受"挺"修饰。例如：

很可爱～挺可爱　　很聪明～挺聪明

很干净～挺干净	很严肃～挺严肃
很普遍～挺普遍	很片面～挺片面
很随便～挺随便	很和气～挺和气
很动人～挺动人	很尖锐～挺尖锐
很难受～挺难受	很卑鄙～挺卑鄙
很帅～挺帅	很大～挺大
很好～挺好	很坏～挺坏
很红～挺红	很浅～挺浅
很轻～挺轻	很远～挺远

但由于"挺"是口语词，所以一些能受"很"修饰的典型的书面语词不能受"挺"修饰。试比较：

很寒冷	*挺寒冷	很悲愤	*挺悲愤
很美丽	*挺美丽	很昌盛	*挺昌盛
很审慎	*挺审慎	很迅猛	*挺迅猛
很肃静	*挺肃静	很聪颖	*挺聪颖

"怪"所能修饰的形容词，范围比"挺"还窄。"挺"不能修饰的典型的书面语词，"怪"也不能修饰，例如不说：

很寒冷	*怪寒冷	很悲愤	*怪悲愤
很美丽	*怪美丽	很昌盛	*怪昌盛
很审慎	*怪审慎	很迅猛	*怪迅猛
很肃静	*怪肃静	很聪颖	*怪聪颖

除此外，不便于表示亲昵、满意、爱抚、调皮等感情色彩的形容词，即便是口语词，也都不能受"怪"的修饰，如不说：

*怪对的	*怪坏的	*怪大的	*怪近的
*怪普遍的	*怪平常的	*怪随便的	*怪下流的

"老"能修饰的形容词范围最窄。它只能修饰有限的一部分单音节形容词，而且一般是往大里说的，它不修饰往小里说的形容词。例如：

那路老远的　　*那路老近的

那个子老大的　　*那个子老小的

他胡子老长的　　*他胡子老短的

这被子老厚的　　*这被子老薄的

那针老粗的　　*那针老细的

那箱子老沉的　　*那箱子老轻的

二、修饰动词性成分

"很、挺、怪"都能修饰动词性成分，例如：

很喜欢	挺喜欢	怪喜欢的
很想	挺想	怪想的
很担心	挺担心	怪担心的
很惦记的	挺惦记的	怪惦记的
很想念	挺想念	怪想念的

"很、挺、怪"所修饰的动词性成分都属于表示心理活动或表示意愿的动词。

"很"和"挺"还能修饰某些述宾结构。例如：

小王很／挺善于学习

这样做很／挺合乎情理

他很／挺觉得不安

这种办法很／挺解决问题

这风景很／挺有诗意

那很／挺花时间的

这些受"很／挺"修饰的述宾结构，其中的动词都不能直接受"很／挺"修饰，我们不能说：

*很／挺善于

*很／挺合乎

*很／挺觉得

*很/挺解决

*很/挺有

*很/挺花

而作为程度副词的"老"不能修饰任何动词性成分。注意：下面例子中修饰动词性成分的"老"都不是程度副词，而是时间副词：

老喜欢开玩笑　　老待在家里

老想去玩儿　　　老笑

老担心家里的人　他老看着我

"怪"也能修饰少量述宾结构，主要是由动词"有"充任述语的述宾结构，如"怪有意思的、怪有诗意的、怪有眼光的"。

在修饰动词性成分上，"很"还有一个特别的用法，那就是它可以修饰一个"动＋数·量·名"这样的述宾结构。例如：

很看了些书　　　很跑了几趟

很花了一些时间　很找了一阵子

很喝了几杯酒　　很看了他几眼

"挺、怪、老"都不具有这种用法。

三、跟否定副词"不"的连用

程度副词跟否定副词"不"连用，有两种格式：

Ⅰ. 不＋程度副词＋形/动。

Ⅱ. 程度副词＋不＋形/动。

先说格式Ⅰ."不＋程度副词＋形/动"。

只有"很"能进入这个格式，即只有"很＋形/动"能受"不"的修饰。例如：

不很可爱　　不很高兴　　不很好看　　不很干净

不很远　　　不很厚　　　不很轻　　　不很浅

不很喜欢　　不很担心　　不很反对　　不很支持

"挺"似乎不能直接进入这一格式，除非在"不"后加"是"，说成"不＋

是+程度副词+形/动"。例如：

*不挺可爱	*不挺高兴	*不挺好看	*不挺干净
不是挺可爱	不是挺高兴	不是挺好看	不是挺干净
*不挺远	*不挺厚	*不挺轻	*不挺浅
不是挺远	不是挺厚	不是挺轻	不是挺浅
*不挺喜欢	*不挺担心	*不挺反对	*不挺支持
不是挺喜欢	不是挺担心	不是挺反对	不挺支持

"怪、老"绝对不能进入这个格式，不说：

| *不怪可爱 | *不怪高兴 | *不怪好看 | *不怪干净 |
| *不老可爱 | *不老高兴 | *不老好看 | *不老干净 |

即使加"是"一般也不说。请看：

| *不是怪可爱 | *不是怪高兴 | *不是怪好看 | *不是怪干净 |
| *不是老可爱 | *不是老高兴 | *不是老好看 | *不是老干净 |

除非在反问句里才可以这样用。例如：

这孩子不是怪可爱的吗？　　他不是怪聪明的吗？
那竹竿不是老长的吗？　　这被子不是老厚的吗？

现在说说格式Ⅱ．"程度副词+不+形/动"。

"很""挺"可以进入这个格式。例如：

很/挺不踏实	很/挺不高兴
很/挺不文明	很/挺不懂事
很/挺不满意	很/挺不喜欢
很/挺不自在	很/挺不顺利

"怪"很少有这种用法，除"怪不好意思的、怪不自在的、怪不耐烦的"外，很难再找到别的例子。我们可以认为"怪不好意思的""怪不自在的""怪不耐烦的"已固化为熟语了。

"老"则完全没有这种用法。

这里需要指出的是，能进入"很/挺+不+形容词"这个格式的形容词是有限制的，换句话说，形容词对"很/挺+不+形容词"格式有选择性。据考察，能进入这一格式的只限于：

（一）表示积极意义的形容词。例如：

很/挺不虚心　　*很/挺不骄傲
很/挺不坚强　　*很/挺不软弱
很/挺不正确　　*很/挺不错误
很/挺不老实　　*很/挺不狡猾
很/挺不轻松　　*很/挺不沉重

（二）往小里说的量度形容词，一般末尾要带"了"。例如：

你挣的钱很不少了。　　*你挣的钱很不多。
这房子很不低了。　　　*这房子很不高了。
你已经很不小了。　　　*你已经很不大了。
这根竹竿很不短了。　　*这根竹竿很不长了。
这个坑挖得很不浅了。　*这个坑挖得很不深了。

四、与"的"的配合

"很""挺""怪""老"修饰形容词性成分、动词性成分时，后面都可以有"的"与之配合。例如：

路很远的，你不要去了。
这孩子挺聪明的。
他们俩怪亲热的。
胡子老长的，还不刮刮！

所不同的是，"很""挺""老"不要求后面一定要有"的"与之配合，而"怪"要求必须有"的"与之相配。试比较：

路很远的，你不要去了。
（路很远，你不要去了。）
这孩子挺聪明的，什么事一说就明白。
（这孩子挺聪明，什么事一说就明白。）

他胡子老长的，像个野人似的。
（他胡子老长，像个野人似的。）
她们俩怪亲热的，像一对亲姊妹。
（*她们俩怪亲热，像一对亲姊妹。）

（原载于《汉语学习》1991年第2期）

关于表示程度浅的副词"还"[*]

表示程度的副词"还（hái）"可以分为两个：一个表示程度深（如"小王比小李跑得还快"），一个表示程度浅（如"比较起来，这个房间还干净些"）。本文只谈表示程度浅的"还"。

一 两种比较，四种句式

在现代汉语中，凡包含表示程度浅的"还"的句子，总伴有比较的意思。这有两种情况：一种情况是没有明确比较对象的比较，当表示这种比较时，只有一种句式，即：

I. X＋还＋VP 例如：

（1）这根绳子还结实。

这句话并不是明确地就这根绳子跟其他绳子比较而言的，而仅仅是就这根绳子的结实程度说的。下面的例子将更清楚地表明这一点：

（2）"妈妈身体怎么样？""妈妈身体还好。"

（3）孩子们还乖吧？（老舍《女店员》）

另一种情况是有明确比较对象的比较，当表示这种比较时，可有三种

---

[*] 本文写就后，语言研究所孟琮、晁继周同志，北京大学留学生汉语教研室方梅同志和北京大学中文系汉语专业研究生刘一之同志（均系北京人），帮助审阅了本文从口语中采集来的例句，孟琮同志更对本文提出了许多有益的补充意见，谨在此一并致谢。

句式，即

Ⅱ. X + 还 + VP$_1$，Y + VP$_2$　例如：

（4）这个房间还干净些，那个房间脏死了。

Ⅲ. Y + VP$_2$，X + 还 + VP$_1$　例如：

（5）那几篇文章不怎么好，这篇文章还可以。

Ⅳ. X + 还 + VP$_1$+ 呢，Y + 更 + VP$_2$+ 了　例如：

（6）这个房间还大一点呢，那几个房间更小了。

在上面各句式的写法里，VP 表示谓词性词语，通常是个形容词性词语，也可以是动词性词语；X 表示"还+VP"所陈述的对象，Y 表示明确用来与 X 比较的对象。X、Y 通常是名词性成分（如例（1）—（6）），但也可以是动词性成分。例如：

比较起来，种蔬菜还合算些。

暂时不托出去也还行！（老舍《女店员》）

很少是形容词性成分。

下面我们试以上述四个句式为纲对表示程度浅的"还"进行详细描写。为了便于说明，下文在讨论上述各句式时，暂且先只举 VP 为形容词性词语（以下记作 AP）的例句，并将格式里的 VP 径直写为 AP，至于 VP 为动词性词语的情况，将在第六部分讨论。为使行文简洁起见，下文凡说到"表示程度浅的'还'"时，不是十分必要的话，便一律将"表示程度浅的"这一修饰语略去不说。

二　关于句式Ⅰ

先说句式Ⅰ：X + 还 + AP

这是个单句格式，下面再举些实例：

（7）小王学习还踏实。

（8）他现在还老实，谁知道是真是假呢？（老舍《女店员》）

（9）地势看来也还平，可是从房顶上看起来，从西到东却是一道斜坡。（赵树理《李有才板话》）

（10）燕燕说王助理员的脑筋还不错。（赵树理《登记》）

　　句式Ⅰ表示这样的语法意义：虽不是太满意，但基本上合意。其中"还"所表示的程度浅，含有"勉强过得去"的意思。由于基本上合意，因此句式Ⅰ总是从褒义方面说的，它要求出现在这个句式里的形容词A是褒义形容词，不能是贬义形容词，除非是个否定形式。试比较：

（11）这件衣服还好看。　　*这件衣服还难看。
　　　这件衣服还不难看。

（12）他倒还虚心。　　　　*他倒还骄傲。
　　　他倒还不骄傲。

（13）这个孩子还聪明。　　*这个孩子还笨。
　　　这个孩子还不笨。

中性形容词虽然可出现在这个格式中，例如：

（14）这块肉还瘦，就买这块吧。

（15）这只鸡还肥，就买这只吧。

"肥"和"瘦"都是中性形容词，但是进入上述句式之后，就带上了褒义色彩，含有符合说话人心意的意思。例（14）说话人喜欢买瘦肉，例（15）说话人喜欢买肥鸡。

　　上文已经指出，句式Ⅰ只用于没有明确比较对象的比较。因此，句式Ⅰ有以下两点值得注意：

　　第一，形容词A后面不能带"（一）些""（一）点儿"这样的补语成分，因为形容词后面一带上这些补语成分，就表示有明确的比较对象了。下面的说法，表面看像是句式Ⅰ，其实都属于句式Ⅲ（句式Ⅲ的省略形式，详见下文）：

（16）这根绳子还结实一点儿。

（17）这个地方还凉快一些。

第二，形容词A前面可以加上另一个表示程度浅的副词"比较"，但是不能加上也是表示程度浅的副词"稍微（稍稍）"。试比较：

（18）"妈妈身体怎么样？"

　　"妈妈身体还比较好。"

　　（*妈妈身体还稍微好。）

（19）"老王，小刘的文章看了吗？怎么样？"

　　"内容还比较充实，修改一下可以发表。"

　　（*内容还稍稍充实，修改一下可以发表。）

原因在于，"稍微（稍稍）"一定得用于有明确比较对象的比较，而"比较"既可以用于有明确比较对象的比较（如"在我们小组中，还是小赵比较高一些"），也可以用于没有明确比较对象的比较（如例（18）（19）），这一区别决定了只适用于没有明确比较对象的比较的句式Ⅰ，它里面的形容词A前面可以加"比较"，不能加"稍微（稍稍）"。

三　关于句式Ⅱ

现在说句式Ⅱ：X + 还 + AP_1，Y + AP_2

这是一个复句格式，表示对比。前一分句总是一个肯定形式，后一分句可以是个肯定形式，也可以是个否定形式。例如：

（20）这本书还浅一点儿，那本书可深了。

（21）102教室还大一些，103教室不大。

（22）302房间还干净，303房间可真脏。

（23）老张身体还好，老李身体不好。

句式Ⅱ里的"还"也含有"勉强过得去"的意思，包含"还"的分句，也总是往褒义方面说的，因此 AP₁ 里的形容词也只能是褒义的或中性的。与之相对的后一分句则总是往贬义方面说的，所以，句式Ⅱ里的 AP₁ 与 AP₂ 在词义上总是相对立的。通常当 AP₁ 里的 A 为褒义形容词时，则 AP₂ 如果是个肯定形式，其中的 A 往往是个与 AP₁ 里的 A 相对立的贬义形容词（如例（22））；AP₂ 如果是个否定形式，其中的 A 往往是与 AP₁ 里的 A 相同的褒义形容词（如例（23））。当 AP₁ 里的 A 为中性形容词时，则 AP₂ 如果是个肯定形式，其中的 A 往往是个与 AP₁ 里的 A 构成反义的中性形容词（如例（20））；AP₂ 如果是个否定形式，其中的 A 与 AP₁ 里的 A 也往往是同一个中性形容词（如例（21））。有时，当 AP₂ 为肯定形式时，其中的形容词不一定与 AP₁ 里的形容词构成一对反义词，当 AP₂ 为否定形式时，其中的形容词也不一定与 AP₁ 里的形容词相同。例如：

晴天还好，赶上下雨，够多么麻烦！（老舍《女店员》）

王利发慢慢地走出来，他还硬朗，穿的可很不整齐。（老舍《茶馆》）

但是 AP₂ 在语义上还是与 AP₁ 相对立的。

上文已经指出，句式Ⅱ是适用于有明确比较对象的比较的一种句式，因此，句式Ⅱ里 AP₁ 的 A 后面常常带上一个由"（一）点儿""（一）些"充任的补语成分，以增强明确比较的意味（如例（20）（21））；当然，A 后也可以不带这种补语成分（如例（22）（23））。但是带不带这种补语成分，在具体运用上略有不同：当形容词 A 后面带有"（一）点儿""（一）些"的补语成分时，则形容词 A 前可以再加"比较"，也可以再加"稍微（稍稍）"；当形容词 A 后面不带这种补语时，形容词 A 前就只能加"比较"，不能加"稍微（稍稍）"。试以（20）（23）为例：

（20）这本书还浅一点儿，那本书可深了。

→a 这本书还比较浅一点儿，那本书可深了。

b 这本书还稍微浅一点儿，那本书可深了。

（23）老张身体还好，老李身体不好。

→a 老张身体还比较好，老李身体不好。

b* 老张身体还稍稍好，老李身体不好。

其所以会造成这种运用上的不同，原因在于，副词"稍微（稍稍）"在用法上有一个特点，后边一般不能是一个简简单单的形容词，得是一个形容词后头带上"（一）点儿"或者"（一）些"的词组〔稍微（稍稍）高一点｜*稍微（稍稍）高〕。① 而副词"比较"修饰形容词，没有这个限制（比较好｜比较好些）。

句式Ⅱ中可以插入"比较起来""相比之下"一类表明比较的短语，但这种短语只能放在整个句子的头上，不能插在两个分句的中间。② 例如：

（24）比较起来，302房间还干净，303房间比较脏。

（25）*302房间还干净，比较起来，303房间比较脏。

（26）相比之下，大的还用功点儿，小的可不用功了。

（27）*大的还用功点儿，相比之下，小的可不用功了。

四　关于句式Ⅲ

下面说句式Ⅲ：Y+AP$_2$，X+还+AP$_1$

句式Ⅲ显然与句式Ⅱ有密切关系，句式Ⅱ前后分句换位就成为句式Ⅲ。请看：

这本书还浅一点儿，那本书可深了。

---

① 参见吕叔湘：《语文杂记：" 稍微""多少"条》，《中国语文》1965年第4期。

② 有人认为"比较起来"一类短语也可以插在两个分句的中间，例（25）（27）也可以说。

→那本书可深了，这本书还浅一点儿。

102教室还大一些，103教室不大。

→103教室不大，102教室还大一些。

302房间还干净，303房间可真脏。

→303房间可真脏，302房间还干净。

老张身体还好，老李身体不好。

→老李身体不好，老张身体还好。

因此，上述句式Ⅱ的一些特点，基本都适用于句式Ⅲ。但是，既然句式Ⅲ已作为一种独立的句式出现，它便具有与句式Ⅱ所不同的特点。

首先，句式Ⅲ在一定的对话里，不包含"还"的那个分句，即"Y + AP$_2$"，可以省去不说。例如：

（28）"小李考得不好，小王呢？""小王还好点。"

（29）"我们这儿很冷，你们那儿呢？""我们那儿还暖和。"

句式Ⅱ不能有这样的省略。

其次，句式Ⅲ中也可以插入"比较起来""相比之下"这类短语，但与句式Ⅱ不同的是，这种短语不仅能加在整个句子头上，也可以插入两个分句的中间（这种短语不能插入句式Ⅱ的两个分句中间，见上文）。例如：

（30）比较起来，303房间较脏，302房间还干净。

（31）303房间较脏，比较起来，302房间还干净。

（32）相比之下，小的可不用功了，大的还用功点儿。

（33）小的可不用功了，相比之下，大的还用功点儿。

再次，句式Ⅲ还可以有以下的变式，而这是句式Ⅱ所不具有的：

XY + 都 + AP$_2$，X + 还 + AP$_1$ 例如：

（34）303、302这两个房间都较脏，302房间还干净点。

（35）老张、老李身体都不好，老李还好一点。

（36）小王、小李都较矮，小李还高点。

（37）103、102 这两个教室都不大，102 教室还大一些。

关于变式，要注意以下几点：

1. 变式中 AP_2 之前一定有"都"；AP_1 都必须是形容词后面带"（一）点儿""（一）些"的形式，如例（34）（35）（36）形容词后的"（一）点"，例（37）形容词后的"一些"都不能去掉。

2. X、Y 为"指示代词+（数量结构）+名词"时，不能有此变式。例如：

那本书可深了，这本书还浅一点。

→ *那本书、这本书都深，这本书还浅一点。

3. 变式中也可以插入"比较起来"一类短语，但只能插在两个分句的中间，不能放在整个句子的头上。例如：

（38）303、302 这两个房间都较脏，比较起来，302 还干净点。

 *比较起来，303、302 这两个房间都较脏，302 还干净点。

（39）老张、老李身体都不好，相比之下，老李还好一些。

 *相比之下，老张、老李身体都不好，老李还好一些。

五　关于句式Ⅳ

最后说句式Ⅳ：X+还+AP_1+呢，Y+更+AP_2+了

这也是个表示对比的复句格式，而且也是适用于有明确比较对象的比较的一种句式。但是，跟句式Ⅱ、Ⅲ相比，有一个最明显的区别，那就是句式Ⅳ里包含"还"的分句（即"X+还+AP_1+呢"），不仅能往褒义方面说，也能往贬义方面说。例如：

（40）这个房间还干净点呢，那个房间更脏了。

（41）老张身体还好点呢，老李更差了。

（42）这个瓜还大点呢，那个瓜更加小了。（说话人希望买大的瓜）

（43）"这麦子长得真好啊！""这几块地还差点儿呢，北边几块地更好了！"

（44）"这儿虾真便宜，才一块钱一斤。""现在早晨还贵点儿呢，晚上买就更加便宜了。"

（45）"你这广柑个儿真大。""我买的还小点儿呢，昨天老李买的个儿更大了。"

例（40）至例（42）中的"X＋还＋AP₁＋呢"是往褒义方面说的，例（43）至例（45）则是往贬义方面说的。句式Ⅳ所以有上述明显的特点，原因是句式Ⅳ的语法意义跟上面哪一个句式都不同。句式Ⅳ是表示这样一种语法意义：提醒对方，别嫌弃（或别满足于）眼前所看到（或所说到、听到等）的某个事物或情况（X），其他的更不如（或更好）。

由于句式Ⅳ里包含"还"的分句既可以往褒义方面说，也可以往贬义方面说，所以 AP₁ 里的 A，可以是褒义形容词（如例（40）（41）），中性形容词（如例（42）（45）），也可以是贬义形容词（如例（43）（44））。

但是，AP₁ 与 AP₂ 在词义上还是相对立的，因此，当 AP₁ 里的 A 为褒义形容词时，AP₂ 里的 A 往往是与之相对的贬义形容词（如例（40）（41）），除非使用否定形式，则前后 A 为同一个褒义形容词。例如：

（46）这个房间还干净点呢，那个房间更不干净了。

（47）老张身体还好点呢，老李身体更不好了。

当 AP₁ 里的 A 为中性形容词时，AP₂ 里的 A 往往是与之形成反义的另一中性形容词（如例（42）（45））。当 AP₁ 里的 A 为贬义形容词时，则 AP₂ 里的 A 往往是与之对立的褒义形容词（如例（43）（44））。

从形式上看，句式Ⅳ的前一分句末尾一定得用"呢"，例（40）至例（47）中的"呢"都不能删去。后一分句 A 前一定得用"更"一类的程度副词，例（40）至例（47）中的"更""更加"都不能删去，也不能用"很""极""最"一类程度副词去替换。

句式Ⅳ也能加进"比较起来""相比之下"一类短语，但也与句式Ⅱ一样，只能加在整个句子的头上，不能插在两个分句中间。[①]例如：

（48）比较起来，这件衣服还长点儿呢，那件衣服更短了。

（49）*这件衣服还长点儿呢，比较起来，那件衣服更短了。

（50）相比之下，你们这儿还凉快一点儿呢，我们那儿可热死了。

（51）*你们这儿还凉快一点儿呢，相比之下，我们那儿可热死了。

句式Ⅳ与前面各句式比较，还有一个很重要的区别，那就是 AP_1 一定要重读，因此，严格说句式Ⅳ得表示为：

$X + 还 + 'AP_1 + 呢，Y + 更 + AP_2 + 了$

最后需要附带说明的，下面的句子从表面看很像是句式Ⅳ，其实不是：

（52）你当干部的还想不通，大伙儿更想不通了。

（53）这道数学题号称小诸葛的王敏还解不出来，你更解不出来了。

（54）小刘还赢不了他呢，你更不能赢他了。

例（52）至例（54）里的"还"不表示程度，而表示让步，有"甚至"的意思，因此可以用"尚且""都"替换，而句子意思基本不变。句式Ⅳ里的"还"都不能用"尚且""都"去替换。另外，例（52）至例（54）这类句子中，"还""更"所修饰的通常是个否定形式的动词性成分，不能是形容词性成分，这一点也与句式Ⅳ不同。

六　余论

（一）以往的语法论著，在说到表示程度浅的"还"时，都未提

[①] 有人认为"比较起来"一类短语也可以插在两个分句的中间，例（49）（51）也可以说。

及句式Ⅳ这种用法。可能正是由于这个原因，因此一般在谈到表示程度浅的"还"时，都只强调它修饰褒义形容词或往好的方面说的词语这一点。现在我们可以清楚地了解到，"还"在多数情况下，即在句式Ⅰ、Ⅱ、Ⅲ中，的确只能修饰褒义形容词或往好的方面说的词语，然而在句式Ⅳ中，则不受这个限制，它既可以修饰褒义形容词或往好的方面说的词语，也可以修饰贬义形容词或往坏的方面说的词语。

（二）表示程度浅的"还"可以跟"算"连用，上面四种句式所举各例中，"还"后面都可以加上"算"，而句子意思不变。再如：

（55）这回事儿还算好，没有伤了人。（老舍《龙须沟》）

（56）年纪虽然大了，身体还算结实。（转引自《现代汉语八百词》"算"条）

（57）还算不错，电话最后打通了。（同上，"还"条）

如果"还"所修饰的成分是个否定形式，则"算"往往加在"不"的后面，形容词的前面。例如：

（58）他是任意的往前一走哇，随走随打听，好在自己带的钱还不算很少。（陈士和《评书聊斋志异·崂山道士》）

表示程度深的"还"都不能与"算"连用。例如：

（59）他比你还高。

*他比你还算高。

（60）卫大嫂的劲头比姑娘还大。

*卫大嫂的劲头比姑娘还算大。

（三）上面讨论四个句式时，为便于说明起见，所举的例句 VP 都只限于形容词，或以形容词为中心语的形容词性成分，其实，无论是 VP_1 或 VP_2 也都可以是动词性词语。

先说说 VP_1。VP_1 如果是动词性词语，一般有四种情况。

1. 是能愿动词或能愿动词结构。例如：

（61）我是不去要我的介绍信，给别人办事还可以。（赵树理《登记》）

（62）跟这个人还可以来往来往。

（63）这个办法倒还可以试试。

（64）老人家管住家务，金桂清净一点倒还能多做一点活！（赵树理《传家宝》）

（65）艺术的熏陶使他在痛苦中还能够找出自慰的办法，所以他快活——不过据他的夫人说，这是没皮没脸，没羞没臊！（老舍《正红旗下》）

2. 是某些带可能补语的述补结构。例如：

（66）我跟他还谈得来。

（67）我们俩还合得来。

（68）当时他倒还沉得住气。

3. 是由动词"有"组成的某些带有褒义的述宾结构。例如：

（69）这个人还有点办法！

（70）我们相处了两年，还有点儿交情。

（71）小芳还有点儿心眼，小强一点儿心眼也不长。

（72）讲到芋头，小宝也还有几分喜欢；……（茅盾《秋收》）

4. 是部分由形容词性成分充任状态补语的述补结构。[①] 例如：

（73）这幅画还画得不错。

（74）相比之下，他还跑得稍微快点儿。

不过，更常见的还是"还"放在补语的前面。例如：

（75）这幅画画得还不错。

（76）相比之下，他跑得还稍微快点儿。

（77）家里的日子过得还好吧？（老舍《全家福》）

现在说说 VP_2。下面是 VP_2 为动词性词语的例子：

[①] 关于"带状态补语的述补结构"，见朱德熙《语法讲义》§9.8，商务印书馆，1982年，北京。

（78）白天还晴和，可是在这夜的田野里却冻得队员们都紧裹着大衣，互相偎着，依着坟堆避风。（知侠《铁道游击队》）

（79）我是不去要我的介绍信，给别人办事还可以。（赵树理《登记》）

例（78）属句式Ⅱ，例（79）属句式Ⅲ。当 VP_2 为动词性成分时，它该是什么样的动词性词语，还未发现有什么规律，但有一点可以肯定的，当 VP_2 为动词性成分时，VP_2 在语义上也还是与 VP_1 相对的。

（四）在实际话语里，我们还可以看到包含三项或者更多项比较的句式。例如：

（80）老大有慢性气管炎，老二腿也有毛病，老三还壮实点。

（81）颐和园太远，香山更远，动物园也不近，中山公园还近点，就去中山公园吧。

这可以看作是句式Ⅲ的一种扩充式，而且只有句式Ⅲ才有这种扩充式。

（原载于《中国语文》1984年第3期）

"稍微"和"多少"

程度副词"稍微"和"多少"在意义和用法上有相同之处：

（一）它们都表示程度浅。

（二）被它们修饰的成分一般都是复杂的，"不能只是一个简简单单的形容词或动词"，通常在所修饰的形容词或动词后有一个不定量的数量成分（有少数例外）[①]，如：

（1）比较起来这个房间稍微/多少干净（一）点儿。

（2）老李比你稍微/多少高一些。

（3）他比你稍微/多少了解些情况。

（4）老王比你稍微/多少有些经验。

（三）它们都既可以用于比较，也可以不用于比较。前者如例（1）—（4），后者如：

（5）你稍微/多少给他带点儿回来。

（6）对这一带情况，他稍微/多少了解些。

（7）你稍微/多少尝一点儿。

用于比较时，"稍微/多少"可以修饰形容词性成分（如例（1）（2）），也可以修饰动词性成分（如例（3）（4））；不用于比较时，它们都只能修饰动词性成分（如例（5）—（7））。注意，"大家稍微静一点儿""他多少聪明点儿"，其中受"稍微/多少"修饰的"静""聪明"都是形容词，句中未用"比""比较"一类明显表示比较意义的词，

[①] 参见吕叔湘：《语文杂记："稍微""多少"条》，《中国语文》1965年第4期。

句子还是都含有比较的意味。

但是,"稍微"和"多少"无论从意义上还是从用法上看,还有许多不同之处。

(一)从意义上看,虽然它们都表示程度浅,但二者所强调的方面不同。"稍微"意在强调"数量不多,程度不高";"多少"则意在强调还是有(或还要有)一定的量,一定的程度,虽然量是很小的,程度不是很高的。试比较:

(8)张永明比赵晓岚稍微强一些。

(9)张永明比赵晓岚多少强一些。

例(8)用"稍微"是说张永明虽然比赵晓岚强,但强得不多;例(9)用"多少",是说张永明虽然比赵晓岚强不了多少,但不管怎么说,张永明毕竟比赵晓岚强些。正因为有上述区别,因此下面例(10)(11)里的"稍微"和"多少"就根本不能互换。假若互换,句子就站不住:

(10)小张也不见得行,因为他比孙萍只是稍微强一些。

 *小张也不见得行,因为他比孙萍只是多少强一些。

(11)他怎么不行?我看他多少还比你强一点儿。

 *他怎么不行?我看他稍微还比你强一点儿。

(二)当它们修饰动词性成分时,"稍微"和"多少"都既能用于说已然的情况,如:

(12)过去他们还稍微/多少说说话,现在谁也不理谁。

(13)他对内情稍微/多少了解一些。

(14)老王比你稍微/多少有些经验。

(15)去年我稍微/多少给他寄了点钱。

也能用于说未然的情况,如:

(16)你再稍微/多少加一点儿。

(17)请他稍微/多少说几句话。

（18）这种衣料，你下次再稍微/多少带点ﾙ来。

（19）你这篇文章看来还得稍微/多少压缩点ﾙ。

可是当它们修饰形容词性成分时，"稍微"仍然既能用于说已然的情况，也能用于说未然的情况，"多少"则只能用于说已然的情况，不能用于说未然的情况，如：

（20）这肉稍微/多少肥一点ﾙ。〔已然〕

（21）近来他健康状况稍微/多少好转一些。〔已然〕

（22）他比你跳得稍微/多少远一些。〔已然〕

（23）明天你来得稍微早一点ﾙ。〔未然〕

　　*明天你来得多少早一点ﾙ。

（24）请你稍微大声点ﾙ。〔未然〕

　　*请你多少大声点ﾙ。

（25）再稍微甜一些。〔未然〕

　　*再多少甜一些。

正由于这样，所以"稍微+形容词"可用于祈使句，而"多少+形容词"不用于祈使句，如：

（26）请你稍微快点ﾙ。

　　*请你多少快点ﾙ。

（27）大家稍微静一静。

　　*大家多少静一静。

（三）"稍微"能修饰某些否定形式，由此形成的"稍微不……"经常在复句中充任条件分句或假设分句，如：

（28）路很滑，只要稍微不小心，就会摔个跟头。

（29）你如果稍微不注意，就会抄错。

在这种用法里，有两点值得注意：1."稍微"所能修饰的否定形式很有限，常见的如："稍微不注意""稍微不小心""稍微不留神""稍微不如意""稍微不高兴""稍微不满""稍微不习惯""稍微看不惯""稍微不努力"等。2. 这种否定形式不带"一点""一些"等不定量数量成分。

"多少"则根本不能修饰否定形式。例（28）（29）里的"稍微"根本就不能用"多少"去替换。

（四）"稍微"常能跟往少里说的范围副词"只是"连用，如：

（30）这个汤很好喝，只是稍微淡了一点儿。

（31）这种料子质量不错，只是稍微贵了一点儿。

（32）我在那儿没有待多久，只是稍微坐了一会儿。

"多少"则不能跟"只是"连用，我们不说：

（33）*这个汤很好喝，只是多少淡了一点儿。

（34）*这种料子质量不错，只是多少贵了一点儿。

（35）*我在那儿没有待多久，只是多少坐了一会儿。

（五）"稍微"和"多少"都能跟"得（děi）"搭配着用，但是，"稍微"跟"得"搭配时，"稍微"只能在它之后，不能在它之前，如：

（36）你得稍微提高一点儿。

　　　*你稍微得提高一点儿。

（37）会场得稍微大一点儿。

　　　*会场稍微得大一点儿。

（38）他得稍微说几句。

　　　*他稍微得说几句。

（39）糖还得稍微加一点儿。

　　　*糖还稍微得加一点儿。

"多少"则没有这种限制，它既可以出现在"得"之前，也可以出现在"得"之后，如：

（40）你得多少提高一点儿。　你多少得提高一点儿。

（41）会场得多少大一点儿。　会场多少得大一点儿。

（42）他得多少说几句。　　他多少得说几句。

（43）糖还得多少加一点儿。　糖还多少得加一点儿。

（原载于《语言教学与研究》1985年第3期）

修饰数量词的副词

现代汉语里，有一部分副词可以用来修饰数量词，[①]以表明说话人对某数量的看法和态度。例如："他吃了几个？""五个。"这个回答只是客观地说明他所吃的数量。如果在"五个"前加上"才"，说成"才五个"，这就伴有说话人对那个数量的主观态度，即表示在说话人看来五个不算多。"才"便是修饰数量词的副词。类似这样的副词，现代汉语里也还不少，现将常见的列举如下：

正好	刚好	恰好	恰巧	恰恰	刚
刚刚	已经	只	仅	仅仅	就
才	不过	足足	都	也	
大概	大约	约	约莫	大致	大抵
也许	将近	最多	至多	顶多	最少
至少	的确	真的	果然	果真	当真
共	总共	一共	一总		

这些副词用来修饰数量词时，按其表达作用，大致可分为以下七类：

（一）言够。这有三种情况：

1. 表示数量不多不少正合适——正合需要或正满足要求。主要用"正好""刚好""恰好""恰巧""恰恰"等副词。例如：

（1）到今天我来北京正好两年了。

[①] 本文所说的数量词包括"数·量·名"结构，如"两个人""二十节课"等。

（2）每次都因年龄不够没有报上名，这次刚好十八岁了，再没有不叫去的理由了吧。

（3）你们八个人恰好一桌。

（4）我们今年的产量比起一九七六年来，不多不少，恰巧两倍。

（5）"你要几斤？""要六斤。""我这里恰恰六斤，都给你吧。"

2. 表示刚够、勉强够。主要用"刚""刚刚"等副词。例如：

（6）他这次考试刚六十分，勉强及格。

（7）他刚刚十二岁就离开妈妈到地主家当了放牛娃。

3. 表示早够了、完全够了。主要用"已经"。例如：

（8）"老师要求我们每人念三遍，你念几遍了？""已经三遍了。"

（二）言少。主要用"只""仅""仅仅""刚""就""才""不过"等副词。

用"只""仅"是一般地说少，用"仅仅"更强调少，包含"很少"的意思。例如：

（9）他们只两个人，却干了五个人的活。

（10）仅两天，就有二百多人来报名参军。

（11）他们仅仅两个人，却打退了敌人一个连，真了不起。

"刚"也言少，但总是和时间有关。例如：

（12）他写得最慢，到现在刚五百字。

因此，例（9）（11）里的"只""仅仅"都不能用"刚"替换。例（10）"仅"所修饰的是表示时间的数量词，所以能用"刚"替换，但是二者还是有细微的差别，用"刚"含有强调报名开始不久的意味。

"才"和"就"都能表示数量少，但又有所不同："才"表示在说话人看来太少了，"就"表示在说话人看来并不多。例如：

（13）你这次考试怎么才三分？

（14）我也就四分，考得并不理想。

"不过"也是强调不多，但跟"就"不完全一样，用"不过"往往含有轻视或有意要往小里说的意味，用"就"则不带有这种色彩。例如：

（15）他们不过四个人，怕什么？

（16）这不过二三十斤，怎么拿不动？

（三）言多。主要用"足足""已经""都""就"等副词。例如：

（17）敌人被我们消灭了足足一个连。

（18）昨天我们走了足足五十里。

（19）他写了不少了，已经两千字了。

（20）你都五个了，还要？

（21）这小伙子能吃着呢，一顿就四大碗干饭。

"足足"不仅言多，同时还包含有这数量是实打实的，毫无半点虚假的意思，而这附加意义反过来又增强了"足足"言多的意思。注意，与"足足"同义的"足"不能直接修饰数量词，如果要用它来说明数量，只能修饰一个带数量宾语的述宾词组，例如，我们只说"这个瓜足有十斤""他足买了二百斤"，但不能说"这个瓜足十斤""买了足二百斤"。[①]

"已经"和"都"（轻读）都能表示多，而且都包含早就达到这数量了的意思，但又有不同。第一，"都"只用于口语，"已经"多用于书面语。第二，用"都"总带着提醒听话者注意的语气，例如："他都五杯了！"同时包含有"你得注意"这种提醒的语气。"已经"则不带有这种语气，如果要表示这种语气，得在前面加上"你得注意"之类的话。例如："你得注意，他已经五杯了！"第三，"已经"还可以言够（见前），"都"只言多，不言够。前面所举的例（8）中表示够的"已经"就不能换成"都"，而例（19）中表示多的"已经"可换为"都"。

"已经"可以言够，也可以言多，那么"我们已经十个人了"，这里的"已经"是言够呢，还是言多呢？光从字面上没法区分。但是，

[①] 在调查中，有些北京人认为"足"也可以直接修饰数量词，不过数量词后得有往大里说的形容词，例如可以说"这个瓜足十斤重""这条河足六米宽"等，但多数人认为不能这样说。

言够、言多句子的重音不一样：言够时，重音在"已经"上；言多时，重音在数词上。试比较（'表示后头的字是重音所在）：

（22）不是规定每队出十个人吗？我们已′经十个人了！〔言够〕

（23）我们已′经′十个人了，早超员了，你还往我们这儿塞人啊！〔言多〕

因此，当"已经"用来修饰数量词时，是言够还是言多，我们除了根据上下文外，还可以根据重音来加以区别。

例（21）中的"就"很明显是表示多。前面我们已经指出"就"能表示少（如例（14）），那么，"就"什么时候表示少，什么时候表示多呢？这是否有规律可循呢？请先看下面的例子（竖道表示短暂停顿）：

（24）a　'就十个人。　　　〔言少〕

　　　b　就'十个人。　　　〔言少〕

（25）a　他们'就十个人。　〔言少〕

　　　b　他们就'十个人。　〔言少〕

（26）'他们就十个人。　　〔言多〕

（27）a　'他们｜'就十个人。〔言少〕

　　　b　'他们｜就'十个人。〔言少〕

从上面的例子可以看出，如果"就"前没有别的成分，那一定言少（如例（24）），不管重音是在"就"上还是在数词上。如果"就"前有别的成分，而这成分不是重音所在，也还是言少（如例（25））。如果"就"前的成分是重音所在，而"就"之后（包括"就"在内）无重音，那一定是言多（如例（26））。如果"就"前的成分是重音所在，而"就"之后另有重音（不管是在"就"上还是在数词上），则也还是言少，不过，"就"前的成分之后一定有短暂的停顿（如例（27））。

（四）等量。用"都"和"也"。例如：

（28）我们都五个。

（29）他五个，我也五个。

用"都"做主语的必须是复数,意思是做主语的集合体中的每个成员等量,"都"一定重读;用"也",主语不受限制,意思是做主语的与另者等量。

（五）估量,即不确定的量。这可分两小类:

1. 大概数。主要用"大概""大约""约""约摸""大抵""大致""也许""将近"等副词。例如:

（30）"他买了多少？""大概五十个。"

（31）"他买了多少？""也许五十个。"

（32）"他买了多少？""将近五十个。"

用"大概""大约""约""约摸""大抵""大致"等这些副词,意思一样,都表示实际数在指明的数量上下,它们的区别只在风格色彩上。"大概五十个"是说所买的数量在"五十个上下"或"五十个左右"。"也许"则不同。用"也许"也表示估量,但同时含有说话人对自己所估计的数量不很肯定的意思,实际的数量可能就是指明的那个数量,也可能不是,甚至有可能差得很远。"也许五十个",意思是所买的数量可能性比较大的是五十个,也可能是别的数。"将近"又不同。用"将近",指出约数的最高界限,是说即便不到这个数量,也相差不远了。"将近五十个",即所买的数量可能是五十个,也可能是四十九个。这里需要指出的是,"将近"一般用在十位以上的整数前,例如,可以说"将近二十个",不能说"将近十九个"。但却可以说"将近六斤",这是因为斤以下还有两、钱、分等更小的单位。有时也可以说"将近十五个",这是因为汉人有时把"五"作为计数的单位,例如"一五,一十,十五,二十,……"。

2. 最大或最小限量。用"最多""至多""顶多""最少""至少"等副词,指明估计的最大限量或最小限量。例如:

（33）你们参加修水库的,我看最多六十人。

（34）看上去他至多三十岁。

（35）这个井并不太深，井筒子顶多七八尺。

（36）一个星期最少二十节课。

（37）这篇文章至少三千字。

用"最多""至多""顶多"表示在说话人看来实际数不会高于估计数，例如"最多五个"，即说话人认为实际数不会高于五个；"最少""至少"则相反，在说话人看来，实际数不会低于估计数，例如"最少五个"，即说话人认为实际数不会低于五个。注意副词"顶少"也可以表示最小限量，但在普通话里，不用来直接修饰数量词。我们只说"这篇文章顶少也有三千字"，但不说"这篇文章顶少三千字"；如果换用"至少"或"最少"就可以说了（见例（36）（37））。

"最多"与"将近"有些共同点。"最多二十个"和"将近二十个"，都指实际数不超过二十个。如果实际数是十八、十九或二十，都可以看作是比较准确的估计。但二者意思仍有不同，用"最多"主要是指出最大的估计数，用"将近"主要是指出约数的最高限量。"最多二十个"实际数允许是一至二十，如果在十五以下，是估计不甚准确，如果只是一个，也不能说估计错误。"将近二十个"，实际数一般在十五至十九，超出这范围，就是估计错误了。

除上面谈的以外，"不过"也能表示估量。例如：

（38）这块地我看不过三亩。

"不过"既与"大概"意思相近，也与"最多"相似。例（38）意思是大概三亩，而且实际数只会比这数少，不会比这数多。

（六）实量。用"的确""果真""果然""当真""真的"等副词。

表示满有把握的肯定，只用"的确""真的"。例如：

（39）他们的确五个人。

（40）这孩子真的六岁了。

表示实际数量与预料的或别人所说的相符，主要用"果真""果然""当真"等副词，有时也用"的确""真的"。例如：

（41）大家都说她一胎生了两个女孩儿，昨天去一看，果真两个女孩儿。

（42）他说给四张票，果然四张。

（43）我了解了一下，小王当真三十了，一点也不假。

（44）称了一下，的确五斤。

（45）我从头数了一遍，真的十五个，一个不多，一个不少。

（七）合计，或者说总计。用"共""总共""一共""一总"等副词。例如：

（46）全书共十五卷。

（47）"你们全校教职员工有多少人？""总共三千二百六十五人。"

（48）两个班一共八十个人。

（49）这几样菜一总八块钱。

"一总"现在很少用。

上面谈到的这些副词在修饰数量词时大多只表示一种意思，"刚、已经、就、都"这四个副词可表示多种意思。以上所述可列表如下：

表达的意义	所用副词
1. 言够	正好 刚好 恰巧 恰好 恰恰 刚刚 刚 已经
2. 言少	刚 只 仅 仅仅 就 才 不过
3. 言多	已经 就 足足 都
4. 等量	都 也
5. 估量	大概 大约 约 约摸 大致 大抵 也许 将近 最多 至多 顶多 至少 最少 不过
6. 实量	的确 真的 果真 果然 当真
7. 总计	共 总共 一共 一总

（原载于《语言教学与研究》1981年第1期）

关于时间副词[*]

现代汉语中的时间副词约有130个左右，几乎占整个副词的30%。既称"时间副词"，按说都能表示时间。其实，通常所说的时间副词，大多不表示"时"，而表示"态"。譬如说"已经"，一般都把它看作是表示"过去时"的时间副词[①]，有人甚至明确认为它"表示动作发生的时间已经成为过去"。[②] 例如：

（1）他已经回来了。

可是，在下面的句子里，"已经"显然不表示过去时：

（2）明天八点他已经到上海了。

事实上"已经"并不表示时，而表示态，表示已然态。跟"已经"有着同义关系的"业已"倒可以说是表示过去时的，因为它只用于说明过去已然的事。例如：

（3）向川陕鄂边发展根据地一事，业已有所部署，其详请问叶参谋长。（毛泽东《致吴玉章（一九四七年十一月十八日）》）

（4）我得看许多业已由于好询问别人，以及好自己幻想，所感觉到的世界上的新鲜事物，新鲜东西。（沈从文《我读一本小书同时又读一本大书》）

根据我们的考察，如果要沿用"时间副词"这一术语，那么我们可以而且也有必要把时间副词分为如下两类：定时时间副词和不定时

---

[*] 本文与陆俭明合写。

[①] 参见黎锦熙：《新著国语文法》第十章97小节，商务印书馆，1954年。

[②] 参见吕冀平：《汉语语法基础》，黑龙江人民出版社，1983年，第121页。

时间副词。定时时间副词，只能用于说在某一特定时间——或说话前（即过去时）、或说话时（即现在时）、或说话后（即未来时）——存在或发生的事，如上文举到的"业已"；不定时时间副词，则既适用于说过去的事，也可用于说未来的事，如上文举到的"已经"。下面分别分组介绍这两类时间副词。在介绍中，我们只作大略的说明，对于同一组内各词之间的差别，不予细说。

一 定时时间副词

现代汉语中的定时时间副词很少，我们在这里列举了27个。按其所表示的时态，可分为以下三小类：

（一）表示过去时。可分为五组：

1. 曾经、曾。表示某种行为动作或情况在说话之前存在或发生过。例如：

（1）她恢复了前几年曾经时行的头式，而配以最新式样的服装。（老舍《四世同堂》）

（2）白莽并没有这么高慢，他曾经到过我的寓所来，……。（鲁迅《为了忘却的纪念》）

（3）他也曾找过小福子的丈夫，人家根本不承认他这么个老丈人，别的话自然不必再说。（老舍《骆驼祥子》）

（4）我从前过南京时，曾随着朋友去听过两次。（朱自清《桨声灯影里的秦淮河》）

（5）他的父亲曾作过军部参谋长，因此在学校他俨然是个自由人。（沈从文《一个爱惜鼻子的朋友》）

2. 业已、业经。表示某种行为动作或情况在说话之前已经完成或出现。例如：

（1）家中人当时业已为我们预备了两具小小棺木搁在廊下。但十分幸运，两人到后居然全好了。（沈从文《我读一本小书同时又读一本大书》）

（2）但初上学时我因为在家中业已认字不少，记忆力从小又似乎特别好，比较其余小孩，可谓十分幸福。（同上）

（3）对于那些显然犯有重大罪恶、业已丧失作为一个党员的起码资格的分子，应当开除出党。（周恩来《老区半老区的土地改革与整党工作》）

（4）我们业经规定红军每营用四连制，每连步枪七十五枝，加上特务连，机关枪连，迫击炮连，团部和三个营部，每团有步枪一千零七十五枝。（毛泽东《井冈山的斗争》）

3. 从来、从、向来、一向、素来、素、历来。表示某种情况或状态从过去到说话时为止一直是这样。例如：

（1）你总是拣难事做，从来也不躲避责任，而在有些人则只愿意拣轻松事做，遇到担当责任的关头就躲避了。（毛泽东《致徐特立（一九三七年一月三十日）》）

（2）我体会到一种生平从来没有体会过的滋味。（杨沫《东方欲晓》）

（3）他对工作从来认真负责。

（4）那老头子从不撒谎。（冯德英《迎春花》）

（5）她感到了从未有过的快乐与满足。（杨沫《青春之歌》）

（6）我的话，向来说出算数。（茅盾《子夜》）

（7）对于魂灵的有无，我自己是向来毫不介意的；但在此刻，怎样回答她好呢？（鲁迅《祝福》）

（8）我是一向跟爸爸在乡下的，上海我住不惯。（茅盾《子夜》）

（9）在这长期的奋斗中，我一向是过着朴素的生活，从没有奢侈过。（方志敏《可爱的中国·清贫》）

（10）素来和儿媳总还和睦的老通宝，在这件事上可就吵了架。（茅盾《春蚕》）

（11）（老通宝）本来听得别人家有米饭就会眼红，何况又是他素来看不起的荷花家！（茅盾《秋收》）

（12）旧的曲牌子是人民所喜闻乐见的，人民对它们素有好感，……（老舍《福星集》）

（13）我素不知道天下有这许多新鲜事：海边有如许五色的贝壳；……（鲁迅《故乡》）

（14）泰山极顶看日出，历来被描绘成十分壮观的奇景。（杨朔《泰山极顶》）

（15）早在十三世纪，卢沟桥就闻名世界。……在国内，这座桥也是历来为人们所称赞的。（茅以升《中国的石拱桥》）

其中，"从"只用于否定句式。

4. 终于、毕竟、到底。表示所预料、期望或肯定要发生的情况，在经历了一个过程以后，在说话之前的某个时候最后发生了。例如：

（1）他踌躇了一会，终于决定还是自己送我去。（朱自清《背影》）

（2）春天终于来了。（老舍《福星集》）

（3）镇上的大小铺子倒闭了二十八家。……欠了林先生三百元货账的聚隆与和源也毕竟倒了。（茅盾《林家铺子》）

（4）吴天宝人小，气量可大，看出姚大婶气色不善，也不介意，还是说呀笑的，到底把姚大婶引乐了。（杨朔《三千里江山》）

5. 一度。表示某种行为动作或情况只是在说话之前的某一时间里进行或发生过。例如：

（1）林道静的心里微微一动。那挺秀的中等身材，那聪明英俊的大眼睛，……不正是她在北戴河教书时，曾经一度相遇的青年吗？（杨沫《青春之歌》）

（2）第二次作战的时候，仗打得非常顺利，可是解决战斗前五分

钟，敌人一度反冲，一直冲到营指挥阵地前一百米远。（刘白羽《无敌三勇士》）

（二）表示现在时：至今。表示某事情、现象到说话时还这样。例如：

（1）但有一件小事，却于我有意义，将我从坏脾气里拖开，使我至今忘记不得。（鲁迅《一件小事》）

（2）我是多么想念我的蔡老师呵！至今回想起来，我还觉得这是我记忆中的珍宝之一。（魏巍《我的老师》）

（3）他终未回来，而她却依然不顾昏晨，不顾风雨，站在那儿等候着他——至今还在那儿等着他呢。（刘白羽《长江三日》）

（三）表示将来时。可分为三组：

1. 早日、及早、趁早。表示说话人希望某种行为动作或情况在说话之后尽快进行、完成或发生。例如：

（1）至盼先生摒挡公务早日回国，莅临解放区参加会议。（毛泽东《致司徒美堂（一九四九年一月二十日）》）

（2）他愿意殷勤地看护，使老人早日恢复健康。（老舍《四世同堂》）

（3）你的病可不能耽搁，应及早治疗。

（4）要我说，那事儿不如趁早告诉她，好让她有个准备。

2. 终将、终久、终归、总归、必将、迟早、早晚。表示某种行为动作或情况虽不会马上发生、进行或完成，但是最后一定会发生、进行或完成。例如：

（1）我们的时代……是个人主义终将被集体主义所代替的时代；……（魏巍《路标》）

（2）不听我的话呢，你终久是玩完！（老舍《龙须沟》）

（3）只要国民党革命的同志能了解我们批评的立场，继续努力，国民革命将终归胜利。（周恩来《现时政治斗争中之我们》）

（4）光夫他总归会回来的，你甭替他担心。

（5）我们相信：在我们的队伍里，在各条战线上，必将出现千百万个雷锋。（魏巍《路标》）

（6）她觉得祖国的壮丽山河，经过革命战火的洗礼，必将变得更加壮丽。（黎汝清《叶秋红》）

（7）他知道，迟早他要走的，他必须把中国工人教好，让他们将来能独立工作。（靳以《心的歌》）

（8）自己早晚是一死，但须死一个而救活了俩！（老舍《骆驼祥子》）

3. 先行。表示某行为动作或事情将要先于其他行为动作或事情而进行。例如：

（1）先找富春，滕，肖，谭，莫一商开会要点，即将你拟的东西先行讨论一番。（毛泽东《致何长工（一九三八年二月二十五日）》）

（2）在十一月初先行选买几种寄来，作为学校与部队提高干部政治文化水平之用。（毛泽东《致叶剑英、刘鼎（一九三六年十月二十二日）》）

（3）如旅途尚需时日，亦祈将筹备意见先行电示，以利进行。（毛泽东《致司徒美堂（一九四九年一月二十日）》）

从上可知，定时时间副词重在时，不在态。

二 不定时时间副词

现代汉语中，将近 80% 的时间副词是不定时时间副词。不定时时间副词重在态，不在时，因此它既可用于说过去的事，也可用于说未来的事。下面我们列举了 104 个不定时时间副词，根据所表示的态的不同，又可将它们分成以下十八小类。

（一）表示已然：已经、已、早已、早就、都。① 表示某行为动作或情况在说话之前，或者在某一特定时间之前，或者在另一行为动作或情况之前进行、完成或发生、存在了。例如（每例分 a、b，a 例是用来说过去之事的，b 例是用来说未来之事的，下同）：

（1）a 月亮渐渐地升高了，墙外马路上孩子们的欢笑，已经听不见了；……（朱自清《荷塘月色》）

　　　b 我偷偷的走了，等她知道了，我已经走了；就是痛苦，也就是一会；……（丁西林《等太太回来的时候》）

（2）a 我已经嘱咐过她了！（老舍《茶馆》）

　　　b 下星期他恐怕已经不在北京了。

（3）a 她的健康已完全恢复，脸上已有了点红色。（老舍《四世同堂》）

　　　b 因此，中央特改定，各级党部的设立，必须其所管辖区域的下层组织已经建立起来，工作已有开展，然后才能由此种下层组织成立上层组织。（周恩来《在白色恐怖下如何健全党的组织工作》）

（4）a 藤椅已不见，代以小凳与条凳。（老舍《茶馆》）

　　　b 但愿明年再见到你时，你已做了父亲。

（5）a 剑波看了一下刘勋苍，刘勋苍早已会意。（曲波《林海雪原》）

　　　b 我看得出来，咱小明有出息，到咱俩的年岁时，他早已当了什么家，什么长了。（阎同周《山河》）

（6）a 我早就看着这些狗男女不地道。（王蒙《友人和烟》）

　　　b 明天这个时候，他们早就到家了。

---

① "都"作为时间副词时，全句的重音一定在"都"之后，例如："明年我都退休了。"

（7）a　警察：您这儿预备得怎么样啦？

掌柜：都差不离儿啦，……（老舍《龙须沟》）

b　明年？明年我都退休了。

由于这一小类的不定时时间副词是表示已然态，因此用于说过去的事，比较自由，没什么条件限制。而用于说未来的事，则要有些条件限制，或在其前有表示未来的时间成分，如例（2b）（5b）（6b）（7b），或在其前后有表示另一行为动作或情况进行、完成或发生的小句，如例（1b）（3b）（4b）。

（二）表示未然：即将、将要、就要、快、行将。表示行为动作或情况在说话之后，或者在另一行为动作或情况之后不久进行、完成或发生的。例如：

（1）a　就在部队即将解放石家庄的紧要关头，他突然胃病复发了。（丁弘《忆刘祖德同志》）

b　当着天空中出现乌云的时候，我们就指出：这不过是暂时的现象，黑暗即将过去，曙光即在前头。（毛泽东《目前形势和我们的任务》）

（2）a　在大会堂将要竣工的时候，建筑工人在这里举行庆祝大会。（孙世恺《雄伟的人民大会堂》）

b　他们虽然不是我的，——可是我将要有他们了。（转引自黎锦熙《新著国语文法》）

（3）a　那天，火车就要开了，还不见他的踪影，大家着急死了，离开车只五分钟了，他才赶来，而且还是那么不慌不忙的样子。

b　我现在就要动身了。（丁西林《等太太回来的时候》）

（4）a　九连连长带着九连边打边撤，在快天亮的时候，摆脱了敌人。（杜鹏程《保卫延安》）

b　"我和小俊快结婚了！""几时结？""八月十五！"（赵树

理《三里湾》)

（5）a 党和毛主席对血吸虫病患者的关怀，就如和煦的春风，温暖的春阳，使行将凋谢的枯木，重新发芽开花。(转引自《现代汉语虚词例释》)

b 我不明白行将发生什么事情，但却知道有一件很重要的新事快要发生。(沈从文《辛亥革命的一课》)

不难看出，由于这一小类不定时时间副词表示未然态，因此用来说未来的事比较自由，而用来说过去的事受到限制，这一小类词所在的动词性词组一般处于定语的位置上。

（三）表示进行：正、正在、在。表示行为动作在说话时，或在另一行为动作发生、进行或完成时进行着。例如（下面各例中的 c 例用来说现在的事）：

（1）a 祥子！门口有位小姐找你；我正从街上回来，她跟我直打听你。(老舍《骆驼祥子》)

b 明天九点我正上课呢，再改个时间吧！

c 工作正紧张，我哪能动不动就请假呢？(老舍《全家福》)

（2）a 老栓正在专心走路，忽然吃了一惊，远远里看见一条丁字街，明明白白横着。(鲁迅《药》)

b 我去的时候他要是正在开会呢？

c 我并不怎么懂业务，正在学习。(老舍《女店员》)

（3）a 也许觉察到我在暗暗注意他，吉茨忽然抬起脸朝我一笑，……(杨朔《蚁山》)

b 以后，我在跟人家说话时，你最好别插嘴。

c "你爸爸现在在干吗？""在看书呢。怎么，找我爸爸有事儿？"

由于这一组不定时时间副词表示进行态，因此用来说现在进行的事（如例（1）—（3）的 c 例），没什么条件限制；如果用来说过去或未来的事，则在其前一定要有表示过去或未来时的时间词语，如例（1b）（2b）；或者在其前后有说明同时进行发生另一行为动作或事情的小句，如例（1a）（2a）和（3a）（3b）〔例（3b）在句首同时有表示未来的时间词"以后"〕。

（四）表示短时。可分为四组：

1. 刚、刚刚、才。表示某行为动作或状况在说话之前不久发生，或是紧挨在另一行为动作之前发生，强调前后相隔的时间很短。例如：

（1）a 二位喝碗吧，刚沏好的。（老舍《茶馆》）

b 我估计明天这个时候去他家，他可能刚下班回家。

（2）a 金黄色的谷子刚收割不久，高粱又熟得火红一片，……（峻青《秋色赋》）

b 场上麦子刚打完，秋苗子又该着锄了。（转引自黎锦熙、刘世儒《汉语语法教材》（第三编））

（3）a 我们刚刚坐下，服务员就端来了两杯香茶。

b 明天上午他要给两个病人开刀，中午你就别打扰他了，他刚刚给病人动完手术，一定很累的。

（4）a 刚刚望见宅门，那马便立刻放缓脚步了，……（鲁迅《奔月》）

b 注意，等太阳刚刚从海面上跃出，你就开始拍摄。

（5）a 他才走，说，请你来了之后打个电话给他，此刻打吗？（夏衍《考验》）

b 呆会儿同志们不管给你提什么意见，你先虚心听着，别才提一点意见就把人家顶回去。

（6）a 前天早上我上地去，才上到岭上，碰上个骑驴媳妇，穿了一身孝，我就知道坏了。（赵树理《小二黑结婚》）

b 我先告诉你，今天你可不要又戏才开演就闹着要回家，要不我就不带你去。

这一组不定时时间副词主要强调短时，同时含有已然的意思，因此它们跟"已经"类一样用来说过去的事比较自由，用来说未来的事要受到些限制：或者在其前面要用表示未来时的时间词语，如例（1b）（3b），这时句子多含猜测的意味；或者在它所修饰的动词性成分之后另有一个动词性成分，说明另一行为动作要紧接着发生或进行，如例（2b）（4b）；或者用于表示劝阻的祈使句，如例（5b）（6b）。

2. 立刻、立即、即刻、马上、就、便、赶紧、赶快。表示某行为动作在说话之后或另一行为动作之后紧接着进行、发生或完成，强调相隔的时间很短。例如：

（1）a₁ "疼！全疼！"赵子曰说着，立刻真觉得肚子里有些不合适。（老舍《赵子曰》）

　　a₂ 刚刚望见宅门，那马便立刻放缓脚步了。（鲁迅《奔月》）

　　b 旅首长要我立刻去旅指挥所。（杜鹏程《保卫延安》）

（2）a 他们发现了游击队的行动，立即开枪报警，突然袭击已经不可能了。（黎汝清《叶秋红》）

　　b₁ 他说话的时候，我发现其他的几个担架员也都睁大了眼盯着我，似乎我点一点头，这伤员就立即会好了似的。（茹志鹃《百合花》）

　　b₂ 要是不立即做手术，这伤员很快就会死亡；……（周而复《截肢和输血》）

（3）a 你这人的记忆力真坏，怎么刚说过了的话，即刻就忘了。（丁西林《压迫》）

　　b 要他即刻就来！（丁西林《压迫》）

（4）a 小芹去洗衣服，马上青年们也都去洗；小芹上山采野菜，马上青年们也都去采。（赵树理《小二黑结婚》）

　　b 我马上去买电影票，好不好？（老舍《女店员》）

（5）a 我刚才一进门就碰见徐慕美告诉我贾克逊病人的事情，我

很吃惊。(曹禺《明朗的天》)

  b 我这就去,等我先说完了。(老舍《龙须沟》)

(6) a 他也拖过椅子来,在桌旁坐下;我们便开始喝酒……(鲁迅《孤独者》)

  *b——

(7) a 卫大嫂在院中叫:"老卫!老卫!"齐凌云赶紧跑出去,在院中跟卫大嫂说了两句话,而后一同进来。(老舍《女店员》)

  b 走,把这些赶紧告诉经理去!(老舍《女店员》)

(8) a 吩咐毕,他连公馆也不回,赶快换了衣服,在长安左门外上了马向昌平奔去。(姚雪垠《李自成》)

  b 尤师傅,那就赶快好好教教我吧!(老舍《女店员》)

  这一组不定时时间副词,主要强调短时,但同时含有未然的意思,因此它们也跟"将要"类一样,用来说未来的事比较自由,而用来说过去的事时,要受到限制,主要是在其前一定另有小句或句子,以表明所说的行为动作是在另一行为动作之后很短的时间里发生、进行或完成的。

  从上面举的例子看,"便"不用于未来的事,这是因为近代汉语里多用"便","就"是后起的,到现代汉语里,"便"逐渐为"就"所替代,起码在口语里是这样,因此现在多说"你最好就去""我跟妈说句话就来""叫他就写",很少说"你最好便去""我跟妈说句话便来""叫他便写"。

  3. 赶忙、连忙、急忙。似乎跟(2)类一样,其实有区别。这一组只表示某行为动作在另一行为动作之后(而不是在说话之后)很短的时间里进行、发生或完成,因此与(2)类正相反,当用来说过去的事时比较自由,而用在说未来的事时,倒要求在其前面有另一个动词性成分。例如:

（1）a 正在这时候，新郎摇晃了一下，两边的人赶忙扶住，才没有跌倒。（陶承《我的一家》）

b 这个镜头得重拍，注意了，我一挥手，你们就赶忙冲过去，老李就开拍。

（2）a 她需要花的慰安，她也配受香花供养，我连忙托人带去赠了她。（冰心《往事（二）》）

b 你一会儿瞧吧，肖书记一掏出烟，那马屁精会连忙把打火机打着火给点上。

（3）a 他也不便故意去找不自在，也和别人一样急忙收了车。（老舍《骆驼祥子》）

b 明天会上，你可别人家给你提点意见就急忙申辩。

4. 当即。似乎跟（2）类里的"立即、即刻"一样，其实也不同。"当即"表示某行为动作几乎在另一行为动作发生、进行或完成的同时发生、进行或完成，因此多用来说过去的事。例如：

（1）a 去年年底卢冬生同志来，得到你们的报告，当即进行了研究，写信作出答复，……（周恩来《关于湘鄂西苏区发展的几个问题》）

b 一俟得知确切消息，当即电告。

不管用来说过去的或未来的事，在其前面一定得有另一个动词性成分。

（五）表示突发：忽然（间）、骤然、猛然（间）、猛地、蓦地。
表示行为动作或情况突然发生或出现。例如：

（1）a₁ 想到这儿，他周身忽然觉得不合适，心仿佛也要由嘴里跳出来。（老舍《二马》）

a₂ 我本来什么也没有，一见着他呀，好像忽然间我什么都有啦！（老舍《茶馆》）

b 半路上忽然下起雨来怎么办呢？

（2）a 他吃惊地叹息，同时觉得脸上骤然发热了，……（鲁迅

《幸福的家庭》)

　　b　这氰化钾极毒，无论人畜，咬上一丁点儿，就会骤然死去。

(3) a₁　六列的红星中，猛然开了门似的冲出三条红光来。(茅盾《虹》)

　　a₂　似乎前面有些脚步声；他正听，猛然间一个人从对面逃来了。(鲁迅《阿Q正传》)

　　b　我相信，他总有一天会猛然醒悟的。

(4) a　他走进屋中，炉火的热气猛地抱住他，红烛的光在满屋里旋转。(老舍《离婚》)

　　b　你小心那畜牲猛地跳起来咬你一口。

(5) a　宋华出了门，蓦地想起刚才广播说下午有阵雨，就又回去拿雨衣。

　　b　你去他家时，得留神他家那大黄狗蓦地蹿上来咬你。

(六) 兼表短时和突发。可分为两组：

1. 顿时、登时、霎时、立时。例如：

(1) a₁　屋子里顿时变得死一般寂静。(管桦《将军河》)

　　a₂　祥子心里的惭愧与气闷凝成一团，登时立住了脚，呆在了那里。(老舍《骆驼祥子》)

　　b　这药比硝酸甘油还灵，犯病的人只要一闻，顿时就会缓过气来。

(2) a　周一杰的脸霎时变得苍白了。

　　b　天池气候变化莫测。现在天气不是好好儿的吗？说不定霎时狂风大作，乌云密布，下一场瓢泼大雨。

(3) a　冰凉的脊背立时感到温暖。(管桦《旷野上》)

　　b　小心触电，这可不是吓唬人，手指头一碰上，你可立时就玩儿完了。

用于未来的事，句子多含假设意味。

2. 一下（子）。例如：

（1）a 小姑娘大约无法表达她的欢喜了，就一下跑到打锣鼓的那里，夺过鼓槌，使劲地擂起鼓来，……（茹志鹃《高高的白杨树》）

b 根据你讲的模样，待会儿你不说，我准能一下把她认出来。

（2）a 汽船直冲直撞，一下子闯到一片苇子地，……（孔厥、袁静《新儿女英雄传》）

b 我拉住她问："你的家远吗？"她指着窗外说："就在山窝那棵大黄果树下面，一下子就走到的。"（冰心《小橘灯》）

（七）表示早晚。可分为两组：

1. 就、便。表示在说话者看来某行为动作或情况发生、进行或完成得早。例如：

（1）a 你不是从过年的时候，就嚷嚷着要小金鱼吗？（老舍《龙须沟》）

b 大水说："你可得快些！"申跃宗说："我明天就去！"（孔厥、袁静《新儿女英雄传》）

（2）a 但我也终于敷衍不到暑假，五月底，便离开了山阳。（鲁迅《孤独者》）

b 上午九时起程，下午三时便能到达。

2. 才。表示在说话者看来某行为动作或情况发生、进行或完成得晚。例如：

（1）a 我到了家，才听见张大婶告诉我，说你在这儿。（曹禺《雷雨》）

b 明天才揭晓哪。（老舍《女店员》）

（2）a 我不在家，你半夜才回来，你干什么来着？（曹禺《雷雨》）

　　　b 武队长几时才叫人家来呀？（杨朔《三千里江山》）

不管是表示早的"就、便"，或是表示晚的"才"，使用时在其前一定有表示时间的词语或另一动词性成分，除非是在疑问句中，例如："你就走啊？""你怎么才来？"

（八）表示先后。可分为五组：

1. 先。表示某行为动作或情况发生、进行、完成或出现在先。例如：

（1）a 我是先想出戏剧性的人物，而后才把他们变成龙须沟的人物。（老舍《福星集》）

　　　b 请他先别挖沟，先招呼着老街坊们到这儿来，免得万一房子塌了，砸伤了人！（老舍《龙须沟》）

（2）a 灵芝先让玉生交代出她需要的那几个数目字，立起式子来向有翼说："你算一个，我算两个！"（赵树理《三里湾》）

　　　b "噢，我就先吃二两吧。"小傻子抱歉地说。（王蒙《风筝飘带》）

2. 预先、事先。表示某行为动作在某事情之前进行或完成，并为该事情的发生或进行作了必要的准备。例如：

（1）a 一九三五年冬天的一个傍晚，鲁迅先生在预先约定的地点，会见了一个陌生的女青年。（唐弢《同志的信任》）

　　　b 上海已有这种倾向发生，武汉必须预先看到。（周恩来《关于武汉工作问题》）

（2）a 你们事先研究了没有？

　　　b 你们事先一定要作好充分准备，并尽量考虑得周到些。

3. 然后、而后、随后、随即。表示某行为动作或情况后于另一个行为动作或情况进行、完成或发生。例如：

（1）a₁　老人坐在小板凳上，时时起立望一望，然后又坐下，作小玩意儿。(老舍《女店员》)

a₂　瑞丰仰脸看了看树上的红枣，然后很勉强的笑了笑。(老舍《四世同堂》)

b　遇着这样的好地方，应该命人马停下来休息打尖，然后再走。(姚雪垠《李自成》)

（2）a　我是先想出戏剧性的人物，而后才把他们变成龙须沟的人物。(老舍《福星集》)

b　必须敌情、地形、人民等条件，都利于我，不利于敌，确有把握而后动手。(毛泽东《中国革命战争的战略问题》)

（3）a　仆人由外面推开左门让余小姐走进，自己随后收去了桌上的茶具。(丁西林《一只马蜂》)

b　你先说吧，我随后补充。

（4）a　这时候忽然从山脊上长出两支牛角来，随即牛的全身也出现，捎着犁的人形也出现，……(茅盾《风景谈》)

b　今随信寄上你所急需的《春秋左传集解》，共五册，望查收；《文心雕龙辑注》数日后亦随即寄上。

4. 从此。表示某种情况或现象从所说的某件事情起出现或发生，并一直这样。例如：

（1）a　老百姓都拍手叫好，喊着："雁翎队！雁翎队！"从此，雁翎队的名儿就传开了。(孔厥、袁静《新儿女英雄传》)

b　如果这一次落选了，也许这个人终生就和音乐分手了。她的天才可能从此就被埋没。(何为《第二次考试》)

（2）a　他后来还托他的父亲带给我一包贝壳和几支很好看的鸟毛，我也曾送他一两次东西，但从此没有再见面。(鲁迅《故乡》)

  b 再过两年，铁路一修通，我们这儿工业也会从此逐步发展起来。（肖富春《杨湾镇》）

  5. 先后、相继。表示两个以上的行为动作或情况在不长的时间里紧接着发生、完成或出现。例如：

（1）a （刘麻子）把桌上的三个茶杯的茶先后喝净。（老舍《茶馆》）

  b 估计明天下午四点之前他们三个团可先后到达古北峰一带。

（2）a 北京城内的大茶馆已先后相继关了门。（老舍《茶馆》）

  b 你按动这两个电钮，在电视荧光屏上就会相继显示出附近所有的中国餐厅的名称、地址及所属等级。

（九）表示常偶。可分为两组：

  1. 常常、常、时常、往往、时时、时刻、不时、每每。表示某行为动作或情况经常不断地进行、发生。例如：

（1）a 这些年常常有人从北方不远千里而来，瞧一瞧南国花市的盛况。还常常可以见到好些国际友人，也陶醉在这东方的节日情调中，和中国朋友一起选购着鲜花。（秦牧《花城》）

  b 以后你常常去看看她！

（2）a 我上班下班常由这儿走，常看见齐姑娘。（老舍《女店员》）

  b 一个人如果还有友情，那么，收存亡友的遗文真如捏着一团火，常要觉得寝食不安，给它企图流布的。（鲁迅《白莽作〈孩儿塔〉序》）

（3）a 妈妈，我现在知道了你为什么时常生病。（丁西林《等太太回来的时候》）

  b 如有进一步办法，希望能建立秘密联系，可以时常通信。（毛泽东《致易礼容（一九三六年八月十四日）》）

（4）a 从去年来，又看见他不断地做打油诗，弄烂古文，回想先前的交情，也往往不免长叹。（鲁迅《忆刘半农君》）

b 这里早晚温差较大，你要不注意穿衣，就往往会感冒，一感冒就是一个礼拜。

（5）a 这并非为了别的，只因为两年以来，悲愤总时时来袭击我的心，至今没有停止，……（鲁迅《为了忘却的纪念》）

b 这是真的，爱情必须时时更新，生长，创造。（鲁迅《伤逝》）

（6）a 他时刻提醒自己，出了门要稳当，不要慌张，免得出差错和丢失东西。（柳青《创业史》）

b 为了祖国，时刻准备贡献出我们的一切！

（7）a 党代表总是看他那只老怀表，生怕它不走了，不时放在耳朵上听听，摇摇。（徐向前《奔向海陆丰》）

b 你们得不时敲打敲打他。

（8）a 做工的人，傍午傍晚散了工，每每花四文铜钱，买一碗酒，……（鲁迅《孔乙己》）

b 你们到了那里，一定要依靠当地党组织，并注意跟各界人士搞好关系，否则工作开展起来，每每会遇到很多困难。

其中，"往往"和"每每"多用来说带有经验性的事情，因此多用于过去或经常性的事情。

2. 偶尔（偶而）、间或、有时。表示某行为动作或情况的进行或发生是少见的，偶发的。例如：

（1）a₁ 坦平的柏油马路上铺着一层薄雪，被街灯照得有点闪眼。偶尔过来辆汽车，灯光远射，小雪粒在灯光里带着点黄亮，像洒着万颗金沙。（老舍《骆驼祥子》）

a₂ 我当时初学写作，也在这个副刊上投稿，偶而写些同类

性质的文章。(唐弢《琐忆》)

  b 想做事情的人，总免不了偶尔犯错误。(曹禺《明朗的天》)

(2) a 刚去的当晚是个阴天，偶尔倚着楼窗一望，奇怪啊，怎么楼前凭空涌起那么多黑黝黝的小山，一重一重的，起伏不断？(杨朔《荔枝蜜》)

  b 这药给你留着，只能急需时偶尔服一两次，可不能经常服用。

(3) a 阳光下空气十分暖和，间或吹来一阵微风，空气中便可感觉到一点从滇池送来冰凉的水气和一点枯草香气。(沈从文《白魇》)

  b 我决计搬回金家桥去住了，那儿安静多了，间或也会有人来访，但总不会像这儿老是人来人往，让你不得安宁。(陈放牧《搬家》)

(4) a 她有时望望淀里，淀里也是一片银白世界。(孙犁《荷花淀》)

  b 你放心，他们小两口感情好着呢，即使有时发生些争执，也准保吵不起来。

(一〇) 表示永暂。可分为两组：

1. 永远、永、始终、直。表示某行为动作或状况在一个很长的时间里进行或存在着。例如：

(1) a 头不很大，圆眼，肉鼻子，两条眉很短很粗，头上永远剃得发亮。腮上没有多余的肉，脖子可是几乎与头一边儿粗；脸上永远红扑扑的，……(老舍《骆驼祥子》)

  b_1 干吗光是今天不打？永远不打才对！(老舍《茶馆》)

  b_2 这可真是句好话！我永远记住！(老舍《女店员》)

(2) a 他老以为他的个子比别人高大，就一定比别人能多受些

苦，似乎永没想到身量大，受累多，应当需要更多的滋养。(老舍《骆驼祥子》)

b 他就是这样心甘情愿地、毫不勉强地要"永远"做一个"永不生锈的螺丝钉"，……(魏巍《路标》)

(3) a 我妈呀，说过好几年了，就爱一身祥云纱的裤褂，可是始终没有钱买。(老舍《女店员》)

b 这样，我可始终立于主动，……(毛泽东《论持久战》)

(4) a 小坡伸着脖子往远处看，心中噗咚噗咚的直跳，……(老舍《小坡的生日》)

b 别经理、经理的叫吧，叫得我脸上直发烧！(老舍《女店员》)

2. 暂、暂且、姑且、权且、且。表示某行为动作或状况只是在一个短时间内进行或存在着。例如：

(1) a 谈了一小会，区干部回区上去了，老杨同志还暂留在这一带突击秋收工作，同时在工作中健全各救会组织。(赵树理《李有才板话》)

b 高、中两级干部教育计划，依你昨日主张暂停为好，……(毛泽东《致何凯丰（一九四三年四月二十二日）》)

(2) a 当时他坚持要给，我拗不过他，只好暂且收下，想第二天去他家时送还给他，谁知……

b "既是还得去拉车，"曹先生慢慢的说，"那就出不去两条路。一条呢是凑钱买上车，一条呢是暂且赁车拉着，是不是？……"(老舍《骆驼祥子》)

(3) a 看见林先生急苦了，寿生姑且安慰着。(茅盾《林家铺子》)

b 我给你介绍一种药膏，你姑且试一试。

(4) a 当时由于缺党参，他就只好权且以太子参代之。

b 现在天色已晚，前不着村，后不落店，哪里去找人家，权且在此过一夜吧。

（5）a 来客的安心，候客者的快意，以及脚夫的小小发财，我们且都不提。单讲一位从让里来的潘先生。（叶圣陶《潘先生在难中》）

b 攒钱，买车，都给别人预备着来抢，何苦呢？何不得乐且乐呢？（老舍《骆驼祥子》）

（一）兼表永常；老、总、一直。例如：

（1）a 赵大爷，您这程子老斗争恶霸，可怎么不斗斗那个顶厉害的恶霸呢？（老舍《龙须沟》）

b 政府要老这么作事呀，龙须沟就快成了大花园啦！（老舍《龙须沟》）

（2）a 闲坐着等人总觉得时间太长，表上的针像锈住了一样老不肯迈大步，……（赵树理《三里湾》）

b 您放心吧，他会老来看您的。

（3）a₁ 他呀，老是忘事，记性像是给狗吃了似的。

a₂ 队长几次要她休息，她老是不肯。

b 以后你们俩可不能老是吵架了，小两口和和睦睦过日子不好吗？

（4）a₁ 他总以为多跑出几身汗来就会减去酸懒的。（老舍《骆驼祥子》）

a₂ 以前，前门里头的新事总闹不到咱们龙须沟来。（老舍《龙须沟》）

b 以后别总这样儿了，好吗？

（5）a 别的车夫，因为受尽苦楚，说话总是横着来；……（老舍《骆驼祥子》）

b 他生就一张娃娃脸，你看吧，过多少年他也总是不显老的。

（6）a 第一连一直闹腾了多半夜，才凑合着吃了顿饭。(杜鹏程《保卫延安》)

b_1 我会一直等着他的。

b_2 教育工作会议明天开始，一直开到月底。

（一二）表示缓慢：渐、渐渐、渐次、逐渐、日渐、日见、逐步。表示某种行为动作或状况缓慢地而又不间断地进行或出现。例如：

（1）a 天色渐暗，丁淞整理好了标本，点点数目，关电灯。(夏衍《考验》)

b 天气渐冷｜歌声渐远（转引自《现代汉语词典》(第7版)"渐"条）

（2）a_1 饭桌上的空气渐渐地和谐起来啦。(周克芹《许茂和他的女儿们》)

a_2 此时天色已渐渐昏暗。(茅盾《三人行》)

b ……且应对农民自发的暴动极力加以领导，对农民的武装斗争极力加以扩大，使群众对于推翻豪绅乡村统治、建立农村苏维埃的观念日益明了与热望其实现，并使这一行动能渐渐与城市工作配合起来，得到城市的领导。(周恩来《关于湘鄂西苏区发展的几个问题》)

（3）a 经过一年多的努力，我校成立出版社的条件已渐次成熟。

b 对于旧文艺里合理的部分，可以发展的东西，要加以吸取，改造，使之渐次变为新文艺的组成部分。

（4）a 再往里走就像是春天了。山色逐渐变得柔嫩，山形也逐渐变得柔和，很有一伸手就可以触摸到凝脂似的感觉。(碧野《天山景物记》)

b 我们要有步骤地去做，使他们参加生产，逐渐地改造成为新人，……（周恩来《团结广大人民群众一道前进》）

（5）a 天气已日渐炎热。

  b 所以，不但小块红色区域的长期存在没有疑义，而且这些红色区域将继续发展，日渐接近于全国政权的取得。（毛泽东《中国的红色政权为什么能够存在？》）

（6）a 整个党在政治上现在是日见成熟了，看各地电报就可以明了。（毛泽东《致陈毅（一九四四年十二月一日）》）

  b 昨天所议之事，眼下尚难办到，待条件日见成熟后再考虑，如何？

（7）a 他终于摸清了棉苗的脾性，逐步认识了落蕾、落铃、落桃的时间，跟水、肥、光、温等条件的辩证关系。（穆青等《为了周总理的嘱托……》）

  b 你应当在新旧社会的根本变化上去看问题，逐步地把你的思想和情绪转变过来。（毛泽东《致谭世瑛（一九五五年六月八日）》）

（一三）表示同时：同时、一齐、一同。表示某些行为动作或情况在同一时间进行、完成或发生、出现。例如：

（1）a 马后炮是随着古象棋的出现而同时出现的。（马南邨《马后炮》）

  b 但我劝你同时注意自己方面的某些毛病，不要绝对地看问题，……（毛泽东《致肖军（一九四一年八月二日）》）

（2）a 主人，回来了。我和老余同时抓住老人的手，抢着说感谢的话。（彭荆风《驿路梨花》）

  b 生命的健全与完整，不仅表现于对人性情对事责任感上，且同时表现于体力精力饱满与兴趣活泼上。（沈从文《绿魇》）

（3）a 车夫们听见了，一齐拉着车围拢来，问他到什么地方。（叶圣陶《潘先生在难中》）

  b 他可以在运灰的时候，一齐搬回家里去；……（鲁迅《故乡》）

（4）a 对于她的日夜的操心，使我也不能不一同操心，来算作分甘共苦。（鲁迅《伤逝》）

b 于是我们决定，广告和发信，就在明日一同实行。（同上）

（一四）表示随时：随时。表示某种行为动作或情况不拘什么时候，只要需要或条件成熟就进行、发生。例如：

（1）a 西间的旁边有一个车门，……车夫们出车收车和随时来往都走这个门。（老舍《骆驼祥子》）

b 我们不怕死，我们有牺牲的精神！我们随时像李先生一样，前脚跨出大门，后脚就不准备再跨进大门！（闻一多《最后一次讲演》）

（2）a 在正下雨的时候，大家躲在那随时可以塌倒而把他们活埋了的屋中，把命交给了老天；……（老舍《骆驼祥子》）

b 病，意外的祸害，都能随时的来到自己身上，总得有个预备。（老舍《骆驼祥子》）

（一五）表示守时：按时、按期。表示按照预先规定的时间行事。例如：

（1）a 每次开会，他总按时到达会场，既不来早，也不来迟。

b 各同志务须按时寄回，以免散失。（毛泽东《致彭德怀、刘晓、李富春（一九三六年九月十一日）》）

（2）a 新建的两座职工宿舍大楼已按期交付使用。

b 此项工程务必按期完成。

（一六）表示延续：还、还是、仍、仍然、仍旧、依然、依旧、照旧、照样、照常。表示已经存在、出现或进行的状态、情况或行为动作持续不变。例如：

（1）a 小菊出了厢房，心里还在算计，等三子哥回来，她一定要打听清楚。（冯德英《山菊花》）

b 死的死了，活着的还得活着，有什么法儿呢？穷人哪，没

别的，就是有个扎挣劲儿！（老舍《骆驼祥子》）

(2) a 自从"骆驼祥子"传开了以后，祥子虽然还是闷着头儿干，不大和气，大家对他却有点另眼看待了。（老舍《骆驼祥子》）

b 你明天这个时候还是在这儿等我。

(3) a 他们俩仍穿灰色大衫，但袖口瘦了，而且罩上青布马褂。（老舍《茶馆》）

b 刚才的话收回，我该做什么仍做什么。（杨沫《东方欲晓》）

(4) a 雪雨仍然在下着，风仍然在吹着。（王蒙《风筝飘带》）

b 井冈山的毛竹，……你不仅曾经为革命建立功勋，而且现在和将来仍然为社会主义、共产主义大厦继续献出一切。（袁鹰《井冈翠竹》）

(5) a 我不知道我已经走了若干时候。可是我的心仍旧被烈火煎熬。（巴金《雨》）

b 三哥！过了爸爸的开丧，我打算仍旧回乡下去！（茅盾《子夜》）

(6) a 从前欧洲大战的时候，人家天空里布着防御炸弹的网，下面学校里却依然在那里上课；……（叶圣陶《潘先生在难中》）

b 我于是从面前这一片枯草地上试来仔细搜寻，看看是不是还可发现那些绿色斑驳金光灿烂的小小甲虫，依然能在阳光下保留本来的从容闲适，……（沈从文《白魇》）

(7) a 担任突击任务的第一船，冒着弹雨照旧前进。（刘白羽《火光在前》）

b 我走了要是她还愿意在这里伺候你，你可以照旧的给她工钱。（丁西林《亲爱的丈夫》）

（8）a 晚上照样也有一回，也在黄晕的灯光里。（朱自清《桨声灯影里的秦淮河》）

b 不要忘记教他们每天照样的打扫，……（丁西林《亲爱的丈夫》）

（9）a 胳臂上擦去一大块皮，他还是照常干活儿。

b 妇女商店就是凌云她们那个试验田改大了的，现在照常卖鱼肉青菜，一半天就全部开张。（老舍《女店员》）

（一七）表示最终：终究。例如：

（1）a 春天终究到来了，尽管还略带些寒意。

b 社会主义制度终究要代替资本主义制度，这是一个不以人们自己的意志为转移的客观规律。

（2）a 我在初，认真是想学一点医，来作为对于国家社会的切实贡献，然而终究没有学成，这确是一件遗憾的事。（郭沫若《我的学生时代》）

b 莫非他造塔的时候，竟没有想到塔是终究要倒的么？（鲁迅《论雷峰塔的倒掉》）

（一八）其他

1. 现。表示某行为动作当需要时进行。例如：

（1）a 这个虾仁肉丝是专为您现炒的。

b 他自己起下了誓，一年半的工夫，他——祥子——非打成自己的车不可！是现打的，不要旧车见过新的。（老舍《骆驼祥子》）

2. 临。表示某行为动作处于快要发生或进行时。例如：

（1）a 临走时我总不让他走。我欢喜他，觉得他比乡下叔父能干有趣。（沈从文《我读一本小书同时又读一本大书》）

b 临走时请留下通讯处，并告我。（毛泽东《致周素园（一九三七年十月六日）》）

三　结束语

　　上面我们把时间副词分为定时时间副词和不定时时间副词两类，对每一类还作了进一步的分类，并进行了大略的描写。这里需要指出的是，上面我们是以说话人说话的时刻为准的，说话时为现在时，说话之前为过去时，说话之后为未来时。按这种时间划分，并根据是否只能用来说某一特定时间（如过去，现在，或未来）的事，我们把时间副词分成了定时时间副词和不定时时间副词两类。这种分类不是唯一的，也还可以有别的分类法。试以"已经"和"常常"为例，先看"已经"的例子：

　　（1）他已经去上海了。

　　（2）昨天八点他已经去上海了。

　　（3）我赶到这里，他已经去上海了。

　　（4）明天上午八点他已经去上海了。

　　（5）等你磨磨蹭蹭去那里，他恐怕已经去上海了。

按前面的时间划分，我们说例（1）—（3）的"已经"用来说过去的事，例（4）（5）用来说未来的事，因此我们把"已经"归到不定时时间副词一类里去。但是对"已经"也可以有另外一种归类法。我们不妨仔细地观察一下例（1）—（5）：例（1）句中无其他表示时间的词，"已经"是用来表示在说话之前他去上海了；例（2）句中有时间词语"昨天八点"，"已经"是表示在昨天八点之前他去上海了；例（3）句中虽没有时间词语，但"我赶到这里"实际起了表示时间的作用，"已经"是表示在我赶到这里之前，他去上海了；例（4）句中有时间词语"明天上午八点"，"已经"是表示在明天上午八点之前，他已经去上海了；例（5）句中虽没有时间词语，但分句"等你磨磨蹭蹭去那里"实际也起了表示时间的作用，"已经"表示在你磨磨蹭蹭去到那里之前，他已经去上海了。不难看出，这五个句子里的"已经"，其作用是一样的，都是表示在某个时间之前他去上海了，所不同的是所指的时间各不相同而已。再看"常常"的例子：

（6）他常常来玩儿。〔指说话前〕

（7）你常常来玩儿。〔指说话后〕

（8）他去年暑假以前还常常来玩儿。〔去年暑假之前——说话前〕

（9）他去年暑假以后就常常来玩儿。〔去年暑假之后——说话前〕

（10）你明年毕业前常常去看看她。〔明年毕业之前——说话后〕

（11）你明年毕业后常常去看看她。〔明年毕业之后——说话后〕

不难看出，"常常"既可以用来说说话前的事，也可以用来说说话后的事；既可以用来说说话人在句中所指明的某个时间之前的事，也可以用来说那个时间之后的事，这与"已经"显然不同。前面我们把"已经"和"常常"都归入不定时时间副词。现在，如果我们以说话人在句中所指明的时间为准的话（当句中没有表示时间的成分时，可以把说话的时刻看作是所指明的时间），那么我们就得把"已经"和"常常"列入不同的类。若按此对时间副词分类，所分出来的类显然就会跟我们前面的分类不同。

哪一种分类更好些呢？可以进一步探讨，不过我们现在觉得前面所作的分类似乎更好些。根据我们的教学实践，这种分类特别是在把汉语作为外语的教学中，是很有用的。

（见陆俭明、马真：《现代汉语虚词散论》，北京大学出版社，1985年。）

"已经"和"曾经"的语法意义

一 关于"已经"的语法意义

关于副词"已经",人们已经谈得很多了,其中有不少很好的意见,但它所表示的语法意义,不能说都完全清楚了。拿"已经"所表示的语法意义来说,《现代汉语词典》和《现代汉语八百词》说法就不一样。《现代汉语词典》说,"已经""表示事情完成或时间过去"(见1487页);《现代汉语八百词》则认为,"已经""表示动作、变化完成或达到某种程度"(见612页)。二者说法显然有差异。"已经"到底表示什么样的语法意义,它在句中到底起什么作用,还值得进一步探讨。

从《现代汉语词典》和《现代汉语八百词》所举的例子来看,大致可以分为这样三类:

第一类,"已经"修饰单个ㄦ动词。这类例子非常少。例如:

(1)任务已经完成|事情已经结束|问题已经解决|我们已经同意

第二类,"已经"所修饰的动词性词语带"了"。这类例子大量存在,下面我们稍微举几个:

(2)他们已经来了|天已经黑了|他已经走了|票已经买了|门已经开了|我已经明白过来了|苹果已经红了|现在已经不能改变计划了|……

第三类,"已经"所修饰的动词性词语带"过"。就《现代汉语八百词》举了一个例子:

(3)前两年已经处理过一次

从上面所举的例子里，看不出"已经""表示时间过去"的意思，所以《现代汉语词典》说"已经""表示时间过去"，似有点儿欠考虑。至于说"已经"表示"事情完成"或"动作、变化完成"，单就第一类例子看，似乎还说得过去。但就占最大比例的第二类例子以及第三类例子看，就难说了，因为不用"已经"，句子照样能表示"事情完成"或"动作、变化完成"。譬如说，"他们已经来了"不用"已经"，单说"他们来了"，也可以表示完成的意思。同样，"天已经黑了"，如果去掉"已经"，"天黑了"也照样含有"变化完成"的意思。其实，就是第一类例子，如果去掉"已经"也含有"事情完成"或"动作完成"的意思。何况例（1）是一种书面语的说法，口语里都得说成：

（4）任务（已经）完成了｜事情（已经）结束了｜问题（已经）解决了｜我们（已经）同意了

至于说"已经"表示"变化达到某种程度"，这说法更不确切。譬如说，"苹果已经红了"是说苹果颜色从不红到红的变化在说话前就成为事实了，这里不涉及程度的问题。

那么"已经"在句子中到底起什么作用呢？细细比较一下带"已经"的句子和不带"已经"的句子，并认真考虑在什么场合下要用到"已经"，为什么要用"已经"，我们就不难体会到，"已经"的实际作用不是表示"完成"，而是强调句子所说的事情、情况在说话之前，或在某个行为动作之前，或在某个特定的时间之前就成为事实了。这是"已经"所表示的基本的语法意义。上面所举的三类例子里的"已经"都表示这样的语法意义。

由于"已经"表示上面所说的语法意义，所以使用"已经"的句子大致可以分为这样四类：

第一，"已经"前没有时间名词，也没有别的动词性词语。例如：

（5）他已经同意了｜我已经吃过饭了｜那事儿我已经跟她说了｜她已经不抽烟了

这类句子都表示句子所说的事情、情况在说话之前就成为事实了。

第二，"已经"前或后有时间名词。例如：

（6）他去年已经大学毕业了｜她上个月已经生了｜你要的衣服昨天我已经买着了｜我已经在前天拿到驾驶证了｜他已经在上午的会上说过一次了

（7）你说的那种拖拉机零件现在已经不生产了｜我现在已经饱了

（8）明天下午这个时候她已经到家了｜下个月十六号你已经离开这里了

这类句子都表示句子所说的事情、情况在某个特定的时间之前就成为事实了。这个特定的时间可以在过去，可以在现在，也可以在将来，随着句中所用的时间名词的不同而不同。例（6）用的是表示过去时的时间名词，表示句子所说的事情、情况在说话前的某个特定时间之前就成为事实了。例（7）用的是表示现在时的时间名词，表示句子所说的事情、情况在现在说话之前就成为事实了。例（8）则用的是表示将来时的时间名词，表示句子所说的事情、情况在将来的某个特定的时间之前就会成为事实。

第三，"已经"前有另一个动词性词语（包括由动词性词语充任谓语的主谓词组）。例如：

（9）等我赶回上海，奶奶已经离开人世了。

（10）你这样磨磨蹭蹭，恐怕我们赶到车站，火车已经开走了。

这类句子都表示句子所说的事情、情况在某个行为动作之前就成为事实。那行为动作也可以是过去发生、完成的，也可以是将来发生、完成的。譬如说，例（9）就说的过去的事，是说"奶奶离开人世"这件事在"我赶回上海"前就成为事实了。而例（10）就说的将来的事，是说"火车开走了"这个情况在"我们赶到车站"前会成为事实。有时"已经"前是一个"动词性词语+时（候）"的偏正词组，例如：

（11）等我赶回上海时，奶奶已经离开人世了。

（12）你这样磨磨蹭蹭，恐怕我们赶到车站的时候，火车已经开走了。

这时句子还是表示句子所说的事情、情况在某个行为动作之前就成为事实。

第四，"已经"前既有时间名词，又有另一个动词性词语。例如：

（13）昨天晚上八点我去他家，他已经躺下睡了。

（14）明天下午你放学回来，我肯定已经把风筝做好了。

这类句子既指明某个特定的时间，也具体说明另一个行为动作。如果所用的时间名词是表示过去某一特定的时间，那么句子是说过去的事，如例（13）；如果所用的时间名词是表示将来某一特定的时间，那么句子是说将来的事，如例（14）。

其实所谓"说话之前"或"另一个行为动作之前"，实际也是指"某个时间之前"，只不过这个时间不是用时间名词来表示的。因此，副词"已经"的语法意义也可以概括为：强调句子所说的事情、情况在某个时间之前就成为事实了。不过从教学，特别是对外汉语教学的角度看，把"已经"的语法意义概括为"强调句子所说的事情、情况在说话之前，或某个行为动作之前，或某个特定的时间之前就成为事实了"，这可能更好一些，因为把"某个时间"具体化了，这就更便于人们了解、掌握这个副词。

二 辨析"曾经"和"已经"

关于"曾经"和"已经"的区别，过去也已有不少人谈到过，但我们觉得二者的区别还不是说得很清楚。而要把它们分辨清楚，最好也用比较的方法。下面，我们就根据前人的研究成果和自己的认识，说说副词"曾经"和"已经"的区别。

首先，我们要明了，"曾经"和"已经"虽然都属于时间副词，但它们是属于不同范畴的时间副词。

陆俭明、马真（1985）指出，"时间副词"这是传统的说法。按这个说法，一般人会以为"时间副词"都表示行为动作或事件的时间的。其实，"时间副词"大多不是表示"时"的，而是表示"态"的。所以如果沿用"时间副词"这个术语，那么时间副词可以分为两小类，一类是"定时时间副词"，一类是"不定时时间副词"。所谓"定时时间副词"，是说这类时间副词，只能用来说某一特定时间里完成或发生的事。这某一特定时间或是指过去，或是指现在，或是指将来。例如"从来""一向"只能用来说过去的事，"至今"只能用来说现在的事，而"必将""迟早"只能用来说将来的事，它们都属于定时时间副词。所谓"不定时时间副词"是说这类时间副词可以用来说不同时间里完成或发生的事情。像副词"刚"就属于不定时时间副词，因为它既可以用来说过去的事，例如：

（15）他昨天刚来。

也可以用来说现在的事，例如：

（16）我们也是现在刚吃。

也可以用来说将来的事，例如：

（17）你明天八点钟去他家，他可能刚起床。

"曾经"和"已经"的第一个差异就在于，它们属于不同类的时间副词，"曾经"属于定时时间副词，"已经"属于不定时时间副词。下面不妨来比较一下，请看例（18）—（20）：

（18）去年，我____看过这本书。

（19）现在他____看到120页了。

（20）明天这个时候，他大概____看完了。

这三个例子都有空格横线，如果要把"曾经"或"已经"填入空格内的话，情况将是不一样的。例（18）既能填"曾经"，也能填"已经"。例如：

（18′）a. 去年，我曾经看过这本书。

（18′）b. 去年，我已经看过这本书。

例（19）例（20）则只能填"已经"，不能填"曾经"。请看：

（19′）a. 现在他已经看到120页了。

（19′）b.*现在他曾经看到120页了。

（20′）a. 明天这个时候，他大概已经看完了。

（20′）b.*明天这个时候，他大概曾经看完了。

例（18）说的是过去的事，例（19）说的是现在的事情，例（20）说的是将来的事情。显然，"曾经"只能用来说过去的事，所以它是"定时时间副词"；而"已经"则没有时间上的限制，无论说过去、现在、将来的事都可以用，所以是"不定时时间副词"。它们在时态上的差别，可列表如下：

	过去时	现在时	将来时
曾经	＋	－	－
已经	＋	＋	＋

过去，有一些语法书上把"已经"看作"过去时"的时间副词，（黎锦熙1992，吕冀平1983）这显然不妥。

其次，虽然"已经"和"曾经"都能用于过去时，但在语法意义上有明显的区别。这种区别以往的语法书也注意到了。例如《现代汉语八百词》在比较"曾经"和"已经"的语法意义时就曾指出以下两点：（见111页）

第一，"曾经"表示从前有过某种行为或情况，时间一般不是最近。"已经"表示事情完成，时间一般在不久以前。

第二，"曾经"所表示的动作或情况现在已结束；"已经"所表示的动作或情况可能还在继续。

不过，这两点我们认为都还值得商榷。

就第一点来说，容易给人（特别是给外国学生）一个错觉，以为说从前的事得用"曾经"，说最近的事得用"已经"。其实，不管是说从前的事还是最近的事，"曾经"和"已经"都可以用。特别是当"曾经"或"已经"后的动词一带上助词"过"，更难分时间的先后了。例如：

（21）a. 二十年前他曾经学过法语。

b. 二十年前他已经学过法语。

（22）a. 上个月我曾经去过一趟。

b. 上个月我已经去过一趟。

（23）a. 这件事，刚才我曾经问过他，他说不知道。

b. 这件事，刚才我已经问过他，他说不知道。

例（21）说的是从前的事，例（22）说的是过去的事，例（23）说的是最近的事。显然，"曾经"和"已经"的区别不在于前者"时间一般不是最近"，后者"时间一般在不久以前"。而《现代汉语八百词》所以会有上述看法，这可能跟"曾经"是定时时间副词，只用于过去，"已经"则是不定时时间副词，过去、现在、将来都能用这一点有关。

就第二点来说，前半句所说的"'曾经'所表示的动作或情况现在已结束"，这是符合实际的。后半句所说的"'已经'所表示的动作或情况可能还在继续"，这说法也需斟酌。请先看几个实例：

（24）我们已经走了两个小时了。

（25）他前年就已经在这儿住下了。

（26）我已经等了你三个小时了。

（27）那本书，我上个月已经烧了。

（28）你要的电脑我已经给你买来了。

例（24）（25），可以说"所表示的动作或情况还在继续"。例（26），就要看上下文了。有的时候表示"等"这一动作还在继续，如下面的实例（29）：

（29）我已经等了你三个小时了，你怎么还不来啊！［打电话］

可是有的时候并不表示"等"这一动作还在继续，如下面的实例（30）：

（30）我已经等了你三个小时了，你怎么现在才来啊！［当面说］

而像例（27）（38）根本就不能说动作或情况还在继续，既不好说"烧"或"买"这个动作还在继续，也不好说"烧书"或"买电脑"的情况还在继续。

总之，说"'已经'所表示的动作或情况可能还在继续"，这不是很确切。但这个说法有启发。下面我们先对比一些实例：

（31）a. 我曾经在这里住过三年。［现在不住这里了］

　　　b. 我已经在这里住了三年。［现在还住在这里］

（32）a. 她三年前曾经是个很红的演员。［现在不再是很红的演员］

　　　b. 她三年前已经是个很红的演员。［现在还是很红的演员］

（33）a. 很久以前这儿曾经是一片海滩。［现在这儿不再是海滩］

　　　b. 很久以前这儿已经是一片海滩。［现在这儿还是海滩］

（34）a. 我曾经丧失过信心。［现在有信心了］

　　　b. 我已经丧失了信心。［现在仍无信心］

（35）a. 我曾经戒过烟。［现在又抽烟了］

　　　b. 我已经戒烟了。［现在不抽烟了］

（36）a. 他的胃上个月曾经作过检查，说没问题。［说话人认为，说他的胃没有问题，那是过去的事，现在不一定是这样，也就是说，在说话人看来，检查的事已经过去，而且检查的结论今天也不一定有效］

　　　b. 他的胃上个月已经作过检查，说没问题。［检查的事虽然已经过去，但说话人认为过去的检查结论至今有效，他的胃现在不会有问题，也不用再检查］

（37）a. 上周她曾经去过上海。［现在她不在上海了，不排斥她现在再去上海］

　　　b. 上周她已经去了上海。［现在她仍然在上海］

c. 上周她已经去过上海。[现在她不在上海了，而且在说话人看来现在她不该或者不会去上海，也就是说以前去上海的经历至今有效]

（38）a. 大门口曾经种过两棵枣树。[种树的事已成为过去，而且现在那枣树也没有了]

　　b. 大门口已经种了两棵枣树。[种树的事虽然已经过去，但是枣树还在，而且现在也不必再种枣树，甚至不必再种树]

　　从上面的对比、分析中，我们可以看到，"曾经"和"已经"使用时的语义背景是不一样的（请参看马真1983，陆俭明、马真1985/1999）。用"曾经"往往含有"过去一度如此，现在不如此了"，或者说"那是以前的事了，现在又当别论"这样的意思，换句话说，"曾经"主要强调句中所说的事情或情况是以往的一种经历，而用"已经"往往含有"所说的事情或情况在某个特定的时间之前（包括说话之前和某个特定的行为动作之前）就成为事实，其效应与影响一直作用于那个特定时间之后"的意思。所以，"已经"含有延续性和有效性，而"曾经"含有非延续性和非有效性。这正是"曾经"和"已经"在语法意义上的重要差别。

　　在上一节里，我们对"已经"的语法意义作了概括，现在看来还需要适当修正一下，似应概括为：强调句子所说的事情、情况在说话之前，或某个行为动作之前，或某个特定的时间之前就成为事实，其影响与效应具有延续性和有效性。我们觉得，这样说也许更严密些。

三　余论

　　人们很早就开始研究"已经""曾经"，为什么至今对它们的语法意义还说得不能令人满意呢？原因当然是多方面的，况且研究本身总是有个发展过程。但是，我想也还可能跟以下两点有关：一是过去从正面考虑多，很少从反面（特别是外国学生用错的角度）去思考；二是恐怕研究分析的方法还不够完善。

要把握住一个虚词的语法意义，我觉得有效的办法主要有两个：一个是比较，特别要重视将含有虚词的句子跟抽掉了这个虚词后的句子进行比较；另一个是要注意考察虚词出现的语义背景。上面我们讲到的"已经"的语法意义就是运用这两种方法概括得到的。

参考文献

黎锦熙：《新著国语文法》，商务印书馆，1992年。

陆俭明、马真（1985/1999），《虚词研究浅论》，见陆俭明、马真（1985/1999）《现代汉语虚词散论》，北京大学出版社／语文出版社。

陆俭明、马真（1985/1999），《关于时间副词》，见陆俭明、马真（1985/1999）《现代汉语虚词散论》，北京大学出版社／语文出版社。

吕冀平：《汉语语法基础》，黑龙江人民出版社，1983年。

吕叔湘：《现代汉语八百词》（修订版），商务印书馆，1999年。

马真：《说"反而"》，《中国语文》1983年第3期，又见陆俭明、马真（1985/1999）《现代汉语虚词散论》，北京大学出版社／语文出版社。

马真：《关于"反而"的语法意义》，《世界汉语教学》1994年第1期，第25页。

马真：《表加强否定语气的副词"并"和"又"》，《世界汉语教学》2001年第3期，第12—18页。

中国社会科学院语言研究所词典编辑室：《现代汉语词典》，商务印书馆，1996年。

（原载于《语言科学》2003年第1期）

关于表重复的副词"又""再""还"*

一 引言

（一）副词"又""再""还"分别能表示多种语法意义，这里只辨析表重复的"又""再""还"。说到重复，可以有狭义和广义两种理解。按狭义的理解，是指前后（中间有时间上的间隔）所进行或发生的行为动作（包括变化）及其所涉及的对象一样。例如：

（1）我把那篇文章又看了一遍。

（2）你把这这封信再看一遍。

（3）明天还吃面条，我可受不了了。

例（1）是说"看那篇文章"这一行为动作重复进行；例（2）是说"看那封信"这一行为动作重复进行；例（3）是说"吃面条"这一行为动作重复进行。这种重复是狭义的重复。按广义的理解，除了上述狭义的重复外，还包括追加。例如：

（4）我吃了一个馒头，还吃了一碗面条。

（5）我吃了一个馒头，还带了一个馒头。

（6）我吃了一个馒头，还喝了一杯咖啡。

---

* 本文在'98现代汉语语法（国际）学术会议（中国，北京：1998.8.26—31）上发表。文中所用例句分别请晁继周先生（中国社会科学院语言研究所研究员，北京人）和刘一之女士（北京人，北京大学中文系毕业，先后获学士、硕士学位，现任日本圣德学园岐阜教育大学助教授）审定，有些例句还向张伯江先生和方梅女士（二位均系北京人，中国社会科学院语言研究所副研究员）咨询，在此谨向他们深致谢意。

例（4）—（6）都表示追加，但其中含有重复的意味——例（4）前后进行的动作一样（都是"吃"），只是动作所支配的对象不同；例（5）前后进行的动作虽不同，但所支配的对象一样；例（6）前后具体进行的动作不同，所支配的对象也不同，但就进食这意义说，可以认为一样。本文采用广义的理解，不过下文在具体讨论表重复的副词"又""再""还"用法的异同时，我们把重复与追加分开来谈，跟追加并提的重复是属于狭义理解的重复。

蒋琪、金立鑫（1997）将延续义包括在重复之中。本文不取这种意见。我们认为重复与延续有一个很重要的区别，那就是前者前后的行为动作之间一定有时间上的间隔，后者则前后的行为动作之间没有时间上的间隔。所以"还早，你再坐一会儿。""雨还在下。"这类用例里的"再""还"不在我们讨论范围之内。

（二）关于表重复的"又""再""还"使用上的异同，以往的有关论著也谈到过，但我们觉得谈得还不是很全面、很清楚，有的可以说谈得不是很确切，还有必要进一步辨析清楚。本文试以用于说过去的事情和用于说未来的事情为线索，辨析这三个表重复的副词用法上的异同。为了能全面说明它们的异同，前人已谈到的一些意见，本文将不避重复。

二　用于说过去的事情

（一）陈述事实

"又"用在陈述过去的事实时，既能表示重复，也能表示追加。表示重复的实例如：

（1）这种圆珠笔我觉得很好用，所以用完后我又买了一支。

（2）妈，那篇课文我刚才又背了一遍。

（3）那辆车她实在喜欢，临走前她又看了好半天。

表示追加的实例如：

（4）刚才我买了一支笔，又买了一个本儿。

（5）他今天扫了地，又擦了桌子。

（6）下班后他不仅去看望了张老师，而且又到超级市场买了些吃的。

"还"用在陈述过去的事实时，不能表示重复，只能表示追加。上面所举的表示重复的例（1）—（3）里的"又"都不能换用"还"，我们不能说：

（7）*这种圆珠笔我觉得很好用，所以用完后我还买了一支。

（8）*妈，那篇课文我刚才还背了一遍。

（9）*那辆车她实在喜欢，临走前她还看了好半天。

而上面所举的表示追加的例（4）—（6）里的"又"都能换用"还"。例如：

（10）刚才我买了一支笔，还买了一个本儿。

（11）他今天扫了地，还擦了桌子。

（12）下班后他不仅去看望了张老师，而且还到超级市场买了些吃的。

不过表追加时，"还"和"又"在使用上还有细微的差别，那就是"又"在使用上没什么条件限制，而"还"好像不能用来说跨越时间（或者说属于不同时间范围）的追加。[①]像例（13）只能用"又"，不能用"还"：

（13）a　他去年去了英国，今年又去了法国。

　　　 b　*他去年去了英国，今年还去了法国。

[①] 参见侯学超（1998）256页"辨析（一）还：又"。侯学超用"共时""非共时"的说法，我们觉得这不是很恰当。

如果说话人心目中把去年和今年归属同一时间范围，那么在一定语境下例（13b）也可以说，例如：

（14）他这两年老出国，去年去了英国，今年还去了法国。

当然，例（14）里的"还"也可以换用"又"，例如：

（15）他这两年老出国，去年又去了英国，今年又去了法国。

"再"不能用于陈述过去的事实，不管是表示重复还是表示追加。所以例（1）—（6）里的"又"都不能换用"再"。试以例（1）（4）为例，我们不能说：

（16）*这种圆珠笔我觉得很好用，所以用完后我再买了一支。

（17）*刚才我买了一支笔，再买了一个本儿。

不过，有一个例外情况，在书面上当说明原因或理由时，虽然陈述的是过去的事情，"还由于……""又由于……"和"再由于……"都能说。[①] 例如：

（18）由于他自己平时的努力，还/又/再由于同志们的帮助，他在学习上取得了优异的成绩。

（二）说虚拟假设的事

用于说过去并未成为真实而只是一种虚拟假设的事情时，"再"既能用来表示重复，也能用来表示追加。下面是表示重复的实例：

（19）那天我要是再练一次就好了。

（20）昨天如果我再看一遍就记住了。

下面是表示追加的实例：

（21）那天我要是拍了护照像，再拍一张生活照就好了。

（22）昨天上午如果我们请他们吃了饭再请他们喝杯咖啡，就更好了。

用"还"则要受到限制。首先，当表示重复时，一定要有能愿动词

---

① 参见北京大学中文系1955、1957级语言班（1982）532页"〔辨析〕二、再—又"。

"能"跟它共现。像例（19）（20）里的"再"都不能直接换用"还"，我们不说：

（23）*那天我要是还练一次就好了。

（24）*昨天如果我还看一遍就记住了。

如果在例（23）（24）里的"还"后分别加上"能"，就都可以说了。请看：

（25）那天我要是还能练一次就好了。

（26）昨天如果我还能看一遍就记住了。

不过与"能"共现时，"还"和"再"还有一些小小的区别。用"再"时，"能"一般在前，也可在后；而用"还"时，"能"不能在"还"前，得在"还"之后。试比较：

（27）那天我要是能再练一次就好了。～那天我要是再能练一次就好了。

（28）*那天我要是能还练一次就好了。～那天我要是还能练一次就好了。

其次，当表示追加时，使用频率远远低于"再"。据调查下面的例（29）（30），其接受程度远比上面的例（21）（22）低：

（29）那天我要是拍了护照像，还拍一张生活照就好了。

（30）昨天上午如果我们请他们吃了饭还请他们喝杯咖啡，就更好了。

至于"又"，不能用来表示重复，上面表重复的例（19）（20）不能说成：

（31）*那天我要是又练一次就好了。

（32）*昨天如果我又看一遍就记住了。

表示追加，要受到限制，必须与"能"共现。试比较：

（33）a *那天我要是拍了护照像，又拍一张生活照就好了。

　　　b 那天我要是拍了护照像，又能拍一张生活照就好了。

（34）a *昨天上午如果我们请他们吃了饭又请他们喝杯咖啡，

就更好了。

b 昨天上午如果我们请他们吃了饭又能请他们喝杯咖啡，就更好了。

与"能"共现，"又"一定在"能"之前，这时所虚拟假设的事情都一定是理想的事情。①

（三）上述表示重复的副词"又""再""还"用于说过去的事时的异同，大致可以列如下表：

	陈述事实		说虚拟假设的事	
	表示重复	表示追加	表示重复	表示追加
又	+	+	−	−（一般情况） +（与"能"共现）
再	−	−（一般情况） +（～由于…）	+	+
还	−	+（有例外）	−（一般情况） +（与"能"共现）	+

---

① 这一点看来跟"能"有关，因为不只是"又"，"再"和"还"如与"能"共现，所虚拟假设的事情也都一定是理想的事情。请看：

（1）a 昨天上午如果我们请他们吃了饭能再请他们喝杯咖啡，就更好了。
　　 b 昨天上午如果我们请他们吃了饭还能请他们喝杯咖啡，就更好了。
　　 c 昨天上午如果我们请他们吃了饭又能请他们喝杯咖啡，就更好了。
（2）a *昨天上午如果我们请他们吃了饭能再请他们喝杯咖啡，就赶不上飞机了。
　　 b *昨天上午如果我们请他们吃了饭还能请他们喝杯咖啡，就赶不上飞机了。
　　 c *昨天上午如果我们请他们吃了饭又能请他们喝杯咖啡，就赶不上飞机了。
（3）a 昨天上午如果我们请他们吃了饭再请他们喝杯咖啡，就赶不上飞机了。
　　 b 昨天上午如果我们请他们吃了饭还请他们喝杯咖啡，就赶不上飞机了。
　　 c *昨天上午如果我们请他们吃了饭又请他们喝杯咖啡，就赶不上飞机了。

例（1）虚拟假设的是理想的事情，"再""还""又"都能与"能"共现；例（2）虚拟假设的是非理想的事情，"再""还""又"都不能与"能"共现。例（3）虚拟假设的也是非理想的事情，但没有"能"共现，"又"当然不能用，"再"和"还"却可以用。可见"又"与"能"共现时所虚拟假设的事情一定是理想的事情，这跟"又"无关，而跟"能"有关。

三　用于说未来的事情

（一）说非假设的事

用来说未来非假设的事情时，"再"和"还"都既能表示重复，也能表示追加。例如：

（1）明天我再/还来看你。

（2）你先回去吧，我再/还到王大嫂家看看。

例（1）表示重复，例（2）表示追加。不过，"再"和"还"还有一些区别：

1. 更多的时候，"还"要求与表意愿的动词（包括能愿动词）共现，"再"没有这种强烈的要求。①上面所举的例（1）（2）用"还"虽然也能说，但是不如在"还"后加上一个表意愿的动词来得顺畅。请看：

（3）明天我还要来看你。

（4）你先回去吧，我还想到王大嫂家看看。

2. 用"再"时也可以与表意愿的动词共现，但词序跟用"还"不同。用"还"时，"还"在前，意愿动词在后；用"再"时，"再"在后，意愿动词在前。试比较：

（5）a. 明天我可以再来看你吗？（*明天我再可以来看你吗？）

　　　b. *明天我可以还来看你吗？（明天我还可以来看你吗？）

---

① 用"再"时，如果主语为第三人称代词，似也要求有表意愿的动词共现。例如：

　　a　他想再找找。（*他再找找。）

　　b　他们可以再听一遍。（? 他们再听一遍。）

3. "再"可以跟数量词语共现。例如：

（6）那包子很好吃，我再吃两个。[表名量的数量词]

（7）这电子游戏很好玩儿，我再玩儿一次。[表动量的数量词]

（8）爸爸，我这儿朋友特别多，我再待两天。[表时量的数量词]

而"还"跟数量词语共现要受到限制，所以例（6）—（8）里的"再"不能直接换用"还"，如果要换用"还"，得加进表意愿的动词（"还"放在表意愿的动词前）。例如：

（9）那包子很好吃，我还要吃两个。(*……，我还吃两个。)[表名量的数量词]

（10）这电子游戏很好玩儿，我还想玩儿一次。(*……，我还玩儿一次。)[表动量的数量词]

（11）爸爸，我这儿朋友特别多，我还想待两天。(*……，我还待两天。)[表时量的数量词]

注意：加进表意愿的动词后，仍然可以用"再"，只是"再"要放在表意愿的动词之后。（见上面所说的第二点）

4. 在祈使句里，用"再"而不用"还"。[1] 试比较：

（12）你再听，楼上好像有响动。(*你还听，楼上好像有响动。)

（13）你再去对他说，不能收红包！(*你还去对他说，不能收红包！)

5. "再"不但能用于实在的重复（指重复已进行过的行为动作），

---

[1] 参见蒋琪、金立鑫（1997）。他们举的实例是：
    a 别急，再坐一会儿（*别急，还坐一会儿）
    b 没关系，再努把力（*没关系，还努把力）
    c 请再吃些（*请还吃些）
不过这些例句还不是很典型，因为都带有数量词。对这些例句，我们既可以说，因为它们是祈使句，所以不能用"还"；也可以说，因为它们带有数量词，所以不能用"还。"（例 a 在我们看来"再"不是表重复，而是表延续。）

还能用于"空缺的重复"(指原打算进行某行为动作,由于某种原因未能进行,而改到说话后的某个时间进行)。① 例如:

(14)刚才我们看的《变脸》这个电影真好,我明天想再看一次。

(15)《变脸》这个电影今天看不上没关系,我们明天再看。

例(14)是说"看《变脸》"这一行为动作已进行过,但想在明天重复进行这一行为动作。这里的"再"就属于"实在的重复"。例(15)是说原定今天去看《变脸》这个电影,可是没有买到票,于是就改到明天看。这里的"再"就属于"空缺的重复"。"还"则只能用于实在的重复,不能用于空缺的重复。所以上面例(14)里的"再"可以换成"还",说成:

(16)刚才我们看的《变脸》这个电影真好,我明天还想看一次。

而例(15)里的"再"就不能换成"还",我们不说:

(17)*《变脸》这个电影今天看不上没关系,我们明天还看。

以上说的是"再"和"还",下面来看"又"。"又"一般不能用来说未来非假设的事,不管是表示重复,还是表示追加。② 像上面所举的例(1)(2)里的"再"或"还"都不能换用"又",我们不说:

(18)*明天我又来看你。

(19)*你先回去吧,我又到王大嫂家看看。

但有例外,一是在表示提醒性劝阻时可以用"又",虽然说的是未来

---

① "再"表示这两种重复在句子的轻重音上有所反映,表示实在的重复,重音只能在"再"或"再"后面的某个音节上,决不能在"再"之前;而表示空缺的重复,重音一定在"再"之前表示时间的词语的某个音节上,决不会在"再"之后。参见陆俭明、马真(1985)18页。

② 注意:"下星期他又要出差了。"这句话,就"出差"这一行为动作而言,将在说话后进行,但就"要出差"这一愿望或意愿来说,那是在说话前就有了。所以上面这句话里的"又"还是属于说过去的事,而不是属于说未来非假设的事。

非假设的事("又"放在"别"或"不要"的后面,主要动词之前)。[1]例如:

(20)明天去姑姑家,你别又喝醉了。

(21)明天你们去看足球赛,千万不要又惹是生非。

(22)你可别吃了螃蟹又吃柿子,否则会闹病的。

二是在说到有规律性的重复情况时可以用"又"。[2]这时句子往往含有在说话人看来时间过得太快或前后间隔的时间太短的意味。例如:

(23)明天值班又轮到我了。|明天又是星期六了。|又快进入梅雨季节了。

(二)说假设的事

说未来假设的事,"又""再""还"都能用,不管是表示重复还是表示追加,只是"再"的使用频率比"又""还"要高。下面是表示重复的实例:

(24)如果他明天再/又/还来找你的麻烦,你给我打电话。

(25)要是明后天再/又/还吃面条,我就吃倒胃口了。

下面是表示追加的实例:

(26)喝了酒再/又/还抽烟就容易醉。

---

[1] 例(20)—(22)也可以用"再",但不能用"还"。请看:

a 明天去姑姑家,你别再喝醉了。
 (*明天去姑姑家,你别还喝醉了。)
b 明天你们去看足球赛,千万不要再惹是生非。
 (*明天你们去看足球赛,千万不要还惹是生非。)
c 你可别吃了螃蟹再吃柿子,否则会闹病的。
 (*你可别吃了螃蟹还吃柿子,否则会闹病的。)

[2] 参见舆水优(1981)723页。例(23)倒反而不能用"再"或"还"。我们不能说:

a *明天值班再轮到我了。|*明天值班还轮到我了。
b *明天再是星期六了。|*明天还是星期六了。
c *再快进入梅雨季节了。|*还快进入梅雨季节了。

（27）吃了螃蟹再/又/还吃柿子，那会拉肚子的。

虽然"又""再""还"都能在说未来假设的事情时表示重复或追加，但它们三者在使用上也还有些区别。"再"用得最多，似没什么条件限制，而"又"和"还"在使用上都要受到一些限制。明显的是：

1. "又"似乎只用于说不如意的事，例（24）—（27）说的都是不如意的事；如果说如意的事好像不能用"又"。试比较：

（28）a 如果明天再/还吃面条就好了。

　　　b *如果明天又吃面条就好了。

（29）a 如果买了上衣再/还买一条裤子，可以享受八折优待。

　　　b *如果买了上衣又买一条裤子，可以享受八折优待。

例（28）（29）说的是如意的事情，"再""还"都能用，"又"就不能用。

2. "还"的限制条件主要是它所修饰的动词性成分不能是一个带结果补语的"动结式"。像下面句子里的"再"和"又"就不能换用"还"：

（30）a 这件衣服要是再/又穿破了，你可别来找我。

　　　b *这件衣服要是还穿破了，你可别来找我。

（31）a 遇上了天灾再/又碰到人祸，那就真没有活路了。

　　　b *遇上了天灾还碰到人祸，那就真没有活路了。

例（30）表重复，例（31）表追加，其中的"穿破"和"碰到人祸"里的主要成分"碰到"都是"动结式"。所以，a 例用"再""又"，句子可以说；b 例用"还"，句子就站不住。

具有[+失去]语义特征的动词加上"了"，如"烧了""坏了"等，大致相当于一个"动结式"，[①] 所以前面也只能受"再""又"的修

---

① 参见马希文《关于动词"了"的弱化形式 /·lou/》，载《中国语言学报》第一期，1983 年。

饰，不能受"还"的修饰。请看：

（32）a 这录像机要是再/又坏了，你就换一台吧。

b *这录像机要是还坏了，你就换一台吧。

（33）a 参加了房屋保险，房子如果再/又烧了，就由保险公司赔偿损失。

b *参加了房屋保险，房子如果还烧了，就由保险公司赔偿损失。

（三）表重复的"又""再""还"用于说未来的事时的异同大致可列表如下：

	说非假设的事		说假设的事	
	表示重复	表示追加	表示重复	表示追加
又	-（有例外）	-（有例外）	+（不如意的事） -（如意的事）	+（不如意的事） -（如意的事）
再	+	+	+	+
还	+（有限制）	+（有限制）	+（有限制）	+（有限制）

四　结语

（一）从上可知，表重复的副词"又""再""还"用法上的异同，主要跟以下两方面的因素有关：一是语用方面的因素，这主要表现在（a）是用于说过去的事还是用于说未来的事，（b）是用于说事实还是用于假设（不管是过去的还是未来的），（c）是用于说如意的事还是用于说不如意的事，（d）是用于祈使句还是非祈使句，等等。二是语法方面的因素，如是否要求与表示意愿的动词（包括能愿动词）共现，能否与数量词语共现，所修饰的动词性词语其主要成分是否是带结果补语的"动结式"，等等。

（二）本文重在描写，具体描写说明表重复的副词"又""再""还"在用法上的异同；本文未对表重复的"又""再""还"在用法上的异同作任何解释。而上面谈到的有些现象很值得我们作进一步的探索，以作出合理的解释。举例来说：

1. 在陈述过去的事实时，一般不能用"再"，不管是表示重复还是表示追加。但是，在"～由于……"里则能用"再"（再由于……），即使是陈述过去的事实。这为什么？

2. 用于说过去并未成为事实而只是一种虚拟假设的事情时，如要用"还"表示重复，一定要跟能愿动词"能"共现，如要用"又"表示追加，也一定要跟能愿动词"能"共现；用来说未来非假设的事情时，如果用"还"，也要求与表意愿的动词（包括能愿动词）共现。这为什么？

3. 用在说未来非假设的事情时，一般不能用"又"，但可以用在"别……""不要……"这样的祈使句里，形成"别又……""不要又……"这样的句式，这为什么？再有，用在说未来非假设的事情时，如果是祈使句，能用"再"，不能用"还"，这又为什么？

4. 当用于说未来假设的事情时，"又""再""还"都能用。但是，"再"和"还"既能用于说如意的事，也能用于说不如意的事，而"又"却只能用于说不如意的事。这又为什么？

参考文献

潘尔尧:《"还""又"的一些用法》,《语文学习》1954 年第 12 期。

邵明德:《副词"还"的用法》,《语文学习》1960 年第 5 期。

景士俊:《现代汉语虚词》,内蒙古人民出版社,1980 年。

吕叔湘主编:《现代汉语八百词》,商务印书馆,1981 年。

舆水优:《中国语常用语句例解（词语例解）》,东京外国语大学语学教育研究协议会,1981 年。

北京大学中文系 1955 级、1957 级语言班:《现代汉语虚词例释》,商务印书馆,1982 年。

刘月华等:《实用现代汉语语法》,外语教学与研究出版社,1983年。

王自强:《现代汉语虚词用法小词典》,上海辞书出版社,1984年。

陆俭明、马真:《现代汉语虚词散论》,北京大学出版社,1986年。

杨淑璋:《关于"还"和"再"的区别》,《语言教学与研究》1985年第3期。

曲阜师范大学本书编写组:《现代汉语常用虚词词典》,浙江教育出版社,1987年。

胡树鲜:《"还""也""又"的语言环境》,《河北师院学报》1988年第2期。

史锡尧:《副词"又"的语义及其网络系统》,《语言教学与研究》1990年第4期。

蒲喜明:《副词"再""又"的语用意义分析》,《陕西师范大学学报》1993年第3期。

蒋琪、金立鑫:《"再"与"还"重复义的比较研究》,载《中国语文》1997年第3期。

侯学超:《现代汉语虚词词典》,北京大学出版社,1988年。

(见《语法研究与探索》(十),北京大学出版社,1999年。)

表加强否定语气的副词"并"和"又"*
——兼谈词语使用的语义背景

引　言

"并"和"又"都能表示多种语法意义，其中之一表示加强否定语气。例如：

（1）我并不知道他要来啊！

（2）我又没有叫你去，你怨我干什么。

例（1）（2）都是否定句，其中的"并"和"又"对"不知道他要来"和"没有叫你去"这种否定结构分别起着加强否定语气的作用。对"并""又"的这种作用，许多语法论著和有关虚词的辞书都注意到了，但是都说得比较简单。一般都说"并"放在否定词前加强否定语气，"又"用在否定句或反问句里加强否定语气。这些说法不能说不对，因为第一，语气副词"并"和"又"确实只能用在否定词的前边；第二，语气副词"并"和"又"确实有加强否定语气的作用。但是，这些说法太简单，太笼统。读者根据这些说法不能知道什么场合用"并"，什么场合用"又"。对我们汉族人来说，可以凭自己的习惯和语感去用，不需要去问老师，也不需要去查阅语法书或工具书。但是，对于外国留学生来说，这种说法对他们就很容易起误导作用。外国学生原本就不知道汉语里的语气副词"并"和"又"到底怎么用，

---

* 本文在"第六届世界华语文教学研讨会"（台北·2000.12.27—30）上宣读。

看了书上或词典上对这两个语气副词的解释，他们就以为，(a)作为语气副词，"并"和"又"的用法是一样的；(b)当需要加强否定语气时，就可以在否定词前边用"并"或"又"。而且他们往往就本能地按书上、词典上所说的去类推，去运用，结果就说出或写出了下面这样的病句：

（3）"你再吃一点儿。"
"*我并不能再吃了。"
（4）"李敏，你就向慧玉小姐赔个不是，事情不就解决了吗？"
"*我并不向她赔不是！"
（5）"老王卖房子的事你也知道了？"
"*我又不知道哇。"
（6）*你又别收她的钱！
（7）*这件事要保密，你又不能告诉任何人。

这些句子里的"并"和"又"都用得不合适。如果真要加强否定语气的话，这些句子都该这样改：

例（3）宜将"并"改为"确实"，说成"我确实不能再吃了"。

例（4）宜将"并"改为"就（是）"或"偏"，说成"我就不向她赔不是"，或者说成"我偏不向她赔不是"。

例（5）里的"又"倒应该改为"并"，说成"我并不知道哇"。

例（6）里的"又"改为"千万"比较好，说成"你千万别收她的钱"。

例（7）里的"又"则改为"决"好像比较适宜，说成"这件事要保密，你决不能告诉任何人"。

上面的例子说明，第一，不是什么情况下都可以用"并"或"又"来加强否定语气的；第二，"并"和"又"虽都能起加强否定语气的作用，但二者又有区别。如病例（5）"*我又不知道哇。"里的"又"宜改为"并"，全句要改为："我并不知道哇。"

那么，到底什么情况下可以用语气副词"并"，什么情况下可以用语气副词"又"呢？在什么情况下不能用语气副词"并"或"又"呢？我们认为，要回答好这些问题，必须根据大量的语料来考察、分析它们各自使用的语义背景。本文正是从语义背景这个视角出发，试具体描写说明语气副词"并"和"又"的用法，并由此提出在对外汉语教学中需要注意的一个问题，那就是，无论在词语教学中或语法教学中都要重视向学生说清楚词语使用的语义背景。

一　关于语气副词"并"

语言事实告诉我们，不是随便什么时候都能用语气副词"并"来加强否定语气的。只有当说话人为强调说明事实真相或实际情况而来否定或反驳某种看法（包括自己原先的想法）时才用这个语气副词"并"（陆俭明、马真，1985）。比如当我们说"他并没有灰心"时，一定是有人说"他已经灰心了"；同样，当我们说"我并不认识她"时，一定是有人认为我认识她。下面的例（8）—（11）更清楚地说明了这一点：

（8）"小张昨天又去打麻将了？"
　　　"他昨天并没有去打麻将，他一直跟我在一起。"
（9）"他的态度是不是有一些变化？"
　　　"并没有什么变化，还是坚持原来的意见。"
（10）他们说小明那孩子傻，其实他并不傻。
（11）我以为他也去中国了，谁知他并没有去。

例（8）—（11）用"并"的句子都含有强调说明真实情况而否定某种看法的意味。譬如例（8）问话"小张昨天又去打麻将了？"明显地含有问话人以为"小张又去打麻将了"的意思；例（9）问话"他的态度是不是有一些变化？"也明显地含有问话人以为"他的态度有所变化"的意思。所以，这两个句子的答话都能用语气副词"并"来加强否定语气。至于例（10），也很明显，说话人是针对"他们"说"小明那孩子傻"而说的话，所以他来否定"他们"这种看法时，用"并"来加强否定的语气，说明"他不傻"。例（11）是说话人自己否定自己原先的想法，所以也用"并"来加强否定语气，以强调说明实际情况。

前面我们说例（3）和例（4）里的语气副词"并"使用不当，就因为这些句子不存在使用语气副词"并"的语境，也就是语义背景。就拿例（3）来说，对方先说"你再吃一点儿"，答话人的回答意思是"我不能再吃了"，这明显地不属于辩驳性的否定，所以用"并"不合适。例（4），对方劝李敏向慧玉小姐赔个不是，李敏的答话"我不向她赔不是"，从性质上看，也不属于辩驳性的否定，而纯粹属于表示自己意愿的性质，所以也不能用"并"来加强否定语气。如果对方不是劝李敏向慧玉小姐赔个不是，而是向李敏提出下面这样的问题："你向慧玉小姐赔不是啦？"这问话本身预设问话人以为对方向慧玉赔了不是，所以李敏就可以用"并"来加强否定语气，回答说："我并没有向她赔不是。"现在再来看前面举的例（5）。那例（5）问话人的问话是："老王卖房子的事你也知道了？"这话明显地包含了问话人这样一种想法："老王卖房子的事想必听话人已经知道了"。其实听话人不知道。听话人为要否定问话人的想法，说明真实情况，当然应该用"并"来加强否定语气，回答说："我并不知道哇。"而不应该用语气副词"又"（关于语气副词"又"在什么情况下用，我们下面再讲）。

根据上面分析的实例，我们大致可以对语气副词"并"的语法意义作这样的概括：

加强否定语气，强调说明事实不是对方所说的或一般人所想的或自己原先所认为的那样。

正因为语气副词"并"表示上述语法意义，所以使用语气副

"并"的句子往往含有辩驳或说明真实情况的意味。

附带说明，最近见到李行健主编的《小学生规范字典》对语气副词"并"作了这样的注释："表示实际上不是那样△翻译～不比创作容易｜不要多心，我～没有别的意思。"应该说，作者在写这个注释时，已领会到了语气副词"并"的语法意义，但这个表述却完全错了。语气副词"并"本身并不含有否定意义，它只是起加强否定语气的作用。显然作者把"并"当"并不／没有"来注了。希望作者在再版时修正。

二 关于语气副词"又"

语气副词"又"也确实有加强否定语气的作用。我们不妨把包含这个"又"的句子和不用这个"又"的句子拿来比较一下，请看例（12）：

（12）a. 你又没有病，吃什么药啊！

　　　b. 你没有病，吃什么药啊！

例（12）a 句用"又"，b 句不用"又"，a 句的否定语气显然要比 b 句强。现在的问题是，在什么情况下可以用这个"又"来加强否定语气。下面我们不妨先看几个对话：

（13）小张：小王，明天我们去叶老师家，带一瓶茅台酒吧。

　　　小王：叶老师又不喝白酒。

（14）玉萍：你带上一把伞吧。

　　　俊峰：天气预报又没说今天要下雨。

（15）秘书：经理，李美珠小姐来出席我们的招待会了。

　　　经理：我们又没有请她，她怎么也来啦？

（16）杨琳：这条烟我是在昆明买的，你给你爸爸带去。

　　　陈祥：我爸爸又不抽烟，你买烟干吗？

（17）林祥：这什么鬼地方，一点儿也不好玩儿，真不该来。

　　　　淑英：又没有人强迫你来，你自己要来的呀！

（18）宝莲：山田，你不是说日本到处是樱花吗？我怎么跑了那么多地方也没见着啊？

　　　　山田：现在又不是三四月份，樱花又不是一年四季都开的。

上面这些句子都用了"又"，而且用得比较贴切。为什么这些句子都能用语气副词"又"呢？我们不妨来具体分析一下这些例句。拿例（13）来说，小张提出给叶老师带一瓶茅台酒，小王不同意，但小王不直接说"不要给叶老师带茅台酒"，而是采取否定"叶老师喝酒"这一事实来达到否定小张意见的目的。这里小王就用了"又"来加强否定语气。例（14）玉萍叫俊峰"带上一把伞"，俊峰不想带，但他不直接说"我不带"，而是通过否定有下雨的可能性来达到否定玉萍意见的目的。这里俊峰也用了"又"来加强否定语气。现在看例（15），很明显，经理并没有请李美珠来参加他举行的招待会，李美珠是不该来的，但经理先不直接说"李美珠不该来"，而是先说"我们没有请她"，以达到他表述正面意见的目的——"李美珠不该来"。这里，说话人也用了"又"来加强否定语气。例（16）杨琳在昆明买了条烟，准备送给陈祥的父亲，陈祥对杨琳的做法持否定态度，但是他不直接说"你不该买"，而是说"我爸爸不抽烟"，这样来达到否定杨琳做法的目的。这里，说话人也用了"又"来加强否定语气。其他例句情况也类似。从这里，我们可以明显地看出，有时人们要否定某种事情、某种做法、某种说法或某种想法时，不采取直接否定的方式，而是通过强调不存在该事情、该做法、该说法或该想法的前提条件或起因来达到否定的目的。上面所说的这个"又"就只能用在上述语境中，起加强否定的作用。至此，我们可以这样说：

　　　语气副词"又"只能用在直接否定前提条件的句子里起加强否定语气的作用。

前面我们说，例（5）—（7）里的"又"都用错了，原因就在于这些句子都不是直接否定前提条件的句子，都不具有使用语气副词"又"的语义背景。因此，对于语气副词"又"，我们既要看到它有加强否定语气的作用，更要知道在什么语义背景下才能使用这个"又"。如果我们既把语气副词"又"的基本作用——"加强否定"语气——告诉大家，又把这个"又"出现的语义背景，或者说语境条件告诉大家，我想，外国学生就不容易把这个"又"用错了。

三　关于词语使用的语义背景

词语使用的语义背景是从语用的角度说的。语义背景就是一种语用环境。几乎每个词语，特别是虚词的使用都会涉及语义背景的问题。这里不妨再举两个实例。

第一个实例是"反而"。"反而"是个书面语词。我们看到，许多外国学生不会使用这个"反而"。例如：

（19）*大家都说去香山玩儿，圭子反而要去颐和园。

（20）*玛沙干得比谁都卖力，这一次我想老师准会表扬他，谁知老师反而没有表扬他。

（21）*他以为我不爱吃苦瓜，我反而很爱吃苦瓜。

后来又发现，有些中国人也错用了这个口语里不是很常用的"反而"。例如：

（22）"你们这里，大家对修建马路有什么意见啊？"

"*大家都赞成，老村长反而反对。"

甚至在个别语言学文章里也有错用"反而"的。例如：

（23）*黎锦熙先生把主语规定为动作行为的施事（即动作者），或性质状态的具有者，赵元任先生反而认为汉语的主语不限于此，其他如动作行为的工具、时间、处所等都可以做主语。

这 5 个例子里的"反而"都不该用。例（19）或将"反而"改为"却"，或删去"反而"，在"她"前加"只有"。例（20）干脆把"反而"删去就是了，或者将"反而"换成"并"。例（21）删去"反而"后，在后一分句"我"的前头加"其实"。例（22）（23）里的"反而"都可以换成"却"。

为什么会用错"反而"呢？这不能不说目前我们的工具书关于"反而"的注解或说明都太笼统，有的甚至很有问题。譬如说，许多工具书上就笼统地说"反而"表示转折；有的说"反而"表示产生了跟预料或常情相反的结果。这些工具书对"反而"不确切的解释，对读者，特别是对外国学生起了误导作用。上面这些病例正是这种不确切解释所误导的结果。而这些工具书之所以对"反而"不能作出准确的解释，原因之一是，工具书的作者都只注意词的基本意思，而不太注意或者说根本就不注意虚词使用的语义背景。关于这个问题，我在《说"反而"》一文中已作了详细的论述。为使读者清楚了解这个问题，这里将不避重复再说一下"反而"使用的语义背景。请看下面这个例句：

（24）今天午后下了一场雷阵雨，原以为天气可以凉快一些，可是并没有凉下来，却更闷热了。

例（24）的最后一个分句跟前面的分句之间有转折关系，句中用"却"来显示这种转折关系。值得注意的是，这个句子里的"却"可以用"反而"来替换，说成例（25），而意思基本不变：

（25）今天午后下了一场雷阵雨，原以为天气可以凉快一些，可是并没有凉下来，反而更闷热了。

那么，为什么这个句子里的"却"可以用"反而"来替换，而上面所举的表示转折关系的句子要用"却"，不能用"反而"呢？这个问题本身正好说明了这样一点：不是所有表示转折关系的复句里都能用"反而"，只有在某种特定语义背景下，转折复句里才能用"反而"。因此，要确切了解并掌握"反而"的意义和用法，必须考察和了解"反而"使用的语义背景。

例（25）的"反而"用得很贴切，这个例句也充分显示了使用"反而"所应具备的语义背景。这个语义背景可以描述如下：

A 甲现象或情况出现或发生了；〔例（25）里的"午后下了一场雷阵雨"就属于甲现象〕

B 按说（常情）/原想〔预料〕甲现象或情况的出现或发生会引起乙现象或情况的出现或发生；〔例（25）里的"天气可以凉快一些"就属于乙现象〕

C 事实上乙现象或情况并没有出现或发生；〔就是例（25）里所说的"天气并没有凉下来"〕

D 倒出现或发生了与乙现象或情况相背的丙现象或情况。〔例（25）里的"更闷热了"就属于丙现象〕

"反而"就用在说明 D 意思的语句里。上面所说的 A、B、C、D 这四层意思，可以在一个句子里一起明确地说出来，如例（26）：

（26）〔A意〕今天午后下了一场雷阵雨，〔B意〕原以为天气可以凉快一些，〔C意〕可是并没有凉下来，〔D意〕反而更闷热了。

也可以不完全说出来。请看：

（27）〔A意〕今天午后下了一场雷阵雨，〔C意〕可是天气并没有凉下来，〔D意〕反而更闷热了。（省去 B 意）

（28）〔A意〕今天午后下了一场雷阵雨，〔B意〕原以为天气可以凉快一些，〔D意〕可是反而更闷热了。（省去 C 意）

（29）〔A意〕今天午后下了一场雷阵雨，〔D意〕天气反而更闷热了。（省去 B、C 两层意思）

D意是"反而"所在的语句,当然不能省去。A意是使用"反而"的前提条件,因此也不能省去。例(26)(27)(28)(29)具体代表了使用"反而"的四种不同情况。不管属于哪一种,使用"反而"的语义背景是相同的,都包含着A、B、C、D这四层意思,只是在例(26)里,那四层意思是全部都显露的,而在例(27)(28)(29)里,那四层意思是有所隐含的。前面一开始我们所举的例(19)—(23)这5个病例之所以不能用"反而",就因为这些句子并不具有"反而"使用的语义背景。

考察了解了"反而"使用的语义背景,我们就可以比较好地把握"反而"的语法意义。"反而"所表示的语法意义可以这样描写:

"反而"表示实际出现的情况或现象跟按常情或预料在某种前提下应出现的情况或现象相反。

弄清了使用"反而"的语义背景,将有助于外国学生正确地运用它。

再看第二个实例"好了"。这里所说的"好了"是指下面例句中用在句末的"好了":

(30)"师傅,没米饭了。"

"没米饭吃面条好了。"

(31)既然他不愿意带我们去,我们自己去好了。

(32)"这水能喝吗?"

"你喝好了,准保没事儿。"

这个语气词,辞书里未见收录。我们在《虚词研究浅论》(陆俭明、马真1985)一文中曾谈到过它,指出这个"好了"是语气词,表示"不介意,不在乎,尽管放心"的语法意义。这个看法不能说错,但现在看来还不是很准确,特别是没有指出使用"好了"的语义背景,导致有的外国学生理解不好,出现了误用的情况。请看:

(33)*他叫我别抽烟,我还是抽烟好了。

其实，在使用"好了"时一定要先说出或暗示某种属于非意愿的、或不如意的、或令人担心的情况，然后用"好了"来表示对那种情况不在乎、不介意，如例（30）（31）；或劝慰对方别介意、尽管放心，如例（32）。这就是使用句末语气词"好了"的语义背景。上面所举的例（33）病句就不具备上述语义背景。

总之，我们在对外汉语教学中，无论在词语教学或是在语法教学中，有必要让学生了解、掌握所教词语或句法格式使用的语义背景，以便让外国学生，特别是在高年级，更好地更准确地了解、掌握和运用所学的词语和句法格式。

参考文献

北京大学中文系1955、1957级语言班:《现代汉语虚词例释》，商务印书馆，1982年。
侯学超:《现代汉语虚词词典》，北京大学出版社，1999年。
景士俊:《现代汉语虚词》，内蒙古人民出版社，1980年。
李小荣:《谈对外汉语虚词教学》，《世界汉语教学》1997年第4期。
李行健主编:《小学生规范字典》，语文出版社，1999年。
陆俭明、马真（1985/1999），《虚词研究浅论》，见陆俭明、马真《现代汉语虚词散论》，北京大学出版社/语文出版社。
吕叔湘主编:《现代汉语八百词》，商务印书馆，1981年。
马真:《说"反而"》，载《中国语文》1983年第3期；又见陆俭明、马真《现代汉语虚词散论》北京大学出版社/语文出版社。
王自强:《现代汉语虚词词典》，上海辞书出版社，1998年。

（原载于《世界汉语教学》2001年第3期）

说副词"净"

"只"和"都"是大家公认的范围副词,"只"是表示限制的范围副词,"都"是表示总括的范围副词。它们在意义和用法上有明显区别,这一点大家都很清楚。现代汉语里还有一个副词"净",它表示什么语法意义?大家不是很清楚。有的学者认为,"净"作为范围副词,有时相当于"只",有时相当于"都"。他们举的例子是:

(1)净顾着说话,忘了时间了。

(2)书架上净是科技书刊。|这一带净是稻田。

例(1)的"净"换成"只",基本意思不变;例(2)的"净"换成"都",基本意思不变。即:

(1')净顾着说话,忘了时间了。

⬇

只顾着说话,忘了时间了。

(2')书架上净是科技书刊。|这一带净是稻田。

⬇

书架上都是科技书刊。|这一带都是稻田。

"净"真的既相当于"只",又相当于"都"吗?我们不妨具体分析比较一下下面四句话中用"只"、用"都"、用"净"的情况:

	只	净	都
(3)～学生就有一万人	+	−	−
(4)我们～不进去	−	−	+
(5)他们～吃馒头	+	+	+

（6）他们～吃了一个馒头　　　＋　　－　　＋

例（3）是要限制在某个范围内来计算数量，所以只能用表示限制的范围副词"只"，当然不能用表示总括的"都"，但也不能用"净"，可见"净"并不等于"只"。例（4）只有总括义，所以只能用"都"，不能用"只"，但也不能用"净"，可见"净"也不等于"都"。例（5）既能用"只"，又能用"都"，也能用"净"，但意思有不同：用"只"，表示限制，限制所吃东西的范围——所吃的只是馒头；用"都"，表示总括，总括动作行为的主体"他们"；用"净"，则表示所吃东西只属馒头这一类，强调单一性。"净"的这一意义，在例（6）中表现得更清楚。例（6）"馒头"前有数量词，就不可能表示事物的类别了，而"净"强调事物具有单一性，即属于同一类，所以例（6）不能用"净"。例（6）可以用"只"，但句子有歧义，既可以表示"他们"没吃什么东西，只吃了个馒头；也可以表示"他们"馒头吃得不多，仅仅吃了一个：不管表示哪种意思，"只"都表示限制——按前一个意思理解，"只"用来限制所吃的东西的范围，句子重音在"馒头"上；按后一个意思理解，"只"用来限制馒头的数量，句子重音在数词"一"上。例（6）可以用"都"，跟例（5）一样，总括动作行为的主体"他们"。

　　通过上述比较，我们可以了解到这三个副词的差异。为了进一步说明这三者的区别，请再比较分析下面的例句：

　　　　　　　　　　　　　　　只　　净　　都
　　（7）a 这个箱子里～是书。　＋　　＋　　＋
　　　　 b 这个箱子里～有书。　＋　　－　　－
　　（8）a 这些箱子里～是书。　＋　　＋　　＋
　　　　 b 这些箱子里～有书。　＋　　－　　＋

例（7）、例（8）中的句子都是存在句。例（7）的主语是单数，例（8）的主语是复数。需要注意的是，这两个例子的 a 句是"是"字句，b 句是"有"字句。"是"字句有排他性，排斥书以外的事物存在，即除了书没有别的；"有"字句无排他性，不排斥书以外的事物存在，即除了书还可能有别的。"是"字句的排他性和"净"强调单一性是一致的，所以"净"能用于例（7）a、（8）a这两个"是"字句。"有"字句不具有排他性，所以强调单一性的"净"不能用于例（7）b、（8）b这两个"有"字句。"只"一般表示限制，限制事物的范围，无论"是"字句还是"有"字句，都可以用。"都"表示总括，总括前面的主语成分。例（7）a句是"是"字句，其主语"这个箱子里"的实际意思是"这个箱子里的东西"，所以例（7）a句可以用"都"来总括"这个箱子里的每一件东西"。例（7）b句是"有"字句，其主语"这个箱子里"，不能理解为"这个箱子里的每一件东西"，只能理解为"这个箱子的空间"，既然只有一个箱子的空间，就不能用表示总括的"都"。例（8）不管是a句还是b句，其主语所指都可以理解为一个集合——a句是"是"字句，其主语可理解为"这些箱子里的每一件东西"，所以能用"都"；b句是"有"字句，其主语"这些箱子里"表示空间的集合，当然可以用表示总括的副词"都"。例（7）、例（8）更清楚地显示了副词"净"既不同于"只"，也不同于"都"，它自身具有特殊的意义，那就是表示单纯而没有别的，强调单一性，即属于同一类。

正因为"净"强调单一性，所以有时它会让人感到含有限制的意思，可以用"只"替换。也正因为"净"强调单一性，即事物在种类上属于同类，这意味着事物总是多数，这样又会让人感到它好像有总括的意思，所以有时可以用"都"来替换。这样就给人一个错觉，似乎"净"既可以看作表示限制的范围副词，也可以看作是表示总括的范围副词。事实上，就语法意义而言，"净"既不同于"只"，也不同于"都"。请比较：

（9）a. 这些箱子里只是书。

    b. 这些箱子里都是书。

    c. 这些箱子里净是书。

例（9）a. 句用"只"，意在限制，强调所存在的事物限制在书籍；b. 句用"都"意在总括，强调每个箱子里的东西都是书；而 c. 句用"净"意在强调单一性，强调这些箱子里除了书，没有别的东西。

从上面这个例子也可以了解到，要分辨清楚各个同义或近义虚词的语法意义，最好的办法是运用比较的方法。

（见马真、陆俭明《现代汉语虚词散论》第 3 版，北京大学出版社，2017 年。）

"才"和"就"在数量表达上所呈现的主观性的异同

引　言

"才"和"就"都能表示多种语法意义，其中之一显示说话人对数量的主观态度。例如，"他买了三个苹果。"说话人只是客观地陈述"他"所买的苹果的数量，表达的是一个客观的数量。如果加进一个副词"才"或"就"，说成：

（1）他才/就买了<u>三个苹果</u>。【重音不在"他"上】

这句话所表达的数量虽然也是"三个"，却含有说话人的主观态度——认为数量少。这就是一般所说的数量表达的主观性。副词"才/就"就是使汉语数量表达具有主观性的一种主观化手段。

在汉语里使数量表达具有主观性的主观化手段很多，其中副词的使用就是很常用的一种手段。汉语里能呈现数量表达主观性的副词不少。具体请参看本书《修饰数量词的副词》篇。

副词"才"和"就"，它们既可以显示主观大量，也可以显示主观小量。例（1）是"才/就"显示主观小量的例子。下面是用"才/就"显示主观大量的例子：

（2）a. 我们走了<u>一小时</u>到达了指定地点。【客观量】

　　　b. 我们走了<u>一小时</u>才到达了指定地点。【主观大量】

（3）a. 早饭吃了<u>两个包子</u>。【客观量】

b.ˈ早饭就吃了<u>两个包子</u>。【主观大量,重音在"早饭"上。"ˈ"表示重音所在,下同。】

由于"才"和"就"既能显示主观大量,也能显示主观小量,这就很值得进一步对它们进行分析研究了——它们各自在什么情况下显示主观大量,在什么情况下显示主观小量?"才"和"就"在数量表达主观性上有什么相同点,有什么不同点?这正是本文所要探求分析说明的。

一 先分说"才"和"就"

(一)关于"才"

1. 句中只一个数量成分

句中就一个数量成分,我们还得看那数量成分是在"才"之前还是在"才"之后。先看数量成分在"才"之后的实例:

(4)我做了十道题。　【客观量】

(5)a.我才做了<u>十道题</u>。【主观小量】

b.我做了才<u>十道题</u>。【主观小量】

c.我才<u>十道题</u>。　【主观小量】

例(4)没有用"才",其数量成分显示的是客观量。例(5)用了"才",不管"才"后有没有动词,也不管"才"是在动词前还是动词后,都显示主观小量。

再看数量成分在"才"之前的实例:

(6)他做了<u>三天</u>才把题做完。

(7)听说梁根生花了<u>八百银圆</u>才将事情平息下去。

(8)你的考分在<u>630分以上</u>才有可能进北大生物系。

例（6）—（8），都显示主观大量。

从上可知，当句中只有一个数量成分，那数量成分如果在"才"之后，"才"显示主观小量；那数量成分如果在"才"之前，"才"显示主观大量。

2. 句中有两个数量成分

所谓句中有两个数量成分，是说在"才"前有一个数量成分，在"才"后也有一个数量成分。例如：

（9）他做了三天才做了十道题。

（10）那次在成都我们要了八个菜才花了132块钱。

例（9）也好，例（10）也好，"才"之前的数量都显示主观大量，"才"之后的数量都显示主观小量。

综上所述，用"才"来显示主观量的大小，其规律很清楚——不管句中出现一个还是两个数量成分，"才"显示主观小量时，那数量成分一定在"才"之后；"才"显示主观大量时，那数量成分一定在"才"之前。

（二）关于"就"

用"就"的情况要比用"才"的情况复杂些。我们也分只出现一个数量成分和出现两个数量成分来说。

1. 句中只一个数量成分

如果句中只有一个数量成分，数量成分在"就"之前，一定显示主观小量。例如：

（11）他做了三天就把题做完了。

（12）想当年花三分钱就能吃到热气腾腾的肉包子。

（13）他喝了三杯酒就醉倒了。

如果数量成分在"就"之后，既可能显示主观小量，也可能显示主观大量。什么情况下表主观小量，什么情况下表主观大量？在没有其他词语因素干扰的情况下,由句子重音决定——句子重音如果落在"就"及其后面的成分上,显示主观小量;句子重音如果落在"就"之前,则显示主观大量。请看:

(14) a. 他今天′就做了十道题。

【重音在"就"上,显示主观小量】

b. 他今天就做了′十道题。

【重音在"十"上,显示主观小量】

c. ′他今天就做了十道题。

【重音在"他"上,显示主观大量】

d. 他′今天就做了十道题。

【重音在"今天"上,显示主观大量】

(15) a. 我汽油费′就花了1000元。

【重音在"就"上,显示主观小量】

b. 我汽油费就花了′1000元。

【重音在"1000"上,显示主观小量】

c. ′我汽油费就花了1000元。

【重音在"我"上,显示主观大量】

b. 我′汽油费就花了1000元。

【重音在"汽油费"上,显示主观大量】

(16) a. 一来一去′就五里地。

【重音在"就"上,显示主观小量】

b. 一来一去就′五里地。

【重音在"五"上,显示主观小量】

c. ′一来一去就五里地。

【重音在"一"上,显示主观大量】

d. 一来一′去就五里地。

【重音在"去"上,显示主观大量】

2. 句中有两个数量成分

所谓句中有两个数量成分，是说在"就"之前有一个数量成分，在"就"之后也有一个数量成分。这要比用"才"的情况复杂多了。这是由于受重音位置影响的缘故。试以"他三天就做了十道题"为例：

（17）a. 他三天′就做了十道题。

【重音在"就"上，"三天"为主观大量，"十道题"为主观小量】

b. 他三天就做了′十道题。

【重音在"十"上，"三天"为主观大量，"十道题"为主观小量】

c. 他′三天就做了十道题。

【重音在"三天"上，"三天"为主观小量，"十道题"为主观大量】

不难发现，用"就"时重音对显示主观量大小的影响十分明显——如果重音落在"就"或落在它后面的数量成分上，"就"前面的数量为主观大量，"就"后面的数量为主观小量；如果重音落在"就"前面的"三天"上，则"就"前面的数量为主观小量，"就"后面的数量为主观大量。

二 其他因素的影响

上面我们说，"就"显示主观大量或显示主观小量的情况要比用"才"的情况复杂些。其复杂性除了要受到重音位置的影响外，还会受到某些词语因素的影响。不妨先举个例子来看。上面所举的例（14）就字面上看是例（18）的情况：

（18）他今天就做了十道题。

上面我们指出:"如果句子重音落在'就'之前,则'十道题'显示的是主观大量。"可是,如果在"就"之前加一个副词"也",说成:

(19)他今天也就做了十道题。

即使重音落在"就"之前,那"十道题"显示的也只是主观小量。请看:

(19′) a. ′他今天也就做了十道题。【主观小量】
　　　b. 他′今天也就做了十道题。【主观小量】
　　　c. 他今天′也就做了十道题。【主观小量】

以上举的是包含一个数量成分的句子。包含两个数量成分的句子也是如此。以上面举的例(17)来看,书面上写出来就是例(20)的情况:

(20)他三天就做了十道题。

如果在"就"前加上"也",不管重音落在哪里"就"后面的数量只显示主观小量。请看:

(21) ′他三天**也**就做了十道题。【"十道题"为主观小量】
　　 他′三天**也**就做了十道题。【"十道题"为主观小量】
　　 他三天′**也**就做了十道题。【"十道题"为主观小量】
　　 他三天**也**′就做了十道题。【"十道题"为主观小量】
　　 他三天**也**就做了′十道题。【"十道题"为主观小量】

不但如此,数量成分的变化也会影响主观量的变化。例(20)里的"三天"如替换为"三两天",替换为"一整天",主观量的大小就不一样。请看:

(22) a. ′他**三两天**就做了十道题。【主观大量】
　　　 他**三两天**就做了′十道题。【主观大量】
　　 b. ′他**一整天**就做了十道题。【主观小量】
　　　 他**一整天**就做了′十道题。【主观小量】

那是因为"三两天""一整天"都已经成为惯用语,在人们心目中,

"三两天"总是说时间短（或说时间不长），"一整天"总是说时间长（或说时间不短）。

关于词语因素对主观量大小的影响，极为复杂，有时可能还涉及动词的使用，甚至涉及社会心理问题，我们现在还未找出严密的规律。我们提出这一点只是希望大家去进一步探求。

三 "才"和"就"显示主观量之比较

"才"和"就"都能显示主观大量和主观小量，这是它们的共性。但二者又有区别。

（一）"才"显示主观量时，只跟数量成分的位置有关，不受重音位置的影响，也不受其他词语的影响；而"就"显示主观量时，如上所说，不仅跟数量成分的位置有关，还要受重音位置的影响，还会受某些词语的影响。

（二）显示主观小量之比较

"才"和"就"都能显示主观小量，但在语意上还略有区别。试比较：

（23）a. 我才吃了三个面包。
　　　b. 我就吃了三个面包。

a句和b句都言少，但程度上似有些差异：用"才"似表示"很少"的意思，用"就"似表示"不多"的意思，即用"才"比用"就"似更强调数量少。

（三）显示主观大量之比较

"才"和"就"都能显示主观大量，情况有同有异。

第一，"才"显示主观大量时，其数量成分一定在"才"之前。"就"显示主观大量时，数量成分有时在前，有时在后，这取决于重音的位置。

第二，在"才"或"就"前后都有数量成分的情况下，而且"才"或"就"显示的主观大量都处于"才"或"就"之前，那么它们所显示的主观大量似没有程度差异。试比较：

（24）a. 我们走了三天'才走了 80 公里。

我们走了三天才走了'80 公里。

b. 我们走了三天'就走了 80 公里。

我们走了三天就走了'80 公里。

a 句、b 句"三天"所显示的主观大量似乎没有程度上的差别，而 a、b 两句"80 公里"所显示的主观小量倒是让人感觉到有差异，如前面已指出的，"用'才'似表示'很少'的意思，用'就'似表示'不多'的意思，即用'才'比用'就'似更强调数量少"。

四 "才"和"就"显示主观量之实质

上面我们论述副词"才"和"就"显示主观大量或主观小量时，都用"显示"，没用"表示"。这是出于以下的考虑。

先说"才"。"才"显示主观小量，"才"都在数量成分之前，有时甚至"才"直接修饰数量成分，如上面所举的例（5-c）。在这种情况下，我们可以说"'才'表示主观小量"。但是，当数量成分出现在副词"才"之前，显示数量成分为主观大量时，如上面所举的例（6）—例（8）里的"三天""八百银圆""630 分以上"，实际上主观大量不能说是"才"直接表示的，只能说是由"才"显示的。为什么？我们知道，副词"才"本身就是一种表示主观性的手段，其主要的语法意义是，在说话人看来，某行为动作或情况发生、进行、完成得晚或慢，或者某种事情实现不容易。"三天""八百银圆""630 分以上"

的主观大量是由后面"那行为动作或情况发生、进行、完成得晚或慢,或者那事情实现不容易"所衬托出来的——既然发生、进行、完成得晚或慢,既然事情实现不容易,那么所用时间、金钱或考分在说话人眼里当然就觉得多了。

再说"就"。当"就"出现在数量成分之前,那数量成分为主观小量时,如例(14-a)和例(14-b),其情况同"才",这时我们可以说"这里的'就'表示主观小量"。其他情况,也都只能说显示,即都是由于另一情况的衬托而显示的;不过由于加进了重音位置这一因素,情况要比"才"复杂些。不妨重新看一下上面举的例(17):

(17) a. 他三天′就做了十道题。

【重音在"就"上,"三天"为主观大量,"十道题"为主观小量】

b. 他三天就做了′十道题。

【重音在"十"上,"三天"为主观大量,"十道题"为主观小量】

c. 他′三天就做了十道题。

【重音在"三天"上,"三天"为主观小量,"十道题"为主观大量】

先看例(17-a)和例(17-b)。重音在"就"或"十"上,"三天"为主观大量,"十道题"为主观小量。"十道题"那主观小量可以说是由"就"表示的;而"三天"那主观大量就是由"三天"后面的话语("就做了十道题")的意思衬托出来的——既然在说话人眼里做"十道题",那太少了,那当然同时意味着在说话人眼里"三天"够长的了。

再看例(17-c)。重音在"三天"上,"三天"为主观小量,"十道题"为主观大量。这里的主观小量也好,主观大量也好,从"就"来说,都只能认为是"显示",不能说是"表示"。为什么?我们知道,副词"就"本身也是一种表示主观性的手段,其主要的语法意义是,在说话人看来,某行为动作或情况发生、进行、完成得早或快,或者某种事情容易实现。例(17-c)重音在"三天"上,那重音本身就表示"三天"为主观小量(是"仅仅三天"的意思),这就凸显"做了十道题"是做得快的,是很容易做到的,那"十道题"显然为主观大量。而这又反过来进一步衬托前面"三天"时间之短。

总之,要说副词"才"和"就"能表示主观小量,那只在数量成分出现在它们之后的情况下。其他情况下"才"和"就"所显示的主观量,不管是主观小量还是主观大量,都不是"才"和"就"直接表示的。

(见马真、陆俭明《现代汉语虚词散论》第3版,北京大学出版社,2017年。)

"把"字句补议

关于"把"字句,语法学界已论述得很多,本文只是想提出一些我们认为还值得注意和考虑的现象和问题,以作为补充,故名"'把'字句补议"。

一

早期语法著作中,都认为"把"的宾语是后面动词的受事(或称目的语),[①]后来逐渐注意到,"把"的宾语也可以是后面动词的施事、系事(或称当事者)或处所。[②]其实,"把"的宾语也还可以是后面动词的工具。例如:

(1)正翁把手捂在耳朵上,学着小贩的吆喝……(老舍《正红旗下》)
(2)他一不小心,把刀砍在了自己左手的大拇指上,一下子鲜血直流。
(3)何必把火烧到你身上去?(谌容《永远是春天》)

大家都知道,在早期白话中,"把"有跟"用"相同的用法。例如:

[①] 参见吕叔湘:《中国文法要略》§3.7和§4.22。
[②] 参见詹开第:《把字句谓语中动作的方向》,《中国语文》1983年第2期。

（4）时把文章供戏谑，不知此体误人多。（宋·戴复古《论诗》）

（5）只因忘却当年约，空把朱弦写断肠。（《清平山堂话本·风月相思》引诗）

《红楼梦》中这类例子不少：

（6）还把手在划开的地方乱抓。（第八十二回）

（7）他赶着问是谁，那里把一根绳子往他脖子上一套，他便叫起人来。（第八十八回）

（8）宝玉正把眼瞅着那"海棠春睡图"……（第十一回）

前面的例（1）—（3）可能是由早期的那种用法衍化来的，但已不同于早期的那种用法，明显的是例（1）—（3）里的"把"已不能换成"用"（例（1）里的"把"似乎可以换成"用"，但用"把"与用"用"意思不完全一样）。这就是说，例（1）—（3）不能再理解为"把"作"用"用的例子了，而应看作是现代汉语"把"字句中的一小类，其特点是"把"字的宾语是后面动词的工具。

二

"把"字的宾语可以是后面动词的处所，这一点已有人指出来了。[①]但有一种格式似还未见有人提到过，这种格式是：

把 + N_L + V + 满 + 了 + N

N_L 是表示处所的名词性成分，V 是动词，N 是表示 V 的受事的名词性成分。例如：

（9）不到一天的时间，大家把十二华里长的引水渠两岸都种满了白杨树。

---

① 参见吕叔湘主编：《现代汉语八百词》，1981年版，第49页。

（10）嘉陵把房间四周空墙上贴满了各式各样的年画。

（11）她们故意把自己的脸上涂满了煤烟灰。

（12）一夜的工夫他们把大街小巷都刷满了欢迎红军的标语。

这种"把"字句格式有两点值得注意：

第一，这里的"把"都可以换成"在"，例如：

（13）大家（把→）在十二华里长的水渠两岸都种满了白杨树。

（14）嘉陵（把→）在房间四周的空墙上贴满了各式各样的年画。

（15）她们故意（把→）在自己脸上涂满了煤烟灰。

（16）他们（把→）在大街小巷都刷满了欢迎红军的标语。

不过用"把"用"在"有所不同：（一）从意思上说，"把"字句的基本作用是表示处置，而"所谓'处置'，不能只理解为对人对事物的处理，甲对乙主动施加某种直接的影响，或甲的行为动作使乙发生某种变化或处于某种状态，都可看作是一种处置"[1]，这种"把"字句同样含有处置的意味，因此用"把"字，更突出表示句中所说的行为、动作是有意识、有目的地进行的；用"在"字则不包含这一层意思了。（二）用"把"字，在其后面可以只跟一个本身不表示处所的普通名词。例如：

（17）每到麦收季节，各生产队把附近的公路晒满了麦子。

（18）他把黑板都写满了字，叫我再往哪儿写啊！

（19）他故意把两个抽屉都塞满了书。

用"在"字，则在其后不能只跟"公路、黑板、抽屉"那样的名词，一定得在那名词后再带上个方位词。因此例（17）—（19）其中的"把"字如要换用"在"字的话，得分别在"公路""黑板"后加上"上"，在"抽屉"后加上"里"：

（20）各生产队（把→）在附近的公路上晒满了麦子。

（21）他（把→）在黑板上都写满了字。

---

[1] 参见马真：《简明实用汉语语法》，北京大学出版社，1981年，第114页。

（22）他故意（把→）在两个抽屉里都塞满了书。

第二，这种"把"字句里的动词 V 都具有〔添加〕〔附着〕的语义特征。因此，句中的"满"都可以换用"上"（为要保留"满"的意思，如果动词 V 前原先没有范围副词"都"，换用"上"时，得同时在动词前加上"都"）。例如：

（23）大家把十二华里长的引水渠两岸都种（满→）上了白杨树。

（24）嘉陵把房间四周的空墙上都贴（满→）上了各式各样的年画。

（25）她们故意把自己的脸上都涂（满→）上了煤烟灰。

（26）他们把大街小巷都刷（满→）上了欢迎红军的标语。

（27）各生产队把附近的公路都晒（满→）上了麦子。

（28）他把黑板都写（满→）上了字。

（29）他故意把两个抽屉都塞（满→）上了书。

三

自吕叔湘先生指出"把"字的宾语必须是有定的，不能是无定的[①]之后，各种语法论著在谈到"把"字句时都把这一点看作是"把"字句的重要特点之一。近来开始有人对此提出异议。[②]

应该承认，绝大多数的"把"字句，其"把"的宾语是有定的。但同时也应该承认，在口语中也确有"把"的宾语是无定的那种"把"字句。这有三种情况，例如：

[①] 参见吕叔湘：《把字用法的研究》，见吕叔湘：《汉语语法论文集》商务印书馆，1984 年；又见吕叔湘：《语法学习》25 页。

[②] 参见宋玉柱：《关于"把"字句的两个问题》，《语文研究》1981 年第 2 期。

A（30）我要向他借支钢笔，他却把一支铅笔递给了我。
　（31）我要他去买件衬衣，他却心不在焉，把条裤子给买来了。
　（32）叫你去请外科大夫，你怎么把个牙科大夫请来了？
　（33）我说要打酱油，你怎么把醋打瓶里了？
B（34）只听见隔壁房里乓啷一声，像是把个什么玻璃瓶给打了。
　（35）忽然，哐当一声，不知是谁把个凳子给撞翻了。
C（36）他只顾低着头想事，一不留神，把个孩子给撞倒了。
　（37）他一不小心，把个什么瓶子踢着了，发出的响声，立即惊动了岗楼里的敌人。

A组例句代表一种情况。这都是复句，"把"字句用作后一分句，全句表示乙应甲的要求做了某件事，而乙所处置的对象并非是甲所要求的；前一分句指明甲原先对乙的要求。B组例句代表另一种情况。这也都是复句，"把"字句也用在后一分句，全句表示从突然发出的声响判断，像是毁了什么东西；在前一分句里一定包含有象声词。C组例句代表又一种情况，这些句子都是说由于不留神、不小心，做了不该做的事。

很明显，无论是A组、B组还是C组"把"字句，都含有出乎意外的意思。这兴许可以看作是这类"把"字句所共有的特殊表达作用。

四

一般语法论著谈到"把"字句，都说"把"的宾语是名词性成分。《现代汉语八百词》则指出"'把'字后边可以是动词短语或小句，但较少"。例如："把落实政策当作首要工作来抓｜无产阶级把解放全人类作为自己的历史使命｜大婶把春生是怎么走的详细说了一遍"。[①]这

[①] 参见：《现代汉语八百词》1981年版，第49页。

个看法是符合语言事实的。我们需要进一步补充的是，"把"的宾语甚至也可以是个复句形式，例如：

（38）小芹把她娘怎样主婚，怎样装神，唱些什么，从头至尾细细向小二黑说了一遍，……（赵树理《小二黑结婚》）

（39）倒是大姐的婆婆先发制人，把日子不好过，债务越来越多，统统归罪于他爱玩票，不务正业，闹得没结没完。（老舍《正红旗下》）

例（38）"把"的宾语"她娘怎样主婚，怎样装神，唱些什么"和例（39）"把"的宾语"日子不好过，债务越来越多"都是个复句形式。

五

"把"字后面的动词前后总要带些别的成分，一般不能是一个单独的动词，这一点所有谈论"把"字句的论著都注意到了，无须赘述。这里要指出的是，"把"字句里的动词可以带上动态助词"了""着"，但是不能带动态助词"过"。下面是带"了"的例子：

（40）战士们很快就把敌人的武装解除了。（杜鹏程《保卫延安》）

（41）即使他把钱都扔了，反正我还落下个弟弟！（老舍《黑白李》）

（42）把椅子往前拉了拉，声音放得很低：……（老舍《黑白李》）

（43）天赐翻了翻白眼，一声没出，偷偷的把连脚裤尿了个精湿。（老舍《牛天赐传》）

（44）把这些衣服都归了你，还不值几百元吗？（赵树理《李家庄的变迁》）

（45）他把会上讨论聚财的事一五一十告诉了金生，叫他们作个准备。（赵树理《邪不压正》）

下面是带"着"的例子：

（46）你把介绍信带着！（转引自《现代汉语语法讲话》①）

（47）他把书老拿着｜你还是把钱带着吧。（转引自《"把"字句和"被"字句》②）

（48）宝蟾把脸红着，并不答言。（《红楼梦》91回）

（49）把头抬着｜把门开着。（转引自《语法讲义》③）

（50）他把眼睛瞪着，把嘴张着。（转引自《现代汉语虚词例释》）

下面带"过"的例子就都不说：

（51）*我把这种菜吃过。

（52）*他把你做的衣服穿过了。

（53）*我把报纸订过了。

（54）*我把钱给过他。

（55）*同志们都把他批评过。

这为什么？看来目前有关"把"字句的种种理论都还不能解释这个现象。

过去许多语法论著都认为"把"字句的作用在于把动词的宾语提到动词前面，因而将"把"字句看作是"主—动—宾"句的变式。此种理论并不能解释上述现象，因为动词带"过"的"主—动—宾"句式是很常见的，但没有一个能变换为"把"字句的。例如：

（56）我吃过烟台苹果。（*我把烟台苹果吃过。）

（57）我卖过办公室的废报纸。（*我把办公室的废报纸卖过。）

（58）他家藏过新四军的伤病员。（*他家把新四军的伤病员藏过。）

（59）你给过他《新华字典》。（*你把《新华字典》给过他。）

朱德熙先生对"把"字句提出了一种新的看法，他指出："其实

---

① 参见丁声树等著《现代汉语语法讲话》商务印书馆，1979年，第97页。

② 参见王还：《"把"字句和"被"字句》，上海教育出版社，1959年，第3页、15页。

③ 参见朱德熙：《语法讲义》，商务印书馆，1982年，第186页。

跟'把'字句关系最密切的不是'主—动—宾'句式，而是受事主语句。"① 然而按朱德熙先生的理论也仍然解释不了上面指出的现象，因为谓语动词带上"过"的受事主语句也不乏其例，但是照样一个都不能变换为"把"字句。例如：

（60）这种苹果吃过。(*把这种苹果吃过。)

（61）酒戒过，烟也戒过，都没戒成。(*把酒戒过，把烟也戒过，都没戒成。)

（62）钱给过他一点儿。(*把钱给过他一点儿。)

"把"字句表示处置，"把"的宾语一般要求是有定的，后面的动词要求是复杂的，这几乎是大家一致的看法，然而我们也无法根据这些理论来解释为什么，"把"字句里的动词不能带动态助词"过"。如例（56）—（62）都有着处置意义（例（57）（58）（61）更明显），动词的受事成分都是有定的，动词部分都是复杂的，但都不能变换为"把"字句。

到底为什么"把"字句里的动词不能带动态助词"过"，我们还没法作出回答。我们提出这个问题，是希望大家来共同探讨。我们觉得，回答好这个问题，将有助于我们对"把"字句的进一步认识，也将有助于解决为什么要用介词"把"这个大家长期关心的问题。

六

下面这个句子有毛病：

（63）*对解决这个问题，地委非常关心，多次指示我们将占用的校舍尽早搬出。(《光明日报》1978年6月14日第三版)

---

① 参见朱德熙：《语法讲义》第188页。

这个句子不难改，把"搬出"改为"退还"就可以了。但是，这个句子的毛病很值得玩味。

这个句子的毛病就在于"将占用的校舍搬出"不成立。这里的"将"是介词，相当于"把"。"把（将）占用的校舍搬出"是不能说的。这是为什么呢？我们不妨先分析一下"把（将）占用的校舍搬出"这一结构，这里有两点值得注意：第一，"把"字的宾语（"占用的校舍"）不是"搬"的受事，而是处所；第二，"把"字后面的动词性成分（"搬出"）是一个带趋向补语的述补结构，而这个述补结构的述语成分表示位移，补语表示实指的趋向。

那么，是不是因为"把"字的宾语是后面动词的处所而不是受事，所以那句子不能成立呢？当然不是。上面我们已经指出，"把"字的宾语可以是处所宾语，下面各例"把"字的宾语都是后面动词的处所，但句子都是合法的：

（64）把一个红碗两个黑碗上贴了名字……（赵树理《李有才板话》）

（65）大兵，清道夫，女招待，都烧着烟卷，把屋里烧得像个佛堂。（老舍《老字号》）

（66）把东城西城都跑遍了。（转引自《现代汉语八百词》）

（67）你把里里外外再检查一遍。（同上）

那么是不是"把"字句里的动词性成分不能是述语表示位移、补语表示实指的趋向的述补结构呢？看来也不是。下面"把"字句里的动词性成分都是述语表示位移、补语表示实指的趋向的述补结构：

（68）一把将瓦罐接过来，……（老舍《骆驼祥子》）

（69）宋占魁把床拉出来，……（老舍《上任》）

（70）俸银一下来，就把它拿回来！（老舍《正红旗下》）

（71）把大绿瓦盆搬进来，……（同上）

那么"把（将）占用的校舍搬出"的病因究竟在哪儿呢？将病例

（63）跟例（64）—（67）和例（68）—（71）相对照，我们就不难发现，"把"的宾语可以是后面动词的处所，动词部分也可以是一个述语表示位移，补语表示实指的趋向的述补结构，但这二者不能同时在一个"把"字句里出现，而这正是"将占用的校舍搬出"的病因之所在。下面抄录的是外国留学生的一些病句：

（72）*把屋里走进去。

（73）*把篱笆跨过去。

（74）*把箱子里取出来。

（75）*把校门口跑过去。

例（72）—（75）都犯了与例（63）同样的毛病。

上面所指出的那一点，无疑是使用介词"把（将）"的一条规则。这在《现代汉语语法讲话》里已经提到过了，书中指出：

"把"字句的动词是有限制的。……"回""到""进""来""出""去"一类字后带处所宾语或时间宾语的不能用。"我回家"不能说成"我把家回"。"说出话来"可以改成"把话说出来"，但"说出口来"却不能改成"把口说出来"，因为"口"在这里是表示处所，不是"说出"的东西。

显然，我们所谈的意思，《现代汉语语法讲话》都讲了，但是说得不是很明白，以致并未引起大家的充分注意。我们所谈的可算作是对《现代汉语语法讲话》的一点补注。

（见陆俭明、马真《现代汉语虚词散论》，
北京大学出版社，1985年。）

"比"字句新探[*]

一　引言

（一）汉语普通话里的"比"字句，可以概括表示为：X 比 Y 怎么样

X 是全句的主语，Y 是介词"比"的宾语，X 和 Y 分别是"比"字句里的两个比较项。本文不想全面讨论"比"字句，只想就比较项 X、Y 分别为"N_1 的 N"和"N_2 的 N"偏正结构（N_1、N_2、N 都是指名词性词语，下同）的那一类"比"字句作一些探索。

（二）下面都是符合上述要求的"比"字句：

（1）张三的公鸡比李四的公鸡更好斗。

（2）张三的脾气比李四的脾气好。

（3）张三的衣服比李四的衣服多。

（4）张三的父亲比李四的父亲能干。

这些"比"字句，从表面看格式相同，都是：

N_1 的 N + 比 + N_2 的 N + VP

（VP 是表示谓词性成分，包括形容词性成分、动词性成分、主谓词组等，下同。）

但是，例（1）—（4）实际代表了这类"比"字句中四个不同的小类：

A. "N_2 的 N"可以用"N_2 的"替换，而句子意思保持不变，但

---

[*] 本文在 1985 年日本中国语学会第 35 届年会上宣读。

不能用 N_2 替换,例(1)便属于此小类。例如:

(1) a 张三的公鸡比李四的公鸡更好斗。

　　b 张三的公鸡比李四的更好斗。

　　c *张三的公鸡比李四更好斗。

B. "N_2 的 N"不能用"N_2 的"替换,但能用 N_2 替换,而句子意思保持不变,例(2)便属于此小类。例如:

(2) a 张三的脾气比李四的脾气好。

　　b *张三的脾气比李四的好。

　　c 张三的脾气比李四好。

C. "N_2 的 N"既能用"N_2 的"替换,也能用 N_2 替换,而句子意思保持不变,例(3)便属于此小类。例如:

(3) a 张三的衣服比李四的衣服多。

　　b 张三的衣服比李四的多。

　　c 张三的衣服比李四多。

D. "N_2 的 N"既不能用"N_2 的"替换,也不能用 N_2 替换,例(4)便属于此小类。例如:

(4) a 张三的父亲比李四的父亲能干。

　　b *张三的父亲比李四的能干。

　　c *张三的父亲比李四能干。

例(4)c 本身是能成立的,但意思与例(4)a 原句大不相同了。

上述四小类"比"字句里的"N_2 的 N"被替换情况的不同,可列如下表:

	N_2 的 N → N_2 的	N_2 的 N → N_2
A	+	−
B	−	+
C	+	+
D	−	−

例（1）—（4）是格式相同的"比"字句，为什么作为比较项 Y 的"N_2 的 N"被替换的情况各不相同？其中有无规律可循？这正是本文所要探讨和回答的。

（三）我们先后搜集考察了近一千个例句，并向多位北京人进行咨询，发现造成上述 ABCD 四种情况的因素有多种，但起直接影响作用的主要是 N_1/N_2 与 N 之间的语义联系。下面我们就以 N_1/N_2 与 N 之间的语义联系为纲，对上述"比"字句进行描写说明。

（四）经考察，N_1/N_2 与 N 之间的语义联系主要有下列八种：

1. 领属关系，指对事物的领有，即 N_1/N_2 领有 N。例如"小张的铅笔""小王的衣服""我们的狗"等。

2. 亲属关系，包括师友和上下级关系等。例如"我的父亲""小张的姑妈""小红的老师""我的朋友""你们的司令员"等。

3. 隶属关系，即 N 为 N_1/N_2 的有机组成部分。例如"他的鼻子""小张的耳朵""狐狸的尾巴""桌子的腿ㄦ"等。

4. 属性关系，即 N 为 N_1/N_2 所具有的属性，包括能力、性质等。例如"小李的脾气""他的本事""飞机的速度""螃蟹的味道""青年的兴趣"等。

5. 质料关系，即 N_1/N_2 指明 N 的质料。例如"木头的桌子""的确良的衣服""尼龙的渔网""羊皮的大衣"等。

6. 时地关系，即 N_1/N_2 指明 N 所处的时间或处所。例如"昨天的报纸""现在的学生""今天的王刚""北京的马路""新疆的西瓜""这ㄦ的面条ㄦ"等。

7. 类属关系，即 N_1/N_2 指明 N 的类属特性。例如"红色的蜡烛""四个腿ㄦ的桌子""粉格ㄦ的外套""四万字的小说""四五十岁的干部"等。

8. 准领属关系。像"他的篮球打得好"里的"他的篮球"，从表面看很像是领属关系，实际不是，这里的"他的篮球"意思相当于

"他打篮球"，因此朱德熙先生称这里的定语为准定语[①]。类似的例子有"你的围棋（下得不错）""你的老师（当得不错）"等。

下面我们就以 N_1/N_2 与 N 之间的语义联系为纲，并兼顾其他因素，对"比"字句中作为比较项 Y 的"N_2 的 N"被替换的情况进行具体的描写说明。

二 "N_1/N_2 的 N"表示领属关系的"比"字句

（一）上文已经指出，我们这里所谓的领属关系只指对事物的领有。经考察，如果"N_1/N_2 的 N"表示领属关系，那么"N_2 的 N"一般只能为"N_2 的"所替换。例如：

（1）张华的猫比李军的猫跑得快。

（张华的猫比李军的跑得快）

（*张华的猫比李军跑得快[②]）

（2）张爷爷的鹦鹉比你的鹦鹉学话学得快。

（张爷爷的鹦鹉比你的学话学得快）

（*张爷爷的鹦鹉比你学话学得快）

（3）你的公鸡比他的公鸡更好斗。

（你的公鸡比他的更好斗）

（*你的公鸡比他更好斗）

（4）我们的狗比你们的狗听话。

（我们的狗比你们的听话）

（*我们的狗比你们听话）

---

① 参见朱德熙：《语法讲义》10.6，商务印书馆，1982 年。
② 这个话可以说，但与原句的意思完全不同了。

（5）我的鸡比你的鸡下蛋多。

　　（我的鸡比你的下蛋多）

　　（*我的鸡比你下蛋多）

（6）小王的面包比小李的面包好吃。

　　（小王的面包比小李的好吃）

　　（*小王的面包比小李好吃）

（7）我的书比你的书有趣。

　　（我的书比你的有趣）

　　（*我的书比你有趣）

（8）他的资料比你的资料有用。

　　（他的资料比你的有用）

　　（*他的资料比你有用）

（9）我的苹果比你的苹果脆。

　　（我的苹果比你的脆）

　　（*我的苹果比你脆）

（10）我们的麦子比你们的麦子长得好。

　　（我们的麦子比你们的长得好）

　　（*我们的麦子比你们长得好）

（二）在咨询过程中，对例（1）—（5），即 N 为动物的例子，大家意见一致，认为"N_2 的 N"确实只能为"N_2 的"所替换，该属于 A 类。但是对例（6）—（10）（N 为非动物），存在不同的看法，多数人认为"N_2 的 N"还是只能为"N_2 的"所替换，但也有人认为还可以为 N_2 所替换，如例（6）—（10）也可以说成：

小王的面包比小李好吃。

我的书比你有趣。

他的资料比你有用。

我的苹果比你脆。

我们的麦子比你们长得好。

持此意见者还举出下面一个很有意思的例证：

（5）我的鸡比你的鸡下蛋多。

（11）我的鸡比你的鸡好吃。

例（5）（11）虽然说的都是鸡，但所指不同，例（5）是指活的鸡，属动物，所以只能替换成：

我的鸡比你的下蛋多。

（*我的鸡比你下蛋多）

而例（11）是指的食物，属无生命的事物，所以可以有两种替换式：

我的鸡比你的好吃。

我的鸡比你好吃。

不过，他们也同时承认用 N_2 替换的概率比用"N_2 的"替换的概率要小得多，而且认为这是一种"不追究的理解"[①]。

（三）上面说"N_2 的 N"如表示领属关系，一般只能为"N_2 的"所替换，这说明有例外，这种例外跟 VP 的性质有关，如果 VP 为"多/少"时，则"N_2 的 N"既可以为"N_2 的"所替换，也可以为 N_2 所替换。上面所举的例（1）—（10）如果 VP 部分换成"多/少"便可以有两种替换式。例如：

（12）张华的猫比李军的猫多/少。

（张华的猫比李军的多/少）

（张华的猫比李军多/少）

（13）张爷爷的鹦鹉比你的鹦鹉多/少。

（张爷爷的鹦鹉比你的多/少）

（张爷爷鹦鹉比你多/少）

余者类推。再如：

[①] 中国社会科学院语言研究所孟琮先生（北京人）持此看法。

(14)我的钢笔比你的钢笔多/少。

　　（我的钢笔比你的多/少）

　　（我的钢笔比你多/少）

(15)他的奖品比我的奖品多/少。

　　（他的奖品比我的多/少）

　　（他的奖品比我多/少）

(16)毛毛的玩具比小红的玩具多/少。

　　（毛毛的玩具比小红的多/少）

　　（毛毛的玩具比小红多/少）

(17)张老师的工具书比我的工具书多/少。

　　（张老师的工具书比我的多/少）

　　（张老师的工具书比我多/少）

(18)我们家的仙人掌比你们家的仙人掌多/少。

　　（我们家的仙人掌比你们家的多/少）

　　（我们家的仙人掌比你们家多/少）

下面各例的 VP 不是"多/少"，但也可以有两种替换式：

(19)小王的资料比你的资料全。

　　（小王的资料比你的全）

　　（小王的资料比你全）

(20)我们的房子比你们的房子大多了。

　　（我们的房子比你们的大多了）

　　（我们的房子比你们大多了）

(21)我的衬衣比你的衬衣小。

　　（我的衬衣比你的小）

　　（我的衬衣比你小）

(22)他的棉被比小王的棉被薄。

　　（他的棉被比小王的薄）

（他的棉被比小王薄）

这些 VP 都是来说明 N 的量的，它们与"多/少"在表量这一点上有共同性，这可能就是它们有两种替换式的原因。

（四）综上所述，"N_1/N_2 的 N"表示领属关系的"比"字句，根据 VP 的不同，可以分属 A、C 两类。

三 "N_1/N_2 的 N"表示亲属关系的"比"字句

（一）这里所说的亲属关系除一般所理解的亲属关系（我的妈妈，大姨的女儿）之外，还包括师生、上下级、朋友、同事等关系。表亲属关系的"N_2 的 N"一般都不能为 N_2 所替换。例如：

（1）小红的爸爸比小刚的爸爸级别高。

（*小红的爸爸比小刚级别高）

（2）你的孩子比我的孩子懂事。

（*你的孩子比我懂事）

（3）他的朋友比你的朋友不讲信用。

（*他的朋友比你不讲信用）

之所以不能这样替换，原因是不言而喻的，不必赘述。

"N_2 的 N"从原则上说也不能为"N_2 的"所替换，当然也不是绝对不能替换。但是，替换与否，与人们的社会心理有关，有时也与人们的感情色彩有关。按中国的传统，对长者是应该敬重的，因此，当 N 为 N_2 的长者时，"N_2 的 N"就不能用"N_2 的"来替换，例如：

（4）小王的爷爷比小李的爷爷硬朗。

（*小王的爷爷比小李的硬朗）

（5）我的奶奶比你的奶奶起得早。

（*我的奶奶比你的起得早）

（6）我的爸爸比你的爸爸矮。

　　（*我的爸爸比你的矮）

（7）小张的妈妈比小李的妈妈胖。

　　（*小张的妈妈比小李的胖）

（8）秀英的婆婆比玉珍的婆婆能干。

　　（*秀英的婆婆比玉珍的能干）

（9）你的姑妈比我的姑妈有经验。

　　（*你的姑妈比我的有经验）

（10）王英的哥哥比小军的哥哥上班早。

　　（*王英的哥哥比小军的上班早）

（11）你的姐姐比小王的姐姐漂亮。

　　（*你的姐姐比小王的漂亮）

如果 N 为 N_2 的上级、老师时，"N_2 的 N" 一般也不用 "N_2 的" 来替换，以示敬重。例如：

（12）你们的老师比我们的老师严肃。

　　（*你们的老师比我们的严肃）

（13）你们的军长比我们的军长风趣。

　　（*你们的军长比我们的风趣）

（14）我们的厂长比你们的厂长有魄力。

　　（*我们的厂长比你们的有魄力）

（15）小王他们的校长比我们的校长年轻。

　　（*小王他们的校长比我们的年轻）

如若用 "N_2 的" 替换，便含有不够敬重、不够礼貌的意味。

如果 N 是 N_2 的晚辈、下级、学生时，"N_2 的 N" 可以为 "N_2 的" 替换。例如：

（16）我的孩子比你的孩子笨。

　　（我的孩子比你的笨）

（17）你的女儿比我的女儿能干。

（你的女儿比我的能干）

（18）我们的战士比他们的战士能吃苦。

（我们的战士比他们的能吃苦）

（19）王老师的学生比杨老师的学生活跃。

（王老师的学生比杨老师的活跃）

如若不用"N₂的"替换，在说话态度上要显得客气一些，尊重一些。

下面几个实例很能说明上面所说的人们的社会心理和感情色彩。

第一个实例。请先看下面一组例子：

（20）小李的丈夫比小王的丈夫年轻。

（21）小李的妻子比小王的妻子年轻。

据调查，例（20）如若用替换式"小李的丈夫比小王的年轻"来表示，让人觉得很不顺耳；而例（21）用替换式"小李的妻子比小王的年轻"来表示，并不让人感到刺耳。这从某个侧面反映了中国长期来夫妻之间以丈夫为主的社会心理。可是把"丈夫"或"妻子"换成新名词"爱人"，则不管所指是丈夫还是妻子，都可以用替换式（小李的爱人比小王的年轻），不让人感到刺耳[①]。

第二个实例。请看下面一组例子：

（22）他的朋友比你的朋友大方。

（23）他的朋友比你的朋友小气。

（24）他的朋友比你的朋友更小气。

据调查，例（22）可以用替换式"他的朋友比你的大方"来表示，因为在说话者眼里"你的朋友"不大方，这种说法往往含有说话人对"你的朋友"不敬重甚至看不起的味道，而例（23）则通常不用替换式"他的朋友比你的小气"来表示，因为说话者眼里"你的朋友"是比较大方，

---

① 调查了好几位北京人，他们都有这种感觉。

值得敬重的。例（24）则通常又用替换式"他的朋友比你的更小气"来表示，因为在说话者眼里"你的朋友"也是小气的，不值得敬重。

第三个实例。例如：

（25）你们的连长比我们的连长年轻。

据调查，这个话如果出自上级之口，"N_2 的 N"可以用"N_2 的"替换，说成"你们的连长比我们的年轻"；如果出自下级之口，则通常不能说成"你们的连长比我们的年轻"，否则，说话者显得没有礼貌，对上级不够敬重。

（二）上面曾指出表示亲属关系的"N_2 的 N"不能为 N_2 所替换，可是也有例外，当 VP 为"多""少"时，就可以为 N_2 所替换，也可以为"N_2 的"所替换。例如：

（26）我的表叔比你的表叔多/少。

　　　（我的表叔比你的多/少）

　　　（我的表叔比你多/少）

（27）我的朋友比你的朋友多/少。

　　　（我的朋友比你的多/少）

　　　（我的朋友比你多/少）

（28）我的姐姐比你的姐姐多/少。

　　　（我的姐姐比你的多/少）

　　　（我的姐姐比你多/少）

（29）我的孩子比你的孩子多/少。

　　　（我的孩子比你的多/少）

　　　（我的孩子比你多/少）

但是，用"N_2 的"替换的概率小于用 N_2 替换的概率。

（三）综上所述，"N_2 的 N"表亲属关系的"比"字句，如果 N 为 N_2 的长者，则属于 D 类；如 N 为 N_2 的晚辈、同辈等，通常属于 D 类，也可以属 B 类；但当 VP 为"多""少"时，不管是长辈，还是晚辈、同辈，则都属于 C 类。

四 "N_1/N_2 的 N" 表示隶属关系的"比"字句

"N_2 的 N"表示隶属关系的"比"字句,无一例外的都属于 C 类,即"N_2 的 N"既可以为"N_2 的"替换,也可以为 N_2 替换。例如:

(1) 他的眼睛比你的眼睛大。
　　(他的眼睛比你的大)
　　(他的眼睛比你大)
(2) 他的胳膊比你的胳膊粗。
　　(他的胳膊比你的粗)
　　(他的胳膊比你粗)
(3) 小孩儿的皮肤比大人的皮肤嫩。
　　(小孩儿的皮肤比大人的嫩)
　　(小孩儿的皮肤比大人嫩)
(4) 狐狸的尾巴比狼的尾巴大。
　　(狐狸的尾巴比狼的大)
　　(狐狸的尾巴比狼大)
(5) 圆桌儿的腿比方桌儿的腿粗。
　　(圆桌儿的腿比方桌儿的粗)
　　(圆桌儿的腿比方桌儿粗)
(6) 汽车的发动机比摩托车的发动机大。
　　(汽车的发动机比摩托车的大)
　　(汽车的发动机比摩托车大)
(7) 这本书的封面比那本书的封面大方。
　　(这本书的封面比那本书的大方)
　　(这本书的封面比那本书大方)

（8）韭菜的叶子比麦苗的叶子厚。

（韭菜的叶子比麦苗的厚）

（韭菜的叶子比麦苗厚）

（9）他的牙齿比你的牙齿白。

（他的牙齿比你的白）

（他的牙齿比你白）

（10）小王的眉毛比小李的眉毛浓。

（小王的眉毛比小李的浓）

（小王的眉毛比小李浓）

（11）奶奶的头发比姥姥的头发多。

（奶奶的头发比姥姥的多）

（奶奶的头发比姥姥多）

五 "N_1/N_2 的 N" 表示属性关系的 "比" 字句

（一）"N_2 的 N" 表示属性关系的 "比" 字句，通常属于 B 类，即通常 "N_2 的 N" 只能为 N_2 所替换，不能为 "N_2 的" 所替换。例如：

（1）他的脾气比你的脾气好。

（*他的脾气比你的好）

（他的脾气比你好）

（2）老张的精力比老李的精力充沛。

（*老张的精力比老李的充沛）

（老张的精力比老李充沛）

（3）青年人的兴趣比老年人的兴趣广。

（*青年人的兴趣比老年人的广）

（青年人的兴趣比老年人广）

（4）飞机的速度比汽车的速度快。

（*飞机的速度比汽车的快）

（飞机的速度比汽车快）

（5）河蟹的味道比海蟹的味道鲜。

（*河蟹的味道比海蟹的鲜）

（河蟹的味道比海蟹鲜）

（6）这幅画的气魄比那幅画的气魄大。

（*这幅画的气魄比那幅画的大）

（这幅画的气魄比那幅画大）

（7）这篇文章的结构比那篇文章的结构谨严。

（*这篇文章的结构比那篇文章的谨严）

（这篇文章的结构比那篇文章谨严）

（8）电子表的寿命比机械表的寿命短。

（*电子表的寿命比机械表的短）

（电子表的寿命比机械表短）

（9）化纤的价格比毛料的价格低。

（*化纤的价格比毛料的低）

（化纤的价格比毛料低）

（10）水的比重比油的比重大。

（*水的比重比油的大）

（水的比重比油大）

（二）在咨询中，有人认为这类"比"字句的"N_2 的 N"并不完全排斥用"N_2 的"替换。当"N_1 的 N"的重音在 N 上时，确实只能为 N_2 所替换，但是如果重音在 N_1 上，那么"N_2 的 N"也可以为"N_2 的"所替换。试比较：

（11）a 他的′脾气比你的脾气好。

（*他的′脾气比你的好）

　　　　　（他的′脾气比你好）

　　b　′他的脾气比你的脾气好。

　　　　　（′他的脾气比你的好）

　　　　　（′他的脾气比你好）

（12）a　小张的′个儿比小李的个儿高。

　　　　　（*小张的′个儿比小李的高）

　　　　　（小张的′个儿比小李高）

　　b　′小张的个儿比小李的个儿高。

　　　　　（′小张的个儿比小李的高）

　　　　　（′小张的个儿比小李高）

同是北京人，对此意见，有肯定的，有否定的，但有一点意见是大家共同的，即都承认"N_2 的 N"为"N_2 的"替换的概率是极小的。

六　"N_1/N_2 的 N"表示质料关系的"比"字句

（一）"N_2 的 N"表示质料关系的"比"字句，都属于 A 类，即"N_2 的 N"只能为"N_2 的"所替换，不能为 N_2 所替换。例如：

（1）木头的桌子比铁的桌子轻。

　　　（木头的桌子比铁的轻）

　　　（*木头的桌子比铁轻）

（2）尼龙的衣服比棉布的衣服耐穿。

　　　（尼龙的衣服比棉布的耐穿）

　　　（*尼龙的衣服比棉布耐穿）

（3）银的筷子比木头的筷子重。

　　　（银的筷子比木头的重）

　　　（*银的筷子比木头重）

（4）不锈钢的窗框比木头的窗框好看。

（不锈钢的窗框比木头的好看）

（*不锈钢的窗框比木头好看）

（5）绢纱的灯罩比塑料的灯罩美观。

（绢纱的灯罩比塑料的美观）

（*绢纱的灯罩比塑料美观）

（6）藤的椅子比木头的椅子坐着舒服。

（藤的椅子比木头的坐着舒服）

（*藤的椅子比木头坐着舒服）

（7）尼龙的书包比人造革的书包大。

（尼龙的书包比人造革的大）

（*尼龙的书包比人造革大）

（8）竹的扁担比杉木的扁担便宜。

（竹的扁担比杉木的便宜）

（*竹的扁担比杉木便宜）

（9）铝的锅比铁的锅散热快。

（铝的锅比铁的散热快）

（*铝的锅比铁散热快）

（10）尼龙绸的雨伞比油布的雨伞携带方便。

（尼龙绸的雨伞比油布的携带方便）

（*尼龙绸的雨伞比油布携带方便）

（二）有的似乎也能用 N_2 替换"N_2 的 N"，例如"尼龙的书包比人造革的书包结实"似乎也能说成"尼龙的书包比人造革结实"，这其实是一种似是而非的说法。有的人所以能接受这种说法，是由错觉造成的。当这样说的时候，在说话人的心目中实际上已不知不觉地转移了比较的对象，已不是在比较两种书包的结实程度，而是在比较尼龙和人造革的结实程度了，严格来说，这不是一种规范的说法。下面的事实很能说明这一点。例如:"尼龙的书包比人造革的书包大""尼龙的书包比人造革的书包装得多",如说成"尼龙的书包比人造革大""尼龙的书包比人造革装得多",大家就会一下子感到这是不能被接受的说法。因为书包有大小或装得多少之别,尼龙和人造革无大小或装得多少之别。

七 "N_1/N_2 的 N"表示时地关系的"比"字句

(一)"N_2 的 N"表示时地关系的"比"字句,一般都属于 C 类,即"N_2 的 N"既能为"N_2 的"所替换,也能为 N_2 所替换。例如:

(1)今天的报纸比昨天的报纸有意思。
  (今天的报纸比昨天的有意思)
  (今天的报纸比昨天有意思)
(2)八十年代的青年比五十年代的青年思想更解放。
  (八十年代的青年比五十年代的思想更解放)
  (八十年代的青年比五十年代思想更解放)
(3)现在的学生比过去的学生时髦。
  (现在的学生比过去的时髦)
  (现在的学生比过去时髦)
(4)古代的汉字比现代的汉字难认。
  (古代的汉字比现代的难认)
  (古代的汉字比现代难认)
(5)将来的设备肯定比现在的设备更先进。
  (将来的设备肯定比现在的更先进)
  (将来的设备肯定比现在更先进)
(6)今年的蔬菜比去年的蔬菜多。
  (今年的蔬菜比去年的多)

（今年的蔬菜比去年多）

（7）新疆的西瓜比北京的西瓜甜。

（新疆的西瓜比北京的甜）

（新疆的西瓜比北京甜）

（8）家乡的菜比外地的菜好吃。

（家乡的菜比外地的好吃）

（家乡的菜比外地好吃）

（9）北京的马路比天津的马路宽。

（北京的马路比天津的宽）

（北京的马路比天津宽）

（10）这儿的面条比那儿的面条细。

（这儿的面条比那儿的细）

（这儿的面条比那儿细）

（11）南方的湖泊比北方的湖泊多。

（南方的湖泊比北方的多）

（南方的湖泊比北方多）

（12）中国的古迹比外国的古迹多。

（中国的古迹比外国的多）

（中国的古迹比外国多）

说这类"比"字句一般属于 C 类，这说明有例外。

（二）例外之一。

当 N_1/N_2 表示时间，N_2 为指人的名词时，有时前后两个 N 是指同一个人，例如：

（13）现在的英子比小时候的英子长得更俊了。

这时"N_2 的 N"只能为 N_2 所替换，不能为"N_2 的"所替换，例如：

（13）现在的英子比小时候的英子长得更俊了。

（*现在的英子比小时候的长得更俊了）

　　　　（现在的英子比小时候长得更俊了）

这类"比"字句该属 B 类。有时是指两个人，例如：

　　（14）现在的阿姨比上午的阿姨和气。

这时"N_2 的 N"只能为"N_2 的"所替换，不能为 N_2 所替换，例如：

　　（14）现在的阿姨比上午的阿姨和气。

　　　　（现在的阿姨比上午的和气）

　　　　（*现在的阿姨比上午和气）

这类"比"字句属 A 类。

　　有的句子可能会有歧义，例如：

　　（15）今年的王玉华比去年的王玉华能干多了。

例（15）可以理解为表示前一种意思，即王玉华是指同一个人，这时"N_2 的 N"只能为 N_2 所替换，不能为"N_2 的"所替换，例如：

　　（15）今年的王玉华比去年的王玉华能干多了。〔指同一个人〕

　　　　（*今年的王玉华比去年的能干多了）

　　　　（今年的王玉华比去年能干多了）

也可能指两个同名同姓的人，这时"N_2 的 N"只能为"N_2 的"所替换，不能为 N_2 所替换，例如：

　　（15）今年的王玉华比去年的王玉华能干多了。〔指两个人〕

　　　　（今年的王玉华比去年的能干多了）

　　　　（*今年的王玉华比去年能干多了）

　　当 N_1/N_2 表示处所，N 为指人的名词时，前后两个 N 通常是指两个人，因此"N_2 的 N"只能为"N_2 的"所替换，不能为 N_2 所替换，例如：

　　（16）北京的张力比上海的张力学问大。

　　　　（北京的张力比上海的学问大）

　　　　（*北京的张力比上海学问大）

　　（三）例外之二。

　　当 N 为抽象名词时，则"N_2 的 N"只能为 N_2 所替换，不能为

"N_2的"所替换，这类"比"字句属 B 类。例如：

（17）今年的气温比去年的气温高。

（*今年的气温比去年的高）

（今年的气温比去年高）

（18）现在的形势比过去的形势好。

（*现在的形势比过去的好）

（现在的形势比过去好）

（19）西北的地势比东南的地势高。

（*西北的地势比东南的高）

（西北的地势比东南高）

（20）那儿的环境比这儿的环境安静。

（*那儿的环境比这儿的安静）

（那儿的环境比这儿安静）

（21）九十月份北京的天气比这儿的天气好。

（*九十月份北京的天气比这儿的好）

（九十月份北京的天气比这儿好）

（四）综上所述，"N_2 的 N"表示时地关系的"比"字句，一般属于 C 类，但有的属于 A 类，例如（14）（16）类，有的属于 B 类，如例（13）（17）（18）（19）（20）（21）。

八 "N_1/N_2 的 N"表示类属关系的"比"字句

"N_1/N_2 的 N"表示类属关系的"比"字句，都属于 A 类，即"N_2 的 N"只能为"N_2 的"所替换，不能为 N_2 所替换。例如：

（1）红色的蜡烛比白色的蜡烛便宜。

（红色的蜡烛比白色的便宜）

（*红色的蜡烛比白色便宜）
（2）粉格儿的外套比大红格儿的外套合身。
　　　（粉格儿的外套比大红格儿的合身）
　　　（*粉格儿的外套比大红格儿合身）
（3）百年的树比十年的树粗。
　　　（百年的树比十年的粗）
　　　（*百年的树比十年粗）
（4）四个腿的桌子比三个腿的桌子贵。
　　　（四个腿的桌子比三个腿的贵）
　　　（*四个腿的桌子比三个腿贵）
（5）四万字的小说不一定比十万字的小说差。
　　　（四万字的小说不一定比十万字的差）
　　　（*四万字的小说不一定比十万字差）
（6）二三十岁的人比五六十岁的人有朝气。
　　　（二三十岁的人比五六十岁的有朝气）
　　　（*二三十岁的人比五六十岁有朝气）
（7）录像机的磁带比录音机的磁带贵。
　　　（录像机的磁带比录音机的贵）
　　　（*录像机的磁带比录音机贵）

九　"N_1/N_2 的 N"表示准领属关系的"比"字句

"N_1/N_2 的 N"表示准领属关系的"比"字句，都属于 B 类，即"N_2 的 N"只能为 N_2 所替换，不能为"N_2 的"所替换。例如：
（1）他的围棋比我的围棋下得好。
　　　（*他的围棋比我的下得好）

（他的围棋比我下得好）

（2）王文娟的林黛玉比吴小萍的林黛玉演得好。

（*王文娟的林黛玉比吴小萍的演得好）

（王文娟的林黛玉比吴小萍演得好）

（3）小周的小提琴比小李的小提琴拉得好。

（*小周的小提琴比小李的拉得好）

（小周的小提琴比小李拉得好）

（4）王平的手榴弹比张兵的手榴弹投得远。

（*王平的手榴弹比张兵的投得远）

（王平的手榴弹比张兵投得远）

一〇 小结

（一）以上所说可列如下表。

影响替换的因素			所属的类	"N_2 的 N" 被替换的情况	
				N_2 的 N → N_2 的	N_2 的 N → N_2
表领属关系	VP 不表 N 本身的量	N 为动物	A	+	−
		N 为非动物	A	+	⊖ 1)
	VP 为 "多/少" 等		C	+	+
表亲属关系	VP 不表 N 本身的量	N 为 N_1/N_2 的长者、上级等	D	−	−
		N 为 N_1/N_2 的晚辈、下级、同辈	A	⊕ 2)	−
	VP 为 "多/少"		C	+	+
表隶属关系			C	+	+

续表

影响替换的因素			所属的类	"N₂ 的 N" 被替换的情况	
				N₂ 的 N → N₂ 的	N₂ 的 N → N₂
表属性关系	全句重音在"N₁ 的 N"的 N 上（N₁ 的′N + 比 + N₂ 的 N + VP）		B	−	+
	全句重音在 N₁ 上（′N₁ 的 N + 比 + N₂ 的 N + VP）		B	⊖³⁾	+
表质料关系			A	+	−
表时地关系	N 表示非指人的具体事物		C	+	+
	N 指人	前后 N 指同一个人（N₁/N₂ 只限于表时间）	B	−	+
		前后 N 指不同的人	A	+	−
	N 表示抽象事物		B	−	+
表类属关系			A	+	−
表准领属关系			B	−	+

1)、3) 符号⊖表示基本不说，只是少数人认为可说。

2) 符号⊕表示可以说，但是这种说法含有不礼貌、不敬重的意味。

（二）从上可知，作为比较项 Y 的 "N₂ 的 N" 被替换的不同情况是有规律可循的。造成这类不同替换情况的因素看来主要有以下五个：

1. N₁/N₂ 与 N 之间的语义联系。这是造成不同替换情况的最直接的因素。这一点从上文可以看得很清楚了，这里不必再赘述。

2. N₁、N₂ 和 N 的性质。N₁/N₂ 跟 N 之间的语义联系的不同，从某个角度说，这跟 N₁、N₂ 以及 N 本身的性质有关。举例来说，当 N₁/N₂ 同为人称代词或指人的名词时，N₁/N₂ 与 N 之间可以有四种不同的语义联系——领属关系、亲属关系、隶属关系、属性关系，之所以会有这四种不同的语义联系，这显然跟 N 的性质有关。试比较：

N 为非指人名词——领属关系

（小王的铅笔）〔一般属 A 类替换〕

N 为表示人的四肢、五官、六脏等的名词——隶属关系

（小王的鼻子）〔属 C 类替换〕

N 为表亲属称谓等的名词——亲属关系

（小王的妈妈）〔一般属 D 类替换〕

N 为抽象名词——属性关系

（小王的脾气）〔属 B 类替换〕

再如，当 N 同为表示非指人的具体事物的名词，由于 N_1/N_2 的不同，就会造成它们之间的不同语义联系。试比较：

N_1/N_2 为指人的名词——领属关系

（我的衣服）〔一般属 A 类替换〕

N_1/N_2 为表示事物质料的名词——质料关系

（棉布的衣服）〔属 A 类替换〕

N_1/N_2 为表时地的名词——时地关系

（去年的衣服、上海的衣服）〔属 C 类替换〕

因此可以这样说，替换情况的不同是取决于 N_1、N_2 以及 N 的性质。

这里我们需要进一步指出的是，N_1/N_2 跟 N 的语义联系以及 VP 的情况相同的条件下，由于 N 性质的不同，还会影响替换的不同。例如同是表示时地关系，当 N 表示非指人的具体事物时，替换属于 C 类；当 N 指人时，则替换属于 A 类或 B 类；而当 N 表示抽象事物时，替换属 B 类。（详第七节（二）（三））[①]

3. VP 的情况。这对替换的不同也有一定的影响。N_1/N_2 跟 N 之间

[①] 朱德熙先生在《关于"比"字句》一文中曾指出，"N_2 的 N"如能为 N_2 所替换，则 N 可以指具体事物，也可以指抽象事物；如能为"N_2 的"所替换，那么 N 往往指具体事物。（见《语法研究和探索》（一），北京大学出版社，1983 年，北京）这实际就指出了 N 的性质对替换的不同影响。

表领属关系或亲属关系的"比"字句可以有不同的替换情况，就完全取决于 VP 是否为"多/少"这一点。（详见第二节（二）和第三节（二））

4. 社会心理。这也是影响替换的一个因素。例如前面提到，N_1/N_2 跟 N 之间表亲属关系的一类"比"字句，在 VP 不是"多/少"的情况下，如果 N 为 N_1/N_2 的长者、上级，那么"N_2 的 N"既不能为"N_2 的"替换，也不能为 N_2 替换；如果 N 为 N_1/N_2 的晚辈、下级、同辈，那么"N_2 的 N"仍不能为 N_2 替换，但可以为"N_2 的"替换，不过此时含有不够敬重、不够礼貌的意味（详第三节（一））。这无疑是受社会心理影响的结果。

5. 句子重音。对于 N_1/N_2 跟 N 之间表属性关系的一类"比"字句，如果我们承认有的北京人所讲的事实，即如果全句重音在 N_1 上，"N_2 的 N"可以有两种不同的替换（详第五节（二）），那么我们就得承认句子重音的不同对替换也有一定的影响。关于这一点还需做更广泛的调查，才能最后作出结论。

在上述五种因素中，3、4、5 这三个因素对替换只起局部的影响，而 1、2 两种因素对替换的影响则是全局性的。而在 1、2 这两种因素中，我们认为因素 2，即 N_1、N_2 以及 N 的性质，是影响不同替换的最本质的因素；而因素 1，即 N_1/N_2 跟 N 之间的语义联系，是影响不同替换的直接因素。正由于这样，我们觉得以 N_1/N_2 跟 N 之间的语义联系为纲兼顾其他因素来描写说明这类"比"字句内比较项 Y 的替换规律，是最便于说清楚的。

（原载于日本《亚非语言文化研究》总第 31 期，1986 年。）

词语释义研究

谈谈虚词释义的问题

释义，是一部词典的灵魂。一部辞书水平的高低主要反映在对词的释义上。实词的意义比较实在，虚词的意义比较空灵，因为它表示的是语法意义。对实词的注释不容易，对虚词的注释更难。本文只谈虚词释义问题。

对于虚词，既要让读者了解它的语法意义，也要让读者了解它的用法。但是，无论是它的意义还是它的用法都比较难以把握，原因是虚词的意义太虚，用法又极为复杂。从目前一些辞书对虚词的注释看，都不能满足汉语作为第二语言/外语教学（下面简称"汉语教学"）的需求。

目前的辞书对虚词的注释，主要有四方面的问题：

一、只注释了虚词的基本意义，没交代用法，更没有说明该虚词使用的语义背景。

例如副词"毫"，现在我们来看看当前一些工具书对它的注释。

《新华字典》（第10版）

毫：数量极少，一点儿。[例] 毫无诚意 | 毫不费力

《现代汉语词典》（第5版）

毫：一点儿（只用于否定式）。[例] 毫不足怪 | 毫无头绪

《现代汉语规范词典》（第2版）

毫：表示极少；一点儿（只用于否定）。[例] 毫不费力

这样的注释对母语为汉语的中国学生来说可以了，因为中国学生有丰富的汉语语感。可是对留学生来说，按这样的注释来理解"毫"，就

造出了下面这样的偏误句：

(1)*他只吃肉，蔬菜他毫不吃。

(2)*我觉得这儿毫不好玩儿。

(3)*我感到很累，毫没有力气。

我们没有理由说这三个句子所用的"毫"违反了词典的注释。

再如对"反而"的注释，对表示加强否定语气的"并""又"的注释，都存在类似的问题。这我在《说"反而"》(1983)、《关于"反而"的语法意义》(1994)和《表加强否定语气的副词"并"和"又"》(2001)中都已作了分析。而且在文章中强调指出，注释虚词时一定要考虑虚词使用的语义背景，并使之融入释义中去。比如"反而"，原先一般辞书的释义是：

《现代汉语八百词》

反而：表示跟前文意思相反或出乎预料之外。

《现代汉语词典》(第2版)

反而：表示跟上文意思相反或出乎预料与常情。

如果将"反而"使用的语义背景融入释义之中，那么宜注释为：

反而：表示实际出现的情况或现象跟按常情或预料在某种前提下应出现的情况或现象相反。

关于要注意虚词使用的语义背景这个问题，我虽然在1983年《中国语文》上发表的《说"反而"》一文中就提出来了，但是多数工具书至今还未注意这一问题，对"反而"仍基本采用原先辞书的注释。请看：

《现代汉语八百词》(1999增订本)

反而：表示跟前文意思相反或出乎预料之外，在句中起转折作用。

《现代汉语词典》(2005第5版)

反而：表示跟上文意思相反或出乎预料与常情。

《现代汉语规范词典》（2010 第 2 版）

反而：表示跟上文意思相反或出乎预料，在句中起转折作用。

可是，按照上面这样的注释却无法解释下面这些留学生的偏误句和中国书、报上的病句：

（4）*大家都看电影去了，她反而在宿舍看书。

（5）*玛沙干得比谁都卖力，这一次我想老师准会表扬他，谁知老师反而没有表扬他。

（6）*大家都主张种植大棚蔬菜，老村长反而反对。

（7）*黎锦熙先生把主语规定为动作行为的施事（即动作者），或性质状态的具有者，赵元任先生反而认为汉语的主语不限于此，其他如动作行为的工具、时间、处所等都可以做主语。

再如对副词"往往"的注释，虽然我们在 1985 年出版的《现代汉语虚词散论》里已经说明"往往"与"常常"的异同，并说明了"往往"使用的语义背景，可是 2010 年 5 月出版的《现代汉语规范词典》（第 2 版）对副词"往往"的注释仍未注意。请看：

《现代汉语规范词典》（2010 第 2 版）

往往：表示某种情况经常出现。

事实上并不是只要含有"经常"的意思就能用"往往"，只有在一定的条件、一定的语义背景下才能用"往往"。我今天所以要重提这个问题，就是希望辞书学界在对虚词释义时，一定要注意虚词使用的语义背景，特别是供外国人学汉语用的工具书更要注意这一点。

当然，我们也看到，近两年来，有些辞书对虚词的释义开始注意虚词使用的语义背景，这值得称道。例如副词"按说"，以往的辞书注释是：

《现代汉语八百词》（1999 增订本）

按说：按道理说。

《现代汉语词典》（2005 第 5 版）

> **按说**：依照事实或情理来说。

今年最新版本的辞书也还是类似这样注释，例如：

《现代汉语规范词典》（2010第2版）

> **按说**：依照实际情况或道理来说。

这些注释显然都没有交代"按说"使用的语义背景。难怪外国学生会常常用错。例如：

（8）*"今天会下雨吗？""我敢肯定按说不会下雨。"

例（8）"按说"，显然用得不恰当，但是他们是按词典的注释来用的（"我敢肯定依照情理不会下雨。"）。其实，使用"按说"是有条件的。我们很高兴地看到，2006年出版的《商务馆学汉语词典》好像意识到了这一点，所以在 注意 一栏里对"按说"的使用作了这样一点说明：

《商务馆学汉语词典》（2006）

> **按说**：按道理说。…… 注意 "按说"用在句子的前面，可用逗号表示停顿，也可不用。"按说"后面先说一般情况和道理，下面的话常常表示事实上或结果往往不是这样。

注意 里这个说法比一般注释的说法要好，但我们觉得，还是没有将"按说"使用的条件说得很清楚。"后面先说一般情况和道理"中的"一般"指什么，学生不清楚。另外语言事实告诉我们，在说了一般的情况后，下面也不一定非得有"表示事实上或结果往往不是这样"的话语。例如：

（9）明天是星期天，按说他会在家。

例（9）用"按说"的小句后面就没有"表示事实上或结果往往不是这样"的话。所以，外国学生看了《商务馆学汉语词典》的这个说明还是会摸不着头脑，还有可能会错用"按说"。

我们认为，使用"按说"时，一定有所隐含——主要隐含着"没有把握"这一层意思。如果是用于说未来发生的事情，则一定隐含着"实际会是怎么样现在没有把握"的意思，例如：

（10）"你说他会来吗？""今天他不上班，按说他会来的。"

【隐含着"他"会不会来，没有把握】

如果用于说已经发生了的事情，而说话人并不知道实情，句子也明显地隐含有"没有把握"的意思。请看：

（11）"大哥早已到上海了吧？""按说他现在已在上海了。"

【隐含着"没把握"之意】

如果说话人已经知道实情，则隐含着"实际情况并非如此"的意思，例如：

（12）按说你不该告诉他。

【实际上是"你"已经告诉了他】

使用"按说"时，一定有所隐含，这就是"按说"使用的语义背景，也可以认为是"按说"使用的条件。外国学生所以常常用错，就因为不了解"按说"使用的语义背景。前面所举的病句（"今天会下雨吗？""我敢肯定按说不会下雨。"）的毛病就出在这里。这个句子说的是未来的事情，但句子并不隐含"实际会是怎么样现在没有把握"的意思，所以"按说"用得不恰当。

二、将格式的意义误归到格式中所包含的那个虚词的头上

这是不少辞书都普遍存在的问题。关于这个问题，我在1982年发表的《说"也"》一文中早已有所论述。在那篇文章中，我曾说到，一般工具书在说明副词"也"的意义和用法时，都列了好多种，归纳起来，副词"也"可以表示九种语法意义和用法——除了表示"相同"或"同样"外，还能表示什么"并列关系""递进关系""条件关系""转折关系""假设关系"，等等。我在文章中论证说明，其实"也"主要表示类同（也可以表示委婉语气），其余什么"表示并列关系"呀，"表示递进关系"呀，"表示条件关系"呀，"表示转折关系"呀，"表示假设关系"呀等都是"也"所在的格式的意义，而并不是"也"本身的意义。

我们也曾举过介词"除了"的例子（马真2004）。介词"除了"表示排除，这是大家都公认的。可是，有的工具书和汉语教科书认为"除了"还能"表示补充"，还能"表示选择"。如《现代汉语虚词词典》，它所举的"表示补充"的例子是：

（13）除了写诗，还学英文、法文｜除了英语，物理也考了90分。

"表示选择"的例子是：

（14）每天早餐，除了大饼就是油条｜中央台的15频道，除了戏曲就是音乐。

就它所举的例子来看，全句确实分别含有"补充"、含有"选择"的意思。但问题是，这"补充""选择"等语法意义是不是由介词"除了"表示的？如果不细细考虑，只是简单地依据"假如抽掉'除了'，句子就不表示'补充''选择'的意思"这一点来确定"除了"的语法意义，好像那工具书的上述说法不无道理。但是，我们必须注意这样一点，所谓"表示补充"的例子，如果把跟"除了"呼应的"还""也"或"更"删去，句子同样就不能表示"补充"的意思，而所谓"表示选择"的例子，如果把跟"除了"呼应的"就是"删去，句子同样也就不能表示"选择"的意思。那我们是否就认为那"补充"的意思是由"还、也、更"表示的，"选择"的意思是由"就是"表示的呢？当然不能这样看。事实上，那"补充"的意思是由"除了……还/也/更……"这种句法格式所表示的，而不是由"除了"单独表示的；同样，那"选择"的意思是由"除了……就是……"这种句法格式所表示的，而不是由"除了"单独表示的。这里我们不妨举个旁证。现代汉语中，"不是……就是……"也可以"表示选择"（如"不是大饼，就是油条"）。谁也不会认为那"选择"的意思是由句中的"不是"或"就是"单独表示的。事实上，那"选择"的意思是由"不是……就是……"这整个句法格式表示的。因此，无论是"除了……还/也/更……"这一格式还是"除了……就是……"这一格式，其中的"除了"仍然只"表示排除在外"。

这里再举个新的例子。请看 2010 年 5 月刚出版的《现代汉语规范词典》(第 2 版) 对介词"把"的注释：

《现代汉语规范词典》(2010 第 2 版)

把¹：……❾介 a) 表示处置，"把"的宾语是后面及物动词的受事者…… b) 表示致使，后面的动词通常带有表示结果的补语，"把"后的名词与后面的动词的语义关系是多样的…… c) 表示发生了不如意的事情，"把"后面的名词是当事者……

按这个注释，释义中 a)、b)、c) 三项意义好像都是介词"把"所表示的了。事实显然不是这样。《现代汉语词典》对介词"把"的注释就比较好。请看：

《现代汉语词典》(2005 第 5 版)

把²介：❶宾语是后面动词的受事者，整个格式大多有处置的意思。……❷后面的动词，是"忙、累、急、气"等加上表示结果的补语，整个格式大多有致使的意思。……❸宾语是后面动词的施事者，整个格式表示不如意的事情。……

《商务馆小学生词典》对介词"把"的注释也比较好。请看：

《商务馆小学生词典》(2006)

把：❽跟名词组合，用在动词前，整个格式表示处置或致使的意思。

《现代汉语词典》和《商务馆小学生词典》对介词"把"的注释，就不是将"把"字句所表示的"处置"或"致使"等语法意义只归到介词"把"的身上。

三、以词释词，是词典不可避免地所要采用的一种释义方式，但一般只适用于母语为汉语的中国人，不适合外国学习者。例如有的工具书，用"常常"来注释"往往"，有的词典用副词"更"来注释副词"还"。这都容易造成误导，特别是对外国留学生。关于这个问题，我们曾举出大量实例作过说明。(陆俭明、马真 1985，1999；马真 2004)可是我们看到，在专为外国人学汉语而编纂的辞书中也还是较为普遍地存在着。

四、表述不准确，让人难以理解。请看《新华字典》(第 10 版)关于"的 (de)"的注释：

的：助词。❶用在定语后。1. 主要修饰名词。美丽的风光、……。
　　2.……。

编者的本意是说"的"用在定语后，表示该定语用来修饰名词，可是按现在的表述，意思成了"的"来修饰名词了。这样的表述显然不好。(比较：《现代汉语词典》的 助❶用在定语的后面。a) 定语和中心语之间是一般的修饰关系……b) 定语和中心语之间是领属关系……)。再看《现代汉语词典》(第 5 版)关于"往往"的注释：

往往：副　表示某种情况通常在一定条件下才会出现与发生。

这个注释应该说比原先的注释 (往往：表示某种情况时常存在或经常发生。) 要好些，注意到了使用"往往"要讲条件，不是只要含有"时常存在或经常发生"的意思就能用"往往"。可是这个注释表述得不是很好，给人的感觉有点矫枉过正，只注意"要讲条件"这一点了，削弱了经常性。我觉得，"往往"主要用在"说明根据经验在某条件下情况通常如此"的语境中。似宜改为：

往往：副　表示某种情况在某种条件下通常会出现与发生。

再如"除了"，《现代汉语词典》第❷、第❸个义项是这样说的：

除了：……❷跟"还、也、只"连用，表示在什么之外，还有别
　　　 的：他除了教课，还负责学校里工会的工作｜他除了写小
　　　 说，有时候也写写诗。❸跟"就是"连用，表示不这样就
　　　 那样：刚生下来的孩子，除了吃就是睡。

这个注释比上面说到的《现代汉语虚词词典》要好，但表述上还是容易让人误解为那补充之意、那选择之意是由"除了"表示的。

上面所谈的四点意见，也可以概括为这样两点：一是该属于所注释的词的意义和用法，一定要说到位，或者说一定要注释得到位，既包括它的基本意义，也包括它所使用的语义背景，而且要表述得比较准确。二是不属于所注释的词的意义和用法，千万别硬加在它身上，特别是不要将它所在格式的语法意义弄在它头上。

有人说，编辞书是个无底洞。此话不假。辞书的特点就是不断修订。而在修订中要不断注意吸收学界已有的科研成果。这方面，应该说《现代汉语词典》还是做得比较好的。像第5版里有不少词条（如"啊、把"等），就吸收了学界的意见和研究成果，修改了先前不恰当的释义。可是，目前新出版、新修订的一些辞书还是普遍存在着"吸收学界研究成果"不够的问题。如"啊""也""往往""反而""已经""并""又"等，学界已有较好的研究成果，但并未很好吸收。举一个例子，留学生常常错用"反而"，北京语言大学王还先生90年代曾举了一个留学生的病例"她以为我不喜欢她，我反而很喜欢她"，指出这与一般词典的注释（"表示跟上文意思相反或出乎预料与常情"）有关，可是某些新近出版的专供外国学习者用的词典，仍然将"反而"注释为"跟预料的结果正好相反"。我觉得，"吸收学界研究成果"这一点辞书学界应该重视。

词的释义是一件非常难的事。要做好，必须以科研引航。譬如说副词"一概""一律"，《现代汉语词典》（第5版）的注释基本一样。请看：

一概：表示适用于全体，没有例外：过期一概作废。

一律：适用于全体，无例外：我国各民族一律平等。

《现代汉语规范词典》（第2版）的注释也是一样的：

一概：表示没有例外：

一律：表示全部，没有例外：

而专供外国学生用的《商务馆学汉语词典》，也还是这样注释：

一概：对全体都一样，没有任何例外情况：外边的人一概不准进去 / 大人小孩儿一概不收门票 / 这种事情不能一概否定 / 中外学生参加本次活动，我们一概欢迎。

一律：没有例外：没有命令，大家一律不准离开 / 中国各个民族一律平等 / 考试时一律不准把书带进考场 / 有的中学要求学生一律穿统一的服装。

外国留学生根据这样的注释就会误认为这两个副词可以随便换用。事实是有时确实能互换，例如：

（15）来回旅费和食宿费用一概/一律自理。

（16）违章建筑一概/一律拆除。

但更多的情况是不能互换的。请看：

（17）a. 新租的房子里，水、电、煤气、暖气、电话、电视、家具乃至锅碗瓢盆，一概齐全。

　　　b. 他家的事我一概不清楚。

（18）a. 每个人胸前一律佩戴着白底红字的校徽。

　　　b. 国家不分大小，应该一律平等。

例（17）的"一概"就不能用"一律"替换，我们不能说：

（17'）a.*新租的房子里，水、电、煤气、暖气、电话、电视、家具乃至锅碗瓢盆，一律齐全。

　　　b.*他家的事我一律不清楚。

而例（18）里的"一律"则不能用"一概"替换，请看：

（18'）a.*每个人胸前一概佩戴着白底红字的校徽。

　　　b.*国家不分大小，应该一概平等。

显然，"一概""一律"的语法意义和具体用法是有区别的。那么区别在哪儿？在什么情况下，只能用"一概"，不能用"一律"，反之，在什么情况下，只能用"一律"，不能用"一概"呢？这都需依据大量语料进行深入细致的研究分析后才能辨析清楚，才能分别给它们以准确、合适的释义。

当年丁声树先生、吕叔湘先生主持编写《现代汉语词典》坚持以科研引航。这为我们后辈进行辞书编纂树立了榜样。我们应该向老一辈学习。

参考文献

李行健主编：《现代汉语规范词典》(第2版)，外语教学出版社、语文出版社，2010年。

鲁健冀、吕文华编：《商务馆学汉语词典》，商务印书馆，2006年。

吕叔湘主编：《现代汉语八百词》，商务印书馆，1980年。

陆俭明、马真：《现代汉语虚词散论》，北京大学出版社，1985年；语文出版社版，1999年。

马真：《说"也"》，《中国语文》1982年第4期。

马真：《说"反而"》，《中国语文》1983年第3期。

马真：《关于"反而"的语法意义》，《世界汉语教学》1994年第1期。

马真：《表加强否定语气的副词"并"和"又"》，《世界汉语教学》2001年第3期。

马真：《现代汉语虚词研究方法论》，商务印书馆，2004年。

施光亨、李鍙主编：《两岸现代汉语常用词典》，北京语言大学出版社，2003年。

中国社会科学院语言研究所词典编辑室编：《现代汉语词典》(5版)，商务印书馆，2005年。

（见沈阳主编《走向当代前沿科学的现代汉语语法研究》，商务印书馆，2013年。）

谈谈《现代汉语词典》第5版虚词的注释

《现代汉语词典》第5版以一种新的面貌于2005年7月跟读者见面了，这是令人高兴的事。《现汉》第5版在虚词修订方面，主要还不是新收了一些虚词，如副词"白白、越加、最好"，连词"别说、要不然、要不是"，以及语气助词"也好"等，都是新收的虚词，这些词确已虚化为虚词，完全应该收录。《现汉》第5版对虚词的修订，主要体现在虚词的词类标注、释义和举例等方面。下面分别加以说明。

一　关于词类标注

汉语所具有的众所周知的特点，决定了在汉语词典里给所收的每一个词标注词性是一件十分困难的事。《现汉》先前只是对部分虚词试着标注了词性，这次《现汉》第5版对收录在词典里的、可以认定为词的词全面标注了词性。在大略翻阅了《现汉》第5版之后，深感其对词类的标注是以研究为导航的，是建立在对汉语词类问题深入思考的基础上的。就所收虚词的词类标注来说，我觉得《现汉》第5版在先前的基础上，具体做了两方面的工作：

第一方面工作我们称之为"加注"，即先前《现汉》未标注词性的虚词，这次都给标注了。我具体统计了A、B和Y、Z四个字母内的虚词，总数是430多个（用的是手工统计，可能会有出入，所以采用"430多个"这样的说法，下同），加注330多个，约占77%。细细分析，"加注"大致可以分为三种情况：

一种情况是，有些词原先编写者可能一时拿不定主意因而没有给标注词性，这次修订时给标注了。例如，"宁可""可见""足见""经常""结果""原来"等，原先都未标注词性，这次都分别作了如下的标注：

宁可[副]　　可见[连]　　足见[连]　　结果[连]

经常　❶[形]属性词　❷[副]　　原来　❶[名]　❷[形]属性词　❸[副]

另一种情况是，有些词原先编写者似没有考虑到该词还可以有某类虚词的用法，因而释义中根本就没有属于某类虚词的义项，而这次修订时增加了属于某类虚词的义项，因而加注了某类虚词的词性。例如："自然"，原先没有标注词类，而且原先的释义中，只有分别体现名词、形容词和副词的义项，这次修订增加了体现连词的义项，因而相应地也加注了连词的词性。再如："专"，原先没有标注词性，而且原先释义中所列的三个义项，没有一个体现虚词的义项，这次修订增加了副词的义项，因而加注了副词词性。请看：

【自然】a.❶自然界：……❷自由发展；不经人力干预……❸表示理所当然：……（4版；删节号代表原注释中所举的例子，下同）

b.❶[名]自然界：……❶[形]自由发展；不经人力干预：……❷[副]表示理所当然：……❹[连]连接分句或句子，表示语义转折或追加说明：……（5版）

【专】a.❶集中在一件事上的：……❷独自掌握和占有：……❸姓（4版）

b.❶集中在一件事上的：……❷[形]在学习技能某方面有特长：❸[副]光；只；专门：……❹独自掌握和占有：……❺[名]姓（5版）

再一种情况是，有些词原先已经标注了词性，但由于从原先的义项中又分出了一个体现另一类虚词的义项，因而增加了一个某类虚词的词类标注。例如："因为"，原先只标注了连词，这次修订时，分列了连词、介词两个义项，因而在标注连词词性之外，又加注了介词。请看：

【因为】a.连词，表示原因或理由：……（4版）

b.❶介表示原因：他～这件事受到了处分。❷连常跟"所以"连用，表示因果关系：～今天事情多，所以没有去。（5版）

第二方面的工作我们称之为"改注"，即原先已标注了词类，但修订时发现原先标注得不合适，因此对标注进行了修改。例如"除了"，原先标注为副词，现改注为介词。

二 虚词的释义

由于虚词只表示抽象的语法意义，相对说来虚词的释义比实词要困难些。《现汉》第5版在虚词释义方面值得称道的，我认为有三点：

第一，由于标注了词类，相应地，有些虚词在释义上也作了改动，使释义更为准确。这又有两种情况：

一种情况是，某些词该分属不同的词类而原先没有分，只笼统地设立一个义项。现在一标词性，原先一个词分属不同词类了，因而增加了义项，相应地，对该词的释义也就更趋准确了。例如："因为""沿路"就属于这种情况。请对照：

【因为】a.连词，表示原因或理由：……（4版）

b.❶介表示原因：……❷连常跟"所以"连用，表示因果关系：……（5版）

【沿路】a. 顺着路边上；一路上：……（4版）

b. ❶副顺着路边：……❷名靠近道路的一带：……（5版）

两相对照，第5版的释义显然比原先好些。

另一种情况是，由于原先不标注词性，虚词的释义往往只是按编者个人的理解来注释。可是我们知道，一类词有一类词的独特的释义方式。现在标注了词类，释义时就得考虑尽可能按照该类词的释义方式来加以释义，这样原先的释义就不能不有所修改。请比较：

【足见】a. 完全可以看出：……（4版）

b. 连承接上文，表示足以做出某种推断：……（5版）

【结果】a. 在一定阶段，事物发展所达到的最后状态：……（4版）

b. ❶名在一定阶段，事物发展所达到的最后状态：……❷连用在下半句，表示在某种条件和情况下产生某种结局：……（5版）

第二，原先的释义本来就不是很合适，这次修订时理所当然要作修改。不妨对比下列虚词前后的释义：

【可见】a. 可以看见，可以想见：……（4版）

b. 连承接上文，表示可以作出判断或结论。（5版）

【正好】a. ❶恰好（指时间、位置不前不后，体积不大不小，数量不多不少，程度不高不低等）：……❷恰巧遇到机会：……（4版）

b. ❶形正合适（指时间、位置不前不后，体积不大不小，数量不多不少，程度不高不低等）：……❷副恰好；刚巧：……（5版）

显然，第5版的释义要强于先前的释义。

第三，删去了原先不合适的义项。例如"只顾"，原先立了两个义项：

【只顾】❶副词，表示专一不变：他话也不答，头也不回，～低

着头干他的事。❷仅仅顾到：～一方面不行，还要顾别的方面。（4版）

从第二个义项所举的例子来看，句子中的"只顾"显然不是词，而原先词典把它也作为一个词看待，并多立一个义项，这显然不妥。第5版将第二个义项删去了，这是符合语言事实的。

三　关于举例

《现汉》所举的例子，总的说是很精当的。但也有照顾不周之处。例如副词"往往"，原先的例子是"他往往工作到深夜"。我们知道，"往往"只用来说明根据以往的经验所总结出的带规律性的情况（多用于过去或经常性的事情）。原先那个例子在句子中没有交代条件，不符合"往往"使用的要求，这句子单独使用就站不住。《现汉》第5版作了修改，改为"休息的时候，他往往到公园去散步"。

总起来说，《现汉》第5版在虚词注释方面更具科学性。

当然，从怎样进一步精益求精这个角度要求，《现汉》第5版也还有需要进一步加工、修改的地方。

首先，有些来自方言的、在普通话里可以说基本上不使用的虚词，可考虑删去。例如作为副词的"麻利"，注释为："〈方〉迅速；赶快：单位开会，叫你～回去。"作为介词的"错非"，注释为："〈方〉除非；除了：～这种药，别的药治不了他的病。"这两个虚词，虽是《现汉》原先就有的，但还是删去为宜。

其次，有些虚词，《现汉》原先是一个，这次修订分为两个，但看不出有区分的必要。突出的一个例子是"及至"，《现汉》原先的注释是：

【及至】连词，表示等到出现某种情况：～上了岸，才知道是个荒岛。

这次第 5 版却增加了一个介词的义项，注释为：

【及至】❶^介等到（某个时间）：～中午，轮船才靠近港口。❷^连表示等到出现某种情况：～上了岸，才知道是个荒岛。

《现汉》第 5 版编写者注意到"及至"后面不仅能带上动词性成分，还能带上表示时间的名词性词语，这是好的。但"及至"还不同于"因为""由于"。我们的意见是，似可以统一处理为介词，要知道汉语里充任介词宾语的成分可以不限于名词性词语。注释可以改为：

【及至】^介等到（某个时间、某种情况）：～中午，轮船才靠近港口。｜～上了岸，才知道是个荒岛。

再次，有些用例，虽是原先就有的，但明显不妥当，例如介词"被"注释里的例句"解放军到处被（人）尊敬"，根本没有人那么说，也不符合介词"被"的使用要求。希望下次修订时更换。

最后，有些虚词的释义，还需充分注意吸收已有的研究成果，使释义更加准确，以尽量避免对学生，特别是对外国留学生学习上的误导，如副词"反而""往往"和表示加强否定语气的"并"和"又"，其释义都还可以进一步斟酌。

（原载于《语言文字应用》2006 年第 1 期）

说说目前辞书的释义[*]

大家都知道，辞书是帮助我们，特别是帮助正在成长的孩子释疑解惑的"不说话的老师"。而辞书的灵魂是释义。词的释义对人们正确了解并运用这个词关系极大。一个词如果释义不全面、不贴切，甚至不当，会影响读者对该词的理解，甚至会误导读者，特别是外国中文学习者对该词的使用。北京大学在20世纪80年代初曾经有一位非洲留学生根据教材上对"优异"的注释（优异：特别好。）说出了"*身体优异"这样的偏误话语。而汉语教材对"优异"的注释就抄自当时的《现代汉语词典》。因此，辞书释义问题是辞书学界需要高度关注的一个方面。

我们看到，作为中型语文辞书精品的《现代汉语词典》从1960年出版的试印本到2012年的第6版，编者的功夫主要就花在词的释义上，而且应该说卓有成效，在释义科学性方面确实在不断提高。这里不妨举三个例子。

【矛头】"矛头"一直注释为：矛的尖端，多用于比喻。

这个注释没有错，但具体比喻什么，不一定所有读者都能领悟到。从第5版开始，《现汉》修改为：

【矛头】矛的尖端，多用于比喻：把讽刺的～指向坏人坏事。

这就将比喻具体化了，有助于读者更好理解和使用"矛头"这个书面语词。

【可见】《现汉》最早的注释是：可以看见，可以想见。

---

[*] 本文依据作者在"第四届汉语辞书高层论坛"（2015.10.9—11.鲁东大学，烟台）上的报告改写而成。

该注释只做了字面解释。在现代汉语里"可见"作为"可以看见，可以想见"这个意义的用法（如"此种情况随处可见"）已经很少见了，更多的是做连词用。从第5版开始，《现汉》修改为：

【可见】承接上文，表示可以作出判断或结论。

新的注释就将它的词性给注释出来了。"足见"也进行了类似的修改。

【蒸发】先前注释：液体表面缓慢地转化成气体。

第5版开始增加新的义项：

【蒸发】❶液体表面缓慢地转化成气体。❷比喻很快或突然地消失。

第6版又进一步修改为：

【蒸发】❶液体表面缓慢地转化成气体。❷比喻没有任何征兆地突然消失。

这一释义就更确切了。

【优异】先前注释：特别好。

第5版修改为：

【优异】（成绩、表现等）特别好。

第6版进一步修改为：

【优异】（成绩、表现等）优秀，出色。

诸如此类的精益求精的修订，举不胜举。这说明，《现汉》（第6版）在释义上不仅继续保持了"以研究为先导"的优良传统，而且在原先的基础上，进一步提高了这部词典释义的学术含量。

但就目前比较有影响的几部辞书来说，在词的释义上仍存在不同程度的问题。限于时间，每个问题只举1—2个实例。

（一）义项缺漏

【例一】副词"别"

目前一些主要的辞书对副词"别"的注释是——

《新华字典》：不要（表示禁止或劝阻）。

《现代汉语词典》（第6版）：❶表示禁止或劝阻，跟"不要"的意思相同。❷表示揣测，通常跟"是"字合用（所揣测的事情，往往是自己所不愿意的）。

《现代汉语八百词》（增订本）：1.表示禁止或劝阻。2.表示揣测，所揣测的事往往是自己所不愿意的。经常跟"是"字合用。

《现代汉语规范词典》（第2版）：❶表示禁止或劝阻，相当于"不要"。❷跟"是"连用，表示揣测（多用于说话人不愿发生的事）。

这些注释共同的问题是，都不适用于"别噎了、别呛了、别皴了、别烫了"里的"别"。这些例子里的"别"显然不是"表示禁止或劝阻"的意思，也不是"表示揣测"的意思。这里的"别"所表示的意思应该是：

提醒对方注意防止不希望的事情发生。

这可不是副词"别"新有的用法。是辞书将"别"的这一义项给漏了。

（二）误将句法格式的意义归到句法格式中某个虚词的身上

我们在给虚词释义时，要特别小心别将虚词所在格式所表示的语法意义归到那虚词身上。关于这一点，早在70多年前，何容（1942）在《中国文法论》一书中就提醒我们要注意这一点。我在1982年《中国语文》第4期上发表的《说"也"》一文，论证了副词"也"并不像当时许多辞书所说的那样，可以"表示并列关系""递进关系""转折关系""条件关系""假设关系"等语法意义，其基本意义只是表示类同，最后特别指出：

在虚词研究中切忌将含有某个虚词的某种句子格式所表示的语法意义硬归到格式中所包含的这个虚词身上去。

然而时至今日，有的辞书仍然犯这样的注释错误。请看事实：

【例一】"既来之,则安之"里的"既"

"既来之,则安之。"(《论语·季氏》)里的"既",目前有些工具书将它注释为连词,认为它相当于"既然",表示因果推论关系。[①]

其实"既来之,则安之"里的"既",还是"已经"的意思,还不是连词。因果推论关系是由"既……则……"这一句式表示的。认为"既"表示推论因果关系,这实际就是误将句式的语法意义归到包含在这句式中的虚词"既"头上去了。这个"既"进一步虚化而成为相当于"既然"的连词,那是以后的事。我们看到,《经传释词》《辞源》《辞海》以及后来出版的《汉语大词典》、王力主编的《王力古汉语字典》(中华书局,2000年)都没有在"既"字头立连词,都没有"表示推论因果关系"这样的义项。

【例二】关于介词"把"

我们知道,"把"字句最主要是表示"处置"义、表示"致使"义。下面请看目前有影响的辞书对介词"把"的注释——

《现代汉语规范词典》(第2版):

> 把¹:……介 a)表示处置,"把"的宾语是后面及物动词的受事者……b)表示致使,后面的动词通常带有表示结果的补语,"把"后的名词与后面的动词的语义关系是多样的……c)表示发生了不如意的事情,"把"后面的名词是当事者……。

请大家注意,就这个注释本身看,释义中 a)、b)、c)三项意义好像都是介词"把"所表示的。这实际上就犯了将整个格式表示的语法意义归到"把"字身上的毛病。我们看到,《现代汉语词典》和《商务

---

① 将"既来之则安之"里的"既"注释为"表示因果推论关系"的连词的辞书如:《古汉语虚词词典》(余心乐、宋易麟主编,江西教育出版社,1996年)、《中华古汉语字典》(金文明主编,上海人民出版社,1997年)、《古汉语词典》(陈复华主编,商务印书馆,1998年)、《汉字形义分析字典》(曹先擢、苏培成主编,北京大学出版社,1999年)。

馆小学生词典》对介词"把"的注释就比较好。请看：

《现代汉语词典》（第 5/6 版）：

把² 介：❶宾语是后面动词的受事者，整个格式大多有处置的意思。……❷后面的动词，是"忙、累、急、气"等加上表示结果的补语，整个格式有致使的意思。……❸宾语是后面动词的施事者，整个格式表示不如意的事情。……

《商务馆小学生词典》（商务印书馆，2006）：

把：❹跟名词组合，用在动词前，整个格式表示处置或致使的意思。

不难看出，这两部词典的注释，就没有将"处置""致使"等语法意义只归到介词"把"的身上，而是认为由整个格式（亦即一般所说的"把"字句）表示的。这样注释是符合语言实际的。

【例三】数词"一"能表示"每"的意思吗？

《现代汉语规范词典》（第 1 版）词条"一"下有一个义项，注释为代词，表示"每；各"的意思。所举的例子是：

（1）每班分六个组，一组八个人｜一年一次｜一人两块钱

到 2010 年底 2 版，做了些修改，将"一"注为数词了，但义项基本不变，仍注释为"指每一"。例子依旧。

数词"一"真的可以表示"每"或"每一"的意思吗？我们承认这里所举的句子确实含有"每"的意思。问题是这"每"的意思是不是由"一"表示的。事实上那"每"的意思是由两个数量结构所形成的对应格式所表示的。① 下面的例子充分证明了这一点：

（2）每班分六个组，三个人一组

（3）这类聚会两年一次

---

① 这类句法格式及其所表示的语法意义，早在 20 世纪 60 年代就有学者著文论述了，参见李临定、范芳莲：试论表"每"的数量结构对应式，载《中国语文》1960 年第 11 期。

（4）便宜了，便宜了，十块钱三斤

"三个人一组"就是每三个人一组的意思，"两年一次"就是每两年一次的意思，"十块钱三斤"就是每十块钱三斤的意思。我们能说"三""两""十"有表示"每"的意思吗？《现代汉语规范词典》对"一"的释义，明显地将句法格式的意义归到了"一"的身上去。

（三）考虑不周密，表述不恰当，不准确

注释的文字必须反复斟酌、推敲。目前某些词条的注释，明显地存在着文字推敲不够的毛病。

【例一】助词"的"

《新华字典》对助词"的"的注释：

> 用在定语后。1. 主要修饰名词：美丽～风光。2. 表示所属的关系：我～书。

这一注释会让人理解为："'的'主要修饰名词"，"'的'表示所属的关系"。实际情况当然不是那样。这是文字表述问题。我们看到，《现代汉语词典》对助词"的"的注释就比较好。请看：

> 用在定语的后面。a）定语和中心语之间是一般的修饰关系：铁～纪律｜幸福～生活。b）定语和中心语之间是领属关系：我～母亲。

【例二】动词"淘汰"

《现代汉语词典》先前注释为：

【淘汰】去坏的留好的，去掉不适合的，留下适合的。

《现代汉语规范词典》注释为：

【淘汰】除去（差的、不适用的）。

这样的释义都太宽。不是任何"去坏的留好的，去掉不适合的，留下适合的"，或者"除去（差的、不适用的）"，都可以说成"淘汰"。《现代汉语词典》从第5版开始修改为：

【淘汰】在选择中去除（不好的、弱的或不适合的）。

这一修改看来好像是比原注释更明确，其实没有实质性的差别，因为原注释实际就包含了"在选择中去除"的意思。我们说原注释太宽，是说不是任何"在选择中去除（不好的、弱的或不适合的）"都可以叫"淘汰"。只有在竞争性的选择中去除（不好的、弱的或不适合的），才能叫"淘汰"。所以我们认为，《现代汉语词典》对"淘汰"的释义还得斟酌修改。是否可以修改为：

在竞争性选择中去除（不好的、弱的或不适合的）。

【例三】名词"滋味"

《现代汉语词典》一直注释为"味道"。《现代汉语规范词典》却注释为：

【滋味】美味；味道。

这一释义显然源于《现代汉语词典》，但又怕跟《现代汉语词典》完全相同，于是加了"美味"二字。殊不知"滋味"并不含"美味"之意。其实这一注释跟它所举的例子（"滋味鲜美"）也自相矛盾了。足见编写者没细细考虑。

（四）不注意吸收已有的研究成果

这个问题突出表现在对副词"反而"的注释上。最有代表性的工具书《现代汉语词典》和《现代汉语八百词》对"反而"的注释一直是这样的：

《现代汉语八百词》：表示跟前文意思相反或出乎预料之外，在句中起转折作用。

《现代汉语词典》：表示跟上文意思相反或出乎预料和常情。

"反而"是个书面语词，这样的注释，对读者会起误导作用，以为只要是表示转折、表示出乎预料就可以用"反而"。下面是外国学生的偏误句：

(1)*大家都看电影去了,她反而在宿舍看书。

(2)*玛沙干得比谁都卖力,这一次我想老师准会表扬他,谁知老师反而没有表扬他。

(3)*他以为我不喜欢跳舞,我反而很喜欢跳舞。

例(1)宜将"反而"改为"却",例(2)宜将"反而"改为"却"或"并",例(3)将"反而"删去,在"我"前加"其实"。不只是外国学生用不好"反而",连我们的书报上也出现误用"反而"的情况。请看:

(4)*黎锦熙先生把主语规定为动作行为的施事(即动作者),或性质状态的具有者,赵元任先生反而认为汉语的主语不限于此,其他如动作行为的工具、时间、处所等都可以做主语。

(5)*大家都主张种植大棚蔬菜,老村长反而反对,主张种植棉花。

例(4)、例(5)中的"反而"都宜换成"却"。

20世纪80年代初我研究了副词"反而",具体分析了包含四层意思的"反而"使用的语义背景,写成文章《说"反而"》,该文发表在《中国语文》1983年第3期上。后来我又在《关于"反而"的语法意义》(载《世界汉语教学》1994年第1期)一文中进一步根据"反而"使用的语义背景概括出"反而"的语法意义:

表示实际出现的情况或现象跟按常情或预料在某种前提下理应出现的情况或现象相反。

遗憾的是,辞书学界并未注意这一研究成果。至今各个辞书对"反而"的注释还与以往一样。我们看到,2006年出版的专门"为具有中级汉语水平的外国学生编写"的《商务馆学汉语词典》(商务印书馆2006年)也还是基本照抄《现代汉语词典》的释义,注释为:

【反而】[副]跟预料中的结果正好相反。

到底是原有的注释有问题,还是我的研究成果有问题?请大家评说。

上述事实可以说明,词汇学界与辞书学界,要充分重视词的具体用法的研究，特别是词语使用的语义背景的研究。

现有的辞书，服务对象主要是母语为汉语的本族人。因此，对词的释义，一般都只是注出了词的基本意义，而对词的具体用法基本不加说明。这是可以理解的，因为母语为汉语的本族人对词的用法从小就集聚了丰富的语感，某个词该怎么用，该在哪儿用，不该在哪儿用，一般都可以凭语感而定。也可能正是这个原因，所以汉语本体研究者基本不研究词语的具体用法，即使研究也是粗线条的。这对外国学生来说，目前的辞书就不大能满足需要了。外国学生用词上出现的偏误，究其原因主要不是他们不了解词语的基本意义，而是因为不了解词语的具体用法，特别是词语使用的语义背景。80年代留学生出现"*身体优异"的偏误，就说明了这一点。

这里不妨再举两个例子：

【例一】副词"按说"

《现汉》的注释是：依照事实或情理来说。
目前一般辞书对副词"按说"的注释都源于《现汉》。共同的问题是没有交代"按说"使用的语义背景。我们中国人不会用错，因为有语感；外国学生则常常用错。例如：

（1）*"今天会下雨吗？"
　　　"我敢肯定<u>按说</u>不会下雨。"

例（1）"按说"，显然用得不恰当，但是他们是按词典的注释来用的——"我敢肯定<u>按情理来说</u>不会下雨"。其实，使用"按说"时，一定有所隐含。

如果是用于说未来发生的事情，则一定隐含着"实际会是怎么样现在没有把握"的意思。例如：

（2）"你说他会来吗？"
　　　"今天他不上班，<u>按说</u>他会来的。"
　　　［隐含着"他"会不会来，没有把握］

如果用于说已经发生了的事情，而说话人并不知道实情，句子也明显地隐含有"没有把握"的意思。请看：

（3）"大哥早已到上海了吧？"

"按说他已经在上海了。"

［隐含着"大哥是否已经到上海没把握"之意］

如果说话人已经知道实情，则隐含着"实际跟所说的情况相反"的意思，例如：

（4）按说你不该告诉他。

［实际上是"你"已经告诉了他］

使用"按说"时一定有所隐含，这就是"按说"使用的语义背景。外国学生所以常常用错，就因为不了解"按说"使用的语义背景。前面所举的病句（"今天会下雨吗？""*我敢肯定按说不会下雨。"）的毛病就出在这里。这个句子说的是未来的事情，既然前半句说了"我敢肯定"，那就不可能隐含"没有把握"的意思了，所以"按说"用得不恰当。

【例二】状态词"好端端（的）"

有一位外国学生在作文中出现了一个使用"好端端"的偏误句：

（1）*他坚持锻炼，身体一直好端端的。

我们不会在这句话里用"好端端的"，而会用"很好""不错"之类的词语。那么这位外国学生怎么会在这个句子里用"好端端的"呢？这跟目前辞书对"好端端"的注释有关。一般都注释为：

形容状况正常、良好。（《现汉》）

按这样的注释我们不能说外国学生那句子里的"好端端的"用得不对。问题就在于辞书只注释了基本意义，没指出使用的语义背景。事实上并不是要想表示"状况正常、良好"就能用"好端端的"。那么，在什么情况可以用它来说明"状况正常、良好"呢？请大家先看下面的例句：

（2）好端端的一桩买卖，全给他弄砸了。
（3）他们怎么吵起来了？刚才不还是在一块儿喝酒，大家好端端的？
（4）你可别让他把这桩好端端的婚事给搅黄了。

可以看出，"好端端的"这个词的使用有一定限制——在已经出现或者预计可能会出现某种非理想状况的情况下，才用"好端端的"这个词来说明原先的良好状况。这就是"好端端的"使用的语义背景。因此，在使用"好端端的"这个词的后面或前面一定要有说明所出现的或可能会出现的非理想状况的句子或话语。

其实，不说明词所使用的语义背景，不仅外国人，就是我们中国人也会在使用某些书面语词的时候出错。请先看一个中学生作文中的病例：

（1）*玲玲蹲在清澈的溪水边，俯瞰着水中的游鱼，而且是那样地专心，以至老师走到她身后她都没觉察。

"溪水边"与"水中的游鱼"，二者之间的距离一般说不会超过两米。这样的高度，虽然是从高处往下看，但不能用"俯瞰"。那学生怎么会在这里使用"俯瞰"呢？我们知道，"俯瞰"是个书面语词，平时很少用到，一般都缺少使用"俯瞰"的语感。而一般辞书，包括《现代汉语词典》一直以来对"俯瞰"就注释为"俯视"，而"俯视"就注释为"从高处往下看"。语文课本就照抄词典的释义，将"俯瞰"径直注释为"从高处往下看"。按辞书、课本对"俯瞰"的注释，我们不能说例（1）里的"俯瞰"用得不恰当。其实，"俯瞰"与"俯视"在具体用法上是有区别的。从很高的地方往下看，而且视野一定比较开阔，这才能叫"俯瞰"；而"俯视"不受高度的限制，也不要求一定要有开阔的视野——不管高度是多少，不管视野如何，只要是从高处往下看，都可以用"俯视"。例（1）所说的情况下不能用"俯瞰"，可以用"俯视"，说成：

(1′) 玲玲蹲在清澈的溪水边，俯视着水中的游鱼，而且是那样地专心，以至老师走到她身后她都没觉察。

词的释义是很难的。分析词语的基本意义不容易。分析词语的具体用法，特别是分析词语使用的语义背景，更不容易。而且往往不可能一步到位，得细细推敲斟酌，不断深化。因此辞书学界流传那么一句话："辞书修订无止境。"这"无止境"三个字当然会体现在新旧词汇的增删更替上，我想更体现在对字、词的释义上。

（原载于《辞书研究》2016年第5期）

是词的意义还是格式的意义

当前在汉语语法研究中，比较常见的一种问题是误将格式表示的意义硬归到某个词语的头上。这一点，我在《说"也"》一文中早已有所论述。在那篇文章中，我曾说到，一般工具书在说明副词"也"的意义和用法时，都列了好多种。按这些书和词典的不同说法，归纳起来，副词"也"可以表示九种语法意义，什么"表示并列关系"呀，"表示递进关系"呀，"表示条件关系"呀，"表示转折关系"呀，"表示假设关系"呀等等。"也"果真能表示那么多语法意义吗？为回答这个问题，我们分析过使用"也"的语义背景，说明什么情况下该用"也"，什么情况下不用"也"。比如在并列复句中可以用"也"，也可以不用"也"，用不用并不影响并列关系。例如：

（1）他吃了一个苹果，我吃了一个苹果。

（2）他吃了一个苹果，我也吃了一个苹果。

例（1）没用"也"，例（2）用了"也"。这两个句子大家都认为是并列复句：因为不管是例（1）还是例（2），都是把"他吃了一个苹果"和"我吃了一个苹果"这两件事并列起来说的。这样说来，一个复句是不是并列复句，根本不取决于是否用了副词"也"。那么用"也"不用"也"的区别在哪里呢？细细地比较、分析，我们可以发现，例（2）用"也"，强调后者（我吃了一个苹果）与前者（他吃了一个苹果）类同；而例（1）没用"也"，就不含有"强调类同"的意味。有了这个认识，我们进一步考察、对比了许多有"也"、没有"也"的并列复句，发现：如果并列复句的两个分句所说的意思根本无类同之处，那就不能用"也"，例如：

（3）他是法国人，我是中国人。

＊他是法国人，我也是中国人。

（4）他去，我不去。

＊他去，我也不去。

（5）他支持，我反对。

＊他支持，我也反对。

如果有类同之处，可以用"也"。用不用，要看是不是需要强调二者的类推关系。例如：

（6）（"你们考了多少分？"）"他考了六十分，我考了六十三分。"

（7）（"你们考得好吗？"）"（我们都考得不太好）他只考了六十分，我也只考了六十三分。"

注意比较例（6）和例（7）的答话，表面看所说的两种情况是一样的，都是"他考了六十分"和"我考了六十三分"，但是例（6）和例（7）的语境不同：例（6）是问"你们考了多少分"，这一语境只需如实说出考试成绩就行了，无须强调二者的类同性，所以没有用"也"；而例（7）是问"你们考得好吗"，这一语境则需强调二者的类同性（都考得不太好），所以用了"也"。通过以上的考察、对比、分析、研究，我们对副词"也"所表示的语法意义获得了新的认识，那就是"'也'表示类同"。我们考察了各类复句中用"也"和不用"也"的情况，结论是一样的："也"都表示类同，什么"表示并列关系"呀，"表示递进关系"呀，"表示条件关系"呀，"表示转折关系"呀，等等，实际上都不是"也"本身表示的语法意义，而是"也"所在的句法格式所表示的语法意义。

我的《说"也"》的文章早已发表，今天为什么我还要提到它，就是因为在最近几年出版的辞书中，仍然出现同样的问题。这里不妨举两个具体的实例。

实例[一]：关于"除了"

有的工具书对"除了"的注释就存在这样的问题。请看：

1. 表示排除。论断适用于保留部分，不适用于排除部分。后面常有"全、都"等副词：除了星期三，他天天有课。/除了爸爸，全家都吃辣。/……

2. 表示补充。在已有部分外，增加补充其他部分。后面常有"还、也、更"：除了写诗，还学英文、法文。/除了英语，物理也考了90分。/……

3. 表示选择。
   每天早餐，除了大饼就是油条。/中央台的15频道，除了戏曲就是音乐。/……

（侯学超《现代汉语虚词词典》1998）

第一个义项，表示排除，这是大家公认的，无可非议。第二、第三两个义项，即"除了"表示补充，表示选择，这就很值得商榷了。我们承认，在这两个义项下所举的例句就全句意思来说，分别含有"补充"和"选择"的意思。但问题是，这"补充""选择"等语法意义是不是由介词"除了"表示的。

如果不细细考虑，只是简单地依据"假如抽掉'除了'，句子就不表示'补充'、'选择'的意思"这一点来定"除了"的语法意义，好像那部工具书的上述说法不无道理。但是，我们也需注意这样一点，第二个义项下的例子，如果将跟"除了"呼应的"还""也"或"更"删去，句子同样也不能表示"补充"的意思，而第三个义项下的例子，如果将跟"除了"呼应的"就是"删去，句子同样也就不能表示"选择"的意思。那我们是否就认为那"补充"的意思是由"还、也、更"表示的，"选择"的意思是由"就是"表示的？当然不能这样看。事实上，那"补充"的意思是由"除了……还/也/……"这种句法格式所表示的，而不是由"除了"单独表示的；同样，那"选择"

的意思是由"除了……就是……"这种句法格式所表示的,而不是由"除了"单独表示的。

这里我们不妨举个旁证。现代汉语中,"不是……就是……"也"表示选择"。谁也不会认为那"选择"的意思是由句中的"不是"或"就是"单独表示的。事实上,那"这择"的意思是由"不是……就是……"这整个句法格式表示的。因此,无论是"除了……还/也/更……"还是"除了……就是……"其中的"除了"仍然只表示排除在外。

这里想顺带对"除了……就是……"这一个格式所表示的语法意义再说些意见。《现代汉语八百词》认为,"除了……就是……"表示"二者必居其一"。这个看法也还不够确切。事实上"除了……就是……"主要不是强调"二者必居其一"而是强调"不在这二者之外"。"不是……就是……"才是强调"二者必居其一"的意思。

实例[二]:关于"一"

《现代汉语规范词典》关于"一"的注释就存在误将格式的意义归到"一"头上的问题。该词典在"一"词条下一共列了10项,其中第5项注为代词,说是表示"每;各"的意思。所举的例子是:

每班分六个组,一组八个人/一年一次/一人两块钱

我们承认这里所举的例子含有"每""各"的意思。问题是这"每""各"的意思果真是由"一"表示的吗?其实,那"每""各"的意思不是"一"所具有的,而是由两个数量结构所形成的格式表示的。这里的"一"还是表示数的数词,而不是代词。因为由两个数量结构所形成的格式也都能表示"每""各"的意思。例如:

每班分六个组,三个人一组

这类聚会两年一次

十块钱三斤

"三个人一组"就是每三个人一组的意思;"两年一次"就是每两年一

次的意思；"十块钱三斤"就是每十块钱三斤的意思。我们总不能说这些话里的"三""两""十"也都表示"每""各"的意思，也都是代词吧。

实例[三]：关于"既来之，则安之"里的"既"

《论语·季氏》里"既来之，则安之"这句话里的"既"，表示什么语法意义？目前有些工具书把这个"既"注释为连词，认为它相当于现代汉语里的连词"既然"，表示因果推论关系。《论语》这句话里的"既"是表示推论因果关系吗？我们承认这个"既"后来进一步虚化而成为相当于"既然"的连词，但我们觉得，那是后来的事。"既"原是"食毕"之意，后来引申为"完尽"义，后又虚化为"已经"义，用作副词。现代汉语里作为连词的"既然"里的"既"保留了这一古义。在《论语》"既来之，则安之"这句话里的"既"，恐怕还不是表示推论因果关系的连词。把这句话里的"既"解释为表示推论因果关系的"既然"，这恐怕也是属于误将"既……则……"这一句式的语法意义归到这个虚词"既"头上的情况。我们看到，《经传释词》《辞源》《辞海》，以及《汉语大词典》、王力主编的（王力古汉语字典》（中华书局，2000年）对"既"都未在"既"字头立"连词，表示推论因果关系"这样的义项。

参考文献

何容：《中国文法论》，商务印书馆，1942年。
侯学超：《现代汉语虚词词典》，北京大学出版社，1998年。
景士俊：《现代汉语虚词》，内蒙古人民出版社，1980年。
李行健主编：《现代汉语规范词典》，语文出版社，2004年。
陆俭明：《有关词性标注的一点意见》，载《语言文字应用》2004年第2期。
陆俭明、马真：《虚词研究浅论》，见陆俭明、马真《现代汉语虚词散论》，北京大学出版社，1985年；又见《现代汉语虚词散论》修订版，语文出版社，2003年。

马真:《说"也"》,载《中国语文》1982年第4期;又见陆俭明、马真《现代汉语虚词散论》(修订版),语文出版社,2003年。

马真:《谈谈虚词研究的方法》,见《语言文字学论坛》第1辑,中国社会科学出版社,2003年。

马真:《现代汉语　虚词研究方法论》,商务印书馆,2004年。

王力主编:《王力古汉语字典》,中华书局,2000年。

(见崔健、曹秀玲主编《对韩(朝)汉语教学研究》,延边大学出版社,2005年。)

语法修辞研究

先秦复音词初探

先秦已有复音词，这是公认的事实。但是，先秦复音词的具体情况如何，根据什么确定复音词，先秦复音词在先秦词汇中以及整个汉语词汇发展中占有什么位置，都有待深入研究。下面根据我们对于先秦时期若干代表著作中出现的复音词所做的初步考察，就上述问题谈一点粗浅的看法。

一　划定先秦复音词的标准

先秦复音词主要是双音词。可分为两类，一类是单纯词，如：参差、窈窕、辗转、鹦鹉。一类是合成词，如：国家、光明、先生、百姓。单纯词只包含一个词素，容易确定。复合词包含两个词素，比较难确定。主要问题是汉语中词和词组的区别没有形式上的标志，当我们碰到一个非单纯词的复音成分，根据什么说它是词而不是词组，得有一番斟酌。确定先秦合成词，比确定现代汉语中的合成词要困难得多。因为，确定先秦时期的合成词，根据的只是有限的书面材料，不能像区分现代汉语的词和词组那样可以采用"替换法""扩展法""插入法"等，更不能简单地用是否经常连用作为定词的标准。有一个事实倒值得注意，那就是合成词的词素之间比词组的构成成分之间结合得总要紧密得多。这可以作为我们确定先秦合成词的客观依据。换句话说，我们可以根据复音组合的结合的紧密程度来划定合成词。具体定词标准我们考虑如下：

（一）两个成分结合后，构成新义，各成分的原义融化在新的整体意义中，这样的复音组合是词，不是词组。

以"先生"为例，"先"和"生"结合后所表示的意思不是它们原来意义的简单结合，即不是简单地表示"先出生"的意思，而是指年长的人，这说明，"先"和"生"结合后已融合成新的整体意义。例如：

> 有事，弟子服其劳；有酒食，先生馔，曾是以为孝乎？（论语·为正）

何晏《论语集解》："马曰：'先生，谓父兄。'""父兄"当然是比自己先出生的，但这里"先生"之后用不着加"者"就已经固定指年长的人了。两个字的原来意义已经融化在新的整体意义之中，这是合成词，不能看作词组。"先生"进一步发展，便专指"老师"了。例如：

> （季咸）出而谓列子曰："嘻！子之先生死矣，弗活矣。"（庄子·应帝王）

> 陈嚣问孙卿子曰："先生议兵，常以仁义为本。"（荀子·议兵）

> 从于先生，不越路而与人言。遭先生于道，趋而近，正立拱手。先生与之言，则对。（礼记·曲礼）

《庄子》一例的"先生"是指壶子，壶子是列子的老师。《荀子》一例是陈嚣称呼他的老师孙卿子。《礼记》一例，郑玄注："先生，老人教学者。"老师一般总是比学生年长的，词的意义与两个词素的意义虽有联系，但绝不是二者的简单相加。再进一步发展，同辈人互称先生，以表示尊敬。例如：

> 孔子谓柳下季曰："今先生世之才士也，弟为盗跖，为天下害，而弗能教也，丘窃为先生羞之。丘请为先生往说之。"（庄子·盗跖）

柳下季曰："先生言为人父者，必能诏其子，为人兄者，必能教其弟，若子不听父之诏，弟不受兄之教，虽今先生之辩，将奈之何哉？"（同上）

孔丘和柳下季互称"先生"，很显然，这里已经不是对年长的人的称呼，而只是一种尊称了。因此，毫无疑问是词，而不是词组。

再如"京师"。"京"是大的意思，"师"是众的意思。《尔雅·释诂》："京，大也。"《说文》："二千五百人为师。从帀从自。自四帀，众意也。"《公羊传桓公九年》："京师者何？天子之居也。京者何？大也。师者何？众也。天子之居必以众大之辞言之。""京"和"师"组合在一起指京城，从词源来看，它确实与"京"和"师"原来的意义有联系，但两个词素原本是形容词性的，组合起来却成为指一种具体事物的名词了。显然，"京师"一词的整体意义并非就是"京"与"师"原义的简单相加。看来当时的人也已经不甚明了整个词的意义和两个词素原有意义之间的关系了，所以《公羊传》才有加以解释的必要。此外，像"左右""交游""经纬""天子""虎贲"等都属于这种情况。

（二）两个同义或近义成分结合，意义互补，凝结成一个更概括的意义，这样的复音组合是词，不是词组。

如"道路"。《说文》解释"道"时说："一达谓之道。"解释"路"时说："道也。"但是，"道"和"路"本来是有细微差别的。《周礼·遂人》："千夫有浍，浍上有道。万夫有川，川上有路。"郑玄注："道容二轨，路容三轨。"可见，路是宽于道的。但是，"道"和"路"结合后，就不表示这种细微差别了，而是表示一个更概括的意义。例如：

予死于道路乎！（论语·子罕）

颁白者不负戴于道路矣。（孟子·梁惠王上）

道路有死人。（荀子·天论）

这里的"道路"不能理解为"道"和"路"的并列，而是表达包括

"道"和"路"的一个更概括的概念。换句话说,"道路"一词是既可单指容二轨的道,也可单指容三轨的路,也可统指道和路。因此《尔雅》就把它当作一个词来解释:"一达谓之道路。"

又如"恭敬"。《说文》对"恭"和"敬"都解释作"肃"。段玉裁在"恭"下注释说:"析言则分别,浑言则互明也。《论语》每恭敬析言,如'居处恭,执事敬','貌思恭,事思敬'皆是。"段玉裁的意见很对,两个字分开来讲是有细微区别的,正如王力先生主编的《古代汉语》中指出的:"'恭'着重在外貌方面,'敬'着重在内心方面"。但是合在一起就互相补充,形成一个外延更大的词。例如:

> 不忘恭敬,民之主也。(左传宣公二年)

> 恭敬者,弊之未将者也。恭敬而无实,君子不可虚拘。(孟子·尽心上)

《左传》一例中的"恭敬"是用来描写赵盾的。赵盾一早就穿戴整齐,准备上朝,因为天还太早,正坐着闭目养神。晋灵公派去刺杀赵盾的鉏麑看到了这种情况,称赞赵盾的行为是"不忘恭敬"。这里的"恭敬"是既说内心又说外貌。而《孟子》一例中的两个"恭敬",前一个却仅指内心,后一个仅指外貌。可见,"恭敬"已经是一个合成词了,而不是联合词组。

(三)两个成分结合后,其中一个的意义消失了,只保留一个成分的意义。这样的复音组合是词,不是词组。

如"市井"。"市"是买卖的场所,《说文》:"市,买卖之所也。""井"是水井,《说文》:"井,八家一井"。两个字组合后,"井"的意思已经消失了;"市井"就是市场,即买卖的地方。例如:

> 男女弃其旧业,亟会于道路,歌舞于市井。(《诗经·陈风·东门之枌序》)

> 处商必就市井。(《管子·小匡》)

《诗经·陈风·东门之枌序》孔颖达疏："古者二十亩为一井，因为市交易，故称市井。"《管子》注："立市必四方，若造井之制，故曰市井。"这些都是探讨"市井"组合的本源。但组合后，"井"的原义已经消失，在复音组合中只是作为陪衬。

又如"场圃"。《诗经·豳风·七月》："九月筑场圃，十月纳禾稼。"本来"场"指谷场，"圃"指苗圃。虽然是"筑场于圃"，"春夏为圃，秋冬为场。"但这里的"场圃"只是指谷场，"九月筑场圃"是说九月筑打谷场，这里"圃"字的意义已经消失。像"园圃、休禒"等都属于这种情况。

（四）重叠的复音组合，如果重叠后不是原义的简单重复，而是在原义的基础上增加某种附加意义，这样的重叠式是词，不是词组。

如"冥冥"。《说文》："冥，幽也。"即昏暗的意思。例如：

  楚公子庆、公孙宽追越师，至冥，不及，乃还。（左传哀公十九年）

  次注林，出于冥隘之径，战于柏举。（墨子·非攻中）

这是表性状的单音节形容词，重叠后的"冥冥"则是表示昏暗的样子，增加了表示情貌的附加意义，应看作词。例如：

  无将大车，维尘冥冥。（诗经·小雅·无将大车）

  仁者绌约，天下冥冥。（荀子·尧问）

又如"滔滔"。"滔"单用时是"漫"的意思。例如：

  天降滔德，女兴是力。（诗经·大雅·荡）

  洪水滔天。（尚书·益稷）

形容水大，用作形容词或动词。重叠后的"滔滔"则是表示水势很大的样子，也应看作词。例如：

  滔滔江汉，南国之纪。（诗经·小雅·四月）（《传》："滔滔，大水貌。"）

  波滔滔兮来迎，鱼邻邻兮媵予。（楚辞·九歌·河伯）

再如"霏霏"。《说文新附》:"霏,雨云貌。"《玉篇》:"霏,古作飝。"我们认为,"飝"即"飞",本是一个动词,重叠后,做状态形容词,表示雨雪、云彩飘飘飞扬的样子,并写作"飝",又写作"霏"。例如:

　　今我来思,雨雪霏霏。(诗经·小雅·采薇)

　　霰雪纷其无垠兮,云霏霏而承宇。(楚辞·九章·涉江)

《传》《笺》都把"霏霏"解释为"甚也",这是不准确的。《说文新附》把单字"霏"解释为"雨云貌",这也是不正确的。我们查阅了《诗经》《论语》等十一部先秦的重要代表著作,没有单用"霏"来表示"雨云貌"的,只有"其霏"一例:

　　北风其喈,雨雪其霏。(诗经·邶风·北风)

"其霏"是以"其"作词头的复音词,"其霏"等于"霏霏",但"霏"本身并不表示情貌。

在先秦汉语中,重叠式复音词大多是由单音节形容词重叠而成,用来表示情貌。如果单音节形容词本身就表示情貌,那么,重叠后更增强了表示情貌的意味。例如:

　　杲乎如登于天。(管子·内业)

　　其雨其雨,杲杲出日。(诗经·卫风·伯兮)

《管子》一例,房玄龄注:"杲,明貌也。""杲"本身表示情貌,"杲杲"也表示情貌,重叠后表示情貌的意味更浓。

这种重叠式复音词古人早已注意到了。《文心雕龙·物色》说:"是以诗人感物,联类不穷,流连万象之际,沈吟视听之区。写气图貌,既随物以宛转;属采附声,亦与心而徘徊。故灼灼状桃花之鲜,依依尽杨柳之貌;杲杲为出日之容,漉漉拟雨雪之状;喈喈逐黄鸟之声,嘤嘤学草虫之韵。"刘勰对叠音词表示情貌的作用说得很中肯。但他未能区分单纯词和合成词。其实,"灼灼、依依、杲杲、漉漉"是合成词,"喈喈、嘤嘤"则是拟声的单纯词。

先秦有少数动词可以叠用，动词叠用只是表示动作重复进行，它们是词组，不是词。例如：

采采卷耳，不盈顷筐。（诗经·周南·卷耳）

有客宿宿，有客信信。（诗经·周颂·有客）

（五）两个结合的成分，其中一个是没有具体词汇意义的附加成分，这样的复音组合是词，不是词组。例如：

终风且霾，惠然肯来。（诗经·邶风·终风）

子路率尔而对曰（论语·先进）

有美一人，婉如清扬。（诗经·郑风·野有蔓草）

桑之未落，其叶沃若。（诗经·卫风·氓）

豺虎不食，投畀有北；有北不受，投畀有昊。（诗经·小雅·巷伯）

我们就是根据上面谈的标准来确定先秦的复音词的，当然在具体工作过程中还会碰到种种复杂情况，这就必须作细致具体的分析，特别不能被经常连用的词的组合所迷惑。如"忠信"，在许多先秦古籍中都经常连用：

孝敬忠信为吉德，盗贼藏奸为凶德。（左传文公十八年）

主忠信，毋友不如己者。（论语·学而）

居之似忠信，行之似廉洁。（孟子·尽心下）

《左传》用了十二次，《论语》用了七次，《孟子》用了四次。但是，这一复音组合并没有结合成词，两个成分都有各自明确的独立的意义，结构是松懈的。例如：

忠信卑让之道也。忠，德之正也；信，德之固也；卑让，德之基也。（左传文公元年）

子以四教：文行忠信。（论语·述而）

《左传》一例，在下文分开阐明"忠"和"信"，可见前面"忠信"连用，实际上等于说"忠与信"。《论语》一例明确说明孔子是以四个科目来教学生的,"忠"和"信"是两个不同的科目。由于"忠信"经常连用,有的地方表面看来似乎结合较紧,容易误解成一个词,这是需要特别注意的。

又如"规矩"。后代是一个词。先秦也经常连用。例如:

其小枝卷曲,而不中规矩。(庄子·逍遥游)

礼之所以正国也……,犹规矩之于方圆也,既错之而人莫能诬也。(荀子·王霸)

这里的"规矩"显然是指"规"和"矩"这两个具体的事物,并非指一定的标准、法则或习惯,因此是词组,不是词。类似的例子很多,如"仁义、忠贞、父子、兄弟、忠臣、贤人"等。此外,先秦汉语同现代汉语一样,经常使用数词结构的简称,在句中的作用类似一个词。如"四体、五谷、五音、五色"等,除"四海、百姓"少数几个数词组合由于长期使用,已经失去简称的作用,可以算作词外(详下文),其他都只能算词组。或者如吕叔湘先生说的,最多也只能说"性质比较近于短语词"。①

另外,有些复音成分在某些场合是复音词,在某些场合是词组,我们不能片面地以一方来否定另一方,既不能以作词的材料为依据把本该是词组的复音成分看作词,也不能以作词组的材料为依据把本该是词的复音成分看作词组,而应具体问题具体分析。如"左右",指身边的人时是词:

左右皆曰贤,未可也。(孟子·梁惠王下)

指具体方位时是词组:

王顾左右而言他。(孟子·梁惠王下)

又如"四海",泛指全国、天下时是词:

故推恩足以保四海,不推恩无以保妻子。(孟子·梁惠王上)

---

① 吕叔湘:《汉语语法分析问题》,第26页。

生则天下歌，死则四海哭。（荀子·解蔽）

实指四方的海时是词组：

是故禹以四海为壑。（孟子·告子下）

再如"学问"，指知识时是词：

人有鸡犬放，则知求之；有放心而不知求。学问之道无他，求其放心而已矣。（孟子·告子上）

不临深谿，不知地之厚也；不闻先王之遗言，不知学问之大。（荀子·劝学）

指"学"和"问"的具体行为动作时是词组：

吾他日未尝学问，好驰马试剑。（孟子·滕文公上）

学问不厌，好士不倦，是天府也。（荀子·大略）

总之，我们认为，划分先秦的复音词，主要应从词汇意义的角度来考虑问题，即考察复音组合的结合程度是否紧密，它们是否已经成为具有完整意义的不可分割的整体。这是最可行的办法，其他方面的标志都只能作为参考。

二 先秦复音词的构造方式

先秦复音词从结构方面来考察，首先应该分成两大类：一类是单纯词，一类是合成词。单纯词只有一个词素，当然不存在内部的结构问题。但是从语音方面看，还有多种不同的形式。前人把这种词叫做联绵字。合成词包含两个或两个以上的词素，词素之间有着多种不同的结合关系。下面分别进行一些分析。

（甲）单纯复音词的语音组合形式

（一）叠音：同一个音节重叠，古人称之为重言。例如：

关关雎鸠，在河之洲。（诗经·周南·关雎）

肃肃兔罝，纠纠武夫。（诗经·周南·兔罝）

老冉冉其将至兮，恐脩名之不立。（楚辞·离骚）

风飒飒兮木萧萧，思公子兮徒离忧。（楚辞·九歌·山鬼）

卧则居居，起则于于。（庄子·盗跖）

（二）双声：两个音节的声母相同。例如：

参差荇菜，左右流之。（诗经·周南·关雎）

爱而不见，搔首踟蹰。（诗经·邶风·静女）

鸳鸯于飞，毕之罗之。（诗经·小雅·鸳鸯）

颜色憔悴，形容枯槁。（楚辞·渔父）

惨郁郁而不通兮，蹇侘傺而含戚。（楚辞·哀郢）

将磅礴万物以为一世蕲乎乱。（庄子·逍遥游）

（三）叠韵：两个音节的韵相同。例如：

陟彼崔嵬，我马虺隤。（诗经·周南·卷耳）

月出皎兮，佼人僚兮，舒窈纠兮，劳心悄兮！（诗经·陈风·月出）

采采芣苢，薄言采之。（诗经·周南·芣苢）

心婵媛而伤怀兮，眇不知其所蹠。（楚辞·哀郢）

若有人兮山之阿，被薜荔兮带女萝。（楚辞·九歌·山鬼）

肌肤若冰雪，绰约若处子。（庄子·逍遥游）

（四）双声兼叠韵：两个音节不但声母相同，韵也相同或相近。例如：

悠哉悠哉，辗转反侧。（诗经·周南·关雎）

一之日觱发，二之日栗烈。（诗经·豳风·七月）

绵蛮黄鸟，止于丘阿。（诗经·小雅·绵蛮）

佩缤纷其繁饰兮，芳菲菲其弥章。（楚辞·离骚）

（五）非双声叠韵。例如：

月离于毕，俾滂沱矣（诗经·小雅·渐渐之石）

凤凰于飞，翙翙其羽，亦集爰止。（诗经·大雅·卷阿）

制芰荷以为衣，集芙蓉以为裳。（楚辞·离骚）

何桀纣之猖披兮，夫唯捷径以窘步。（楚辞·离骚）

数仞之墙而民不逾也，百仞之山而竖子冯而游焉，陵迟故也。（荀子·宥坐）

我们这里所说的叠音只包括单纯词，这与古人所谓的重言范围并不完全一样，古人所说的重言包括本文所说的叠音单纯词和重叠式合成词。另外，这里所说的双声、叠韵等也都只指单纯词。

叠音、双声、叠韵等这类单纯词多出现在诗歌和文艺性较强的作品中，如《诗经》《楚辞》就用得比较多，《荀子》《庄子》也不少，三传、《论语》《孟子》等则很少使用。

（乙）合成词的构造方式

（一）复合式：组成成分均为词根，又可分为：

（1）联合式：两个成分并列组合成复音词。大多是由两个近义成分结合为词。例如：

a. 名+名→名词

唯是先君之敝器土地不敢爱。（左传成公二年）

声音不足听于耳与？（孟子·梁惠王上）

儒者法先王，隆礼义，谨乎臣子而致贵其上者也。（荀子·儒效）

上好富，则人民之行如此，安得不乱！（荀子·大略）

b. 动+动→动词

二矛重英，河上乎翱翔。（诗经·郑风·清人）

上无正长之治，大臣背叛。（谷梁传僖公十九年）

我虽不敏，请尝试之。（孟子·梁惠王上）

偶视而先俯，非恐惧也。（荀子·修身）

变化代兴，谓之天德。（荀子·不苟）

c. 形+形→形容词

不信仁贤，则国空虚。（孟子·尽心下）

保厥美以骄傲兮，日康娱以淫游。（楚辞·离骚）

诚既勇兮又以武，终刚强兮不可凌。（楚辞·九歌·国殇）

心不怡之长久兮，忧与愁其相接。（楚辞·九章·哀郢）

脩饬端正，尊法敬分，而无倾侧之心。（荀子·君道）

d. 形+形→名词

便嬖不足使令于前与？（孟子·梁惠王上）

知好色，则慕少艾。（孟子·万章上）

世之灾，妒贤能，飞廉知政任恶来。（荀子·成相）

弃其耆老，收其后世。（荀子·赋）

天地不知，善桀、纣，杀贤良。（荀子·尧问）

例二"少艾"，指年少而美好的女子。"少"和"艾"本来都是形容词，"少"是年少的意思，"艾"是美好的意思（朱注："艾，美好也。"）"少"和"艾"结合在一起便成为名词。"耆老""便嬖""贤能""贤良"都是由两个形容词性成分结合而成的名词，皆指人。

e. 动+动→名词

行旅皆欲出于王之涂。（孟子·梁惠王上）

掊克在位，则有让。（孟子·告子下）

辞其交游，去其弟子，逃于大泽。（庄子·山木）

例一的"行旅"并非两个动作的并列，而已结合为一名词，指"行旅之人"。例二的"掊克"，也是由两个动词性成分组合成的名词，指聚敛贪狠之人。赵岐注："掊克不良之人在位。"《诗经·大雅·荡》"曾是掊克"，《传》："掊克，自伐好胜人也。"孔颖达正义："自伐解掊，好胜解克。"例三的"交游"不是交往游玩的意思，而是指往来的朋友。

关于联合式需要说明以下几点：

1. 由联合式构成的复合词，形容词居多，动词次之，名词最少。

2. 联合式复合词在词性上一般与其构成成分词性相同，但也有少数不相一致的。具体说来，联合式形容词，其构成成分全是形容词性的；联合式动词，其构成成分全是动词性的；联合式名词，其构成成分多数是名词性的（见1a），有些是形容词性的（见1d），有些是动词性的（见1e）。

3. 先秦时联合式复合词多为同义或近义成分的联合，但也有少数是反义成分的对峙，例如：

君昧爽而栉冠，平明而听朝。（荀子·哀公）
女曰鸡鸣，士曰昧旦。（诗经·郑风·女曰鸡鸣）
昧旦平显，后世犹怠。（左传昭公三年）
左右皆曰不可，勿听。（孟子·梁惠王下）
定公不悦，入谓左右曰："君子固谗人乎！"（荀子·哀公）

例一"昧爽"就是由两个反义成分对峙组合而成的，段玉裁《说文解字注》："昧者，未明也。爽者，明也。合为将旦之称。""昧旦""左右"也是这样的情况。

（2）偏正式：两个成分结合，一个成分修饰另一个成分。

a. 名+名→名词

我田既臧，农夫之庆。（诗经·小雅·甫田）
愿以小人之腹为君子之心……。（左传昭公二十八年）
鸟乌之声乐，齐师其遁？（左传襄公十八年）
寰内诸侯，非有天子之命不得出会诸侯。（谷梁传隐公元年）
存乎人者莫良于眸子。（孟子·离娄上）
仲尼之门人，五尺之竖子，言羞称乎五伯。（荀子·仲尼）
宾出，主人拜送，反易服，即位而哭，如或去之。（荀子·礼论）

b. 形+名→名词

老夫灌灌，小子蹻蹻。（诗经·大雅·板）

庶民攻之，不日成之。（诗经·大雅·灵台）

宣子谓之如子旗，大夫多笑之。（左传昭公二年）

君子周而不比，小人比而不周。（论语·为政）

三军可夺帅也，匹夫不可夺志也。（论语·子罕）

其良人出则必餍酒肉而后反。（孟子·离娄下）

涣然兼覆之，养长之，如保赤子。（荀子·富国）

c. 数＋名→名词

绸缪束薪，三星（参宿）在天。（诗经·唐风·绸缪）

君子不重伤，不禽二毛。（左传僖公二十二年）

故仁人在上，百姓贵之如帝。（荀子·富国）

四海之民，莫不愿得以为师。（荀子·乐论）

d. 动＋名→名词

采采卷耳，不盈顷筐。（诗经·周南·卷耳）

锡之山川，土田附庸。（诗经·鲁颂·閟宫）

几节奏欲陵，而生民欲宽。（荀子·致士）

流言灭之，货色远之。（荀子·大略）

e. 形＋动→动词

乐骄乐，乐佚游，乐晏乐，损矣。（论语·季氏）

子之燕居，申申如也，夭夭如也。（论语·述而）

经营四荒兮，周流六漠。（楚辞·远游）

f. 形＋动→名词

先生何为出此言也？（孟子·离娄上）

关于偏正式需要说明以下几点：

1. 由偏正式构成的复合词大多是名词，少数是动词，不见有形容词或别类词。偏正式名词，其中心成分大多是名词性的，只有极少数是动词性的（见2f），其修饰成分则可以是名词性的，也可以是形容词、数词、动词性的。

2. 在"名+名→名词"里,有一种大名冠小的格式值得注意,例如"鸟乌""鱼鲔"。这是先秦所特有的一种格式。俞樾在《古书疑义举例》中已经注意到这一点。他说:"古人之文,则有举大名而合之于小名,使二字成文者。如《礼记》言'鱼鲔','鱼'其大名,'鲔'其小名也。《左传》言'鸟乌','鸟'其大名,'乌'其小名也。《孟子》言'草芥','草'其大名,'芥'其小名也。《荀子》言'禽犊','禽'其大名,'犊'其小名也。"虽然"草芥""禽犊"也还可以看作近义成分的并列,但"鱼鲔""鸟乌"确实不宜看作近义成分的并列。类似的复合词还有人名"后稷"等。这种构词方式可能是比较早期的名词的构词方式。甲骨文中的"父乙""母辛""妣庚""祖乙"也许就是保存下来的早期资料。现在汉藏语系的某些语言里(如僮语和瑶语的布努话、勉话)还保存这种构词的方式。①

(3)动宾式:

　　召彼故老,讯之占梦。(诗经·小雅·正月)

　　岂将军食之而有不足?(左传昭公二十八年)

　　宋人杀其大夫司马,宋司城来奔。(左传文公八年)

　　子耳为司空,子孔为司徒。(左传襄公十年)

　　孔子为鲁司寇,不用,从而祭,燔肉不至,不税冕而行。(孟子·告子下)

　　司徒知百宗城郭立器之数。(荀子·王制)

　　相国舍是而不为……(荀子·强国)

　　睆彼牵牛,不以服箱。(诗经·小雅·大东)

---

① 分别参看:袁家骅、张元生《僮语词法初步研究》,见中国语文丛书《少数民族语文论集》第1集,中华书局,1958年;中国科学院少数民族语言研究所主编《中国少数民族语言简志(苗瑶语族部分)》,科学出版社,1959年。

东有启明，西有长庚。（诗经·小雅·大东）

　　彼都人士，充耳琇实。（诗经·小雅·都人士）

　　邦君树塞门，管氏亦树塞门。（论语·八佾）

　　天子适诸侯曰巡狩。（孟子·梁惠王下）

　　诸侯朝于天子曰述职。（孟子·梁惠王下）

动宾式构成的复合词在先秦是很少的，大多是官名，也有少数星名或其他事物的名称。《孟子》中的"巡狩""述职"结合不很紧密，还可以看作词组。

（二）附加式：组成成分一为词根，一为附加成分。

（1）词根+词尾

a. 词根+然

　　君子正其衣冠，尊其瞻视，俨然人望而畏之，斯不亦威而不猛乎？（论语·尧曰）

　　天油然作云，沛然下雨，则苗浡然兴之。（孟子·梁惠王上）

　　汤三使往聘之，既而幡然改曰……（孟子·万章上）

　　君子之言，涉然而精，俛然而类，差差然而齐。（荀子·正名）

　　治乱可否，昭然明矣。（荀子·解蔽）

b. 词根+如

　　有美一人，婉如清扬。（诗经·郑风·野有蔓草）

　　君召使摈，色勃如也，足躩如也（论语·乡党）

　　趋进，翼如也。（论语·乡党）

　　朝，与下大夫言，侃侃如也。（论语·乡党）

　　君子引而不发，跃如也。（孟子·尽心上）

　　桑之未落，其叶沃若。（诗经·卫风·氓）

c. 词根+焉

　　睊言顺之，潸焉出涕。（诗经·小雅·大东）

　　瞻之在前，忽焉在后。（论语·子罕）

贵贱长少,秩秩焉。(荀子·仲尼)

事大故坚则涣焉离耳,若飞鸟然。(荀子·议兵)

d. 词根+尔

宴尔新昏,如兄如弟。(诗经·邶风·谷风)

既竭吾才,如有所立卓尔。(论语·子罕)

鼓瑟希,铿尔,舍瑟而作。(论语·先进)

嘑尔而与之,行道之人弗受。(孟子·告子上)

(2)词头+词根

有穷由是遂亡,失人故也。(左传襄公四年)

望瑶台之偃蹇兮,见有娀之佚女。(楚辞·离骚)

昔者武王伐有商,诛纣,断其首,县之赤斾。(荀子·正论)

关于附加式需要说明以下几点:

1. 词根加词尾所构成的附加式复音词,都是状态形容词,一般表示情貌,如"沛然"(盛大的样子),"潸焉"(出眼泪的样子);也有少数表示声音,如"铿尔"。这类复音词,其词根大多是形容词性成分,少数是动词性成分,如"涉(然)""跃(如)",或名词性成分,如"翼(如)"。

2. 词头加词根的附加式复音词,主要是由"有"构成的专有名词,大多是上古时代的国名、部族名。

3. 词尾"然、尔"是由指示代词虚化来的①,"如、若"大概是由动词虚化来的。

4. 除了我们上面所举到的附加成分外,在《诗经》中还有"爰、曰、言、聿、遹、其"等,它们常用在动词或形容词的前面,另有"思、止、而、耳"等,它们常用在动词或形容词的后面,王力先生都把它们看作词头词尾。我们认为,这个问题比较复杂。拿"言"字

---

① 王力:《汉语史稿》中册,第317页。

来说，《毛传》《郑笺》解作"我"，朱熹则释作语助词，胡适、高本汉等又另有所论，从古至今解释"言"字的文章不少，但现在也还是难于作出定论，我们在研究先秦复音词时，对于由这些成分结合的复音形式，暂时存而不论。

（三）重叠式

行道迟迟，中心有违。（诗经·邶风·谷风）
莫往莫来，悠悠我思。（诗经·邶风·终风）
皎皎白驹，食我场苗。（诗经·小雅·白驹）
巍巍乎有天下而不与焉！（孟子·滕文公上）
宁昂昂若千里之驹乎？（楚辞·卜居）
浩浩沅湘，分流汨兮。（楚辞·九章·怀沙）
荡荡乎，其有以殊于世也。（荀子·不苟）

重叠式复音合成词，跟叠音单纯词一样，多出现在诗歌和文艺性较强的作品中。在《诗经》中，这两种词加在一起，几乎要占《诗经》全部复音词的一半以上。

三 先秦词汇复音化的原因和途径

先秦是汉语词汇复音化开始的阶段，也是复音化进展十分迅速的阶段。这跟社会发展对语言的影响以及汉语本身内在的发展规律有着密切的关系。语言是随着社会的发展而不断发展的，春秋战国时期社会的极大变革和发展必然要求汉语加快自己的发展步伐，以适应社会发展的需要，特别是要求汉语用大量的新词新语来反映这种社会变革和发展的现实。

殷商和西周时期，汉语的词汇中很少有复音词。这可以从甲骨文、西周金文和《尚书》的词汇情况得到证实。单音节新词的产生，其造词方式只可能有两种：一是词义造词，一是音变造词。所谓词义造词，即通过词义的引申，造成多义词，再由多义词分化出新的同音词。例如，"道"，本义是道路，引申为抽象意义的途径，这还是一词多义；再引申为道德或思想、学说，或者引申为引道（后来写作"导"），这就构成跟表示本义的"道"语音形式相同的新的单音词了。所谓音变造词，即通过改变某个单音词的声、韵、调来构成新词。例如，"朝"（zhāo），本义是早晨，改变"朝"的声母构成表示朝廷、朝代的新的单音词"朝"（cháo）。又如"长"，本义是"长短"的"长"（cháng），改变其声母和声调，构成表示生长、年长的新的单音词"长"（zhǎng）。"雁"和"鹅"也是属于这类情况的同源词，它是通过改变韵母和声调而分化成两个单音词的。这两种造词方式造词显然有很大的局限性，不能满足当时社会发展对汉语所提出的产生大量新词的要求。词义造词必然带来同音词的增加，这是显而易见的；音变造词也不可避免地带来同音词的增多。因为语言中的音节数目是不可能无限制地增加的。根据古音学家的研究，先秦的语音系统就已经十分繁复了，再增加新的声母、韵母或声调以构成新的音节这显然不是语音本身所要求和所能容许的，所以音变造词的最后结果也只能导致同音词的大量增加。然而，同音词过多，必然影响语言的交际功能。例如：

　　都城过百雉，国之害也。先王之制，大都不过参国之一，中五之一，小九之一。（左传隐公元年）

　　愿君顾先王之宗庙，姑反国统万人乎？（战国策·齐策）

例一，两个"国"字意义不同，这需要从上下文才能体会出第一个"国"字是指"国家"，第二个"国"字是指"国都"。例二，必须知道孟尝君并没有离开齐国，才能确定这个"国"字是"国都"的意思。当时人们对这种情况可能不至于发生误解，但是同音词过多，总是会影响交际的，这是一般规律。又如：

不见宗庙之美，百官之富。（论语·子张）

君薨，百官总己以听于冢宰三年。（论语·宪问）

祁午得位，伯华得官。（左传襄公三年）

例一的"百官"是指各种行政机关，例二的"百官"却是指行政机关的长官了，例三的"官"则是指行政职务。这也都要有前后文才能确定。为避免由于同音词过多而可能引起的交际上的混乱就迫切要求词的复音化。正是在这种客观要求下，春秋战国时期开始并加快了词的复音化的进程，像上面所举的三种意义的"官"字在春秋战国时期就已开始向双音词过渡。例如：

及都邑官府，其百吏肃然。（荀子·强国）

贤者举而上之，富而贵之，以为官长。（墨子·尚贤中）

官吏豪杰与计坚守者……，皆赐公乘。（墨子·号令）

臣有臣之威仪，其下畏而爱之，故能守其官职，保族宜家。（左传襄公三十一年）

构成双音词语以后，就不会有让人捉摸不定甚至产生误解的可能。很明显，词的复音化正是解决当时需要大量增加新词这种社会要求和旧的词汇体系局限性的矛盾的唯一出路。

先秦汉语词的复音化，途径主要有两条。第一条途径是在音变造词方式的基础上开始的。既然可以在一个音节中改变声、韵、调来构成新词，那么当然也可以取某个音节加以重叠来构成新词。从本质上来说，这也还是音变造词的一种方式。但这不能不说是一种突破，而且，这种突破意义重大，它不仅打破了汉语单音节词的旧体系，而且为汉语词的复音化开辟了一条途径。因为，既然可以采取音节重叠的方式来造词，自然也可以采取在音节重叠的基础上改变其中一个音节的声母或韵母的方式（即部分重叠）来造词。先秦汉语中的叠音词、双声叠韵的联绵词就都是这种音变造词方式在双音词中的推广。音变造词方式构成的复音词在《诗经》中非常多，看来春秋时这种造词方式一度还是一种能产的方式。刘勰早已注意到这一现象,近人王国维所编的《联绵字谱》,专门搜集罗列了先秦两汉大部分联绵字,不过标准过宽,把许多非联绵字也收进去了。王显同志则专门就《诗经》中的重言词作了一个统计:①

《国风》	168 个	232 次
《小雅》	201 个	239 次
《大雅》	109 个	129 次
《周颂》	26 个	26 次
《鲁颂》	28 个	35 次
《商颂》	15 个	17 次

王显同志是六类诗分别统计的,其中有许多相同的词。根据我们的统计,《诗经》用重言词 346 个(包括叠音的单纯词和重叠式合成词两种),几乎占《诗经》中全部复音词的 50%。这个比重是相当大的。

由音节重叠到音节的部分重叠,再进一步就是任意音节的组合(非双声叠韵的联绵字),这是用音变造词方式构成复音词的最后一步。但是这种任意音节的组合在汉语造词中没有得到发展,而且,从总体上说,整个音变造词方式很快就让位给结构造词方式了。

先秦汉语词的复音化第二条途径,也是更主要的途径,是结构造词方式。结构造词是汉语复音化的必然结果。音变造词方式构成的复音词都是单纯词,结构造词方式构成的复音词都是合成词。

先秦用结构造词方式构成新词,概括起来有两种情况:一是由临时组合的词组逐渐凝固而成词,一是两个以上的词素拼合后立即成词。

---

① 王显:《诗经中跟重言作用相当的有字式、其字式、斯字式和思字式》,《语言研究》第 4 期。

汉语的复合词，有许多本来都是词组，在发展中逐渐凝固成词。比如，"国"和"家"本是两个词，"国"是指诸侯的封地，"家"是指大夫的封地。例如：

> 由也，千乘之国，可使治其赋也。（论语·公冶长）

> 求也，千室之邑，百乘之家，可使为之宰也。（论语·公冶长）

> 丘也闻有国有家者，不患贫而患不均，不患寡而患不安。（论语·季氏）

在《论语》和《诗经》里，找不到一个"国"和"家"连用的例子。在《左传》里，"国"和"家"虽然连用达三十次之多，但大都明显是词组，很难确认有凝固成词了的。例如：

> 侨闻君子长国家者，非无贿之患，而无令名之难。夫诸侯之贿，聚于公室，则诸侯贰。若吾子赖之，则晋国贰。诸侯贰则晋国坏，晋国贰则子之家坏。何没没也！将焉用贿？（左传襄公二十四年）

这段话说到诸侯时用"国"，说到范宣子时用"家"，因为范宣子是晋国的大夫。可见这段话前面的"国家"是个联合词组，不是词。但是，由于"国"和"家"常连用，结合越来越紧，就慢慢由词组凝固成为词，战国时期已经完成了凝固的过程。例如：

> 士之失位也，犹诸侯之失国家也。（孟子·滕文公下）

> 上则能顺天子之命，下则能保百姓，是诸侯之所以取国家也。（荀子·荣辱）

《孟子》和《荀子》这两个例子里的"国家"无疑是一个复合词了。因为它的意义已不是"国"和"家"的简单相加，而是专指诸侯的封地了。

又如"布衣"，先有"大布之衣""布衣之士"等说法，是偏正词组。例如：

当文公之时，晋国之士，大布之衣，牂羊之裘，练帛之冠，且苴之屦，入见文公。（墨子·兼爱下）

　　魏牟，万乘之公子也，其隐岩穴也，难为于布衣之士。（庄子·让王）

春秋战国时期，士都是穿由麻、葛等质料织的布做的衣服，所以人们常说"布衣之士"，进而以"布衣"指代士，例如：

　　古之贤人，贱为布衣，贫为匹夫，食则馆粥不足，衣则竖褐不完，然而非礼不进。（荀子·大略）

这里的"布衣"，专指穿布衣的士人，在意义上发生了根本的变化，而且在语言中固定下来，成为词了，并非临时的修辞手段。

先秦汉语中用结构造词方式造成合成词主要都属于这种由词组逐渐凝固成词的情况。无论是联合式的"衣服、道路、嫉妒、恐惧、学问"，还是偏正式的"先生、黄泉、天下、四海"都有一个紧缩、凝固的过程。

有许多词在先秦著作中虽然经常连用，但仍然是词组，不是词。例如：

　　颜色黧黑，耳目不聪明，手足不劲强，不可用也。（墨子·节葬下）

　　奸声乱色不留聪明。（礼记·乐记）

从先秦的著作中看，"聪明"仍只能认为是词组，凝固成词是汉以后的事情。我们发现先秦著作中，某些经常组合在一起的复音成分，在后代是词，而当时是词组的，数量相当多，比如"是非、饮食、鼓噪、前驱、畜牲、地主"等都是。这说明，不仅在先秦汉语中，而且在整个汉语历史发展中，结构造词都是以由词组凝固成词这种情况为主的。

由两个以上的词素直接拼合成词，不需要经过词组凝固化的过程，这是先秦用结构造词方式构成合成词的另一种情况。属于这一情况的首先是那些由词根和附加成分构成的合成词,例如:"沛然、芒芒然、率尔、莞尔、沃若、侃侃如、有周"等。虽然这里的"然""尔"确实像王力先生指出的,它们"在没有成为词尾以前","本来是一个指示性的形容词","由独立的词发展为副词词尾"。① "若""如"也可能来源于动词。但是它们虚化成词尾以后,在构成合成词时,只要与词根一结合就立即成词,用不着再有凝固的过程。我们考察先秦带附加成分的合成词,无论如何也看不出凝固的过程来。从汉代以后的注疏家,都把这类词当作一个整体来训释,这就既说明了这类词意义结合的紧密,也说明了人们不再意识到这些附加成分原来的本义。重叠式复合词(如"浩浩、皎皎、幽幽")也属于这种情况。

除了带附加成分的合成词和重叠式合成词之外,也还有些复音组合,本来是由两个具有独立意义的单音词构成的,但一经组合立即构成一个新词,没有凝固的过程。例如"将军","将"和"军"是两个单音词,在先秦著作中有"将上军""将下军"的说法:

　　晋侯作二军,公将上军,大子申生将下军。(左传闵公元年)
可是,在先秦"将"和"军"直接结合,却不是统率军队的意思,而是指统率军队的人。例如:

　　是故,择其国之贤者,置以为左右将军大夫。(墨子·尚同中)

　　鲁欲使慎子为将军。(孟子·告子下)

　　晋侯将与狄战。使狐射姑为将军,赵盾佐之。(谷梁传文公六年)

　　尊将军为诸侯。(庄子·盗跖)
前三例的"将军"是当时军队里的官职,最后一例是孔丘对跖的尊称,

---

① 王力:《汉语史稿》中册,第317页。

无疑都是词。我们查阅了先秦十多部著作中的"将军",连用时,无一例外都是词。这是因为"将"和"军"一结合,就不是"统率军队"的意思,而是用来作指人的名词,不再需要经过词组凝固化的过程。类似的情况,还有"司马、司徒、司空"等官名,"牵牛、启明"等星名,都是由两个单音词组合成的动宾式的名词。这样的复合词,为数是不多的。

再如"玩好"。"玩"和"好"本是两个动词,它们结合后,不是"玩赏和喜好"的意思,而是指玩赏和喜好的东西。例如:

鲁之于晋也,职贡不乏,玩好时至。(左传襄公二十九年)

少长于君,则君轻之,且夫玩好在耳目之前,而患在一国之后。(谷梁传僖公二年)

衣服曰襚,玩好曰赠,玉贝曰唅。(荀子·大略)

玉府掌王之金玉、玩好、兵器、凡良货贿之藏。(周礼·玉府)

我们查阅了十多部先秦著作,没有一个用例是"玩赏和喜好"的意思。当然这样的情况,无论在先秦还是在后代都不是很多的。

四　先秦复音词的地位

汉语词汇的发展经历了一个以单音节词为主到以双音节词为主的历史发展过程。先秦复音词的产生和发展是汉语词汇发展史上的一个重要里程碑。前面我们已经指出,在先秦以前基本上都是单音词,复音词的大量产生是从先秦开始的。根据我们对先秦古籍的考察,复音词在先秦词汇中已有一定数量,并在先秦词汇中占有重要地位。我们统计了先秦时期八部著作的复音词,具体情况如下:

《诗经》	712个
《左传》	489个
《公羊传》	64个
《穀梁传》	65个
《论语》①	159个
《孟子》	286个
《楚辞》屈赋部分	551个
《荀子》	1093个

八部著作总计复音词3 432个（不包括人名地名在内），除去重复的外，有2772个。如果先秦单音词估计为一万，那么复音词已经为单音词的百分之二十以上。全部先秦复音词当然会更多，加上人名、地名比重就更大了。

从上面的统计情况看出，虽然先秦复音词在使用频率上还远远不如单音词，但在先秦词汇中已占一定比重，更值得注意的是，它为汉语复音词的进一步发展，乃至使复音词在汉语词汇中占主导地位，打下了基础。

谁都承认，汉语发展到今天，复音词在整个汉语词汇中已占主导地位了。虽然现代汉语中更大量的复音词是秦汉以后，特别是鸦片战争或"五四"以后新产生的，但是，必须看到，第一，现代汉语中相当一部分复音词是直接从先秦继承来的；第二，现代汉语里合成词的构造方式已在先秦奠定了基础。

我们通过对先秦复音词的研究，并对照现代汉语复音词，可以清楚地了解到现代汉语复音词和先秦复音词之间有着明显的继承发

---

① 根据杨伯峻《论语译注》和《孟子译注》所附《论语词典》和《孟子词典》列复音词分别为307个和525个（不包括人名地名书名等专有名词）。我们认为两部词典复音词的定词标准过宽。

展关系。

首先，我们看到，现代汉语中有相当一部分复音词在先秦时就已经是词。换句话说，先秦时的复音词有不少被一直继承了下来，并成为现代汉语基本词汇的重要组成部分。这有两种情况，一种情况是原有的词义基本上保存下来了，没有多大变化。例如：

一之日于貉，取彼狐狸。（诗经·豳风·七月）
唯是先君之敝器土地不敢爱。（左传成公二年）
与朋友交而不信乎？（论语·学而）
士之失位也，犹诸侯之失国家也。（孟子·滕文公下）
群众不能移也，天下不能荡也。（荀子·劝学）
悠悠苍天，曷其有所。（诗经·唐风·鸨羽）
我心忧伤，念昔先人。（诗经·小雅·小宛）
小国言之，大国制之，敢不听从？（左传昭公十三年）
能思索谓之能虑。（荀子·大略）
固时俗之流从兮，又孰能无变化？（楚辞·离骚）
非德也而可以长久者……（庄子·在宥）
如霜雪之将将，如日月之光明。（荀子·王霸）
今世俗之乱君，乡曲之儇子，莫不美丽姚冶。（荀子·非相）

另一种情况是古今意义有很大变化，甚至完全不同，例如：

牺牲不成……，不敢以祭。（孟子·滕文公下）

先秦是指为祭祀而宰杀的牲畜；现在是指为了正义的目的而舍弃自己的生命，也泛指放弃或损害一方的利益。此外，它们的词性也不同。

行李之往来，共其乏困，君亦无所害。（左传僖公三十年）

先秦是指外交使节；现在是指出门时所带的包裹、箱子等。

亲戚为戮，不可以莫之报也。（左传昭公二十年）

先秦指跟自己有较近的血统关系或婚姻关系的人，包括父子兄弟，相当于现在的亲属，这个例句指父兄；现在只指跟自己家庭有婚姻关系的家庭或他的成员。

　　眴兮杳杳，孔静幽默。（楚辞·九章·怀沙）

这里是幽静的意思，现在是有趣或可笑而意味深长的意思，是英文humour 的音译词。

　　我们还看到，现代汉语中还有一部分复音词，在先秦时还是两个单音词连用的词组，后来才凝固发展成为复音词的。例如：

　　下之和上也如影响。（荀子·议兵）

　　入影响之无应兮，闻省想而不可得。（楚辞·九章·悲回风）

这里的"影响"，是指两个具体事物：影子和回声；但是现代汉语的"影响"正是由它凝固演变而来的。再如：

　　不以规矩不能成方圆。（孟子·离娄上）

　　其秀才之能为士者，则足赖也。（管子·小匡）

　　汤武革命，顺乎天而应乎人。（易经·革）

"规矩""秀才""革命"等在先秦都还是词组，后来才凝固发展成词。从现代汉语的角度来看，这些词的源头都可以追溯到先秦，应该承认它们是由先秦的语言成分发展来的。此外，现代汉语中有不少复音的虚词，如"虽然""所以"等，也都是由先秦的词组发展来的。

　　其次更值得注意的是，先秦复音词为整个现代汉语复音词构词方式奠定了基础。

　　汉语复音词，其构词方式分复合、附加、重叠三大类，而这三种类型，在先秦都已具备，并且都继承了下来。汉语词汇在长期的历史发展过程中，正是运用先秦时所形成的这些构词方式不断产生新的复音词，当然在发展过程中，构词方式也有所创新。对比现代汉语复音词和先秦复音词的构词方式，可以使我们更清楚地看到它们之间的继承发展关系。

　　先对比复合式：

构词方式 \ 例词\时期		先　秦		现　代		
复合	联合	+美丽	扶持	+语言	请求	奇怪
	偏正	+天子	良人	+火车	重视	武断
		鸟乌	鱼鲔			
	动宾	+司徒	牵牛	+干事	动员	无效
	主谓	−①		+地震	心疼	年青
	补充	−		+说明	推广	
				人口	马匹	

就复合式来说，先秦所有的联合式、偏正式、动宾式都基本上继承了下来。所不同的是：第一，偏正式里先秦有"大名冠小名"的格式，如"鸟乌"，现代汉语则没有这种格式；第二，现代有主谓式，补充式，先秦没有。现代汉语里的补充式有两小类，一小类是动补式，例如"认清、说明、变成、改善、降低、推广、扩大"等，另一小类是名量式，例如"纸张、枪支、马匹、布匹、船只、车辆、房间、人口、事件"等，这在先秦都是没有的。

在复合构词法上，还有一点值得注意的，那就是先秦时能产的构词方式，如联合式、偏正式，在现代汉语中仍然是能产的，先秦时非能产的构词方式，如动宾式，现代汉语里也仍是非能产的。这也可以看出现代汉语复音词和先秦汉语复音词的继承关系。

下面对比附加式：

---

① 有人把"日至、冬至、夏至、狐疑"看成主谓式复音词，其实它们都不是主谓式复音词。

构词方式	例词 \ 时期	先　秦	现　代
附加	有～	+有商　　有周	－
	老～	－	+老大　　老二
	第～	－	+第一　　第五
	初～	－	+初一　　初三
	～然	+虩然　　昭然	－
	～如	+纯如　　翕如	－
	～若	+沃若	－
	～焉	+潸焉　　愬焉	－
	～尔	+莞尔　　卓尔	－
	～子	－	+桌子　　剪子
	～儿	－	+花儿　　盒儿
	～头	－	+馒头

附加式这一类，先秦有前加式和后加式，现代汉语里也有前加式和后加式。但是具体的附加成分则不同了。先秦的前加成分"有"，后加成分"然、如、焉"等，在现代汉语中除少数词（如"突然、显然"）还保留外，基本上已经消亡。反之，现代汉语中的前加成分"老、第、初"，后加成分"子、儿、头"等，先秦都没有。另外，现代汉语中，还有双音节和三音节的形容词后加成分构成多音节词，如"（热）乎乎、（红）通通、（乱）哄哄、（绿）油油、（干）巴巴、（光）溜溜"和"（傻）里巴叽、（灰）不溜秋、（黑）咕隆咚"，等等，先秦没有这种后加成分，至于《楚辞》中的"芳菲菲、纷总总、烂昭昭"以及"呢喃栗斯、突梯滑稽"等都不是附加式复音词。前者是单音节形容词+重叠式状态形容词的词组，后者是两个双音节单纯状态词的

连用格式。

重叠式,现代汉语和先秦汉语差别大些。先秦只有一类,格式是AA,而且只限于构成状态形容词。[①]这种重叠方式继承下来了。但是,在现代汉语里重叠方式不限于AA一种格式,而且也不限于只构成状态形容词,具体情况如下:

AA式重叠式:

状态形容词:好好　慢慢　轻轻[②]

名词:爸爸　妈妈　姐姐

动词:看看　跑跑　写写

副词:常常　悄悄　刚刚

AABB式重叠式:

状态形容词:(1)干干净净　认认真真

　　　　　　(2)鼓鼓囊囊　满满当当

拟声词:叮叮当当　噼噼啪啪

ABAB式重叠式:

状态形容词:通红通红　冰凉冰凉

动词:讨论讨论　学习学习

从单音节词到双音节词乃至多音节词,这是汉语词汇的发展趋势。复合构词方式基本继承下来了,并又发展了一个主谓式,一个补充式;附加式中出现双音节的甚至多音节的附加成分;重叠式中出现四音节的,这都是这一发展趋势的明显反映。

总之,先秦复音词的重要地位是不容忽视的。当然先秦毕竟还是汉语复音词大量产生的早期阶段,因此,先秦复音词有着两个明显

---

① 关于"人人""采采"分别是名词"人"和动词"采"的叠用,都不是重叠式合成词,另"猩猩"是单纯词。

② 这里是沿用传统的说法,严格地说这类不能叫做状态形容词。请参看朱德熙先生的《说"的"》一文。

的特点：

第一，先秦复音词的单义性比现代汉语复音词更加突出。在汉语中，单音词往往是多义的，复音词往往是单义的。单音词的多义性，这古今都一样。复音词的单义性，则古今有所不同。在先秦，绝大多数复音词都是单义的，只有极个别的词（如"先生""君子"等）有两个以上的意义。在现代汉语里，复音词虽然多数还是单义的，但是多义的复音词占有一定数量了。据《现代汉语词典》A、B两个字母内复音词的统计，非单义的复音词有三百六十多，占百分之十四。

第二，先秦复合词不仅词素的独立性很强，几乎都可以作为单词使用，而且联合式复音词的两个词素往往可以易位，表现了复合词产生的早期阶段词形的不稳定性。例如：

长养人民，兼利天下。（荀子·非十二子）
倚而观天下民人之相与也。（荀子·性恶）
之纲之纪，燕及朋友。（诗经·大雅·假乐）
修士之丧动一乡，属朋友。（荀子·礼论）
岂不欲往，畏我友朋。（左传庄公二十二年）
灾祸患难而能无失其义。（荀子·子道）
怠慢忘身，祸灾乃作。（荀子·劝学）
必不伤害无罪之民，诛暴国之君若诛独夫。（荀子·正论）
若夫忠信端悫而不害伤，则无接而不然，是仁人之质也。（荀子·臣道）
谨慎从尔父母之言。（谷梁传桓公三年）
慎谨以行之，端悫以守之。（荀子·仲尼）
心之不怡之长久兮，忧与愁其相接。（楚辞·九章·哀郢）
受寿永多，夫何久长？（楚辞·天问）

从我们考察的八部书来看，这种颠倒词素次序的联合式复合词，它们的意义完全一样，不像现代汉语中某些复合词那样，词素颠倒，构成的复音词意义就不同，实际上就成了两个不同的词了。如"欢喜"和"喜欢"，"开展"和"展开"。

上面我们对先秦复音词作了初步的探讨。概括起来说，随着社会的发展，为适应表达的需要，先秦已产生一定数量的复音词，并占有重要的地位。它显示了汉语词汇从单音词为主到双音词为主这个总的发展方向和趋势，并为现代汉语复音词奠定了基础，现代汉语复音词和先秦复音词存在着明显的继承、发展的关系。这正是我们对先秦复音词进行探讨的意义所在。

参考文献

《十三经注疏》
洪兴祖：《楚辞补注》，世界书局，1936年。
王先谦：《荀子集解》，商务印书馆，国学基本丛书。
段玉裁：《说文解字注》，世界书局，1936年。
丁福保：《说文解字诂林》，诂林精舍重印本，1931年。
郝懿行：《尔雅义疏》，商务印书馆，国学基本丛书。
俞樾：《古书疑义举例》，中华书局，1957年。
王力：《汉语史稿》中册，科学出版社，1958年。
朱德熙：《说"的"》，《中国语文》，1961年第12期。
王力：《中国语法理论》第六章第一节，中华书局，1954年。
王力主编：《古代汉语》上册，中华书局，1962年。
吕叔湘：《汉语语法分析问题》，商务印书馆，1979年。
高名凯：《汉语语法论》第一章第三节，开明书店，1948年。
陆志韦：《北京话单音词词汇·序》，科学出版社，1956年。
周法高：《中国古代语法·构词编》，台湾史语专刊之三十九，1962年。
《文心雕龙辑注》，中华书局，1957年。
王国维：《联绵字谱》，海宁王静安先生遗书。
郑奠、麦梅翘：《古代汉语语法学资料汇编》，中华书局，1964年。

王显:《诗经中跟重言作用相当的有字式、其字式、斯字式和思字式》,《语言研究》第四期,1959年。

杨树达:《与人论诗经言字书》,《积微居小学述林》,1954年。

胡适:《诗经三百篇言字解》,胡适文存(二)。

卢自然:《附加字的研究》,国语月刊1卷11期,1922年。

亚努士·赫迈莱夫斯基:《上古汉语里的双音词问题》,《中国语文》1956年第10期。

易熙吾:《汉语中的双音词》,《中国语文》1954年第10期、11期。

杨伯峻:《〈论语〉译注》,中华书局,1958年。

兰州大学中文系孟子译注小组:《〈孟子〉译注》,中华书局,1960年。

(原连载于《北京大学学报》1980年第5期、1981年第1期;又见《北京大学百年国学文粹·语言文献卷》,北京大学出版社,1998年。)

汉语句法里的缩略现象

引 言

以往许多汉语词汇学或语法学的论著中，都谈到过汉语里的简称。例如：

（1）北京大学——→北大

　　联合国安全理事会——→安理会

　　中国人民政治协商会议——→政协

（2）指挥员、战斗员——→指战员

　　科学研究——→科研

　　军人家属——→军属

　　扫除文盲——→扫盲

　　整顿作风——→整风

　　农业现代化、工业现代化、国防现代化、科学技术现代化
　　　——→四个现代化——→四化

　　讲文明、讲礼貌、讲卫生、讲秩序、讲道德——→五讲

　　心灵美、语言美、行为美、环境美——→四美

例（1）是由词缩略为词，例（2）是由短语缩略为词。这种简称也是汉语里的一种缩略现象，不过这不是本文要讨论的缩略现象。本文要谈的是句法平面上的缩略现象，即由复杂的句子（包括复杂的长单句和复句）缩略为简短句子，或由复杂的句法结构缩略为简短的句法结构的一种缩略现象。

句法平面上的缩略现象，据我们初步考察主要有减词、削句、并合、换序缩略这样四种类型，下面依次讨论。

一　减词型缩略现象

赵元任先生在《中国话的文法》(吕译本为《汉语口语语法》)里谈到汉语的主语和谓语的语法意义时曾说道："有时候，词语的省略使主语和谓语关系松散到了如果放在别的语言里将成为不合语法的程度。"(§2.4.1)例如：

(1) 他是个日本女人。(本意是要说：他的佣人是个日本女人)

(2) 你也破了。(本意是要说：你的鞋也破了)

(3) 我比你尖。(本意是要说：我的铅笔比你的尖)

(4) 你要死了找我。(本意是要说：你的小松树要死了找我)

赵先生所说的这种现象，实际就是一种减词型缩略现象。

减词型缩略现象，最常见的有这样三种：

(一)减略"定—中"偏正结构里的中心语，以及定语里的部分词语。这种缩略最常见于"是"字句的主语。例如：

a. 我买的鱼是鲤鱼──→我是鲤鱼

b. 我分的鱼是鲤鱼──→我是鲤鱼

c. 我吃的鱼是鲤鱼──→我是鲤鱼

d. 我卖的鱼是鲤鱼──→我是鲤鱼

e. 我养的鱼是鲤鱼──→我是鲤鱼

f.……

例 a、b、c、d、e……各表示不同的意思，但是在一定的语境里都可以缩略为"我是鲤鱼"。例(1)—(4)都属于这种情况。注意，"黄的是香蕉"不属于缩略现象的例子，因为"黄的"是"的"字结构，而

"的"字结构本身有指代作用,从语法上说,没有缩略什么。

这种缩略一般要依赖于一定的语境,离开一定的语境,听话人将会感到不知所云。如例(1)只有当说话双方在谈论佣人时,这句话的意思才清楚。其余各例都是这样。但是,以下三种减词型句可不依赖一定的语境就能表示一个清楚的意思。

1. 表示存在的"是"字句。例如"桌上是一条鱼",意思是"桌上放着的是一条鱼",从字面上看似乎跟"他是个日本女人"那一句一样令人不可理喻,但是说汉语的人谁都懂得这句话的意思,这是一种表示存在的"是"字句。再如:

(5)房门右边是书架。(房门右边的家具是书架)

(6)墙上是一幅发了黄的年画。(墙上贴着的画是一幅发了黄的年画)

(7)壶里是凉开水。(壶里的水是凉开水)

以上做主语的是方位结构,下面各例做主语的是动词性成分:

(8)一进门是一个大水缸。(一进门的地方放着的东西是一个大水缸)

(9)往右拐是美琪电影院。(往右拐那街上的电影院是美琪电影院)

(10)向东走是赵家庄。(向东走所到达的村庄是赵家庄)

2. "比"字句。例如:

(11)我们的鸡比你们多。(我们的鸡比你们的鸡多)

(12)他的牙齿比你白。(他的牙齿比你的牙齿白)

(13)水的比重比油大。(水的比重比油的比重大)

(14)现在的学生比过去时髦。(现在的学生比过去的学生时髦)

(15)北京的马路比上海宽。(北京的马路比上海的马路宽)

3. "(指示代词)+带'的'的状态形容词"做主语的"是"字句。例如:

(16)(那)红红的是杜鹃花。(那红红的花是杜鹃花)

（17）（这）黄灿灿的是油菜花。（这黄灿灿的花是油菜花）

（18）（那）死沉死沉的是老爹的箱子。（那死沉死沉的箱子是老爹的箱子）

注意，"红红的""黄灿灿的""死沉死沉的"都不是名词性的"的"字结构，它们在句子里原本是做名词的定语，经减词缩略，它们做了主语了，并起指代事物的作用。

（二）减略谓语动词。现代汉语里的名词谓语句基本都可以看作由动词谓语句减略谓语动词所造成的。最常见的是由"是"字句缩略为名词谓语句。例如：

（19）这是什么？——这什么？

这是小麦，那是韭菜。——这小麦，那韭菜。

他是广东人。——他广东人。

我写的是散文。——我写的散文。

我爸爸买的是茅台酒。——我爸爸买的茅台酒。

导演是谢铁骊。——导演谢铁骊。

也有其他动词谓语句缩略为名词谓语句的。例如：

（20）我吃馒头，他吃米饭。——我馒头，他米饭。

小张搬三楼301，小李搬四楼401。——小张三楼301，小李四楼401。

我买两斤，他买三斤。——我两斤，他三斤。

他做了五道题了。——他五道题了。

他当上将军了。——他将军了。

（三）减略虚词。一般都认为汉语重视虚词的运用，并把使用虚词看作是汉语语法的特点之一。[1]事实上汉语里"常常省略虚

---

[1] 参见王力：《汉语讲话》，文化教育出版社，1955年；《汉语浅谈》，北京出版社，1964年；黄伯荣、廖序东主编：《现代汉语》（上），甘肃人民出版社，1981年。

词"。[①] 朱德熙先生在《语法讲义》(§9，11) 里曾谈到述补结构的紧缩形式，指出"在某些带状态补语的述补结构里，述语后面的'得'可以省略。"这主要有以下三种情形：

A. 补语是"太+形容词"。例如：

（21）放得太大了——▶放太大了

　　　别放得太大——▶别放太大

　　　离得太远了——▶离太远了

　　　别离得太远——▶别离太远

B. 补语是"形容词+(一)点儿"。例如：

（22）放得大（一）点儿——▶放大（一）点儿

　　　离得远（一）点儿——▶离远（一）点儿

　　　穿得漂亮（一）点儿——▶穿漂亮（一）点儿

　　　说得具体（一）点儿——▶说具体（一）点儿

C. 补语是某些熟语性的述宾结构，例如：

（23）抽得上（了）瘾了——▶抽上（了）瘾了

　　　买得上（了）当了——▶买上（了）当了

　　　看得出（了）神了——▶看出（了）神了

　　　说得漏（了）嘴了——▶说漏（了）嘴了

朱得熙先生所说的这种紧缩形式就是一种减略虚词的减词型缩略现象。下面再补充些实例：

1. 减略"了"。现代汉语里，"不+动"的肯定形式是"动"，"没（有）+动"的肯定形式是"动+了"；现代汉语里有一种反复问格式（或称正反问格式），这种反复问格式是由一个肯定形式和一个相应的否定形式构成的，即"动+不动"（去不去｜看不看｜好不好｜甜不甜）

[①] 参见吕叔湘主编：《现代汉语八百词·现代汉语语法要点》，商务印书馆，1980年。

和"动了+没动"(去了没有｜看了没看｜好了没好｜坏了没坏)。但是"动了+没动"格式常常减略"了"字,缩略为"动+没(有)动"。例如:去没去｜看没看｜好没好｜坏没坏。

2.减略"的"。

A.一般所谓的单音节形容词重叠式,有的"不是独立的词",如"白白、甜甜、新新、胖胖、香香"等。它不能直接做定语,要做定语后头一定带"的"①,例如:"白白的墙壁、甜甜的西红柿、胖胖的脸蛋儿"。但是,当中心语为"数、量、名"结构时,"的"可以减略。例如:

(24) 白白的一双鞋——→白白一双鞋

甜甜的一个桃儿——→甜甜一个桃儿

胖胖的一只小手儿——→胖胖一只小手儿

凉凉的一杯茶——→凉凉一杯茶

B. 名$_1$的+名$_2$的——→名$_1$+名$_2$的。例如:

(25) 布的和绸的(都要)——→布和绸的(都要)

木头的和竹子的(都可以)——→木头和竹子的(都可以)

二 削句型缩略现象

所谓削句是说本该需要用几句话,但有时为了表达的经济,可以减略一些话,甚至缩略为一句话。这里先以"反而"的用法为例。

现代汉语里用到"反而",总有如下的语义背景:

A.甲现象或情况出现或发生了;

B.按说[常情]/原想[预料]甲现象或情况的出现或发生会引

---

① 参见朱德熙:《说"的"》§2,《现代汉语语法研究》,商务印书馆,1980年。

起乙现象或情况的出现或发生；

　　C.事实上乙现象或情况没有出现或发生；

　　D.倒出现或发生了与乙相背的丙现象或情况。

　　这A、B、C、D四层意思往往通过一个较复杂的复句形式来表示，形成格式Ⅰ：

　　　Ⅰ.A＋B＋可是（不但）C＋反而D

例如：

　　（1）（A）今天午后下了一场雷阵雨，（B）原以为可以凉快一些，可是（C）并没有凉下来，（D）反而更闷热了。

但是为表达经济起见，在实际交际中常常削去B，形成格式Ⅱ：

　　　Ⅱ.A＋可是（不但）C＋反而D

例如：

　　（2）（A）今天午后下了一场雷阵雨，可是（C）天气不但没有凉下来，（D）反而更闷热了。

　　（3）（A）惠气得回房间哭了半天，（C）她的丈夫不但不安慰她，（D）反而责备她小气。（巴金《春》）

或者削去C，形成格式Ⅲ：

　　　Ⅲ.A＋B＋可是＋反而D

例如：

　　（4）（A）今天午后下了一场雷阵雨，（B）原以为可以凉快一些，谁知（D）反而更闷热了。

　　（5）（A）他往灶里塞了好多柴火，（B）想让火烧得旺些，没想到（D）反而把火压灭了，弄得满屋子是烟。

有时甚至B和C都削去，形成格式Ⅳ：

　　　Ⅳ.A＋反而D

例如：

　　（6）（A）今天午后下了一场雷阵雨，（D）天气反而更闷热了。

将这四种格式排列在一起：

Ⅰ. A＋B＋可是（不但）C＋反而 D

Ⅱ. A＋　　可是（不但）C＋反而 D

Ⅲ. A＋B＋可是　　　　＋反而 D

Ⅳ. A　　　　　　　　＋反而 D

我们会明显地感到，从表面看这四个格式不相同，但实际却有着内在的联系。由格式Ⅰ衍化为格式Ⅱ、Ⅲ、Ⅳ，这便是一种削句缩略现象。

现在再举"除非"的例子。使用"除非"通常有Ⅰa和Ⅰb两种格式（这两种格式在表达上是等价的）：

Ⅰa. 除非 A，才 B，不／没有 A，不 C。

Ⅰb. 除非 A，才 B，否则不 C。

例如：

（7）除非你去请，他才来，你不去请，他不会来。

（8）那件事除非你昨天告诉他了，他才会知道，你要没有告诉他，他是不会知道的。

（9）除非你是活神仙，才有可能把他的病治好，否则他是没有希望了。

（10）除非他没有赶上车，才会迟到，否则他不会迟到的。

为了表达的经济，在交往中"才 B"往往可以削去不说，而形成格式Ⅱa、Ⅱb：

Ⅱa. 除非 A，不／没有 A，不 C。

Ⅱb. 除非 A，否则不 C。

例（7）（8）和（9）（10）可分别说成：

（11）除非你去请，你不去请，他不会来。

（12）那件事除非你昨天告诉他了，你要没有告诉他，他是不会知道的。

（13）除非你是活神仙，否则他是没有希望了。

（14）除非他没有赶上车，否则他不会迟到的。

甚至，"不/没有 A"和"否则"也可削去不说，而 a、b 二式合并成格式Ⅲ：

  Ⅲ 除非 A，不 C。

例如：

（15）除非你去请，他不会来。

（16）那件事除非你昨天告诉他了，他是不会知道的。

（17）除非你是活神仙，他是没有希望了。

（18）除非他没有赶上车，他不会迟到的。

由格式Ⅰa、Ⅰb，而格式Ⅱa、Ⅱb，而格式Ⅲ，这也是一种削句型缩略现象。

下面再举个例子。现代汉语有"非 A 不 B"这样一个表示肯定意义的双重否定格式，这个格式用以强调 A 是实现 B 的唯一条件。例如：

（19）非他来不能解决问题。

（20）这种花非到冬天不开。

（21）这种果子非熟透了不能吃。

为了进一步强调 A 条件对 B 来说的唯一性，在那格式后面还可以续一个从正面指出 A 条件唯一性的格式"只有 A 才 B"，从而形成一个复杂的复句格式Ⅰ：

  Ⅰ.非 A，不 B，只有 A，才 B。

例如：

（22）非他来不能解决问题，只有他来，才能解决问题。

（23）这种花非到冬天不开，只有到了冬天才开花。

（24）这种果子非熟透了不能吃，只有熟透了才好吃呢。

可是这样一来，从表达上说不符合经济原则，于是在交际中往往运用削句手段，缩略为格式Ⅱ：

  Ⅱ.非 A，才 B。

例如：

（25）非他来，才能解决问题。

（26）这种花非到冬天才开。

（27）这种果子非熟透了才好吃。

三 并合型缩略现象

原本是两句话，为了表达的需要将两句话并为一句话，这种现象便是并合型缩略现象。通常所说的连动结构、连锁结构（或称紧缩复句）实际就是由两句话通过并合手段缩略而成的。例如：

（1）（他）摇摇头，就走了。

　　⟶（他）摇摇头走了。

（2）（他因为）有事，所以他不来了。

　　⟶（他）有事不来了。

（3）（我）上图书馆，是为了看书。

　　⟶（我）上图书馆看书。

（4）（我）一说，$\begin{Bmatrix}他（们）\\你（们）\end{Bmatrix}$ 就明白了。

　　⟶（我）一说就明白了。

（5）（他）越大声说，（我们）越听不清楚。

　　⟶（他）越大声说越听不清楚。

（6）（你如果）不说真话，（我）就不给吃。

　　⟶（你）不说真话就不给吃。

例（1）—（3）缩略为连动结构，例（4）—（6）缩略为连锁结构。这种并合只是缩略了两句话之间的停顿和连接成分。更为典型的并合例子要数大家熟知的兼语式（或称递系结构）了。兼语式的格式是

"动₁+名+动₂",其中的"名"既是"动₁"的受事,又是"动₂"的施事,如"我请他来",请是我请,来是他来。这种兼语式实际上是由两句话通过并合手段缩略而成的。下面再举些例子:

(7)(我)请他们,他们看戏。
　　　——→(我)请他们看戏。

(8)(你)托我,我买衣服。
　　　——→(你)托我买衣服。

(9)(团长)命令二营,二营马上转移。
　　　——→(团长)命令二营马上转移。

(10)(乡亲们)选他,他当代表。
　　　——→(乡亲们)选他当代表。

现在我要举一个大家尚不注意的并合型缩略的例子,那就是现代汉语里的动补结构。

汉语的动补结构,从其内部的语义结构关系看,大致可分为甲、乙两大类:

甲．补语是直接说明前面的动词所表示的行为动作本身的。例如:

(11)(别)来早了│走快了│抓紧│坐端正
　　　写得很快│说得慢慢的│睡得很晚

乙．补语是说明前面的动词所表示的行为动作相关的对象,如行为动作的施事、受事或工具等。例如:

(12)吃饱了│走得很累│写得手都酸了 [说明施事]

(13)撕破了│洗干净│吃得精光│煮得很烂 [说明受事]

(14)(锉刀都给)锉平了│(那把刀)砍钝了│(那支笔)写秃了
　　　[说明工具]

甲类类似"状—中"偏正结构,不同的是中心成分在前,修饰成分在后。因此甲类动补结构略加增删都可以变换为"状—中"偏正结构,当然变换后语义重心会有所变化。例如:

（15）（别）来早了──→（别）太早地来

　　　抓紧──→紧紧地抓着

　　　写得很快──→很快地写

　　　说得慢慢的──→慢慢地说

而乙类动补结构，可以看作是由两句话通过并合手段缩略成的。例如：

（16）（我）吃（饭），结果（我）饱了

　　　──→（我）吃饱了

　　　因为走路，所以（他）很累

　　　──→（他）走得很累

　　　因为写（　），所以（他）手都酸了

　　　──→（他）写得手都酸了

（17）（我的衣服）被撕了，结果（我的衣服）破了

　　　──→（我的衣服）撕破了

　　　（他）吃（饼干），结果（饼干）光了

　　　──→（他把饼干）吃得精光

　　　（他）煮（鸡），结果（鸡）很烂

　　　──→（鸡，他）煮得很烂

（18）用锉刀锉（　），结果锉刀平了

　　　──→（锉刀都给）锉平了

　　　用那把刀砍（　），结果那把刀钝了

　　　──→（那把刀给）砍钝了

在由两句话并合为乙类动补结构时，其中还有些规则，这里不细说，但有一点需要在这里附带说明一下，那就是如果动词的受事在原句中出现的话，并合时那受事成分不能简单地放在动词后面做宾语，这大致有这样几种情况：

（a）受事先放在动词后做宾语，但后面需重复动词然后再带上补语。例如：

（19）他吃饺子，结果他很饱。

　　　——→他吃饺子吃得很饱

（b）受事放句首做主语。例如：

（20）他做鞋，他做的鞋很有样子。

　　　——→他做的鞋做得很有样子

（c）受事用介词提到动词前。例如：

（21）他吃饼干，结果饼干光了。

　　　——→他把饼干吃光了

英语、日语等外语里没有这种动补结构，所以从这些语言区来的外国留学生在汉语学习中，动补结构是一个难点，一开始不大懂得也不大会用动补结构。例如：

（22）*在树丛里走了短时间，我的衣服、裤子都撕了，都破了。

（23）*老师，今天你讲的课文我听了，全明白了。

（24）*当时，下雨很大。

这三个句子都应该用上动补结构。例（22）应说成"我的衣服、裤子都撕破了"（"走了短时间"亦宜改为"走了不久"或"走了不一会儿"）。例（23）应说成"今天你讲的课文我全听明白了"。例（24）宜说成"雨下得很大"。外国留学生之所以不会用或常常用错，很重要的一个原因就是他们不知道汉语里的动补结构实际上是由两句话并合成的，其中实际包含了两层意思。

四　换序减略缩略现象

略有减略，主要是改变了词序，这种缩略现象我们称之为换序减略型缩略现象。

现代汉语里，动宾结构有不断扩大的趋势。而许多类型的动宾结构，是通过换序减略手段，从较复杂的句法结构缩略成的。请看：

（一）带施事宾语的动宾结构。

这大多由兼语式换序缩略成的。例如：

（1）有客人来了──→来客人了

（台上）有两个人坐着──→（台上）坐着两个人

有那么多人参加──→参加那么多人

（明天）先让两个人休息──→（明天）先休息两个人

再容许一个人讲──→再讲一个人

也有从其他结构缩略来的。例如：

（2）行人在人行道上走──→人行道上走行人

（这锅饭）可以够五个人吃──→（这锅饭）可以吃五个人

（二）带工具宾语的动宾结构。

这都由"用＋名＋动"这类"状─中"偏正结构缩略来的。例如：

（3）用大碗吃──→吃大碗

用凉水洗──→洗凉水

（你）用这把刀切──→（你）切这把刀

（我）用毛笔写──→（我）写毛笔

用镜子照──→照镜子

（三）带方式宾语的动宾结构。

这大多由"按＋名＋动"这类"状─中"偏正结构缩略成的。例如：

（4）按 C 调唱──→唱 C 调

按正步走──→走正步

按迪斯科舞跳──→跳迪斯科

按"8"字形跑──→跑"8"字

（四）带时间宾语、处所宾语的动宾结构。

这大多由"在＋名［时／处］＋动"这类"状─中"偏正结构缩

略成的。例如：

(5) 在星期三休息——休息星期三

在星期天值班——值星期天

（你）在白天排队，（我）在晚上排队。

——（你）排白天，（我）排晚上。

(6)（请）在人行横道上走——（请）走人行横道

在大街上逛——逛大街

在食堂吃——吃食堂

（五）带目的宾语的动宾结构。

这大多由"为+动$_1$宾+动$_2$"这类格式缩略成的。例如：

(7) 为做买卖而奔跑——跑买卖

为开展业务而进行联系——联系业务

为上大学而考试——考大学

为乘上公共汽车而挤——挤公共汽车

"排队买什么"这一表示目的关系的连动结构，现在常常缩略为带目的宾语的动宾结构"排什么"。例如：

(8) 排队买电影票——排电影票

排队买彩电——排彩电

排队买豆腐——排豆腐

排队买包子——排包子

五　研究句法平面上的缩略现象的意义

句法平面上的缩略现象是一个值得探讨的新课题，我们研究这种现象起码有以下四方面的意义。

（一）通过对句法平面上的缩略现象的研究，过去一些争论不休的问题可以得到比较好的澄清,因为句法平面上的缩略现象的研究可以使我们更好地了解各种不同句法结构之间的内在联系。试以"反而"为例。

就已有的资料看,对"反而"一词的看法存在着明显的分歧:第一,"反而"到底是什么词?有的说它是副词,有的说它是连词,有的说它既是副词又是连词。第二,"反而"在句子中到底表示什么关系?有的说它表示转折关系;有的说它表示递进关系;有的说它既表示递进关系,又表示转折关系。上文已经指出,使用"反而"的种种格式中,Ⅰ式是最基本的,其余的都是由Ⅰ式缩略成的(见二)。了解了这个基本事实,那么有关"反而"的种种争论就可以迎刃而解了。

1. 既然Ⅰ式是最基本的格式,余者都是由这一基本格式衍化出来的,那么出现在各种格式里的"反而"该是同一个词。这就首先说明把"反而"处理为既是副词又是连词,这是不合适的。"反而"经常用于复句,但是并不是非用于复句不可,运用"反而"的复句被缩略,而且语义背景中的A项取名词短语形式做主语或取介词结构形式做状语时,"反而"就可以用于单句。例如:

(1)(A)今天午后这场雷阵雨(D)反而使天气更闷热了。

(2)(A)经过午后这一场雷阵雨,(D)天气反而更闷热了。

鉴于上述事实,将"反而"处理为副词比较适宜。至于"反而"在复句中能起关联作用,这并不影响我们将它归入副词,因为副词在复句中起关联作用,这在汉语里是不足为奇的。

2. 不管"反而"出现在哪一种具体的句子格式里,它所表示的语法意义都是相同的,即都"表示实际出现的情况或现象,跟按常情或预料在某种前提下理应出现的情况或现象相反"。至于"反而"所在的分句跟前面的分句之间有时是转折关系,有时是递进关系,甚至有时是假设关系,这是包含"反而"的复句所表示的语法意义,不是

"反而"本身所表示的语法意义。

（二）通过对句法平面上的缩略现象的研究，对某些在语义表达上看来是很矛盾的或不可思议的格式，或某些似乎在语法上讲不通的句式，就容易理解、容易讲通了。

前面我们曾讲到"非……才……"格式（见二），这个格式单从字面看让人感到不可理喻，因为如"非你去请，他才来"，单从字面看，得不出"只有你去请，他才来"的意思，只能得出"不是你去请，他才来，如果你去请，他倒不来"的意思。而当我们了解了这个格式是由"非A不B，只有A，才B"句式通过削句手段缩略而成的，那就变得很容易让人理解了。还有像上文第一节举的许多例子，如例（1）（4）（20）等，也是让人很费解的，但了解了它们都是由别的句式缩略而成的之后，也就变得很好理解了。

（三）在言语交际中，有一条表达要求经济的原则，即在不影响交际的前提下，人们总是运用尽可能经济的表达方式。怎样深刻认识"言语表达要求经济的原则"？怎样才能达到表达经济的要求？要达到表达经济的要求需要采取哪些手段？内中有些什么样的规律？这都是值得探讨的问题，而研究句法平面上的缩略现象，无疑将有助于这些问题的探讨和解决。

（四）句法平面上的缩略现象，各种语言里可能都有，但汉语里似乎特别多。对于这种现象的研究，可以进一步启迪我们去思考更多的问题，比如说，为什么一个复句可以减略连词和停顿而缩略为一个连动结构？虚词通常被喻为语言的神经，为什么可以减略？为什么汉语里的谓语动词可以被减略？而为了要解决这些问题，就将会促使我们一方面更好地面对汉语事实，进行更深更广的挖掘，一方面更深刻地去认识汉语语法的特点，这无疑将推动汉语语法的研究。说到汉语特点，过去已有不少人探讨过，论述过，但有一点似均未充分注意到，那就是汉语重意合。汉语的复句往往可以不用关联词，靠意合；

句法结构内部直接成分之间的语义联系也靠意合，例如"动+名"动宾结构，其中的"动"和"名"之间可以有许多不同的语义联系，而丝毫不靠任何形式标志，只靠意合。汉语的这一特点，使汉族人非常习惯于意合，种种不同的动宾结构汉族人可以毫不费力地分辨清楚，一个外国人将感到困惑不解，难以捉摸，难以掌握。外国留学生一般之所以会感到汉语难学，原因之一就在于此。可惜重意合这一汉语语法特点至今尚未引起从事对外汉语教学的同志的注意。

关于句法平面上的缩略现象，过去注意、讨论不够。我们之所以敢于谈论这个问题，并不是我们对此问题有什么深入的研究，只是希望引起大家对这个问题的重视。汉语里这种缩略现象到底有多少种不同类型？我们到底怎么认识这种缩略现象？各种语言是否都有这种缩略现象？如果都有，各具什么特点？这些问题都很值得我们去探讨。本文疏漏乃至错误之处肯定不少，欢迎批评指正，但如果它能引起大家的兴趣，起到抛砖引玉的作用，本文的目的也就算达到了。

（原载于《语言研究》1989年第1期）

形容词做结果补语情况考察*

引　言

本文试对现代汉语里形容词做结果补语的情况，其中包括由此形成的述补结构的情况，作一番考察。

本文所使用的形容词仅限于《形容词用法词典》[①]所收的形容词。需要说明的是，我们所说的形容词跟《形容词用法词典》所说的形容词还有所不同。《形容词用法词典》并未说明它的收词标准。我们所说的形容词是指符合以下标准的谓词：能受"很"修饰，但不能同时带宾语。根据这个标准，我们逐个检查了《形容词用法词典》里所收录的1078个词，发现能看作形容词的有958个，其中单音节形容词有168个，双音节形容词有789个，三音节形容词有1个（见《附录》）；而有121个词不能看作形容词，例如"男、唯一"等该归入区别词；"真（真人真事｜他今天真来了）、硬性（这是硬性任务｜不能硬性规定）"等宜处理为区别词兼副词；"碧绿、滚圆、通红"和"白茫茫、沉甸甸、干巴巴"等该归入状态词；[②]"残（他被打残了）、反（位置反了）"等宜归入动词；而"光辉"宜归入名词；等等。

本文试从以下几方面进行考察：

---

* 本文与陆俭明合写。

[①] 郑怀德、孟庆海编《形容词用法词典》，湖南出版社，1991年。

[②] 关于形容词、区别词、副词和状态词，参见北京大学中文系现代汉语教研室编《现代汉语》第五章第四节，商务印书馆，1995年。

一、形容词做结果补语的情况；

二、由形容词充任的结果补语的语义指向；

三、形容词做结果补语所形成的述补结构的语法意义；

四、形容词做结果补语所形成的述补结构带宾语的情况。

一 形容词做结果补语的情况

（一）单音节形容词基本上都能做结果补语，请看：

矮（墙垒～了）、暗（变～了）、薄（压～）、笨（学～了）、扁（压～了）、惨（给弄～了）、草（写～了）、馋（吃～了）、长（拉～）、潮（弄～了）、沉（变～了）、迟（来～了）、冲（变～了）、丑（画～了）、臭$_1$（捂～了）、臭$_2$（得把他搞～）[①]、蠢（做～了）、粗（那条线画～了）、脆（炸～了）、错（这个字写～了）、大（放～）、淡（冲～）、低（放～）、刁（变～了）、陡（那楼梯修～了）、短（剪～）、对（写～了）、钝（砍～了）、多（吃～了）、乏（走～了）、烦（弄～了）、肥（养～了）、浮（他那个人变～了）、富（跑买卖跑～了）、干$_1$（拧～）、干$_2$（锅烧～了）[②]、高（垫～）、怪（脾气变～了）、光（刨～）、贵（买～了）、好（养～身体）、黑（涂～）、狠（你这一拳打～了）、横（heng^{51}）（他这个人现在变～了）、红$_1$（染～）、红$_2$（她在北京唱～了）[③]、厚（增～）、滑$_1$（磨～了）、滑$_2$

[①] 臭$_1$：难闻的。臭$_2$：惹人厌恶的。（释义均根据《现代汉语词典》（修订本），商务印书馆，1996年。下同。）

[②] 《现代汉语词典》未把"干"分两个义项。我们觉得，一般表示"没有水分或水分很少"的"干"是中性形容词，而"锅烧干了"里的"干"是个贬义形容词。所以我们把"干"分为"干$_1$"和"干$_2$"。

[③] 红$_1$：像鲜血和石榴花的颜色。红$_2$：象征顺利、成功或受人重视、欢迎。

（这段路变~了）①、坏（别碰~了）、急（走~了）、贱（卖~了）、紧（拉~）、近（走~）、精（学~了）、久（走~了）、旧（穿~了）、倔（脾气变~了）、俊（大了以后，模样儿长~了）、空（要把气抽~）、苦₁（变~了）、苦₂（把我走~了）②、快₁（走~了）、快₂（磨~了）③、宽（加~）、辣（这个菜炒~了）、蓝（那块布染~了）、懒（他吃~了）、烂₁（撕~）、烂₂（煮~了）、烂₃（那苹果放~了）④、老₁（他变~了）、老₂（那肉片炒~了）⑤、累（写~了）、冷（那鸡蛋羹放~了）、凉（那茶已经冰~了）、亮（把煤油灯捻~）、灵₁（他现在变~了）⑥、绿（把色儿调~）、乱（搞~）、麻（脚都坐~了）、满（把酒斟~）、慢（走~了）、忙（变~了）、美（把她画~了）、闷（成天关在家里，把我都关~了）、猛（喝~了）、密（织~了）、难（考题出~了）、嫩（那肉丝炒~了）、黏（和~了）、浓（眉毛画~了）、胖（长~了）、偏（打~了）、平（磨~）、破（撕~）、齐（摆~）、浅（挖~了）、强（实力变~了）、巧（来~了）、勤（他现在变~了）、清₁（水变~了）、清₂（问~底细）⑦、轻（变~了）、晴（今天变~了）、穷（吃~了）、全（买~了）、热（蒸~）、软（煮~了）、弱（近来他的身体变~了）、涩（变~了）、傻（我看你读书读~了）、少（买~了）、深（挖~）、生（那菜炒~了）、湿（弄~）、瘦（那肉买~了）、熟₁（蒸~）、熟₂（孩子

---

① 《现代汉语词典》把"木板刨得很滑"里的"滑"和"路很滑"里的"滑"放在一个义项（光滑；滑溜）里。我们把它们分开。前者看作褒义形容词，记为"滑₁"；把后者看作贬义形容词，记为"滑₂"。

② 苦₁：像胆汁和黄连的味道。苦₂：难受；痛苦。

③ 快₁：速度高。快₂：锋利。

④ 烂₁：破碎。烂₂：某些固体物质加热并增加水分后松软。烂₃：腐烂。

⑤ 老₁：年岁大。老₂：（食物）火候大。

⑥ 灵₁：灵活；灵巧。灵₂：灵验。

⑦ 清₁：（液体或气体）纯净没有混杂的东西。清₂：清楚。

睡~了)①、松（鞋带系~了）、酥（炸~）、酸₁（泡菜泡~了）、酸₂（腿都站~了）②、碎（打~）、烫（水烧~了）、疼（打~了）、甜（那红烧肉做~了）、透（把道理说~了）、歪（帽子戴~了）、弯（他的背都压~了）、晚（来~了）、旺（要把火烧~）、稳（站~）、稀（和~）、细（切~）、香（变~了）、小（剪~）、斜（这条线划~了）、凶（变~了）、严（管~了）、硬（饭煮~了）、圆（尽量把它画~）、远（飞~了）、匀（分~了）、脏（弄~了）、糟（搞~了）、早（来~了）、窄（这段路修~了）、正（摆~）、直（伸~）、重（约~了）、壮（长~了）、准（对~）

不能做结果补语的单音节形容词只有以下15个：

差、陈、次、毒、旱、挤、假、静、灵₂、妙、膻、帅、素、新、艳

这也就是说，能做结果补语的单音节形容词有153个。

（二）双音节形容词做结果补语的能力远不如单音节形容词。例如"贵、粗、错"都能做结果补语（如"买贵了""变粗了""写错了"）；可是与之同义的双音节形容词"昂贵""粗壮""错误"就不能做结果补语（不能说"*买昂贵了""*变粗壮了""*写错误了"）。据考察，在790个双音节形容词中，能做结果补语的只有63个，现全部列举如下：③

呆板（他怎么变~了）、安稳（他现在睡~了）、饱满（等米粒儿长~了就可以收割了）、暴躁（近来他的脾气变~了）、成熟（庄稼长~了）、迟钝（那孩子怎么变~了）、充分（你得考虑~了）、充

---

① 熟₁：加热到可以食用的程度。熟₂：程度深。
② 酸₁：像醋的气味或味道。酸₂：因疲劳或疾病引起的微痛而无力的感觉。
③ 在调查中，下列双音节形容词，有人认为可以作动词"变"的结果补语，有人则认为不可以，鉴于意见不一，所以我们暂不把它们列入能作结果补语的形容词：
傲慢、粗壮、繁华、古怪、果断、坚强、娇气、灵巧、模糊、黏糊、勤快、严格、严重、友好、重要、主动

足（粮食一定要准备~）、聪明（他现在学~了）、粗心（她现在呀，变~了）、大方（他现在真的变~了）、端正（大家坐~了）、复杂（你把事情搞~了）、干净（洗~）、工整（字一定要写~）、光滑（得把桌面打磨~）、过火（他这样做，搞~了）、好看（经过那么一打扮，那小脸蛋儿确实变~了）、合理（一定要分配~）、糊涂（我被他搞~了）、荒凉（这儿变~了）、活泼（那孩子现在变~了）、活跃（他这几句话一下子把会议的气氛搞~了）、机灵（这孩子变~了）、简单（你把问题说~了）、骄傲（他现在变~了）、结实₁（把行李捆~了）、结实₂（他长~了）①、精确（这一定要算~）、均匀（颜色要涂~）、宽敞（现在我们住~了）、利害（那姑娘现在变~了）、利索（把屋子收拾~了）、明白（说~）、年轻（变~了）、暖和（壁炉的火很旺，一下子把房间烧~了）、便宜（卖~了）、漂亮（你把我画~了）、齐全（已经准备~了）、谦虚（现在变~了）、清楚（问~）、轻松（一听说我爸爸得的不是癌症，我的心一下子变~了）、确实（情况一定要搞~）、熟练（现在写~了）、爽快（他现在办事变~了）、随和（这个人原先跟他很难处，老疙里疙瘩的，现在他可变~了）、淘气（这孩子现在变~了）、调皮（那孩子小时候可老实了，现在变~了）、透彻（这个问题一定要研究~）、妥当（这事儿一定要办~）、妥善（把事情都安排~了心里才踏实）、消沉（他最近变~了）、消极（那年月老搞批判，把人都批~了）、兴旺（把我们的事业搞~）、虚心（他现在变~了）、匀称（她现在长~了）、扎实（基础知识一定要学~）、真实（事情一定要写~）、整齐（大家排~了）、正确（这道题你一定要答~）、周到（尽量把问题考虑~）、周密（尽量把计划考虑~）、准确（情报一定要搞~）、仔细（你得问~了）

（三）关于形容词做结果补语，有两点值得注意：

---

① 结实₁：坚固耐用。结实₂：健壮。

1. 在能做结果补语的形容词中，有的做结果补语的能力很强，如单音节形容词"破"可以做许多动词的结果补语，例如可以说"打～、撕～、扯～、拉～、戳～、刺～、挤～、抓～、挠～、砸～、扎～、捅～、踢～、踩～、洗～、冲～、刮～、穿～、……"；再如双音节形容词"干净"也可以做许多动词的结果补语，例如可以说"洗～、扫～、刷～、冲～、擦～、抹～、刮～、吃～、舔～、铲～、掏～、收拾～、打扫～、冲洗～……"。可是有的形容词做结果补语的能力很弱，如"横（heng^{51}）、凶"和"迟钝、机灵"只能做动词"变"的结果补语。形容词做结果补语的能力的大小完全由词义决定的。例如"贵"，是价格高的意思，这只跟买卖有关系，所以它只能做动词"买"和"卖"的结果补语，如"买贵了""卖贵了"。再如"丑"，《现代汉语词典》注为"不好看"，这个注释其实不是很确切。"丑"只用来说有生命的人和动物，以及关于人和动物的艺术制品。某些人或动物的形象丑，有两种情况，一种是天生的丑，一种是后天由于某种原因变丑的。如果要用一个述补结构来说明天生的丑，"丑"只能与动词"长"结合（如"她长丑了"）；如果要用一个述补结构来说明后天的丑，"丑"只能与动词"变"（如"她变丑了"）和"打扮"（如"她打扮了半天，反而打扮丑了"）结合。至于人或动物的艺术制品只能通过画、演、雕塑、照相等手段再现，所以如果要用述补结构来说明这些艺术制品形象丑，"丑"就只能与动词"画"（如"把她画丑了"）、"演"（如"文成公主这个人物演丑了"）、"照"（如"把她照丑了"）、"塑造"（如"这尊关公像塑造丑了"）等结合。一句话，意义决定了"丑"只能做"长""变""打扮""画""演""照""塑造"等动词的结果补语。

2. 形容词做结果补语，有时后面可以不带"了"，也可以带"了"，例如"短"，既可以说"（把头发）剪短"，也可以说"（把头发）剪短了"；"明白"，既可以说"说明白"，也可以说"说明白了"。可是有时形容词做结果补语,后面必须带"了",例如"买大了""剪长了""(墙)砌矮了""(照片)放小了"里的"了"就不能去掉。这一点跟整个"动词+形容词"述补结构所表示的语法意义有关,我们将在下文加以说明。

二 由形容词充任的结果补语的语义指向

语义指向是指句法成分的语义指向,具体说是指某个句法成分在语义上跟哪个成分发生最直接的联系。

从语法上说,"补语是补充说明述语的"。① 但是,从语义上看,补语不一定都是指向述语的,即不一定都跟述语动词相联系。例如"(把球)扔进去"和"(把球)扔出去",补语"进去""出去"从语义上来说,不是直接说明"扔"这一动作的,而是说明"扔"的受事"球"的位移趋向的。换句话说,补语"进去"和"出去"的不同,不是说明"扔"这个动作有什么不同,而是说明"扔"的受事"球"的位移趋向不同。

根据我们的考察,由形容词充任的结果补语,其语义指向可有以下十种情况:

1. 指向述语动词所表示的行为动作本身。

"来早了"里的补语"早"在语义上就是指向"来"这一行为动作的,即"早"在语义上是直接说明"来"的。

在能做结果补语的形容词中,下列形容词做结果补语时,在语义上能指向述语动词本身:

---

① 北京大学中文系现代汉语教研室《现代汉语》第5章第8节,商务印书馆,1993年。

迟、久、紧、快₁、慢、猛、偏、巧①、轻、熟₂、透、晚、严、早、重、准

充分、合理、熟练、周到、周密、仔细

2. 指向述语动词所表示的行为动作的施事。

"写累了"里的补语"累",在语义上就是指向"写"的施事的。

在能做结果补语的形容词中,下列形容词做结果补语时,在语义上能指向述语动词所表示的行为动作的施事:

冲、乏、累、笨、馋、蠢、烦、富、红₂、精、苦₂、懒、闷、胖、穷、傻、疼

安稳、端正、聪明、过火、糊涂

3. 指向当事人的人体器官或人体某部分。

"她哭红了眼睛",显然补语"红"在语义上是指向"眼睛"的,而"眼睛"是"她"的一个器官。"我一句话把妹夫说红了脸",这里的补语"红"在语义上是指向"脸"的,而"脸"是"妹夫"人体的一部分。我们把上面两句话里的"她"和"妹夫"都看作当事人,把"眼睛"和"脸"分别称作当事人的人体器官和人体某部分。

在能做结果补语的形容词中,下列形容词当它们做结果补语时在语义上可以指向当事人的人体器官或人体某部分:

白(他的脸吓~了)、饱(我肚子都喝~了)、馋(嘴吃~了)、红₁(哭红了眼睛)、坏(我的肚子吃~了)、凉(我的心都被他说~了)、麻(脚都站~了)、酸₂(我手都举~了)、破(我嘴皮子都说~了)、圆(肚子都吃~了)

4. 指向述语动词所表示的行为动作的受事。

"把球压扁了"里的补语"扁"在语义上就是指向"压"的受事

---

① "来巧了"里的补语"巧"在语义上是说明"来"这一位移动作正遇在某种机会上,所以我们把这个补语"巧"看作在语义上是指向述语动词本身的。

"球"的。

在能做结果补语的形容词中，下列形容词做结果补语时，在语义上能指向述语动词所表示的行为动作的受事：

薄、扁、惨、长、臭₁、臭₂、脆、错、大、淡、短、多、烦、肥、干₁、对、光、高、贵、好、黑、红₁、红₂、厚、滑₁、坏、贱、旧、快₂、辣、蓝、烂₁、烂₂、老₂、冷、凉、亮、绿、乱、麻、闷、难、嫩、黏、浓、胖、平、破、齐、清₂、全、热、软、少、生、湿、瘦、松、熟₁、酥、酸₁、酸₂、碎、烫、疼、甜、歪、弯、稀、细、小、圆、匀、脏、糟、窄、正、直、重、

充足、复杂、干净、光滑、糊涂、活跃、简单、结实₁、均匀、精确、利索、明白、便宜、齐全、清楚、确实、妥当、妥善、消极、兴旺、扎实、真实、正确、准确

5. 指向述语动词所表示的行为的主事。

主事是指非自发的行为的主体。如动词"变""长（zhang²¹⁴）"都表示非自发的行为，其主体就是主事。如"花儿变红了""猪长肥了"里的"花儿""猪"就分别是"变"和"长"的主事，其中的补语"红"和"肥"在语义上就分别指向"变"和"长"的主事"花儿"和"猪"的。

在能做结果补语的形容词中，下列形容词做结果补语时，在语义上能指向述语动词所表示的行为的主事：

矮、暗、薄、笨、馋、长、潮、沉、冲、丑、臭₁、臭₂、蠢、粗、脆、大、淡、刁、陡、短、钝、多、浮、富、干、高、怪、好、黑、横（heng⁵¹）、红₁、红₂、厚、滑、坏、倔、俊、空、宽、苦₁、蓝、懒、烂₃、老₁、老₂、凉、灵、绿、忙、难、黏、浓、胖、浅、强、勤、清₁、轻、晴、穷、热、弱、软、涩、傻、酸₁、甜、弯、稀、细、香、小、凶、硬、圆、贼、糟、窄、正、直、重、壮

呆板、饱满、暴躁、成熟、迟钝、聪明、粗心、大方、复杂、好

看、糊涂、荒凉、活泼、活跃、机灵、结实₂、宽敞、利害、年轻、暖和、漂亮、谦虚、轻松、爽快、随和、淘气、调皮、消沉、消极、虚心、匀称

6. 指向述语动词所表示的行为动作所凭借的工具。

"刀砍钝了"里的补语"钝"在语义上是指向"刀"的，而"刀"从语义上看，既不是"砍"的施事，也不是"砍"的受事，当然也不可能是"砍"的主事，它是"砍"所凭借的工具。所以，补语"钝"在语义上是指向述语动词的工具的。"我袜子都走破了"，袜子是穿在走路的脚上的，我们把这句话里的"袜子"看作是工具，它不是走路直接使用的工具，我们称之为"准工具"，所以这句话里的补语"破"在语义上也是指向工具的。

在能做结果补语的形容词中，有下列形容词做结果补语时，在语义上能指向述语动词所表示的行为动作的工具：

钝（斧子砍～了）、干₂（锅蒸～了）、坏（铲子铲～了）、破（踢球把鞋都踢～了）、弯（铁棍都撬～了）

7. 指向述语动词所表示的行为动作的产物。

"挖坑"里的"坑"就是"挖"的产物。"坑挖浅了"里的补语"浅"在语义上就是指向"挖"的产物"坑"的。

在能做结果补语的形容词中，下列形容词做结果补语时，在语义上能指向述语动词所表示的行为动作的产物：

矮、薄、草、长、丑、粗、错、短、多、肥、高、厚、坏、宽、美、浅、软、少、深、松、弯、稀、细、小、斜、硬、圆、窄、直结实₁、整齐、周密

8. 指向述语动词所表示的行为动作的施事或受事所在的处所。

"房间里坐满了人"，那"房间里"就是"人"所在的处所。这句话里的补语"满"在语义上就是指向"人"所在的处所的。

在能做结果补语的形容词中，除了"满"，还有"热""暖和"

和"湿"。它们做结果补语时,在语义上能指向述语动词所表示的行为动作的施事或受事所在的处所。如"他把房间烧热了""房间堆满了书",其中的"房间"并不是"烧"或"堆"的受事,而分别是"烧"的施事、"他"和"堆"的受事、"书"所在的处所。再如"她把枕头都哭湿了",补语"湿"在语义上是说明"枕头"的,而在这句话里,"枕头"是"她"睡觉时头枕着的地方,"她"是"哭"的施事,所以我们也可以把补语"湿"看作在语义上是指向述语动词所表示的行为动作的施事所在的处所的。

9. 指向述语动词所表示的行为动作的施事或受事的距离,这又可分两种情况:

A. 施事或受事位移的距离。如"他走远了",补语"远"在语义上就是说明"走"的施事"他"位移的距离的;"球踢远了",补语"远"在语义上就是说明"踢"的受事"球"位移的距离的。

在能做结果补语的形容词中,"近"和"远"做结果补语时,在语义上能指向施事或受事位移的距离,如"走近了""走远了","把球踢近了""把球踢远了"。

B. 受事间的距离。如"秧插密了",补语"密"在语义上就是说明"插"的受事"秧"之间的距离的。

在能做结果补语的形容词中,"密"和"稀"做结果补语时,在语义上能指向受事之间的距离,如"秧插密了""秧插稀了"。

10. 指向述语动词的同源成分。[①]

"烧火"里的"火",就是"烧"的同源成分;"走路"里的"路",就是"走"的同源成分。"火烧旺了""路都走平了"里的补语"旺"和"平"在语义上就分别指向述语动词"烧"和"走"的同源成分

[①] 关于"同源"成分,参见孟琮《动词用法词典》里的《说明书》,上海辞书出版社,1987年。

"火"和"路"。

从上看,有的形容词做结果补语时,在语义上只能指向某一个成分。例如"累",不管是什么样的述语动词,它在语义上总是指向述语动词所表示的行为动作的施事,如"写～了、看～了、抄～了、洗～了、走～了、跑～了、骑～了、砍～了、……"。再如"满",不管是什么样的述语动词,它在语义上总是指向述语动词所表示的行为动作的施事或受事所在的处所,如"住～了、挤～了、坐～了、站～了、装～了、塞～了、摆～了、放～了、堆～了、斟～了、……"。就这一点看,形容词充任的结果补语,其语义指向似乎取决于做补语的形容词。然而有的形容词做结果补语时,其语义指向明显地取决于述语动词。譬如说,不管什么形容词,只要它做动词"变"的补语,它在语义上一定而且只能指向述语动词所表示的行为的主事(实例见上文)。但在很多情况下,补语在语义上指向哪个成分很难简单地归结为述语动词或做补语的形容词。例如"坏",做结果补语时,往往会产生歧义,请看:

吃坏

"把肚子都吃坏了"——"坏"指向当事人的人体某部分

"把筷子都吃坏了"——"坏"指向述语动词所表示的行为动作所凭借的工具

踢坏

"把球踢坏了"——"坏"指向述语动词所表示的行为动作的受事

"把鞋踢坏了"——"坏"指向述语动词所表示的行为动作所凭借的工具

"把脚踢坏了"——"坏"指向当事人的人体某部分

砍坏

"别把刀砍坏了"——"坏"指向述语动词所表示的行为动作所凭借的工具

"别把桌子砍坏了"——"坏"指向述语动词所表示的行为动作的受事

"砍了一夏天甘蔗,把身子骨都砍坏了"——"坏"指向当事人的人体某部分

就上面的歧义实例看,形容词充任的结果补语,其语义指向似乎取决于与述补结构同现的名词性成分。

我们觉得,上面所说的恐怕还都是表面看问题。深层次的原因恐怕还得从语义上去探求,具体说还得从述语动词的语义特征,做补语的形容词的语义特征,述语、补语以及与述补词组同现的名词性成分之间的语义关系去探求。关于这个问题有待进一步研究。

三 形容词做结果补语所形成的述补结构的语法意义

我们在前面曾经指出,形容词做结果补语,有时后面可以不带"了",也可以带"了";而有时后面必须带"了"。鉴于这个情况,所以我们一律给它带上"了"以后(即以"动词+形容词+了")来考察由形容词充任结果补语的述补结构的语法意义。

陆俭明(1990)曾认为,"动词+形容词+了"(陆文记为"VA了")表示两种语法意义:一是某种结果的实现(如"晾干了"),一是某种预期结果的偏离(如"买大了")。李小荣(1994)则把由形容词充任的结果补语所表示的语法意义分为三种:一是预期结果(如"冲破"),一是预期结果偏离(如"买贵了"),一是自然结果(如"割痛了")。我们在吸取他们合理意见的基础上,把由形容词充任结果补语的述补结构的语法意义概括为以下四种:

A. 预期结果的实现,如"晾干了、洗干净了"。
B. 非理想结果的出现,如"洗破了、搞坏了"。

C. 自然结果的出现，如"长高了、变红了"。

D. 预期结果的偏离，如"挖浅了、买贵了"。

必须指出，表示 D 种语法意义的"动词+形容词+了"格式跟表示 A、B、C 种语法意义的"动词+形容词+了"格式有着根本的区别。为便于说明，我们把表示 D. 种语法意义的"动词+形容词+了"格式称为甲式，把表示 A、B、C 种语法意义的"动词+形容词+了"格式称为乙式。甲式和乙式的主要区别在于：

（1）甲式在任何情况下都必须带"了"，像"挖浅了""买贵了"在任何情况下都不能说成"*挖浅""*买贵"。而乙式在一定条件下可以不带"了"，如上面所举的例子在下面的句子里都没有带"了"：

那挂面晾干以后才用机器按一定的规格把它切短|那杯子你一定得把它洗干净|太使劲了会把衣服洗破的|你跟他的关系千万不能搞坏|你会长高的|一到秋天，那枫叶会慢慢变红

（2）内部构造层次不同：甲式是形容词先跟"了"组合，然后"形容词+了"这一结构再跟前面的动词组合，拿"挖浅了、买贵了"来说，其内部构造层次是：

甲. 挖 浅 了　　　　买 贵 了
　　　1　2　　　　　1　2　　　　1—2 述补关系
　　　　　3　4　　　　　3　4　　3—4 助词结构

而乙式是形容词先跟前面的动词组合，然后"动词+形容词"这一结构再跟"了"组合。拿"晾干了、洗破了"来说，其内部构造层次是：

乙. 晾 干 了　　　　洗 破 了
　　　1　2　　　　　1　2　　　　1—2 助词结构
　　　　3　4　　　　　3　4　　　3—4 述补结构

不难看出，严格地说，甲式做补语的不是形容词本身，而是"形容

词+了"的助词结构。甲式实际上是"动词+得+形容词+了"格式的缩略形式（省略"得"）。即：

挖浅了⟵——挖得浅了

买贵了⟵——买得贵了

根据上面所说，"动词+形容词+了"格式可以表示四种不同的语法意义。人们很自然地会问：表示不同的语法意义，这是由什么因素决定的？根据我们的考察，"动词+形容词+了"格式表示什么语法意义，这是由多种因素决定的，主要是：

（1）形容词的性质；

（2）动词的性质；

（3）述语动词所表示的行为动作对做补语的形容词所表示的性质的制约作用；

（4）语境。

下面我们分别进行说明。

（一）"动词+形容词+了"格式表示什么语法意义，这首先跟形容词的性质有关。

根据词所伴随的感情色彩，一般将形容词分为褒义形容词、贬义形容词和中性形容词三类。根据我们的考察，形容词这种不同的感情色彩对"动词+形容词+了"格式所表示的语法意义有明显的影响。具体说，如果做补语的是褒义形容词，由此形成的"动词+形容词+了"格式只能表示语法意义 A 和 C，不能表示语法意义 B 和语法意义 D。例如"好"充任结果补语所形成的述补结构，如"修好了"，表示 A 义；"变好了"，表示 C 义；绝不可能表示 B 义和 D 义。再如"干净"充任结果补语所形成的述补结构，如"洗干净了"，表示 A 义；"变干净了"，表示 C 义；也绝不可能表示 B 义和 D 义。如果做补语的是贬义形容词，由此形成的"动词+形容词+了"格式只能表示语法意义 B 和 C，不能表示语法意义 A 和 D。例如"坏"充任结果补语所形成的述补结构，如"（自行车给他）骑坏了"，表示 B 义；"（这孩子）变坏了"，表示 C 义。再如"糊涂"充任结果补语所形成的述补结构，如"（我听了半天）听糊涂了"，表示 B 义；"（我呀，上了年纪了，就）变糊涂了"，表示 C 义。如果做补语的是中性形容词，由此形成的"动词＋形容词＋了"格式只能表示语法意义 A、C 和 D，不能表示语法意义 B。例如"大"充任结果补语所形成的述补结构，如"（我已经把照片）放大了"，表示 A 义；"（他已经）长大了"，表示 C 义；"（那鞋）买大了"，表示 D 义。

1. 褒义形容词做结果补语所形成的述补结构，在正常情况下不能表示 B 义（非理想结果的出现），这是很可以理解的。[①] 褒义形容词做结果补语所形成的述补结构也不能表示预期结果的偏离，要表示偏离的意思，不能采用"动词＋形容词＋了"的格式，而得采用"动词＋得＋过于＋形容词＋了"那样的格式，例如：

买得过于好了｜洗得过于干净了｜打扮得过于漂亮了
摆得过于齐了｜写得过于工整了｜表现得过于活跃了
画得过于美了｜看得过于仔细了｜照顾得过于周到了

然而这不是褒义形容词做结果补语的述补结构，这是带状态补语的述补结构。

在能做结果补语的 216 个形容词中，褒义形容词有 76 个，现全部列举如下：

对、富、光、好、红$_2$、滑$_1$、俊、灵$_1$、美、平、齐、强、巧、勤、清$_1$、清$_2$、晴、全、熟$_1$、熟$_2$、透、旺、稳、香、匀、正、直、壮、准

[①] 似乎有例外，例如："那钢琴你别帮他修好。"在说这句话的人眼里"钢琴修好了"倒成了非理想结果的出现。然而这是个别人的非正常的心态，所以不能看作是例外。

安稳、饱满、成熟、充分、充足、聪明、大方、端正、干净、工整、光滑、好看、合理、活泼、活跃、机灵、结实$_1$、结实$_2$、精确、均匀、宽敞、利索、明白、暖和、漂亮、齐全、谦虚、清楚、轻松、确实、熟练、爽快、随和、透彻、妥当、妥善、兴旺、虚心、匀称、扎实、真实、整齐、正确、周到、周密、准确、仔细

那么这些褒义形容词做结果补语所形成的述补结构，表示 A 义或 C 义，又由什么因素决定的呢？主要还是跟形容词的意义有关。仔细考察可以发现，这些褒义形容词所表示的性质，有的不是人所能控制的，如"晴"；有的是人可以控制的，如"干净""虚心"。在人可以控制的性质中又可以分两种情况，一种是通过某个具体的行为动作就可以实现的，如"干净"；一种则不是通过某个具体的行为动作可以实现的，如"虚心"。据此，我们可以将上面列举的褒义形容词分为三组：

甲组：晴、清$_1$

乙组：对、光、好、红$_2$、滑$_1$、平、齐、清$_2$、全、熟$_1$、熟$_2$、透、旺、稳、匀、正、直、准；安稳、充分、充足、端正、干净、工整、光滑、合理、活跃、结实$_1$、精确、均匀、宽敞、利索、明白、暖和、齐全、清楚、确实、熟练、透彻、妥当、妥善、匀称、扎实、真实、整齐、正确、周到、周密、准确、仔细

丙组：富、俊、灵$_1$、美、强、巧、勤、香、壮

饱满、成熟、聪明、大方、好看、活泼、机灵、结实$_2$、漂亮、谦虚、轻松、爽快、随和、兴旺、虚心、匀称[①]

甲组的"晴""清$_1$"做结果补语所形成的述补结构，只能表示 C 义。乙组的褒义形容词做结果补语所形成的述补结构，通常表示 A

[①] 如果用来说某个作品，"匀称"属乙组；如果用来说人的身材，"匀称"就属丙组。

义，有时也能表示 C 义，如"暖和"做结果补语的述补结构"穿暖和了、盖暖和了"表示 A 义，而"（一来暖气，房间立刻）变暖和了"则表示 C 义。什么情况下表示 A 义，什么情况下表示 C 义，这由其他因素决定。（详下文）丙组的褒义形容词做结果补语所形成的述补结构通常都表示 C 义，有时也能表示 A 义，如"漂亮"做结果补语的述补结构"长漂亮了、变漂亮了"表示 C 义，而"画漂亮了"则表示 A 义。什么情况下表示 C 义，什么情况下表示 A 义，这由其他因素决定。（详下文）

2. 贬义形容词做结果补语所形成的述补结构在正常情况下不能表示 A 义（预期结果的实现），这也是很可以理解的。[①] 贬义形容词做结果补语所形成的述补结构也不能表示预期结果的偏离，要表示偏离的意思，不能采用"动词＋形容词＋了"的格式，得采用"动词＋得＋太/过于＋形容词＋了"那样的格式，例如：

砸得太/过于碎了｜演得太/过于呆板了
摆得太/过于乱了｜写得太/过于粗心了
画得太/过于丑了｜说得太/过于荒凉了

然而这不是贬义形容词做结果补语的述补结构，这是带状态补语的述补结构。

在能做结果补语的 216 个形容词中，贬义形容词有 58 个，现全部列举如下：

笨、惨、馋、潮、迟、丑、臭₁、臭₂、蠢、错、刁、钝、乏、烦、浮、干₂、怪、狠、横、滑₂、坏、贱、旧、倔、苦₁、苦₂、懒、烂₃、累、乱、麻、忙、闷、偏、破、穷、弱、涩、傻、酸₂、疼、歪、斜、凶、脏、糟

[①] 也似乎有例外，例如："我已按您的吩咐，把他们家的锅砸破了。"在说这句话的人眼里"锅砸破了"倒成了预期结果的实现。然而这也是个别人的非正常的心态，所以不能看作是例外。

呆板、暴躁、迟钝、粗心、过火、糊涂、荒凉、骄傲、淘气、调皮、消沉、消极

那么这些贬义形容词做结果补语所形成的述补结构表示 B 义或 C 义，又由什么因素决定的呢？这也首先跟形容词有关，但其中的规律尚说不出来，只能详尽列举。我们把上述贬义形容词也分为三组：

甲组：迟、臭$_2$、错、乏、烦、浮、干$_2$、贱、累、乱、闷、偏、破、斜；过火

乙组：怪、横、倔、苦$_1$、烂$_3$、忙、弱、涩、凶、呆板；粗暴、迟钝、粗心、荒凉、骄傲、淘气、调皮、消沉

丙组：笨、惨、馋、潮、丑、臭$_1$、蠢、刁、钝、狠、滑$_2$、坏、旧、苦$_2$、懒、麻、穷、傻、酸$_2$、疼、歪、脏、糟；糊涂、消极

甲组贬义形容词做结果补语所形成的述补结构只能表示 B 义；乙组贬义形容词做结果补语所形成的述补结构只能表示 C 义；而丙组贬义形容词做结果补语所形成的述补结构既能表示 B 义，也能表示 C 义，至于什么情况下表示 B 义，什么情况下表示 C 义，这由其他因素决定。（详下文）

3. 中性形容词做结果补语所形成的述补结构只能表示 A 义、C 义或 D 义，不能表示 B 义（非理想结果的出现）。

在能做结果补语的 216 个形容词中，中性形容词有 82 个，现全部列举如下：

矮、暗、薄、扁、草、长、沉、冲、粗、脆、大、淡、低、陡、短、多、肥、干$_1$、高、贵、黑、红$_1$、厚、急、紧、近、精、久、空、快$_1$、宽、辣、蓝、烂$_1$、烂$_2$、老$_1$、老$_2$、冷、凉、亮、绿、满、慢、猛、密、难、嫩、黏、浓、胖、浅、轻、热、软、少、深、生、湿、瘦、松、酥、酸$_1$、碎、烫、甜、弯、晚、稀、细、小、严、硬、圆、远、早、窄、重

复杂、简单、利害、年轻、便宜

这些中性形容词做结果补语所形成的述补结构都能表示 D 义（预期结果的偏离）。至于能不能表示 A 义或 C 义，内中还有些不同的情况。据考察，绝大部分中性形容词做结果补语所形成的述补结构既能表示 A 义，也能表示 C 义，如"红"做结果补语的述补结构，"（那块布我已经）染红了"表示 A 义，"（那枫叶）变红了"表示 C 义。但有少数中性形容词做结果补语所形成的述补结构只能表示 A 义，不能表示 C 义，这些中性形容词是：

扁、草、烂$_1$、嫩

反之，有少数中性形容词做结果补语所形成的述补结构则只能表示 C 义，不能表示 A 义，这些中性形容词是：

沉、冲、急、老$_1$、猛

总之，中性形容词做结果补语所形成的述补结构，一般说来，既能表示 A 义，也能表示 C 义，也能表示 D 义。但是，一个中性形容词不是做任何一个动词的结果补语所形成的述补结构都能同时表示这三种语法意义的。拿"贵"来说，做"买"的结果补语所形成的述补结构，如"（那衣服我）买贵了"，就只能表示 D 义；做"变"的结果补语所形成的述补结构，如"（怎么那衣服一下子）变贵了"，就只能表示 C 义；而做"卖"的结果补语所形成的述补结构，就既可以表示 A 义，如"（那批衣服我已经按你的意见）卖贵了"；也可以表示 D 义，如"（这衣服你）卖贵了，（该降点价）"。那么一个中性形容词做结果补语所形成的述补结构，到底在什么情况下表示 A 义，在什么情况下表示 C 义，在什么情况下表示 D 义？这另有别的因素决定（见下文）。

（二）一个形容词做结果补语所形成的述补结构表示什么样的语法意义，除了上面所说的跟形容词本身的性质有关外，跟动词也有关系。

在前面讲到，乙组的褒义形容词做结果补语所形成的述补结构，通常表示 A 义，有时也能表示 C 义，如由"暖和"做结果补语所形成的述补结构"穿暖和了、盖暖和了"，都表示 A 义；而"（一来暖气，房间立刻）变暖和了"，则表示 C 义。那么什么情况下表示 A 义，什么情况下表示 C 义呢？这就由述语动词决定。具体说，述语动词为非自主动词"变"或"长（zhang[214]）"等，这时由乙组褒义形容词充任结果补语所形成的述补结构就表示 C 义；如果述语动词为自主动词，这时由乙组褒义形容词充任结果补语所形成的述补结构就表示 A 义。例如：同为褒义形容词"齐"，述语动词为"变""长"的述补结构"长齐了、变齐了"就表示 C 义；而述语动词为"收""买""交"等自主动词的述补结构"收齐了、买齐了、交齐了、剪齐了、码齐了、……"就都表示 A 义。

前面又说，丙组的褒义形容词做结果补语所形成的述补结构，通常都表示 C 义，有时也能表示 A 义，如"长漂亮了""变漂亮了"表示 C 义，而"画漂亮了"则表示 A 义。其中的决定因素也在述语动词。因为丙组的褒义形容词一般只能做"变"或"长"这一类非自主动词的结果补语，所以它们做结果补语所形成的述补结构通常都表示 C 义。有的有时也可以做自主动词的结果补语，由此形成的述补结构就可以表示 A 义。如"富"，通常只说"变富了"，表示 C 义；但在一定的语境中，也可以说"他跑买卖跑富了"，这里的"跑富了"就表示 A 义（"跑"是自主动词）。

在前面也讲到，丙组贬义形容词做结果补语所形成的述补结构，什么情况下表示 B 义，什么情况下表示 C 义，这由其他因素决定。这个因素也是述语动词。如果述语动词为非自主动词"变"和"长"，丙组贬义形容词充任结果补语所形成的述补结构就表示 C 义；如果述语动词为自主动词，丙组贬义形容词充任结果补语所形成的述补结构就表示 B 义。例如补语同为贬义形容词"蠢"，"长蠢了""变蠢了"

表示 C 义，而"做蠢了"就表示 B 义（"做"是自主动词）。

前面还说到，有少数中性形容词（如"扁、草、烂₁、嫩"）做结果补语所形成的述补结构除表示 D 义外，只能表示 A 义，不能表示 C 义；而有少数中性形容词（"沉、冲、急、老₁、猛"）做结果补语所形成的述补结构则除了表示 D 义外，只能表示 C 义，不能表示 A 义。表面看似乎是形容词在起作用，其实真正的原因还在述语动词。因为能让"扁、草、烂₁、嫩"做结果补语的述语动词只能是自主动词，不能是非自主动词"变"或"长"；而能让"沉、冲、急、老₁、猛"做结果补语的述语动词则正相反，只能是非自主动词"变"或"长"，不能是自主动词。

自主动词和非自主动词没有严格的界限。有时，同一个动词，在某种场合可以看作是自主动词，可是在某种场合又可以看作是非自主动词。举例来说，动词"染"，在"我把那块布染红了"里，是自主动词，这里的"染"是人所能控制的一个行为动作；可是，在"落日的余晖染红了山岗"里，只能看作非自主动词，因为这里的"染"所表示的"行为"不是人所能控制的。

（三）决定形容词做结果补语所形成的述补结构能表示什么样的语法意义的另一个重要因素，是述语动词所表示的行为动作对做补语的形容词所表示的性质的制约作用。这一点对由中性形容词做结果补语所形成的述补结构表示的语法意义影响特别明显。

根据我们的考察，述语动词对由形容词充任的结果补语的制约作用大致可分为三种情况：

1. 述语动词所表示的行为动作对与之相关的事物所具有的性质不起制约作用。例如"买"这个动作，对所买的东西并不会因为通过"买"这个行为动作而在性质上（如大小、长短、颜色、价格等）会有所改变，即"买"这个行为动作对所买的事物的性质不起制约作用。

2. 述语动词所表示的行为动作对与之相关的事物所具有的性质

能起制约作用，但这种制约作用有一定的方向性。例如"剪"，对所剪的头发来说，只能越剪越短，不会越剪越长；又如"挖"，对所挖的洞或坑来说，只能是越挖越大、越挖越深，不会越挖越小、越挖越浅。显然，"剪短了"是符合"剪"这一行为动作对所剪事物的性质的制约作用的方向性，我们称之为顺向的；而"剪长了"并不符合"剪"这一行为动作对所剪事物的性质的制约作用的方向性，我们称之为非顺向的。同样，"挖大了、挖深了"是顺向的，"挖小了、挖浅了"是非顺向的。

3. 述语动词所表示的行为动作对与之相关的事物所具有的性质能起制约作用，而这种制约作用是双向的，甚至是多向的。例如"切"这一行为动作，对所切出来的黄瓜片或肉片等的厚薄、大小都可以制约，即可以切得厚，也可以切得薄，可以切得大，也可以切得小。再如"染"，作为人的一种主动行为，可以控制所染的物品（如布、线等）的颜色。所以像"切"和"染"所表示的行为动作对与之相关的事物所具有的性质能起双向或多向的制约作用。

经研究发现，凡属于第 1 种制约情况的"动词＋形容词＋了"，都只能表示 D 义（预期结果的偏离），不能表示 A 义（预期结果的实现）。如"买大了、买小了、买长了、买短了、买窄了、买宽了、买薄了、买厚了、买贵了"以及"约（yao^{55}）重了、约（yao^{55}）轻了"，等等，都只能表示 D 义（预期结果的偏离），无一例外。

凡属于第 2 种制约情况的"动词＋形容词＋了"，如果是顺向的，既能表示 A 义，又能表示 D 义。如"剪短了""挖深了""（墙）垒高了"，都是顺向的，所以 A 义和 D 义都能表示，请看：

你不是老说我头发长吗？今天我已经剪短了，你看剪得怎么样？[表示 A 义]

很好，但我觉得你剪短了，再长一点就更好看了。[表示 D 义]

你要我挖的坑我已经按你的要求挖深了。[表示 A 义]

这一会你又挖深了，得回填些土。[表示 D 义]
如果是非顺向的，就只能表示 D 义，不能表示 A 义。如"剪长了""挖浅了""（墙）垒矮了"，都是非顺向的，所以都只表示 D 义。
　　凡属于第 3 种制约情况的"动词＋形容词＋了"，因为都是顺向的，所以都既能表示 A 义，又能表示 D 义。如"切厚了""切薄了"A 义和 D 义都能表示，请看：
　　那冬瓜我已经按你的要求把块儿切厚了。[表示 A 义]
　　那涮锅用的肉片切厚了，得切得薄一点儿。[表示 D 义]
　　那涮锅用的肉片我已经切薄了，符合要求吧？[表示 A 义]
　　那冬瓜块儿切薄了，可以再切厚一点儿。[表示 D 义]
"切大了、切小了"和"染红了、染蓝了、染黑了"等也都是既能表示 A 义，又能表示 D 义。

　　（四）决定形容词做结果补语所形成的述补结构能表示什么样的语法意义的最后一个因素，是语境。在 3.3 里举到的"剪短了"，在不同的句子里或表示 A 义（如在"你不是老说我头发长吗？今天我已经剪短了，你看剪得怎么样？"里），或表示 D 义（如在"很好，但我觉得你剪短了，再长一点就更好看了。"里），这为什么？这就是由语境决定的。同样，"挖深了""切厚了""切薄了"在不同的句子里，有时只能表示 A 义，有时则只能表示 D 义，这也都由语境决定的。关于语境，这个问题很复杂，还需另行研究，这里不多谈了。

四　形容词做结果补语所形成的述补结构带宾语的情况

　　这里我们主要讨论由形容词充任结果补语的述补结构能带不能带宾语的规律问题。这个问题，李小荣（1994）曾专门探讨过，她的意见很值得参考。但还有遗漏和不严密之处。考虑到李小荣所说的"述结式"（即带结果补语的述补结构）不限于由形容词充任结果补语的述补结构，同时为了让读者全面了解由形容词充任结果补语的述补结构带宾语的情况和规律，所以本文将不避重复，作全面描写说明。

由形容词充任结果补语的述补结构能不能带宾语，不决定于述语动词。因为述语动词为及物动词的述补结构不一定都能带宾语，例如"砍"是及物动词，"砍坏了"能带宾语（如"砍坏了两张桌子"），而"砍长了"就不能带宾语。而述语动词为不及物动词的述补结构不一定就不能带宾语，例如"他哭了"里的"哭"，大家都认为是不及物动词，"哭累了""哭早了"固然不能带宾语，但是"哭湿了""哭红了"就都能带宾语（如"哭湿了枕头""哭红了眼睛"）。

根据我们的考察，由形容词充任结果补语的述补结构能不能带宾语，主要取决于两方面的因素，一是补语的语义指向，一是由形容词充任结果补语的述补结构所表示的语法意义。

（一）现在先讨论补语的语义指向对由形容词充任结果补语的述补结构带宾语的影响。

1. 形容词充任的结果补语如果在语义上指向述语动词所表示的行为动作本身，由此形成的述补结构一般不能带宾语。像下面的述宾结构都不能成立：

*开迟会了 |*看久书了 |*吃快饭了 |*说慢了台词 |*喝猛了酒 |……
说充分了这个道理 | 想仔细了这个问题 |……

但也有个别例外，"准、紧、透"做结果补语时，由此形成的述补结构可以带宾语。例如：

瞄准靶子 | 抓紧我的手 | 摸透情况

2. 形容词充任的结果补语如果在语义上指向述语动词所表示的行为动作的施事，由此形成的述补结构一般不能带宾语。像下面的述宾结构都不能成立：

*说冲话了|*干累活儿了|*睡熟孩子了|*学笨他了|*跑富了张三|……

*说过火话了|*说糊涂了许多话|*学聪明了那个人|……

但是也有个别例外，①那就是"红₂"做结果补语所形成的述补结构可以带处所宾语，例如：

她唱红了北京城

3. 形容词充任的结果补语如果在语义上指向当事人的人体器官或人体某部分，由此形成的述补结构都能带宾语，不管述语动词是及物动词还是不及物动词，但做宾语的只限于表示人体器官或人体某部分的名词。例如：

砍甘蔗砍酸了我的胳膊|哭红了眼睛|吃圆了肚子

站麻了脚|他一席话说凉了我的心|踢球踢疼了脚

4. 形容词充任的结果补语如果在语义上指向述语动词所表示的行为的主事，由此形成的述补结构都不能带宾语。例如不能说：

*变好了两个人|*变大了一个球|*变红了许多枫叶

*长高了你的个子|*长粗了我的胳膊|*长结实了身体

5. 形容词充任的结果补语如果在语义上指向述语动词所表示的行为动作所凭借的工具，由此形成的述补结构都能带宾语，但所带宾语只限于工具宾语。例如：

一连砍钝了两把刀|踢球踢坏了三双鞋|撬弯了两根铁棍

6. 形容词充任的结果补语如果在语义上指向述语动词所表示的行为动作的产物，由此形成的述补结构一般都不能带宾语。例如不能说：

---

① "他摔疼了"里的"疼"，在语义上指向"摔"的施事，这时"摔疼了"不能带上宾语。"我摔疼了腿"里的"摔"，在语义上指向当事人的人体某部分，所以能带宾语"腿"。"馋"的情况也是如此。

*画美了一个人|*挖深了两个坑|*织大了两件毛衣|*盖多了五间房|*考虑周密了一个计划

但有个别例外，当"坏"做结果补语时，由此形成的述补结构可以带宾语，但所带的宾语一定是结果宾语。例如：

　　画坏了两张画|写坏了三个字|织坏了一件毛衣|做坏了一件衣服

　　7. 形容词充任的结果补语如果在语义上指向述语动词所表示的行为动作的施事或受事所在的处所，由此形成的述补结构都能带宾语，所带的宾语可以是施事宾语、受事宾语、处所宾语或其他宾语。例如：

　　房间里坐满了人|炕上躺满了病人

　　桌上摆满了书|墙上挂满了画

　　书堆满了房间|炉火烧热了整个屋子

　　芳芳尿湿了床|她哭湿了枕头

　　8. 形容词充任的结果补语如果在语义上指向述语动词所表示的行为动作的施事或受事的距离（包括施事或受事位移的距离，受事间的距离），那么由"远、密、稀"做结果补语所形成的述补结构不能带宾语。例如不能说：

　　*他走远我了|*飞机飞远北京了|*扔远了一个球

　　*你插密了秧|*你种密了花|*撒稀了种子|*插稀了秧

而由"近"做结果补语所形成的述补结构可以带宾语，例如：

　　他走近柜台|飞机已飞近北京了|你把球踢近中线

　　9. 形容词充任的结果补语如果在语义上指向述语动词的同源成分，由此形成的述补结构能带宾语，所带的宾语为同源宾语。例如：

　　烧旺了火|走平了路|要唱好一支歌可不容易|跳坏了一个舞

　　10. 形容词充任的结果补语如果在语义上指向述语动词所表示的行为动作的受事，由此形成的述补结构，有的能带宾语（如"打破了一个杯子"），有的不能带宾语（如不说"*垒低了墙""*放小了一张照片")。什么情况下能带，什么情况下不能带，还得考虑别的因素（见下文）。

（二）形容词充任的结果补语如果在语义上指向述语动词所表示的行为动作的受事，由此形成的述补结构，什么情况下能带宾语，什么情况下不能带宾语，这主要决定于整个述补结构所表示的语法意义。

1. 在第三部分曾指出，形容词做结果补语所形成的述补结构能表示四种语法意义，即 A.预期结果的实现（如"晾干了、洗干净了"），B.非理想结果的出现（如"洗破了、搞坏了"），C.自然结果的出现（如"长高了、变红了"），D.预期结果的偏离（如"挖浅了、买贵了"）。事实告诉我们，当述补结构表示 A.预期结果的实现时，述补结构可以带宾语，例如：

磨快了两把刀｜晾干了所有的衣服｜放大了三张照片

洗干净衣服后才能玩儿｜剪短了头发就显得精神多了

当述补结构表示 B.非理想结果的出现时，述补结构也可以带宾语，例如：

打破了两个碗｜穿脏了三件衣服｜打疼了他了

别搞坏了关系｜别碰坏了仪器｜别弄乱了我的书

当述补结构表示 C.自然结果的出现时，要看述语动词。如果述语动词是"变"或"长"，述补结构就不能带宾语，实例见上文 §4.1.4；如果述语动词是其他动词，述补结构就能带宾语。例如：

落日的余晖染红了山岗｜殷红的鲜血浸湿了他的衣衫｜炉火映红了她的脸

当述补结构表示 D.预期结果的偏离时，述补结构不能带宾语，我们不能说：

*挖浅了坑了｜*剪长了头发｜*垒矮了墙｜*放小了照片｜*买肥了衣服｜*炒老了肉片｜*称重了那只鸡

2. 根据李小荣（1994）的考察，述语或补语的音节数，也会影响述补结构带宾语。例如，述语为双音节动词，补语不管是单音节形容词或双音节形容词，由此形成的述补结构似都不带宾语，通常我们似不说：

？他修理好了我的自行车 |？他整理乱了我的书 |？收集齐了材料

？研究清楚了"的"的用法 |？改革合理了住房制度 |？准备齐全了过冬的物资 |？收拾整齐了自己的房间 |？讨论充分了这个问题

附录：本文所使用的形容词（共 958 个）

一、单音节形容词 168 个，如下：

矮、暗、薄、笨、扁、惨、草、差、馋、长、潮、沉、陈、迟、冲、丑、臭$_1$、臭$_2$、蠢、次、粗、脆、错、大、淡、低、刁、陡、毒、短、对、钝、多、乏、烦、肥、浮、富、干$_1$、干$_2$、高、怪、光、贵、旱、好、黑、狠、横（heng^{51}）、红$_1$、红$_2$、厚、滑$_1$、滑$_2$、坏、急、挤、假、贱、紧、近、精、静、久、旧、倔、俊、空、苦$_1$、苦$_2$、快$_1$、快$_2$、宽、辣、蓝、懒、烂$_1$、烂$_2$、烂$_3$、老$_1$、老$_2$、累、冷、凉、亮、灵$_1$、灵$_2$、绿、乱、麻、满、慢、忙、美、闷（men^{51}）、猛、密、妙、难、嫩、黏、浓、胖、偏、平、破、齐、浅、强、巧、勤、清$_1$、清$_2$、轻、晴、穷、全、热、软、弱、涩、傻、膻、少、深、生、湿、瘦、熟$_1$、熟$_2$、帅、松、酥、素、酸$_1$、酸$_2$、碎、烫、疼、甜、透、歪、弯、晚、旺、稳、稀、细、香、小、斜、新、凶、严、艳、硬、圆、远、匀、脏、糟、早、窄、正、直、重、壮、准

二、双音节形容词 789 个，如下：

呆板、矮小、暧昧、安定、安分、安静、安宁、安全、安生、安稳、安闲、安心、安逸、暗淡、肮脏、昂贵、昂扬、傲慢、懊丧、霸道、宝贵、饱满、暴躁、悲惨、悲观、悲伤、悲痛、卑鄙、卑贱、背静、奔放、笨重、逼真、便利、憋闷、别扭、薄弱、不错、惭愧、残

暴、残酷、惨重、灿烂、仓促、苍白、苍翠、苍劲、草率、长久、敞亮、畅通、潮湿、沉寂、沉闷、沉痛、沉重、沉着、陈旧、成熟、诚恳、诚实、诚挚、吃香、迟钝、迟缓、充分、充沛、充实、充足、崇高、初步、初级、出色、传神、纯朴、纯粹、纯洁、纯净、纯真、纯正、慈爱、慈善、慈祥、次要、聪明、匆忙、从容、粗暴、粗糙、粗大、粗鲁、粗心、粗野、粗壮、脆弱、错误、大方、单薄、单纯、单调、单一、淡薄、淡漠、倒霉、得力、得体、低级、低劣、敌对、地道、典型、动荡、动人、动听、动摇、毒辣、端正、短促、短暂、恶毒、恶劣、扼要、发达、烦闷、烦琐、烦躁、繁华、繁忙、繁茂、繁荣、繁重、反常、方便、放肆、肥大、肥沃、分明、芬芳、愤慨、愤怒、丰富、疯狂、肤浅、浮躁、腐败、腐朽、富强、富饶、富裕、复杂、负责、干脆、干净、干燥、刚强、高傲、高大、高贵、高级、高明、高尚、高兴、耿直、工整、公道、公平、公正、孤单、孤独、孤立、孤僻、古板、古怪、古老、固定、固执、光彩、光滑、光明、光荣、广泛、广阔、规范、瑰丽、贵重、果断、过分、过火、害羞、寒冷、寒心、含糊、含蓄、豪放、豪华、豪爽、好看、好受、好听、好奇、好强、好胜、合法、合理、合算、和蔼、和睦、和平、和气、和谐、黑暗、狠毒、狠心、洪亮、宏大、宏伟、厚道、糊涂、滑稽、滑溜、华丽、欢畅、欢快、欢乐、欢喜、缓和、缓慢、荒诞、荒凉、荒谬、荒唐、慌忙、慌张、惶恐、恍惚、辉煌、灰心、晦涩、昏暗、昏黄、混乱、混浊、活泼、活跃、火红、火热、豁达、豁亮、激昂、激动、激烈、积极、基本、机灵、机智、及时、急促、急迫、急躁、寂静、寂寞、坚定、坚固、坚决、坚强、坚硬、尖锐、艰巨、艰苦、艰难、艰险、艰辛、简便、简单、简短、简洁、简练、简陋、俭朴、健康、健全、健壮、娇贵、娇嫩、娇气、骄傲、焦急、狡猾、狡诈、矫健、侥幸、结实$_1$、结实$_2$、洁白、杰出、谨慎、紧凑、紧急、紧迫、紧张、惊奇、惊险、惊讶、精彩、精干、精炼、精明、精辟、精巧、精确、精锐、精神、精细、精心、精致、拘谨、拘束、巨大、具体、倔强、均匀、开阔、开朗、开心、坎坷、慷慨、苛刻、科学、可爱、可耻、可贵、可靠、可怜、可怕、可恶、可惜、可心、刻薄、刻苦、恳切、空洞、空旷、空虚、恐慌、枯燥、苦闷、苦恼、快活、快乐、宽敞、宽绰、宽广、宽阔、狂妄、魁梧、困苦、困难、阔气、浪漫、牢固、牢靠、老实、乐观、冷淡、冷静、冷酷、冷漠、冷清、离奇、利害、利落、利索、凉快、良好、亮堂、嘹亮、辽阔、吝啬、凌厉、凌乱、零散、零碎、零星、伶俐、灵便、灵活、灵敏、灵巧、灵通、流利、隆重、笼统、啰唆、落后、麻痹、麻烦、麻利、马虎、蛮横、满意、漫长、茂密、茂盛、冒失、美观、美好、美丽、美满、美妙、猛烈、秘密、密切、腼腆、勉强、苗条、渺茫、渺小、民主、敏感、敏捷、敏锐、明白、明净、明朗、明亮、明媚、明确、明显、明智、名贵、模糊、耐烦、耐心、难过、难看、难受、难听、泥泞、黏糊、年轻、宁静、浓厚、浓密、浓郁、暖和、懦弱、偶然、庞大、庞杂、蓬勃、蓬松、疲惫、疲乏、疲倦、疲劳、僻静、偏激、偏僻、便宜、漂亮、频繁、贫苦、贫困、贫穷、平安、平常、平淡、平等、平凡、平静、平均、平坦、平稳、泼辣、破碎、普遍、朴实、朴素、凄惨、凄凉、齐全、奇怪、奇妙、崎岖、气愤、恰当、谦虚、强大、强烈、强盛、强硬、强壮、憔悴、巧妙、切实、亲密、亲切、亲热、勤奋、勤俭、勤快、勤劳、清楚、清脆、清淡、清洁、清静、清醒、轻便、轻浮、轻捷、轻快、轻巧、轻率、轻松、轻微、轻闲、轻易、晴朗、穷困、曲折、全面、缺德、确切、确实、确凿、热烈、热闹、热情、热心、仁慈、认真、容易、荣幸、融洽、柔和、柔软、软弱、锐利、弱小、散漫、沙哑、善良、深奥、深沉、深厚、深刻、深入、深远、深重、神秘、神奇、神圣、慎重、生动、生硬、盛大、湿润、失常、实际、实在、适当、适宜、瘦弱、瘦小、疏远、舒畅、舒服、舒适、舒坦、熟练、衰老、爽快、爽朗、顺利、死板、松快、松软、松散、松懈、肃静、随便、随和、琐碎、踏实、坦然、坦率、淘气、特殊、天真、甜蜜、调皮、贴切、通畅、通顺、通俗、痛快、痛心、透彻、突出、突然、颓丧、拖拉、妥当、妥善、弯曲、完备、完全、完整、顽固、顽皮、顽强、旺盛、微薄、微妙、微弱、微小、危急、危险、伟大、委屈、委婉、温和、温暖、温柔、温顺、文静、文明、紊乱、稳当、稳定、稳固、稳健、稳妥、稳重、窝囊、污浊、无耻、无聊、稀罕、稀奇、稀薄、稀少、稀疏、犀利、喜悦、系统、细嫩、细腻、细微、细小、细致、狭隘、狭长、狭小、狭窄、下流、先进、鲜明、鲜艳、显眼、显著、险恶、险要、现成、相同、相似、详细、响亮、消沉、消极、嚣张、潇洒、萧条、辛苦、辛勤、辛酸、新奇、新鲜、新颖、兴奋、兴旺、醒目、幸福、凶残、凶恶、凶狠、凶猛、雄厚、雄健、雄伟、雄壮、秀丽、虚弱、虚伪、虚心、寻常、迅速、雅观、雅致、炎热、严格、严峻、严厉、严密、严肃、严重、遥远、要紧、要强、野蛮、异常、殷勤、阴暗、阴险、英俊、英勇、庸俗、踊跃、勇敢、勇猛、忧伤、忧郁、优良、优美、优秀、优异、优越、幽静、幽默、悠久、油滑、油腻、友好、幼小、幼稚、愚蠢、愚昧、愉快、原始、圆滑、圆满、远大、匀称、糟糕、扎实、着急、真诚、真切、真实、真挚、珍贵、镇定、镇静、整洁、整齐、正常、正当、正经、正派、正确、正式、正直、直接、直爽、质朴、忠诚、忠厚、忠实、重大、重要、周到、周密、主动、庄严、庄重、壮观、壮丽、准确、卓绝、卓越、茁壮、仔细、自豪、自觉、自然、自私、自由、自在

三、三音节形容词 1 个，如下：

了不起

参考文献：

1. 陆俭明：《"VA 了"述补结构语义分析》，载《汉语学习》1990 年 1 期。又见《陆俭明自选集》，河南教育出版社，1993 年。

2. 陆俭明:《关于语义指向分析》,见俞士汶、朱学锋编:《计算语言学文集》,北京大学计算语言学研究所,1996 年。
3. 李小荣:《对述结式带宾语功能的考察》,载《汉语学习》1994 年 5 期。

(原连载于《汉语学习》1997 年第 1 期和第 3 期,又见佘霭芹、远藤光晓共编《桥本万太郎纪念·中国语学论集》,内山书店,1997 年,日本东京。)

病句、偏误句给我们的启示
——消极修辞研究还可另辟蹊径[*]

一 消极修辞研究还可以另辟蹊径

修辞研究，特别是消极修辞研究，是不是可以增加一种新的研究视角，那就是对病句、偏误句从追究"为什么说这错了""为什么会错"这样的视角来考虑，来探究。这一研究视角可能会使我们的修辞研究空间更开阔一些。我们这一想法正是由中国人书面上的病句和外国汉语学习者的偏误句所引发的。请看实例：

（1）[*]去年开始，徐州市进一步走出国门，先后派出40多个商贸代表团，参加国内外一系列大型经贸洽谈活动，特别是到一些发达国家和地区，与大商社、大财团和跨国公司进行经济技术合作洽谈，<u>进而使利用外资的路子日益拓宽</u>。（报）

（2）[*]大家都觉得丽莎很用功，汉语学得不错，她<u>反而</u>只考了78分，大家感到很意外。（罗马尼亚学生）

（3）"你昨天去找佐藤了？""[*]我<u>又</u>没有去找她呀。"（日本学生作文）

例（1）是我们报纸上的病句，例（2）（3）是留学生的偏误句，句

---

[*] 本文根据作者在"'消极修辞的现代认知'学术研讨会"暨第九届"望道修辞学论坛"上所作的报告修改的。文中的一些实例在作者先前的论著中用过，但在本文对这些实例说得更到位、更准确了。

中的"进而""反而""又"都用得不对。以往对这些有问题的句子一般只作"语文短评"式的分析说明——例（1）作者显然混淆了"从而"和"进而"的用法。最后一个分句头上的"进而"得换成"从而"；例（2）应将"反而"换为"却"，说成"她却只考了78分"；例（3）宜将"又"换为"并"，说成"我并没有去找她呀"。

在一般的语文教学或汉语教学[①]中，以上的"语文短评"式地分析、说明也可以了。但是从研究的角度说，需要进一步深究"为什么说这错了""为什么会错"这样的问题。这样深究可以从反面使我们深化对词语用法的认识，也将有助于深化词义研究和辞书编纂。而这未尝不可以看作是消极修辞研究的另一个视角，另一条蹊径。

要深究，首先需要树立一些理念，我认为重要的是以下两种理念：一是语言最本质的功能是传递信息，因此要有"语言信息结构"的理念；二是任何词语都是在一定的语义背景下使用的，因此要有"词语使用的语义背景"的理念。关于前一种理念，陆俭明（2017）已做了较好的阐述[②]，当然还是初步的，在这里我不再赘述。本文想着重说说"词语使用的语义背景"问题。

什么是词语使用的语义背景呢？所谓词语使用的语义背景，就是指某个词语能在什么样的情况或上下文中出现，不能在什么样的情况或上下文中出现。或者换句话说，某个词语在什么上下文中使用是最为合适的，最有表现力的；在什么上下文中使用是不合适的，甚至会造成病句/偏误。我曾谈论过副词"反而"（马真1983，1994）[③]，由于

---

① 这里所说的"汉语教学"包括我们国内开展的对外汉语教学、在国外开展的汉语国际教育以及在国内外开展的华文教学。

② 参见陆俭明：《重视语言信息结构研究　开拓语言研究的新视野》，载《当代修辞学》2017年第4期。

③ 参见《说"反而"》，载《中国语文》1983年第3期；《关于"反而"的语法意义》，载《世界汉语教学》1994年第1期。

"反而"是个书面语词，不光外国学生而且我们中国书刊也都常常出现使用不当的毛病。我在《现代汉语虚词研究方法论》（修订版）一书中曾举过这样的使用"反而"的偏误句[①]：

（4）*大家都看电影去了，她反而在宿舍看书。（马耳他留学生）

（5）*玛沙干得比谁都卖力，这一次我想老师准会表扬他，谁知老师反而没有表扬他。（罗马尼亚留学生）

（6）*大家都主张种植大棚蔬菜，老村长反而反对，主张种植棉花。（报）

（7）*黎锦熙先生把主语规定为动作行为的施事（即动作者），或性质状态的具有者，赵元任先生反而认为汉语的主语不限于此，其他如动作行为的工具、时间、处所等都可以做主语。（刊）

例（4）（5）是外国学生的偏误句；例（6）（7）是我们书刊上的病句。例（4）—（7）里的"反而"都宜改用"却"。

为什么会用错？一般都受辞书释义的影响。请看辞书对"反而"的注释：

《现代汉语八百词》：表示跟前文意思相反或出乎预料之外，在句中起转折作用。

《现代汉语词典》[②]：表示跟上文意思相反或出乎预料与常情。

汉语教材对词语的注释都依据现有的辞书释义。外国学生就是依据这样的释义，误以为"反而"的作用就是表示转折，表示出乎意料。殊不知不是表示转折关系时、表示出乎意料时都能用"反而"。"反而"有它自己使用的语义背景，只有了解了它使用的语义背景，才能正确、恰当地使用它。

---

① 参见马真：《现代汉语虚词研究方法论》（修订版），商务印书馆，2016年。
② 《现代汉语词典》（第7版）对"反而"还是如此注释。

分析词的意义难，分析词语使用的语义背景更难。那么到底该如何分析、把握词语使用的语义背景呢？这也还是一个需要进一步探究的问题。根据我的研究体会，要分析把握词语使用的语义背景，主要需采用两种对比分析——正误对比分析和近义词语对比分析。下面分别举例说明。

二 关于正误对比分析

先说"正误对比分析"。"正误对比分析"，是将使用某词语的病句/偏误句跟该词语正确使用的典型句子相对比，从中分析出该词语使用的语义背景。我关于副词"反而"使用的语义背景的看法，就是通过"正误对比分析法"获得的。我在所搜集的例句里发现了一个使用"反而"的典型例子，即：

（1）今天午后下了一场雷阵雨，原以为天气可以凉快一些，可是并没有凉下来，反而更闷热了。[①]

例（1）充分显示了使用"反而"的语义背景，细分析包含四层意思——

A. 甲现象或情况出现或发生了；

B. 按说（常情）/原想〔预料〕甲现象或情况的出现或发生会引起乙现象或情况的出现或发生；

C. 事实上乙现象或情况并没有出现或发生；

D. 倒出现或发生了与乙现象或情况相背的丙现象或情况。

"反而"就出现在 D 意的分句内。为使大家更明了，不妨将例（1）

[①] 该例以及对该例的分析，具体可参考我的《现代汉语虚词研究方法论》（修订版）贰·一·实例（一）"反而"。

改写为例（2）：

（2）［A意］今天午后下了一场雷阵雨，［B意］原以为天气可以凉快一些，［C意］可是并没有凉下来，［D意］<u>反而更闷热了</u>。

在实际的语言交际中，上面所说的 A、B、C、D 这四层意思，可以在一个句子里一起明确地说出来，如例（1/2）；也可以不完全说出来。为了表达的经济，常常可以省去某一层意思而全句意思不变。请看：

（3）［A意］今天午后下了一场雷阵雨，［C意］可是并没有凉下来，［D意］<u>反而更闷热了</u>。【省去B意】

（4）［A意］今天午后下了一场雷阵雨，［B意］原以为天气可以凉快一些，［D意］可是<u>反而更闷热了</u>。【省去C意】

（5）［A意］今天午后下了一场雷阵雨，［D意］天气<u>反而更闷热了</u>。【省去B、C两层意思】

D意是"反而"所在的语句，当然不能省去；A意是使用"反而"的前提条件，因此也不能省去。例（2）（3）（4）（5）具体代表了使用"反而"的四种不同的情况，或者说四种不同的格式，即：

［Ⅰ］A＋B＋可是（不但）C＋反而D。例（2）

［Ⅱ］A＋　　可是（不但）C＋反而D。例（3）

［Ⅲ］A＋B＋（可是）　　　＋反而D。例（4）

［Ⅳ］A　　（可是）　　　＋反而D。例（5）

我们要注意的是，不管属于哪一种，使用"反而"的语义背景是相同的，都包含着 A、B、C、D 这四层意思，只是例（1/2）是将这四层意思全在句子中说出来了，而在例（3）（4）（5）的句子里，分别有所隐含。毫无疑义，这四个句子格式中的"反而"应该是同一个词。"反而"使用的语义背景可以概括如下：

当某一现象或情况的出现，没有导致理应出现的结果，却出现了相悖的结果,这时就用"反而"来引出那相悖的结果。这里需要了解的是,"反而"虽然经常用在复句中,但并不是非得用在复句中不可,当 A 意以名词短语或介词短语的形式出现时,格式 [Ⅳ] 就不是复句,而只是个单句了,如下面的例(6)(7):

(6)今天午后这一场雷阵雨,反而使天气更闷热了。

(7)经过午后这一场雷阵雨,天气反而更闷热了。

上面这五种句子(格式 [Ⅳ] 可以是复句,也可以是单句)尽管各不相同,但包含的语义背景却是相同的。前面举的那些病句、偏误句,从内容上看,都不具有使用"反而"的语义背景,都不含有"理应"这一层意思,所以都错了。

再举一个例子——"好端端(的)"使用的语义背景。[①]"好端端(的)"一般辞书都注释为:

形容状况正常、良好。(《现代汉语词典》)

汉语教材也跟着这样注释。留学生依据这样的注释,写出了下面的偏误句:

(1)*他坚持锻炼,身体一直好端端的。

例(1)我们不会用"好端端的",一般会说成:

(2)a. 他坚持锻炼,身体一直好好儿的。

b. 他坚持锻炼,身体一直棒棒的。

c. 他坚持锻炼,身体一直很好。

这说明,"好端端的"不能用在例(1)这样的语境中。也就是说,不是任何情况都可以用"好端端的"来说明"状况正常、良好"的。那么,能在什么样的语境中用呢?换句话说,"好端端的"使用的语义背景是什么样的?为探究清楚,我也先收集并细心分析语料,发现

[①] "好端端的"这一例子在我的《说说目前辞书的释义》(载《辞书研究》2016年第 5 期)一文中使用过,但本文对使用"好端端的"的语义背景做了新的更为准确的说明。

"好端端的"主要使用在两种语境中——

一是说话人在指出已出现了某种非理想状况的同时,告诉听话人,原先的状况是良好的。例如:

(3)好端端的一桩买卖,全给他弄砸了。

(4)他们怎么吵起来了?刚才不还是在一块儿喝酒,大家好端端的?

二是说话人在提醒听话人要注意防止出现某种非理想状况时,用"好端端的"来强调原先的状况是良好的。例如:

(5)你可别让他把这桩好端端的婚事给搅黄了。

(6)这一回你们得抓紧落实了!这好端端的绿化规划别最后又落空了!

这两种情况表面看不一样,实际上有共同之处:用"好端端的"这个词来让听话者明白所说的事情或状况原本是良好的。这也就是"好端端的"使用的语义背景。回头看例(1)这个偏误句,显然不符合"好端端的"使用的语义背景。

三 关于近义词语对比分析

现在说说"近义词语对比分析"。"近义词语对比分析",是指通过对基本义相近或近似但具体用法不同的词语在用法上的对比分析,来把握近义的各个词语各自使用的语义背景。这里不妨先以"常常"和"往往"的对比分析为例来加以说明。[①]

[①] "常常"和"往往"的辨析,在我的《现代汉语虚词研究方法论》叁·六(修订版)倒也谈到过,但在本文中,一方面进一步采用剥笋壳的方法层层深入比较,辨析的思路更清晰;另一方面对"常常"和"往往"所表示的语法意义也说得更到位了。

"常常"用得多，口语、书面语都用；"往往"是个书面语词，平时用得不是很多。目前一般辞书都注释为表示某种行为动作或情况经常出现或发生。而《新华字典》干脆直接用"常常"来注释"往往"。这样的注释不影响母语为汉语的中国人对这两个词的使用，因为中国人有丰富的语感。可是外国学生对汉语没有语感，这样注释会影响他们说汉语。

外国学生习得和使用"常常"，一般没什么问题，可是经常出现使用"往往"的偏误句。例如：

（1）*她往往说谎。

（2）*听说佐拉往往去香港玩儿。

显然，外国学生以为"往往"和"常常"的意思是一样的，其实有差异，主要因为它们各自使用的语义背景不同。要弄清楚"常常"和"往往"各自使用的语义背景，最好的办法是对它们进行对比分析。

经研究我们发现，有的句子"常常"和"往往"能互换，而大部分句子不能互换。例如：

（3）a. 北方冬季常常会有一些人不注意煤气而不幸身亡。

　　　b. 北方冬季往往会有一些人不注意煤气而不幸身亡。

（4）a. 星期天他常常去爬山。

　　　b. 星期天他往往去爬山。

（5）a. 每当跳高运动员越过横杆时，观看的人常常会下意识地抬一下腿。

　　　b. 每当跳高运动员越过横杆时，观看的人往往会下意识地抬一下腿。

下面的例（6）—（8）就不能互换：

（6）a. 他呀，常常开夜车。

　　　b.*他呀，往往开夜车。

（7）a. 听说他常常赌博。

　　　b.*听说他往往赌博。

（8）a. 这种水果我们老家<u>常常</u>吃。

　　　b.*这种水果我们老家<u>往往</u>吃。

通过对比分析很容易获得如下结论：

"常常"和"往往"都表示某种事情或行为动作经常出现或发生；可是用"往往"，前面一定得先说出某种前提条件，说明在某种条件下，某种事情或行为动作经常出现或发生，"常常"则没有这个限制。

可是从不能互换的语料中，我发现有的虽然也说了条件，还是只能用"常常"，不能用"往往"，即不能互换。例如：

（9）以后周末，你要是没事儿，<u>常常</u>去看看姥姥。

　　　(*以后周末，你要是没事儿，<u>往往</u>去看看姥姥。)

（10）明年回上海，你得<u>常常</u>去看看她。

　　　(*明年回上海，你得<u>往往</u>去看看她。)

这又为什么？经对比分析发现，前面能换着说的例（3）—（5），说的都是过去的事；而不能换着说的例（9）（10）说的则是"未来"的事。看来我们原先的看法只注意到了条件，没注意时态。结论显然得修改为：

在交代前提条件的情况下，"往往"只用来说过去的事，即过去在某种条件下某种事情或行为动作经常出现或发生。"常常"则不受这个限制。

得出上面的结论后在语料里又发现了下面的实例：

（11）去年冬天我<u>常常</u>去滑雪。

　　　(*去年冬天我<u>往往</u>去滑雪。)

（12）上个星期我<u>常常</u>接到匿名电话。

　　　(*上个星期我<u>往往</u>接到匿名电话。)

例（11）（12）都交代了条件，说的都是过去的事，但还是不能用"往往"。这又为什么？我在这两个句子里加上某些词语，就又可以用

"往往"了。请看：

(13) 去年冬天每到周末我往往去滑雪。

(14) 上个星期晚上9点我往往接到匿名电话。

例（11）（12）加上某些词语成为例（13）（14）后，所说的事情或现象具有明显的规律性，而原先例（11）（12）所说的内容不含有规律性。于是，对于"往往"与"常常"的差异又获得了下面新的认识：

"往往"只用来说明根据以往的经验所总结出的带规律性的情况（多用于过去或经常性的事情），"常常"不受此限。

这个新的结论看来比较周全了，后来发现还有问题。按这个结论，使用"往往"会受到限制，使用"常常"不受限制。

"常常"在使用上真不受限制吗？下面的实例做出了否定的回答。请看：

(15) 高房子往往比较凉快。

(16) 南方往往比较潮湿，北方往往比较干燥。

例（15）（16）的情况倒过来了，这些句子只能用"往往"，却不能用"常常"，句子里的"往往"都不能换用"常常"，不能说成：

(17) *高房子常常比较凉快。

(18) *南方常常比较潮湿，北方常常比较干燥。

这说明原先的结论似还需要进一步修改为：

某情况如果只具有经常性，不具有规律性，只能用"常常"，不能用"往往"；如果既具有经常性，又具有规律性，"常常"和"往往"都可以用；而如果只具有规律性，不具有经常性，则只能用"往往"，不能用"常常"。

结论中说"如果既具有经常性，又具有规律性，'常常'和'往往'都可以用"。事实上，用"常常"还是用"往往"，从说话的角度、从凸显的意思来说，二者还是有差异的：用"常常"意在凸显某情况出现的经常性；用"往往"意在凸显某情况出现的规律性。至此我们可以把"常常"和"往往"使用的语义背景分别表述为：

"常常"用来说明情况的发生或出现具有经常性；所说情况不含经常性，不能用"常常"。

"往往"用来说明情况的发生或出现具有规律性；所说情况不具有规律性，不能用"往往"。

再举一个都是起加强否定语气的副词"并"和"又"的对比分析。汉语里起加强否定语气的副词有很多，除了"并"和"又"之外，还有"毫""丝毫""千万""万万"等。在汉语教学中，一般都会将表示加强否定语气的"并"和"又"教给外国学生。

一般辞书认为，"并"放在否定词前加强否定语气；"又"用在否定句或反问句里，加强否定语气。这些说法不能说不对，因为第一，语气副词"并"和"又"确实只能用在否定词的前边；第二，语气副词"并"和"又"确实有加强否定语气的作用。但这些说法太简单，太笼统。很容易对外国学生起误导作用，以致出现如下的偏误句：

（1）"*我和你并不喝酒，你买瓶二锅头来干什么？"

（2）"玛莎跟日本同学佐田谈恋爱的事你也知道啦？""*我又不知道哇。"

（3）"你再吃一点儿。""*我并不能再吃了。"

（4）"李敏，你就向慧玉小姐赔个不是，事情不就解决了吗？"

"*我并不向她赔不是！"

例（1）—（4）里的"并""又"都用得不恰当。留学生使用"并"和"又"所出现的偏误现象说明：第一，不是什么情况下都可以用"并"或"又"来加强否定语气的；第二，"并"和"又"虽然都能起加强否定语气的作用，但二者又有区别。

那么"并"和"又"的区别在哪里呢？就在使用的语义背景不同。我们可以思考一下，当我们说：

（5）他并没有说谎。
暗含着什么？暗含着对方或其他人认为"他说谎了"。当我们说：
　　（6）我并不认识他。
暗含着有人以为"我认识他"。

　　这说明，只有当说话人为强调说明事实真相或实际情况而来反驳或否定对方或一般人的意见时，才用这个语气副词"并"。因此，使用"并"的语义背景是：

　　　　当说话人为强调说明事实真相或实际情况而来直接否定已有的某种看法或想法时才用它来加强否定语气。

如果我们将语气副词"并"使用的语义背景融入它的语法意义之中，那么对语气副词"并"宜注释为：

　　　　加强否定语气，强调说明事实不是对方所说的、或一般人所想的、或自己原先所认为的那样。

下面是使用语气副词"又"的典型实例：
　　（7）小张：小王，明天我们去叶老师家，带一瓶茅台酒吧。
　　　　小王：叶老师又不喝白酒。
　　（8）玉萍：你带上一把伞吧。
　　　　俊峰：天气预报又没说今天要下雨。

例（7）（8）都用了"又"，而且用得都比较贴切。拿例（7）来说，小张提出给叶老师带一瓶茅台酒，小王不同意，但他不直接说"不要给叶老师带茅台酒"，而是采取否定"叶老师喝酒"这一事实来达到否定小张意见的目的。这里小王就用了"又"来加强否定语气。例（8）玉萍叫俊峰"带上一把伞"，俊峰不想带，但他不直接说"我不带"，而是否定有下雨的可能性，来达到否定玉萍意见的目的。这里俊峰也用了"又"来加强否定语气。从这里，我们可以明显地看出，有时人们要否定某种事情、某种做法、某种说法或某种想法时，不采取直接否定的方式，而是通过强调不存在该事情、该做法、该说法或该想法的前提条件或起因来达到否定的目的。语气副词"又"就只能用在上述语境中,起加强否定的作用。使用语气副词"又"的语义背景可概括如下:

> 语气副词"又"只能用在直接否定前提条件或起因的句子里起加强否定语气的作用。

同样,如果我们将语气副词"又"使用的语义背景融入它的释义之中,那么语气副词"又"宜注释为:

> 加强否定语气,强调说明不存在(对方或人们所说的)某种事情、某种做法、某种说法或某种想法的前提条件或起因。

下面再举一个近义实词的对比分析——"俯瞰""俯视""鸟瞰"的对比分析。

由于这三个词都是书面语词,不要说外国学生,中国学生也有用得不恰当的。

(1)*玲玲蹲在清澈的溪水边,俯瞰着水中的游鱼,而且是那样地专心,以致老师走到她身后她都没觉察。

(2)*香港高楼密布,舅舅家一带的高楼都在30层以上,我在25层阳台上看到的,除了楼房还是楼房,只能鸟瞰街上一个接一个的小"甲虫"。(报)

例(1)是中学生的病句,例(2)是报上的病句。这两个句子里的"鸟瞰"都得改为"俯视"。为什么会错?辞书的释义要负一定责任。请看《现代汉语词典》对"俯视""俯瞰""鸟瞰"的注释:

俯视:从高处往下看。

俯瞰:俯视。

鸟瞰:从高处往下看。

"俯瞰""俯视""鸟瞰",它们有共同的词义要素:"从高处往下看";但是,使用语境有差异——"俯视"高度不论,也不要求非得有一定的视野,只要从高处往下看,都能用"俯视"。例如:

（3）只见小红正聚精会神地俯视着金鱼缸里一条条游来游去的小金鱼。

而使用"俯瞰""鸟瞰"得有两个条件，一是所处的地方一定比较高，有相当的高度；二是视野一定比较开阔。例如：

（4）记得在学生时代，每去香山，我们总要登上那半山亭，因为在那里可以俯瞰半个北京城。

（5）我最难忘的是，那一次叔叔带我坐上他的直升飞机，飞翔在天空，鸟瞰着桐城美丽的秋色和那一座座拔地而起的各色高楼。

然而"俯瞰"和"鸟瞰"虽然在意义上有相同的地方，都是在很高而且视野比较开阔的地方往下看，但又有一些细微的差异——在静止的山顶、楼顶、塔顶往下看，倾向于用"俯瞰"，如果处于高空移动的飞机或热气球上往下看，也可以用"俯瞰"，但用"鸟瞰"更合适。至此我们大致可以将"俯瞰""俯视""鸟瞰"这三个词各自使用的语义背景概括如下：

俯视——从高处往下看，不论高度；仅用于书面语。

俯瞰——从有相当高度且视野比较开阔的高处往下看；仅用于书面语。

鸟瞰——从有相当高度且视野比较开阔的高处往下看，更适合用于在高空移动的飞行器上往下看；仅用于书面语。

回头看例（1）这个偏误句。溪边离水面一般不会超过两米，距离短，所以不能用"俯瞰"，得用"俯视"，改成：

（6）玲玲蹲在清澈的溪水边，俯视着水中的游鱼，而且是那样地专心，以致老师走到她身后她都没觉察。

再看例（2），在25层楼的阳台上往下看，有一定的高度，但由于高楼密布，25层楼也还不是最高处，视野有限，只能直着往下看街上像小甲虫那样的汽车，显然不宜用"鸟瞰"，还是用"俯视"比较合适，说成：

（7）香港高楼密布，舅舅家一带的高楼都在30层以上，我在25层阳台上看到的，除了楼房还是楼房，只能<u>俯视</u>街上一个接一个的小"甲虫"。

结束语

　　以上所述，可以视为偏误句、病句对我们的启示。总之，消极修辞研究要关注偏误句、病句，但在研究上可以另辟蹊径，着重探究"为什么说这错了""为什么会错"。这种研究的好处是有助于我们对词义的深入研究，有助于辞书对词语的正确释义，也将有助于人们对词语的正确使用。因此，深入分析偏误句、病句可以成为消极修辞研究的一个新的领域。

（原载于《当代修辞学》2019年第2期）

南充话里的反复问句与"没得"和"没有"

南充市地处四川省东北部,位于嘉陵江中游西岸。南充话属于四川方言古入声字归阳平的那一大片。本文所谈的问题,在四川方言中带有一定的普遍性。

为了便于说明,在行文中使用了下列一些符号:

V　动词　　　　　O　宾语

VP　动词性词组　　C　补语

A　形容词　　　　XY双音节词

一　南充话里的反复问句

在谈反复问句之前,先说一点与之有关的是非问句的情况。

南充话里没有带"吗"的是非问句,普通话里带"吗"的是非问句,在南充话里一般都用反复问句来表达,例如:

普通话	南充话
这双布鞋大吗?	这双布鞋大不大?
小王去吗?	小王去不去?
大哥,你会杀鸡吗?	大哥,你会不会杀鸡?
小李吃了吗?	小李吃了没得?
《双雄会》你看过吗?	《双雄会》你看过没得?

因此南充话里反复问句用得特别多。

南充话的反复问句不仅用得很多，而且有它自己的特点。南充话里的反复问句有用"不"的和用"没得"的两类，下面分别说明。

甲、用"不"的反复问句

这类反复问句（如"去不去""好不好"），跟普通话里的同类反复问句相比较，一个突出的特点是，它不像普通话那样基本以词为单位来构成肯定与否定形式相叠的反复问句格式，而是以词的第一个音节成分为单位来构成肯定与否定形式相叠的反复问句格式。具体情况如下：

1. 由单个动词或形容词构成的反复问句

如果动词或形容词是单音节词，则反复问句的格式跟普通话相同，也是"V/A 不 V/A"，例如：

（1）他们来不来？／你们去不去？／他写不写？／你看不看？

（2）苹果红不红？／路滑不滑？／灯亮不亮？／外头冷不冷？

如果动词或形容词是双音节词，则反复问句的格式跟普通话不同，它不是"XY 不 XY"，而是"X 不 XY"，例如：

南充话	普通话
你相不相信？	你相信不相信？
他同不同意？	他同意不同意？
小周晓不晓得？	小周知道不知道？
这两天他还咳不咳嗽？	这两天他还咳嗽不咳嗽？
明天考不考试？	明天考试不考试？
他应不应该？	他应该不应该？
他做事情过不过细？	他做事情仔细不仔细？
那个娃儿精不精灵？	那孩子机灵不机灵？
你妈身体硬不硬走？	你妈身体硬朗不硬朗？
今天要得伸不伸展？	今天玩得痛快不痛快？
这个事办起来撒不撒脱？	这个事办起来容易不容易？

| 她漂不漂亮？ | 她漂亮不漂亮？ |
| 你说我狼不狼狈？ | 你说我狼狈不狼狈？ |

值得注意的是，在南充话里，由双音节的单纯词所构成的反复问句格式也是"X不XY"，不是"XY不XY"，例如：

南充话	普通话
他做事情马不马虎？	他做事情马虎不马虎？
这个东西相不相因？	这个东西便宜不便宜？
你说的那个人邋不邋遢？	你说的那个人邋遢不邋遢？

2. 由述宾结构"V+O"构成的反复问句

由述宾结构形成的反复问句，在普通话里可以有两种基本格式四种不同的说法：

（A）V不V+O

$$(B) \ VO+不(V(O)) \longrightarrow \begin{cases} (B_1) \ VO+不+VO \\ (B_2) \ VO+不V \\ (B_3) \ VO+不 \ [①] \end{cases}$$

南充话里没有格式（B），而且如果V为双音节动词，也仍然由开头一个音节成分来构成肯定与否定相叠的反复问句格式。试比较：

南充话	普通话
看不看病？	（A）看不看病？
	（B_1）看病不看病？
	（B_2）看病不看？
	（B_3）看病不？
吃不吃广柑？	（A）吃不吃广柑？
	（B_1）吃广柑不吃广柑？

---

① （B_1）的说法用得很少，特别是当宾语O比较长时，不用（B_1）的说法；（B_2）和（B_3）两种说法都用，比较起来，口语里B_3说法用得更多些。

	（B₂）吃广柑不吃？
	（B₃）吃广柑不？
认不认得我？	（A）认识不认识我？
	（B₁）认识我不认识我？
	（B₂）认识我不认识？
	（B₃）认识我不？
今天公不公审犯人？	（A）今天公审不公审犯人？
	（B₁）今天公审犯人不公审犯人？
	（B₂）今天公审犯人不公审？
	（B₃）今天公审犯人不？
想不想吃凉粉儿？	（A）想不想吃凉粉儿？
	（B₁）想吃凉粉儿不想吃凉粉儿？
	（B₂）想吃凉粉儿不想？
	（B₃）想吃凉粉儿不？
喜不喜欢看川剧？	（A）喜欢不喜欢看川剧？
	（B₁）喜欢看川剧不喜欢看川剧？
	（B₂）喜欢看川剧不喜欢？
	（B₃）喜欢看川剧不？
同不同意他去？	（A）同意不同意他去？
	（B₁）同意他去不同意他去？
	（B₂）同意他去不同意？
	（B₃）同意他去不？

3. 对述补结构，南充话也基本采取上述办法来进行反复问。

对带结果补语或趋向补语的述补结构，只采用上述办法进行反复问，即只用"V不VC"的格式，例如：

（3）写不写完／洗不洗干净／坐不坐正／学不学完／收不收拾干净／整不整理好

（4）送不送去 / 拿不拿出来 / 出不出去 / 进不进来 / 表不表现出来 / 继不继续下去

对带可能补语的述补结构，基本上也是采用上述办法进行反复问，而不像普通话那样采用"V 得 C + V 不 C"的格式，例如：

南充话	普通话
拿不拿得动？	拿得动拿不动？
看不看得懂？	看得懂看不懂？
洗不洗得干净？	洗得干净洗不干净？
说不说得伸展？	说得清楚说不清楚？
参不参观得完？	参观得完参观不完？
拿不拿得起来？	拿得起来拿不起来？
搞不搞得出来？	搞得出来搞不出来？
研不研究得出来？	研究得出来研究不出来？
吃不吃得？	吃得吃不得？
看不看得？	看得看不得？
参不参观得？	参观得参观不得？
处不处分得？	处分得处分不得？

4. 对状语成分也可以采取上述办法进行反复问。例如：

（5）他经不经常来？

（6）他专不专心听？

（7）他架不架势做？（他使劲儿干吗？）

（8）他努不努力学习？

（9）他认不认真工作？

（10）我们还往不往前走？

（11）你和不和他要？

（12）给不给他说？

（13）遭 [tsau²¹] 不遭他骂？

（14）照不照他说的办？

（15）他比不比你高？

（16）他在不在教室看书？

例（5）—（9）状语是由形容词充任，①例（10）—（16）状语由介词结构充任。但如果状语由副词充任，不能用这种问法，得采取前面加"是不是"的办法来发问，例如：

（17）是不是刚蒸起的？　（*刚不刚蒸起的？）

（18）是不是马上去？　（*马不马上去？）

（19）是不是还要走？　（*还不还要走？）

（20）是不是才五十块？　（*才不才五十块？）

乙、用"没得"的反复问句

可分两种情况：

1. 由述宾结构"有+O"形成的反复问句

由述宾结构"有+O"形成的反复问句可以有"有没得+O"和"有+O+没得"两种格式，例如：

（21）他有钱。　　　——（A）他有没得钱？
　　　　　　　　　　　（B）他有钱没得？

（22）晚上有电影。　——（A）晚上有没得电影？
　　　　　　　　　　　（B）晚上有电影没得？

（23）有吃的。　　　——（A）有没得吃的？
　　　　　　　　　　　（B）有吃的没得？

（24）有相因（便宜）些的。——（A）有没得相因些的？
　　　　　　　　　　　（B）有相因些的没得？

以上各例的宾语O为体词性成分。下面各例的宾语O为谓词性成分：

---

① 例（8）（9）更常见的说法是："他学习努不努力？""他工作认不认真？"这跟中心语为双音节词有关。

（25）他有桌子那么高。　——（A）他有没得桌子那么高？
　　　　　　　　　　　　　（B）他有桌子那么高没得？
（26）那根蛇有碗口那么粗。——（A）那根蛇有没得碗口那么粗？
　　　　　　　　　　　　　（B）那根蛇有碗口那么粗没得？

2. 由其他谓词性成分形成的反复问句

如果用反复问句来询问已然的事，普通话通常用"V/A 没（有）V/A（O）"或"VP（＋了）＋没有"的问话形式，南充话则用"VP（＋了）＋没得"的问话形式①。例如：

南充话	普通话
你昨天去（了）没得？	你昨天去没（有）去？
	你昨天去（了）没有？
他刚才看（了）没得？	他刚才看没（有）看？
	他刚才看（了）没有？
你吃（了）饭没得？	你吃没（有）吃饭？
	你吃饭（了）没有？
他参观（了）没得？	他参观没（有）参观？
	他参观（了）没有？
他洗完（了）没得？	他洗完没（有）洗完？
	他洗完（了）没有？

这些问句的答话，如为肯定，则是"VP 了"；如为否定，则是"没有＋VP"，而不是"没得＋VP"。试以例（27）的答话为例：

（27）问：你昨天去（了）没得？
　　　答：（我昨天）去了。〔肯定〕
　　　　　（我昨天）没有去。〔否定〕

---

① 现在由于受普通话的影响，"没有"也开始能加在谓词性成分之后构成反复问的疑问句式"VP＋没有"，如"商量没得"现在也能说成"商量没有"，但在一般老百姓口里还是说成"商量没得"。

二 南充话里的"没得"和"没有"

在南充话里,跟普通话里的"没有"相当的否定词有两个:一是"没得",一是"没有"。

"没得"可以单说,也可以单独做谓语,例如:

(1)"你有刀刀儿(小刀儿)没得?"
　　"(我)没得。"
(2)"你莫去,他们屋头有狗。"
　　"(他们屋头)没得。"
(3)屋头一个人都没得。
(4)啥子(什么)资料都没得。

但是,最常见的说法是后面带宾语。可以带体词宾语,例如:

(5)没得煤/没得笔/没得钱/没得精神/没得主见
(6)没得好药/没得料子衣服/没得啥子菜/没得啥子吃的
(7)这屋子没得十五平方米/耍了没得三天/从我们村到太子村没得五里地

例(5)(6)表示对领有或存在的否定;例(7)表示数量不足。也可以带谓词性宾语,例如:

(8)我的灯没得那么[naŋ⁵³mən⁴⁴]亮/没得那么干净/没得那么相因
(9)这匹马没得你那匹马快/我们的地没得你们的地那么肥/里屋没得外屋亮/我没得你那么爱看川戏

例(8)的宾语是"那么+形容词",例(9)的宾语是主谓结构。它们都表示不及,用于比较。其肯定形式是"有……"(我的灯有那么亮/这匹马有你那匹马快)。

"没得"还有个用法，加在谓词性成分之后构成反复问的疑问句式"VP+没得"。例如：

（10）商量没得？

（11）去了没得？

（12）送去没得？

（13）写完没得？

（14）看了电影没得？

"没有"不具有"没得"的这些用法，例（1）—（14）里的"没得"都不能换成"没有"[①]。

在南充话里，"没有"只能在动词或形容词性成分前头做状语。例如：

（15）没有去 / 没有呻唤（呻吟）/ 没有扯拐（出故障或故意捣乱）

（16）没有看电影 / 没有做活路（干活儿）/ 没有吃烟（抽烟）/ 没有写信

（17）没有晒干 / 没有说伸展（说清楚）/ 没有写完

（18）没有去耍 / 没有去看病 / 没有把信巴起（粘上）

（19）没有亮 / 没有红 / 没有熟 / 没有炣（烂熟）/ 没有干净

"没得"不具有"没有"的这种用法，例（15）—（19）里的"没有"都不能换成"没得"。

很显然，南充话里"没得"和"没有"在用法上存在着明显的对立。

一般认为，普通话里的"没有"有两个，一是动词"没有"（以下简写为"没有[动]"），一是副词"没有"（以下简写为"没有[副]"）。[②] 南充话的情况，可以作为这种看法的一个佐证。现将南充话

[①] 见第407页上注[①]。

[②] 参见吕叔湘主编：《现代汉语八百词》"没有"条，商务印书馆，1981年。

的"没得""没有"和普通话的"没有〔动〕""没有〔副〕"列表比较如下：

	普通话		南充话	
	没有〔动〕	没有〔副〕	没得	没有
单说或单独做谓语	＋	＋①	＋	－
带宾语	＋	－	＋	－
做状语	－	＋	－	＋
加在谓词性成分之后构成反复问句式	⊖②	＋	＋	－

不难看出，南充话里的"没得"是动词，它基本上跟普通话里的"没有〔动〕"相当；南充话里的"没有"是副词，它基本上跟普通话里的"没有〔副〕"相当。所不同的是：

1. 普通话里的"没有〔副〕"在口语中可以单说或单独做谓语，南充话里的"没有"则没有这种用法。换句话说，南充话里的"没有"不仅是一个典型的副词，而且是一个黏着的前置定位副词。

2. 普通话是以"没有〔副〕"（而不是以"没有〔动〕"）来构成反复问的疑问句式"VP＋没有〔副〕"，除非VP是"有＋（O）"，才以"没有〔动〕"来构成反复问疑问句式。例如：

（20）你去了没有？

（21）他回家没有？

（22）衣服干了没有？

（23）那个问题讨论过没有？

（24）还有买票的没有？

---

① 参见陆俭明：《副词独用考察》，《语言研究》1983年2期。
② "⊖"表示基本不能。当谓词性成分为"有（O）"时，后面能加上"没有〔动〕"构成反复问句句式（信纸有没有／有时间没有）。

一般都认为例（20）—（23）里的"没有"是副词。[①]例（24）里的"没有"是动词。而南充话则一律以动词"没得"（而不是以副词"没有"）来构成反复问的疑问句式，如例（20）—（24）南充话都要说成：

（25）你去了没得？

（26）他回屋头没得？

（27）衣服干了没得？

（28）那个问题讨论过没得？

（29）还有买票的没得？

普通话里以副词"没有"来构成反复问的疑问句式，这好理解，可以从语法上作出解释，即可把"V没有"（吃没有）看作是"V没有V"（吃没有吃）的省略形式，而"V没有（V）"跟"V不（V）"正好是相平行的。例如：

V不（V）？	V没有（V）？
他去不去？/去不？	他去没有去？/去了没有？[②]
你看不看？/看不？	你看没有看？/看了没有？
明天参观不参观？/参观不？	昨天参观没有参观？/参观了没有？
这药苦不苦？/苦不？	这瓜熟没熟？/熟了没有？
那儿干净不干净？/干净不？	花儿红没有红？/红了没有？

可是南充话里以动词"没得"来构成反复问的疑问句式，这该怎么解释呢？是否可以作这样的解释：由于南充话里的"没有"是个黏着的前置定位副词，不允许把它放在句子末尾来构成反复问句，这样只好另找出路。恰好南充话里存在着"有＋O＋没得"的疑问句式（见前一节），于是按类推作用，从"有＋O＋没得"类推出"VP＋没

[①] 参见吕叔湘主编：《现代汉语八百词》"没有"条，北京大学中文系1955级、1957级语言班《现代汉语虚词例释》，商务印书馆，1982年，第331页。

[②] "V没有V"中后一个V省略的话，前一个V后要带上动态助词"了"。

得"的疑问句式，本来该由"没有"承担的任务就让"没得"来承担了。"有+O+没得"里的"有+O"是述宾结构，也是个VP。这样，"VP+没得"倒可以用来概括南充话里所有以动词"没得"结尾的反复问句了。

上面我们把反复问句式"VP+没得"中的"没得"看作动词，但这不是定论，还可以进一步讨论。我们看到在四川遂宁话里也有动词"没得"（你有没得书？｜你有书没得？｜没得（书）），也有"VP+没得"这种反复问句式（病好没得？｜你下棋输了没得？）。甄尚灵先生把这种疑问句式里的"没得"处理为副词，认为："副词'没得'和动词'没得'读音一样，但使用情况不同。副词'没得'只用在肯定与否定相叠的选择问（即本文所说的反复问——引者注）中，后面不带动词或形容词。动词'没得'后面可带宾语，也可单独回答问题。"（《遂宁方言里的"有"和"没有"》，《方言》1981年第3期）我们没有采用这种处理意见，原因是：如果把"VP+没得"这种反复问格式里的"没得"处理为副词，那么这个副词跟一般副词毫无共同之点，这太特殊了。

南充话里这种"VP+没得"的疑问句式跟中古时期所出现过的"VP+无"的疑问句式倒是很类似的。中古时期曾大量出现过"VP+无"的疑问句，例如[①]：

（30）幕下郎君安隐（=安稳）无？从来不奉一行书！（杜甫诗）

（31）青衫乍见曾惊否？红粟难赊得饱无？（白居易诗）

（32）晚来天欲雪，能饮一杯无？（白居易《问刘十九》）

（33）道子虽来画得无？（元稹诗）

（34）善眼仙人忆我无？（李商隐诗）

[①] 所引例句均转引自王力：《汉语史稿》中册，科学出版社，1958年4月，第453页。

（35）妆罢低声问夫婿，画眉深浅入时无？（朱庆余诗）
（36）洛公曾到梦中无？（陆龟蒙诗）

王力先生、吕叔湘先生、周法高先生在他们的论著中都分别谈到过这类疑问句[①]。"无"原是动词，那么中古时期这些疑问句末尾的"无"是不是还看作动词呢？吕、周二位先生在他们的论著中都没有就这个问题作出明确的回答，都只是笼统地说"无"字就是白话里的"吗"的前身。不过他们都明确认为这类疑问句为反复问句，从这点看，他们似乎还不否认这个"无"的动词性。王力先生并未明确认为这类疑问句是反复问句，但是他是把这个"无"字看作语气词。关于中古时期这类疑问句末尾的"无"到底是不是已虚化为语气词，我们不准备讨论。这里我们只想指出的是，现在南充话里"VP+没得"的疑问句里的"没得"可以肯定不能认为是语气词，理由是：（1）南充话里的"没得"是读音为[mo²¹te²¹]的双音节词，其中没有一个轻音节，而在汉语里边作为句末语气词都是轻音节；（2）假如我们承认南充话里的"没得"是语气词，那就得同时否定南充话里的"VP+没得"是反复问句，然而事实告诉我们，这些疑问句中的"没得"并不表示什么语气意义，相反它的否定意义十分鲜明。因而从表达的角度看，这些疑问句都是从正反两面去问的，而这正是反复问句的特点。[②]

总之，南充话里"VP+没得"中的"没得"不可能是副词，也不可能是语气词；鉴于它跟动词"没得"完全同形，所以我们把它也看作动词。这样处理是否合适，还可以进一步研究。

---

① 分别见王力：《汉语史稿》中册 452—454 页，吕叔湘：《中国文法要略》，商务印书馆，1982 年，第 286—287 页，周法高：《中国古代语法（称代篇）》，251 页（注一）。

② 吕叔湘：《中国文法要略》中说：反复问"这类问句把一句话从正反两面去问"（§16，44）。

附：四川南充话的声母、韵母和声调

一 声母

p	pʻ	m	f	t	tʻ	n
ts	tsʻ	s	z	tɕ	tɕʻ	ȵ	ɕ
k	kʻ	ŋ	x	○		

二 韵母

a	o	e	ɿ	ɚ	ai	ei	au	əu	an	ən	aŋ	oŋ
ia	ie	i				iɛi		iau	iəu	iɛn	in	iaŋ	
ua	ue	u			uai	uei			uan	uən	uaŋ	
	yo ye	y								yɛn	yn	yoŋ

三 声调

阴平①	阳平	上声	去声②
44	21	53	213

（见《语言学论丛》第 16 辑，商务印书馆，1991 年。）

---

①② 1960 年发表的《四川方言音系》(《四川大学学报》1960 年第 3 期），将南充话的阴平记作 55，去声记作 14，根据我们的调查核实，阴平宜记为 44，去声宜记为 213。

四川南充话与北京话语法比较[*]

南充市地处四川省东北部,位于嘉陵江中游西岸。南充话属于四川方言古入声字归阳平的那一大片。四川方言属西南官话,所以从总体上看,南充话跟北京话在语法上基本是一致的,但也存在着某些差异。本文试择要描写二者在语法上的差异。

我们所谈的南充话的语法现象,有的在四川话中带有普遍性,有的不带有普遍性。下面分八个方面来谈:

一、关于疑问句
二、指代系统
三、否定词
四、关于被动句
五、表示"给予"意义的双宾结构
六、关于方位词
七、关于动态助词
八、关于复数的表示

为了便于说明,本文将使用下面一些符号:

V　动词　　　　　S　句子
VP　动词性词组　　Ns　名词性主语
A　形容词　　　　NP　名词性成分

---

[*] 本文于1997年11月15日在日本京都产业大学"语言接触和语言结构研讨会"上发表。

一 关于疑问句

通常把疑问句分为四类：是非问句、特指问句、选择问句、反复问句。这四类疑问句南充话都有。南充话的选择问句和北京话格式相同；特指问句就句式说也和北京话一样，只是所用的疑问代词不同（见下文"二 指代系统"）；是非问句和反复问句则和北京话有较明显的差别。关于反复问句，我们已在《南充话里的反复问句与"没得"和"没有"》一文中进行了描写和说明。这里只谈是非问句，同时附带说一下由"非疑问形式 + '嗳 [ai^{44}]'"形成的疑问句。

（一）是非问句

北京话的是非问句有两小类：

A 句末带有疑问语气词"吗"的，通常表示因不明了而发问。可以用升调，也可以用降调。例如：

（1）这双布鞋大吗？
（2）你最近忙吗？
（3）妈妈身体好吗？
（4）张老师在吗？
（5）小王去吗？
（6）你看电影吗？
（7）他是工程师吗？

B 句末不带"吗"的，通常表示因出乎意外或怀疑需要证实而发问。只能用升调。例如：

（8）你近来身体不好？
（9）这条绳子短了？
（10）你明天走？

（11）他不在家？

（12）老张住院了？

（13）你不吃鸡蛋？

（14）他是工程师？

B类后面可以带上语气词"啊"，"使问句语气和缓而不显得生硬"。① 例如：

（15）你近来身体不好啊？

（16）这条绳子短了啊？

（17）你明天走啊？

（18）他不在家啊？

（19）老张住院了啊？

（20）你不吃鸡蛋啊？

（21）他是工程师啊？

南充话里没有A类是非问句，只有B类是非问句。而且，B类也有句末不带语气词和带语气词"啊"两种情况，所表示的语法意义跟北京话一样。例如：

（22）你这阵身体/人不好？　　你这阵身体/人不好啊？

（23）这根绳子短了？　　　　这根绳子短了啊？

（24）你明天走？　　　　　　你明天走啊？

（25）他不在屋头？　　　　　他不在屋头啊？

（26）老张住院了？　　　　　老张住院了啊？

（27）你不吃鸡蛋？　　　　　你不吃鸡蛋啊？

（28）他是工程师？　　　　　他是工程师啊？

北京话的A类是非问句，在南充话里一般都用反复问句来表达，

---

① 参见北京大学中文系1955、1957级语言班编：《现代汉语虚词例释》，商务印书馆，1982年。

例如：

    北京话   南充话

（29）这双布鞋大吗？ 这双布鞋大不大？

（30）你看电影吗？   你看不看电影？

（31）你吃饭了吗？   你吃饭（了）没得？

  注意，北京话里有些 A 类是非问句，VP 前有由副词充任的状语。这种是非问句在南充话里往往采用在 VP 前加"是不是"的办法，造成反复问句，例如：

    北京话   南充话

（32）他妈也住在上海吗？ 他妈是不是也住在上海？

（33）他刚到家吗？   他是不是刚拢屋？

  北京话里有这样一种带"吗"的是非问句，问话人先正面提出自己的看法，然后用"好吗""行吗""可以吗""对吗""是吗"来提问，以征求对方的意见，例如：

（34）来个麻婆豆腐，好吗？

（35）别放辣椒，行吗？

（36）我也去，可以吗？

（37）他是四川人，对吗？

（38）你不喝酒，是吗？

  这种疑问句在南充话里就把"好吗""行吗""可以吗"改成"要不要得"，"对吗""是吗"改成"是不是"，还是用反复问句来表示。例如：

（39）来个麻婆豆腐，要不要得？

（40）莫放辣子，要不要得？

（41）我也去，要不要得？

（42）他是四川人，是不是？

（43）你不喝酒，是不是？

总之，南充话里没有带"吗"的是非问句，北京话里带"吗"的是非问句，到南充话里都说成反复问句，因此南充话里反复问句用得特别多。

（二）由"非疑问形式＋嗳"形成的疑问句式

在北京话里有一种由"非疑问形式＋呢"形成的"非是非问句"。[①]例如：

（44）老张呢？（＝老张在哪儿？）

（45）我明天有英语考试，你呢？（＝你明天有没有英语考试？）

（46）"你近来见过陈教授吗？""我没有见过。你呢？"（＝你近来见过陈教授没有？）

南充话里也有这种非是非问句，但与北京话不同的是，末尾不用"呢"，而用"嗳"。例如：

（47）老张嗳？（＝老张在哪哈儿？）

（48）我明天有英语考试，你嗳？（＝你明天有英语考试没得？）

（49）"你最近见过陈教授没得？""我没有见过。你嗳？"（＝你最近见过陈教授没得？）

二　指代系统

汉语中的代词一般分为三小类：一类是人称代词；一类是指示代词；一类是疑问代词。

南充话里的人称代词和指示代词，跟北京话基本一样，不同的只是：

---

① 参见陆俭明：《由"非疑问形式＋呢"造成的疑问句》，载《中国语文》1982年第6期。

（一）北京话第一人称有包括式的"咱们"，南充话没有；南充话里一律都用"我们"。

（二）北京话里有"人家""别人"，南充话没有；南充话都用"别个 [pie²¹ko²¹³]"，试比较：

北京话	南充话
人家都不理你了，你还去干吗！	别个都不理你了，你还去做啥嘛！
人家叫了你半天了，你怎么现在才答应我。	别个喊了你半天了，你啷门现在才答应我。
这是别人的，你别拿。	这是别个的，你莫拿。

（三）北京话里有"大伙儿""大家"；南充话里根本没有"大伙儿"这个词，而"大家"一词只在书面上用，口语中不用。在南充话口语中，北京话里的"大家"这个意思，有时用"你们"来表示（如果"大家"只指听话人一方的话），例如：

北京话	南充话
老师问："大家都听懂了吗？"	老师问："你们都听懂了没得？"

有时用"我们"来表示（如果"大家"包括说话人在内的话），例如：

北京话	南充话
来，大家一起商量一下。	来，我们一起商量一下 [i²¹xa²¹³]。

有时则用副词"净都"来表示出"大家"的意思（如果"大家"泛指所有人的话），例如：

北京话	南充话
这件事大家都知道了。	这件事净都晓得了。

（四）北京话里有第二人称的敬语代词"您"，南充话里没有。在南充话里，不管对年长的或年幼的，第二人称代词一律都用"你"。

疑问代词，南充话跟北京话差别比较大。与北京话相同的只有"几"一个。其余的都不一样。请看：

北京话	南充话
谁（他是谁？）	哪个（他是哪个？）
什么（你买什么？）	啥子（你买啥子？）
怎么（他怎么走了？）	啷门（他啷门走了？）
怎么样（你说嘛，你要怎么样？）（她唱得怎么样？）	啷门样（你说嘛，你要啷门样？）（她唱得啷门样？）
多少（要多少钱？）	好多（要好多钱？）
多会儿（你多会儿走？）	好久（你好久走？）
哪儿/哪里（他去哪儿/哪里？）	哪哈儿（他去哪哈儿？）
多（他有多高？）	好（他有好高？）

三　否定词

北京话里的否定词有两类
（一）副词。这有五个：
不、没、没有、别、甭。
（二）动词。这有两个：
没有、没
南充话里的否定词跟北京话有同有异。比较如下：

北京话	南充话
不	不
没1/没有1（副词）①	没/没有（副词）
别/甭	莫
没有2/没2（动词）	没得（动词）

---

① 在例句里不写作"没1/没有1""没有2/没2"，一律写作"没"和"没有"。

需要进一步说明的是：

1. 北京话里的副词"没1"和"没有1"用法上略有区别。它们做状语时一样，例如：

（1）我没/没有看电影。

但是，"没有"可以单说或单独做谓语，"没"不能。① 例如：

（2）"你昨天看电影了吗？""没有。"（"*没。"）

（3）"他昨天去了吗？""他没有。"（"*他没。"）

"没有"可以放在句末形成反复问句，"没"没有这样的用法。例如：

（4）你看完了没有？（*你看完了没？）

南充话里的副词"没"跟北京话里的副词"没"用法一样，也只能做状语。但副词"没有"的用法跟北京话有些不同，那就是它也跟副词"没"一样，只能做状语，不能单说或单独做谓语，② 也不能放在句末形成反复问句。上面所举的例（2）（3）（4），南充话得分别说成：

（5）"你看电影没得？""我没/没有看电影。"（"*没有。""*我没有。"）

（6）"他昨天去没得？""他没/没有去。"（"*没有""*他没有。"）

（7）你看完了没得？（*你看完了没有？）

2. 上面说了，"没得"在南充话里是动词。但是它跟北京话里的动词"没有2"在用法上也还有些差异，那就是北京话里的"VP＋副词'没有1'？"的反复问句，在南充话里句尾得用动词"没得"，即用"VP＋动词'没得'？"的说法。例如：

---

① 据调查，"没"单说或单独做谓语的现象也有，但只出现在儿童的话语中，成人不说。

② 由于受普通话的影响，现在也开始出现副词"没有"单说或单独做谓语的说法。

北京话	南充话
（8）你看了没有？	你看了没得？
（9）你看完了没有？	你看完没得？

怎么解释这一现象呢？是否可以这样解释：由于南充话里的"没有"是个黏着的前置定位副词，不允许把它放在句末构成反复问句，这样只好另找出路。恰好南充话里存在着"有+NP+没得？"的疑问句式（如"有钱没得？""有桌子没得？"），于是按类推作用，从"有+NP+没得？"类推出"VP+没得？"的疑问句式。本来应该由副词"没有"来承担的任务，就让动词"没得"来承担了。[1]

有人把这个"没得"分析为副词，认为四川话有两个"没得"，一个是动词"没得"，一个是副词"没得"。[2] 我们不采用这种说法，因为这个"没得"只能出现在句尾，不能做状语，所以不能看作副词。

四 关于被动句

北京话里的被动句有两大类：一类是无标记被动句，一类是有标记被动句。无标记被动句就是不用介词表示的受事主语句。例如：

（1）玻璃杯打破了。[贬义]

（2）信寄走了。[中性]

（3）自行车修好了。[褒义]

有标记被动句是用介词"被""叫""让""给"的受事主语句。

---

[1] 参见马真：《南充话里的反复问句与"没得"和"没有"》，见《语言学论丛》第十六辑，商务印书馆，1991年。

[2] 参见甄尚灵：《遂宁方言里的"有"和"没有"》，载《方言》1981年第3期。

例如：

（4）玻璃杯被他打破了。

（5）钱包叫小偷偷走了。

（6）衣服都让雨淋湿了。

（7）那本书给他借走了。

介词"被""给"的宾语也可以不出现，例（4）（7）也可以说成：

（8）玻璃杯被打破了。

（9）那本书给借走了。

从大的方面说，南充话的被动句也有无标记和有标记两大类，但与北京话不同的是，南充话里的有标记被动句所用的介词，跟北京话完全不同。在南充话里，不用"被""叫""让""给"，而用"遭[tsau^{21}]"。

南充话里的"遭[tsau^{21}]"跟北京话里的"被"在使用范围上不完全相同。北京话里的"被"，多数用于说不如意的事，例如：

（10）玻璃杯被他打破了。

（11）自行车被小偷偷走了。

（12）那衣服被她弄脏了。

（13）稻田被水淹了。

（14）他被人打了。

但现在也逐渐能用于说如意的事，例如：

（15）他被大家推选为人民代表。

（16）没想到那电视机被他修好了。

（17）那道代数题被他解出来了。

（18）那钥匙我还以为找不着了，想不到今天被我找着了。

南充话里的"遭[tsau^{21}]"则只能用于说不如意的事。像上面举的例（10）—（14）在南充话里可以用"遭[tsau^{21}]"，说成：

（19）玻璃杯遭[tsau^{21}]他打破了。

（20）自行车遭［tsau²¹］小偷偷走了。

（21）那衣服遭［tsau²¹］她弄脏了。

（22）稻田遭［tsau²¹］水淹了。

（23）他遭［tsau²¹］人打了。

可是像例（15）—（18）就不能用"遭［tsau²¹］"，在南充话里不能说：

（24）*他遭［tsau²¹］我们推选为人民代表。

（25）*没想到那电视机遭［tsau²¹］他修好了。

（26）*那道代数题遭［tsau²¹］他解出来了。

（27）*那钥匙我还以为找不回来了，想不到今天遭［tsau²¹］我找到了。

例（24）—（27）在南充话里都得采用"把"字句或无标记受事主语句来表达，请看：

（28）我们把他选成人民代表了。/他选起了人民代表。

（29）没想到他把那电视机修好了。/没想到那电视机他修好了。

（30）他把那道代数题做出来了。/那道代数题他做出来了。

（31）那钥匙我还以为找不到了，想不到今天我把它找到了/想不到今天又找到了。

五 表示"给予"意义的双宾结构

在北京话里，表示"给予"义的双宾语结构有两种格式：

A （Ns）+ V + NP$_1$ + NP$_2$　　例如：

（1）（ ）送李老师一本书。

（2）（ ）还他十块钱。

（3）（ ）退我多交的钱。

（4）（ ）赔王奶奶一个热水瓶。

（5）（ ）分配他们一套房子。

B （Ns）+V+给+NP₁+NP₂　　例如：

（6）（ ）送给李老师一本书。

（7）（ ）还给他十块钱。

（8）（ ）分配给他们一套房子。

（9）（ ）寄给妈妈一个包裹。

（10）（ ）带给他一封信。

上述 B 类格式也可以采用"把"字句式（C 式）或连动句式（D 式），即：

C （Ns）+把+NP₂+V+给+NP₁　　例如：

（11）（ ）把那本书送给李老师。

（12）（ ）把十块钱还给他。

（13）（ ）把那套房子分配给他们。

（14）（ ）把包裹寄给妈妈。

（15）（ ）把信带给他。

D （Ns）+V+NP₂+给+NP₁　　例如：

（16）（ ）送一本书给李老师。

（17）（ ）还十块钱给他。

（18）（ ）分配一套房子给他们。

（19）（ ）寄一个包裹给妈妈。

（20）（ ）带一封信给他。

在南充话里，表示给予意义的双宾结构只有 A 类格式，没有 B 类格式。北京话的 B 类格式，在南充话里采用跟北京话里的 C 类格式和 D 类格式一样的"把"字句式和连动句式（例略）。

六 关于方位词

单纯方位词，南充话跟北京话一样。请看：

北京话：上 下 里 外 前 后 东 西 南 北 左 右 中 旁

南充话：上 下 里 外 前 后 东 西 南 北 左 右 中 旁

但是合成方位词，南充话与北京话有区别。试比较：

	北京话	南充话
上	上边、上面、上头、上方	上头、高头、顶顶上
下	下边、下面、下头、下方	下头、底脚
里	里边、里面、里头	里头
外	外边、外面、外头	外头
前	前边、前面、前头、前方	前头
后	后边、后面、后头、后方	后头、背后、背后头
东	东边、东面、东头、东方	东边、东方（书面语词）
南	南边、南面、南头、南方	南边、南方（书面语词）
西	西边、西面、西头、西方	西边、西方（书面语词）
北	北边、北面、北头、北方	北边、北方（书面语词）
左	左边、左面、左方	左首、左手边儿
右	右边、右面、右方	右首、右手边儿
中	中间、当中	中间、当中
旁	旁边	旁边、侧边

由"名词+方位词"构成的方位词组，南充话与北京话也有所区别。请看：名词+里

北京话	南充话	
屋里	屋头	屋里头
抽屉里	抽抽头	抽抽里头
教室里	教室头	教室里头
桶里	桶头	桶里头
缸子里	缸子头	缸子里头
书包里	书包头	书包里头
兜里	包包头	包包里头
衣柜里	衣柜头	衣柜里头
柜子里	柜子头	柜子里头
箱子里	箱子头	箱子里头
碗里	碗头	碗里头
锅里	锅头	锅里头
瓶子里	瓶子头	瓶子里头
	瓶瓶儿头	瓶瓶儿里头
厨房里	厨房头	厨房里头
河里	河头	河里头
脑子里	脑壳头	脑壳里头
眼睛里	眼睛头	眼睛里头
鼻子里	鼻子头	鼻子里头
嘴里	嘴头	嘴里头
书里	书头	书里头
信里	信头	信里头
话里	话头	话里头
文章里	文章头	文章里头
新闻广播里	新闻广播头	新闻广播里头

名词 + 上

桌子上（面）	桌子高头	桌子上头
书柜上（面）	书柜高头	书柜上头
箱子上（面）	箱子高头	箱子上头
凳子上（面）	板凳高头	板凳上头
	凳凳儿高头	凳凳儿上头
房顶上	房子高头	房子上头
脸上	脸高头	脸上头
头上	脑壳高头	脑壳上头
纸上	纸高头	纸上头
墙上	墙壁高头	墙壁上头
黑板上	黑板高头	黑板上头

名词 + 下

桌子下（面）	桌子底脚	桌子下头
书柜下（面）	书柜底脚	书柜下头
床下（面）	床底脚	床下头
屋檐下（面）	屋檐底脚	屋檐下头
树下（面）	树底脚	树下头
楼下	楼底脚	楼下头

七 关于动态助词

北京话里有三个动态助词："了""着""过"。四川南充话里有"了""过"，作用跟北京话一样，但没有动态助词"着"。

北京话里的动态助词"着"，主要有三种作用：一是附在某些动词后面，表示行为动作的进行，[①]如"他不停地敲着"；二是附在某些动词后面，表示状态的持续，如"他一直站着"；三是用于存在句，[②]如"墙上挂着一幅画""天上飞着两只鸟"。

可是，在南充话里，表示行为动作的进行只用"在+VP"的格式。例如：

（1）外头在下雨。（北京话：外面下着雨。[③]）

（2）教室里头在上课。（北京话：教室里上着课。）

（3）台子高头在演戏。（北京话：台上演着戏。）

（4）昨天我到他家的时候，他在看电视。（北京话：昨天我去他家时，他看着电视呢。）

（5）雨一直在下。（北京话：雨一直下着。）

（6）他直顾在吃。（北京话：他不停地吃着。）

表示状态的持续用"倒/倒起/起"等动态助词，不用"着"。试比较：

北京话	南充话
（7）他拿着一本书看着。	他拿倒/倒起/起一本书在看。
（8）你拿着！	你拿倒/倒起/起！
（9）我们把介绍信带着。	我们把介绍信带倒/倒起/起。
（10）你躺着，别起来。	你睡倒/倒起，莫起来。
（11）门开着的。	门开倒起/起的。
（12）别在门口站着！	莫在门口站倒/倒起/起！
（13）坐着看吧！	坐倒/倒起/起看嘛！

---

① 北京话里表示行为动作的进行，除了用"动词+'着'"的手段外，还可以用其他一些手段，譬如"'在'+动词性词语"（如"他还在敲"）、"动词性词语+'呢'"（如"他洗衣服呢"）等。

② 用于存在句的"着"实际上仍是表示状态的持续。

③ 北京话里也还可以说成"外面在下雨""外面（在）下雨呢"等。其余例子也都还可以有另外的说法，这里不一一列举了。

（14）你瞪着眼睛干吗？　　　你鼓起眼睛干啥子？

而存在句里，无论表示静态的存在还是动态的存在，都用"了"，不用"着"。试比较：

北京话　　　　　　　　　**南充话**

A 静态存在

（15）桌子上放着几本书。　　桌子高头放了几本书。

（16）门口站着两个人。　　　门口站了两个人。

（17）台上坐着一排人。　　　台子高头坐了一排人。

（18）柱子上刻着花纹。　　　柱子高头刻了些花纹。

（19）墙上挂着两幅画儿。　　墙壁高头挂了两幅画。

B 动态存在

（20）衣服上爬着一条虫　　　衣服高头爬了一条虫

（21）天上飞着一只鸟　　　　天高头飞了一只鸟

八　关于复数的表示

在北京话里，"们"可以用在某些代词或指人的名词后，表示复数。南充话里的复数表示，跟普通话有同有异。相同的是，代词的复数也用"们"表示，如"我们""你们""他们"。不同的是：(1)指人的名词后不用"们"（除非书面语），而用"些"；(2)南充话里表复数的"些"不仅可以用在指人的名词后，还可以用在非指人的名词后。①例如：

A 指人的名词＋些

娃儿些上课去了　　　　　　　（孩子们上课去了）

---

① 老百姓口语里不说或不怎么说的名词，表复数时，后面不用"些"，例如"电脑"在南充还很少，所以现在还没有"电脑些"这样的说法。

学生些都回家了　　　　　　（学生们都回家了）
开会的人些都走了　　　　　（开会的人们都走了）
顾客些已经在外头等倒起了　（顾客们已经在外边等着了）
客人些到齐了没得？　　　　（客人们到齐了吗？）

B 非指人的名词＋些

燕子些又飞回来了　　　　　（燕子又飞回来了）
把猪些赶到猪圈里头　　　　（把那些猪赶到猪圈里）
把桌子板凳些擦干净　　　　（把桌子凳子擦干净）
东西些都捆归一了　　　　　（东西都捆好了）
这哈儿的书报杂志些都是你的（这里的书报杂志都是你的）
汽车些都送去修理了　　　　（汽车都送去修理了）
电视机些都遭他整烂了　　　（电视机都给他弄坏了）

如果名词前有数量词，那么名词后就不能再用表复数的"些"，例如不说"*三个娃儿些""*五本书些"。

* * *

上面我们只是如实地描写了南充话与北京话在语法上的主要差别，并未作任何解释。到底为什么会有这些差异？怎样解释这些差异？需另行研究。希望我们所提供的材料，对大家有用。

参考文献

梁德曼：《四川方言与普通话》，四川人民出版社，1982年。
甄尚灵：《四川方言代词初探》，载《方言》1983年第1期。
马真：《南充话里的反复问句与"没得"和"没有"》，见《语言学论丛》第16辑，商务印书馆，1991年。

（原载于日本京都产业大学《国际言语科学研究所所报》总第19卷，1998年。）

勤 于 思 考
——研究者的基本素质

作为汉语或文学专业的硕士生、博士生，将来毕业出来，恐怕大多要走上从事汉语或文学的研究与教学的岗位。将来大家无论是搞研究也好，搞教学也好，搞其他工作也好，都要求你们要有一个善于研究、善于思考的头脑。如果从事研究工作，你时时会遇到各种难题，需要你去研究解决；如果从事教学工作，时时会遇到学生所提出的、自己一时难以回答的问题，需要你去进一步思考研究；从事其他工作，在工作中也会不断碰到这样那样的问题，需要你去解决。因此，不管你们今后具体从事什么工作，从现在起，努力培养自己独立研究的能力，对你们来说是极为重要的。

说到研究能力，过去一般都只强调分析问题、解决问题的能力，所以我们一般都说"要具备分析问题、解决问题的能力"，这种认识不能说不对，但是从科学研究的角度说，首先需要具备发现问题的能力。"发现问题"是自己在科学研究上能获得成果的起点。如果我们在学习、工作过程中，什么问题都发现不了，那你就不可能知道自己该研究些什么，更谈不上该怎么去研究。因此，研究能力应包括发现问题、分析问题和解决问题这三方面，而首先要培养自己发现问题的能力。

那么怎样才能使自己具备发现问题的能力呢？我想，重要的有两条：一是不要盲从，不要迷信，特别是不要以为书上讲的都是对的；一是自己在学习过程中要勤于思考，要自觉地联系实际不断思索"为什么""怎么样""行不行""这样合适吗"等问题。不盲从和勤于思考，这是一张纸的正反两面。不盲从的人，一定是勤于思考的人；勤于思考的人，就不容易犯盲从的毛病。

在做学问上，不虚心听取前人的意见，不很好地继承前人的研究成果，甚至像现在个别人那样，把前人的研究成果一笔抹杀，说得一无是处，这当然是不对的。但是，如果我们对前人的研究成果，或者对一些专家学者一味地盲从，甚至到了迷信的地步，这也是不对的。要知道，客观事物是极为复杂的，而且是在不断发展变化的，人类对客观世界的认识是无止境的。一个人学问再大，他的研究也不可避免地要受到研究目的、当时整体的研究水平、他本人的研究条件等多方面因素的限制，所以他不可能对他研究的对象有完全彻底的认识，也不可能在他研究领域内的问题都被他解决了，也不可能没有一点儿疏漏。所以，如果要使我们在继承前人研究成果的基础上有所前进、有所创造，那么对前人的研究成果，我们就既要虚心地、认真地吸取，又要能注意发现它们的不足和问题。有了这种态度，再加上联系实际、勤于思考，你就能发现问题。这样你也就在科学研究的道路上迈出了可喜的第一步。

20世纪80年代初以来，我着重进行现代汉语虚词的研究。回想自己所走过的虚词研究的道路，就是从发现问题开始的。我所写的第一篇研究现代汉语虚词的论文，就是1982年第4期《中国语文》上发表的《说"也"》。怎么会引发我去研究副词"也"的呢？《现代汉语虚词》（景士俊）、《新华词典》、《现代汉语词典》以及其他一些虚词词典，在说到副词"也"的意义和用法时，列了好多种。按这些书和词典的不同说法，归纳起来，副词"也"可以表示将近十种意义，除了"表示同样"外，还有什么"表示并列关系"呀，"表示递进关系"呀，"表示条件关系"呀，"表示转折关系"呀，"表示假设关系"呀，等等。"也"果真能表示那么多语法意义吗？"也"出现在并列复句、递进复句、条件复句、转折复句或假设复句等复句中果真就分别表示并列、递进、条件、转折或假设的语法意义吗？我就有点ㄦ怀疑。这就是发现问题。

发现了问题以后，就要去调查事实，去一步步分析、解决问题。我先试着分析了一下并列复句中的"也"。具体对比了下面两个复句：

（1）他吃了一个面包，我吃了一个面包。

（2）他吃了一个面包，我也吃了一个面包。

例（1）没用"也"，例（2）用了"也"。例（2）用"也"，大家都认为是并列复句，没有异议；例（1）没有用"也"，大家也都认为是并列复句。可见，不管句子用没用"也"，语法学界都认为这两个复句是并列复句。因为不管是例（1）还是例（2），都是把"他吃了一个面包"和"我吃了一个面包"这两件事并列起来说的。这说明，一个复句是不是并列复句，不取决于是否用了副词"也"。那么这里的"也"到底起什么作用呢？细细地比较、分析例（1）、例（2），我们可以发现，这两句话虽然都是把"他吃了一个面包"和"我吃了一个面包"这两件事并列起来说，但是有区别：例（2）用"也"，强调后者（我吃了一个面包）与前者（他吃了一个面包）类同；而例（1）没用"也"，就不含有"强调类同"的意味。有了这个认识，我进一步考察、对比了许多有"也"、没有"也"的并列复句，发现：如果并列复句的两个分句所说的意思根本无类同之处，或者虽有类同之处，但无须强调，那么都不用"也"。例如：

（3）他是英国人，我是中国人。

（4）（"你们考了多少分？"）"他考了六十分，我考了六十三分。"

例（3）和例（4）都是并列复句。例（3）"他是英国人"和"我是中国人"之间没有类同之处，这里根本就不能用"也"。例（4）"他考了六十分"和"我考了六十三分"之间虽有类同之处，但在这一问一答中没有必要强调它们之间的类同性，所以也不用"也"。如果所说的两件事或两种情况之间有类同关系，而且需要强调这种类同关系，那么就要用"也"。请看：

（5）他是法国人，我也是法国人。
（6）（"你们考得好吗？"）"他只考了六十分，我也只考了六十三分。"

这里请大家注意比较一下例（4）和例（6）的答话。所说的两种情况是一样的，都是"他考了六十分"和"我考了六十三分"，但是因为例（4）的语境决定这里无需强调二者的类同性，所以没有用"也"；而例（6）的语境决定这里需要强调二者的类同性——都考得不太好，所以用了"也"。可见并列关系复句用不用"也"，关键在于有无类同关系，需要不需要强调类同。考察、分析了并列复句里的"也"之后，我又逐类考察、对比、分析了许多其他几类用"也"和不用"也"的复句，发现情况都类似，句中的"也"的实际作用都毫无例外地表示类同。其实，什么并列关系、递进关系、条件关系、转折关系、假设关系等都是"也"所在的复句格式所表示的，而并不是"也"所表示的。①

上面所举的例子是一种情况，那就是书上的说法根本就不合理。下面讲另外一种情况，就是书上说的不是很确切，不是很周全。请先看实例：

（7）"你抽烟了？""我并没有抽烟。"
（8）"咱们给王老师买瓶五粮液吧。""王老师又不喝酒。"

例（7）里的"并"和例（8）里的"又"，都是语气副词。一般词典或讲现代汉语虚词的书上都说"并"放在否定词前加强否定语气，"又"用在否定句或反问句里，加强否定语气。这些说法不能说不

---

① 关于副词"也"，详见马真《说"也"》，载《中国语文》1982年第4期；又见马真《现代汉语虚词研究方法论》叁·二实例（三），商务印书馆，2004年。

对，因为第一，语气副词"并"和"又"确实只能用在否定词的前边；第二，语气副词"并"和"又"确实有加强否定语气的作用。但是，这些说法太简单，太笼统。读者根据这些说法不能知道什么场合用"并"，什么场合用"又"。对我们中国人来说，可以凭自己的习惯和语感去用，不需要去问老师，也不需要去查阅语法书或工具书。但是，对于外国留学生来说，这种说法对他们就很容易起误导作用。外国学生原本就不知道汉语里的语气副词"并"和"又"到底怎么用的，看书上或词典上说这两个语气副词是起加强否定语气的作用，他们就以为，第一，作为语气副词，"并"和"又"的用法是一样的；第二，当需要加强否定语气时，就可以在否定词前边用"并"或"又"。而且他们往往就本能地按书上、词典上所说的去类推，去运用，结果就说出或写出了下面这样的病句：

（9）"你再吃一点儿。"

"*我并不能再吃了。"

（10）"李敏，你就向慧玉小姐赔个不是，事情不就解决了吗？"

"*我并不向她赔不是！"

（11）"老王做股票生意的事你也知道了？"

"*我又不知道啊。"

（12）*你又别收她的钱！

（13）*这件事要保密，你又不能告诉任何人。

这些句子里的"并"和"又"都用得不合适。如果真要加强否定语气的话，这些句子都该这样改：

例（9）宜将"并"改为"确实"，说成"我确实不能再吃了"。

例（10）宜将"并"改为"就（是）"或"偏"，说成"我就不向她赔不是"，或者说成"我偏不向她赔不是"。

例（11）里的"又"倒应该改为"并"，说成"我并不知道啊"。

例（12）里的"又"改为"千万"比较好，说成"你千万别收她的钱"。

例（13）里的"又"则改为"决"好像比较适宜，说成"这件事要保密，你决不能告诉任何人"。

上面的例子说明，第一，不是什么情况下都可以用"并"或"又"来加强否定语气的；第二，"并"和"又"虽然都能起加强否定语气的作用，但二者又有区别。如例（11）"*我又不知道啊"要改为"我并不知道啊"。

上面说的是发现问题，也就是说发现书上对语气副词"并"和"又"的意义和用法说得不是很周全、很确切。发现问题后，就要考虑分析、解决上面所提出的问题，也就是说要考虑到底在什么情况下可以用语气副词"并"或"又"，在什么情况下不能用。

现在先说语气副词"并"。

语言事实告诉我们，不是随便什么时候都能用语气副词"并"来加强否定语气的。只有当说话人为强调说明事实真相或实际情况而来否定或反驳某种看法时才用这个语气副词"并"。比如当我们说"他并没有灰心"时一定是有人说"他已经灰心了"；同样，当我们说"我并不认识她"时，一定是有人认为我认识她。下面的例（14）至例（17）更清楚地说明了这一点：

（14）"小刘昨天又去网吧了？"
　　　"他昨天并没有去网吧，他一直跟我在一起。"
（15）"他的病情是不是好转一些了？"
　　　"并没有好转，还是处于昏迷状态。"
（16）你说小红聪明，其实她并不聪明，但她很勤奋。
（17）我以为他也获奖了，谁知他并没有获奖。

例（14）—（17）用"并"的句子都含有强调说明真实情况以否定某种看法的意味。譬如例（14）问话"小刘昨天又去网吧了？"明显地含有问话人以为"小刘昨天又去网吧了"的意思，例（15）问话"他的病情是不是好转一些了？"也明显地含有问话人以为或希望"他的病情有所好转"的意思，而事实并非如此。答话人为了说明实际情况，都用了语气副词"并"来加强否定语气。至于例（16），也很明显，说话人是针对对方说"小红聪明"，所以他来否定对方这种看法时，用"并"来加强否定的语气，说明"她不聪明"。例（17）是说话人自己否定自己原先的想法，所以也用"并"来加强否定语气，以强调说明实际的情况。

前面我们说例（9）和例（10）里的语气副词"并"使用得不当，就因为这两个句子不存在使用语气副词"并"的语境。就拿例（9）来说，对方先说"你再吃一点儿"，答话人的回答意思是"我不能再吃了"，这明显地不属于辩驳性的否定，所以用"并"不合适。例（10），对方劝李敏向慧玉小姐赔个不是，李敏的答话"我不向她赔不是"，从性质上看，也不属于辩驳性的否定，而纯粹属于表示自己意愿的性质，所以也不能用"并"来加强否定语气。如果对方不是劝李敏向慧玉小姐赔个不是，而是向李敏提出下面这样的问题："你向慧玉小姐赔不是啦？"那么李敏就可以用"并"来加强否定语气，回答说："我并没有向她赔不是。"现在再来看前面举的例（11）。那例（11）答话里的"又"倒应该改用语气副词"并"，这为什么呢？例（11）说话人是问："老王做股票生意的事你也知道了？"那么听话人为要申明自己不知道老王做股票生意的事，当然最好用语气副词"并"来加强这种否定的语气，回答说"我并不知道啊"，而不能用语气副词"又"（关于语气副词"又"在什么情况下用，我们下面再讲）。

根据上面分析的实例，我们大致可以对语气副词"并"的语法意义作这样的概括：强调说明事实不是对方所说的、或一般人所想的、或自己原先所认为的那样。可见，这个语气副词"并"除了有加强否定语气的作用外，还往往含有辩驳或说明真实情况的意味。

下面说语气副词"又"。

语气副词"又"也确实有加强否定语气的作用。我们把包含这个"又"的句子和不用这个"又"的句子拿来比较一下，就看得很清楚了。请看例（18）：

（18）a. 你又没有病，看什么医生啊！

b. 你没有病，看什么医生啊！

例（18）a 句用"又"，b 句不用"又"，a 句的否定语气显然要比 b 句强。

现在的问题是，在什么情况下可以用这个"又"来加强否定语气。下面我们请大家先看些实例：

（19）小沈：小赵，明天我们去给李老师祝寿，带一瓶茅台酒吧。

小赵：李老师又不喝白酒。

（20）奶奶：你带上一把伞吧。

玉英：天气预报又没说今天要下雨。

（21）我们又没有请韩美姝，她怎么也来啦？

（22）我爷爷又不抽烟，你买烟干吗。

（23）双庆：这什么鬼地方，一点儿也不好玩儿，真不该来。

淑芳：又没有人强迫你来，你自己要来的呀！

（24）玉林：伊藤先生，您不是说日本到处是樱花吗？我怎么跑了那么多地方也没见着啊？

伊藤：现在又不是三四月份，樱花又不是一年四季都开的。

上面这些句子都用了"又"，而且用得都比较贴切。为什么这些句子都能用这个语气副词"又"呢？我们不妨来具体分析这些例句。拿例（19）来说，小沈提出给李老师带一瓶茅台酒，小赵不同意，但他不直接说"不要给李老师带茅台酒"，而是采取否定"李老师喝白酒"这一事实来达到否定小沈意见的目的。这里小赵就用了"又"来加强否定语气。例（20）奶奶叫玉英"带上一把伞"，玉英不想带，但她不直接说"我不带",而是否定有下雨的可能性,来达到否定奶奶意见的目的。这里玉英也用了"又"来加强否定语气。现在看例(21),很明显,在说话人看来,韩美姝是不该来的,但说话人先不直接说"韩美姝不该来",而是先说"我们没有请韩美姝",说话人用这样的表达法来达到他表述正面意见——"韩美姝不该来"——的目的。这里,说话人也用了"又"来加强否定语气。再拿例(22)来说,很清楚,这是针对听话人来说的。听话人买了一条香烟(或者想买一条香烟),准备送给说话人的爷爷,说话人对听话人的做法持否定态度,但是他(她)不直接说"你不该买"(或"你不要买"),而是说"我爷爷不抽烟",这样来达到否定听话人做法的目的。这里,说话人也用了"又"来加强否定语气。其他例句情况也类似。从这里,我们可以明显地看出,有时人们要否定某种事情、某种做法、某种说法或某种想法时,不采取直接否定的方式,而是通过强调不存在该事情、该做法、该说法或该想法的前提条件或起因来达到否定的目的。语气副词"又"就只能用在上述语境中起加强否定的作用。我们也可以这样说,语气副词"又"只能用在直接否定前提条件的句子里起加强否定语气的作用。前面我们说,例(11)至(13)里的"又"都用错了,原因就在于这些句子都不是直接否定前提条件或起因的句子,都不具有用语气副词"又"的语境。因此,对于语气副词"又",我们既要看到它有加强否定语气的作用,更要知道在什么语境下才能用这个"又"。如果我们既把语气副词"又"的基本作用——起"加强否定"语气的作用——告诉大家,又把这个"又"出现的语境条件告诉大家,我想外国学生就不容易把这个"又"用错了。[1]

---

[1] 关于表加强否定语气的副词"并"和"又",详见马真《表加强否定语气的副词"并"和"又"》,载《世界汉语教学》2001年第3期;又见马真《现代汉语虚词研究方法论》叁·一实例(二),商务印书馆2004年版。

上面我结合自己的研究心得举实例说明，要使自己将来成为一名研究人才，必须培养自己具有发现问题、分析问题、解决问题的能力。

关于怎么搞科学研究，我想再谈几点意见，供大家参考。

第一点意见，我们发现问题以后，或者别人向自己提出问题以后，不要就事论事，不要只是就自己发现的事实或别人所提出的事实来思考，而应该在自己头脑里马上思索、寻找相关的事实，在这个基础上来考虑、寻求所要的答案。这里也不妨给大家举个例子。请看下面的实例：

(25) 甲　　　　　　　　　乙
　　A.　别吃了　　　　　　别吃
　　　　别去了　　　　　　别去
　　B.　别掉了　　　　　＊别掉
　　　　别丢（＝丢失）了　＊别丢

不难看出，A组甲、乙两种说法都能成立（当然二者在意思上有差别），而B组甲种说法成立，乙种说法则不成立，换句话说，A组带"了"和不带"了"两种说法都有，而B组只有带"了"的说法，却没有不带"了"的说法。这为什么？这个问题，不管是你自己发现的，或是别人（如外国留学生）向你提出来的，在解决这个问题的时候，不要只就上面所举到的四个例子进行思考，寻求答案，而应该先按甲、乙两种说法分A、B两组在自己的脑海里寻找更多的实例：

(26) 甲　　　　　　　　　乙
　　A.　别写了　　　　　　别写
　　　　别看了　　　　　　别看
　　　　别喝了　　　　　　别喝
　　　　别参观了　　　　　别参观
　　　　别讨论了　　　　　别讨论
　　　　……

B.　　別忘了　　　　　　＊別忘
　　　別摔（＝摔跤）了　＊別摔（摔跤）
　　　別烫了　　　　　　＊別烫
　　　別噎了　　　　　　＊別噎
　　　別呛了　　　　　　＊別呛
　　　別裂了　　　　　　＊別裂
　　　別皴了　　　　　　＊別皴
　　　別病了　　　　　　＊別病
　　　（鸡蛋）别挤破了　＊（鸡蛋）别挤破
　　　……　　　　　　　＊……

　　实例多了，就容易看出二者的差异来。细细比较分析，我们会发现，否定副词"别"可以具体表示两个意思：第一个意思是"表示劝阻"，劝对方不要进行某种行为动作，比如"你别吃""你别去了"；第二个意思是"提醒听话人，注意防止发生不希望发生的事情"，比如"你别掉了""你别丢了（你别丢失了）""鸡蛋别挤破了"等，其中"掉了""丢（＝丢失）了""挤破了"等，都是不希望发生的事情，用"别"就是提醒对方注意防止这类不好的情况发生。"别"在表示第一个意思时，后面可以有"了"，也可以没有"了"，带不带"了"意思当然不一样——带"了"，是对方已经在进行某种行为动作，或计划中要进行某种行为动作，说话人希望中止这种行为动作，"你不要吃了"，就是叫对方中止吃某种东西的行为动作；而不带"了"，一般是劝对方不要进行某种行为动作。"别"在表示第二个意思时，也就是提醒对方注意防止不希望发生的事情发生，这时一定要带"了"，比如"护照你别丢（＝丢失）了"不能说成"＊护照你别丢（＝丢失）"，"你别掉了"不能说成"＊你别掉"，"那事你别忘了"不能说成"＊那事你别忘"，"鸡蛋别挤破了"不能说成"＊鸡蛋别挤破"。通过这样的比较分析，我们就可以总结出一些规律来，就可以回答"为什么'你别吃了''你别吃'都可以说，而'你别掉了'可以说,'你别掉'却不能说"这个问题了。

当然,问题并没有到此为止。比如说,"写错"也是属于不希望发生的事情或情况,那为什么又既可以说"别写错了",也可以说"别写错"呢?这个问题就留给大家去思考吧。

第二点意见,在初步获得一些看法以后,不要轻易肯定自己的意见,要多问"怎么样""行不行",要尽可能地寻找事实来加以验证,看自己的结论是不是能解释所有的事实,如果有问题,要根据新的事实不断修正,直到自己否定不了为止。这种不断的否定,正是为了更好地肯定,使自己的研究不断深入。这里也不妨举个实例。

我们知道,副词"还"可以表示多种语法意义。其中一个用法,就是做程度副词,表示程度深。例如"你比他还瘦",这里的"还"就表示程度深,是程度副词。这个"还"可以换成"更",意思一样。你们学校不是也有外国人吗,假如有个外国留学生来问你:"请问,表示程度深的'还'和'更'意思、用法相同吗?"我相信你们会很快想到这样一些实例:

(27)　　　还　　　　　　　　更

我比他还瘦　　　　　　　我比他更瘦

小王比小张还高　　　　　小王比小张更高

这儿比那儿还脏　　　　　这儿比那儿更脏

他比你跑得还快　　　　　他比你跑得更快

?我爷爷比我爸爸还严厉　　我爷爷比我爸爸更严厉

?白金比黄金还昂贵　　　　白金比黄金更昂贵

……

根据这些例子你可能会得出一个初步结论:表示程度深的"还"和程度副词"更"意思用法基本一样,它们都可以用于"比"字句,只是风格色彩有所区别,"还"一般用于口语,而"更"口语、书面语都可以用。得到这个结论后,不要就轻易肯定。还得自己问自己:

"这个结论怎么样?"为了使自己的结论能尽量符合语言事实,还得去寻找实例,看有没有用自己的结论没法解释的。多找一些例子,你就会发现,有些"比"字句,只能用"还",不能用"更"。例如:

（28）　　　　还　　　　　　　　　　更

　　　　她的胳膊比火柴棍儿还细　　*她的胳膊比火柴棍儿更细
　　　　这儿的蚊子比苍蝇还大　　　*这儿的蚊子比苍蝇更大
　　　　我过的桥比你走的路还多　　*我过的桥比你走的路更多
　　　　那家伙比狐狸还狡猾　　　　*那家伙比狐狸更狡猾
　　　　他们的住宅比宫殿还漂亮　　*他们的住宅比宫殿更漂亮
　　　　她的心比天还高　　　　　　*她的心比天更高
　　　　……

为什么这些"比"字句只能用"还",不能用"更"?经过一番比较分析,我们就会发现,这些"比"字句都不表示实实在在的比较,都表示带有夸张意味的比拟。这说明,程度副词"还"可以用于比较,也可以用于比拟,而"更"只能用于比较,不能用于比拟。分析到这里,我们得修正前面的结论,改为:

　　　表示程度深的"还"和"更"都可以用于"比"字句,但有差别:第一,"还"既可以用于比较,也可以用于比拟,而"更"只能用于比较,不能用于比拟;第二,即使都用于比较,"还"一般用于口语,而"更"口语和书面语都能用。

这个结论怎么样?行不行?我们还得这样自己问自己。如果大家进一步去挖掘语言事实的话,就会发现,上面这个结论可能还不是完美无缺的,还不是很严密。怎么不完美,怎么不严密?这个问题大家也不妨去思考思考。[1]

---

[1] 关于表示程度的副词"还"和"更",请参见陆俭明《"还"和"更"》,见《语言学论丛》第六辑,1980年;又见陆俭明、马真《现代汉语虚词散论》(修订本),语文出版社,1999年。

第三点意见，你们刚开始搞研究时，一定要记住前辈学者所留给我们的一句话："从小处着手，从大处着眼。"年轻人爱思考，好想象，这是好事，这也是创新的一个前提。但是，同时一定要有求实的精神，特别是搞科学研究。所谓"求实"，包括三方面的含义：一是研究的课题一定要具体，不要大而无当，一定要切合实际的需要——现实的需要和发展的需要，要解决实际问题；二是说话要有事实为根据，不能随心所欲地发空论；三是一定要量力而行，要选择自己能驾驭的课题。要做到这一点，在刚开始搞研究的时候，最好是"从小处着手，从大处着眼"，具体说，就是研究的问题要小一些，具体一些，但在研究过程中，要有意识地站在一定的理论高度来思考、分析问题，并善于从中发现、总结出规律来。

（见云贵彬主编《语言学名家讲座》，
中国传媒大学出版社，2006年。）

比较——语言研究的基本方法[*]

今天我要谈的题目是"比较——语言研究的基本方法"。为什么我要谈这个问题呢？因为我觉得，你们现在或者将来，不管是做一名汉语言文字学的老师，还是做一名汉语研究工作者，都必须要有研究意识，必须要搞科研，必须要有一定的研究能力，这样你的教学水平才能不断提升，你才能不断出研究成果。而在语言研究中，必然要用到各种分析研究方法，其中最基本的、最不可或缺的分析研究方法就是比较的方法。

我一直从事现代汉语教学与研究，主要从事现代汉语语法特别是现代汉语虚词方面的研究工作，所以今天我谈比较方法，所举例子基本都是现代汉语方面的。下面我想具体谈三点看法：

一、在语言研究与教学中可以根据需要运用不同的比较；

二、要进行多角度、多层面、多方位的比较；

三、比较分析要层层深入。

一 在语言研究与教学中可以根据需要运用不同的比较

我主要从事现代汉语语法，特别是现代汉语虚词的教学与研究

---

[*] 本文根据作者在 2014 年度汉语言文字学高级研讨班（2014 年 7 月 29 日，由北师大、河北师大合办）上的报告整理而成。

工作。我们都知道，汉语是属于非形态语言，许多重要的语法意义都要靠虚词来表达，用不用虚词，用哪一个虚词，往往会直接影响句子的意义和结构，所以虚词在汉语中占有极为重要的地位。同时我们知道，虚词表示的是抽象的语法意义，不容易捉摸，用法又极为复杂，所以无论是虚词的意义还是用法都比较难以把握。那么怎么有效地研究、掌握好虚词呢？我们可以从多方面去探索，但是根据我自己的研究经验，有一点我觉得很重要，那就是在虚词研究中必须运用而且善于运用比较的方法。我们在虚词研究与教学中曾运用过以下几种不同性质的比较方法。

第一种比较 把彼此同义或近义的虚词放在一起，进行比较辨析。这是语言研究中使用最多的一种比较。例如范围副词中有"只""都""净"三个副词。一般对"只"和"都"比较了解，"只"是表示限制的范围副词，"都"是表示总括的范围副词。它们在意义和用法上的不同，大家都很清楚。可范围副词"净"表示什么语法意义？大家不是很清楚。有的学者认为，"净"作为范围副词，有时相当于"只"，有时相当于"都"。他们举的例子是：

（1）净顾着说话，忘了时间了。

（2）书架上净是科技书刊。｜这一带净是稻田。

例（1）的"净"换成"只"，基本意思不变；例（2）的"净"换成"都"，基本意思不变。即：

（1）净顾着说话，忘了时间了。

⬇

（1'）只顾着说话，忘了时间了。

（2）书架上净是科技书刊。｜这一带净是稻田。

⬇

（2'）书架上都是科技书刊。｜这一带都是稻田。

"净"真的既相当于"只"，又相当于"都"吗？要回答这个问题，

最好就用比较的方法,我们不妨分析比较一下下面四句话中用"只"、用"都"、用"净"的情况:

	只	净	都
(3)～学生就有一万人	+	−	−
(4)我们～不进去	−	−	+
(5)他们～吃馒头	+	+	+
(6)他们～吃了一个馒头	+	−	+

例(3)是要限制在某个范围内来计算数量,所以只能用表示限制的范围副词"只",不能用表示总括的"都",也不能用"净",可见"净"并不等于"只"。例(4)只有总括义,所以只能用"都",不能用"只",也不能用"净",可见"净"也不等于"都"。例(5)既能用"只",又能用"都",也能用"净",但意思有不同:用"只",表示限制,限制所吃东西的范围,只是馒头;用"都",表示总括,总括动作行为的主体"他们";用"净",则表示所吃东西只属馒头这一类,强调单一性。"净"的这一意义,在例(6)中表现得更清楚。例(6)"馒头"前有数量词,就不可能表示事物的类别了,而"净"强调事物具有单一性,即属于同一类,所以不能用"净";可以用"只",因为"只"一般表示限制,既可限制所吃东西(动作行为的对象),又可限制东西的数量,还可限制动作行为本身(他们只吃,不干活儿)。例(6)可以用"都",跟例(5)一样,总括动作行为的主体"他们"。通过上述比较,我们可以了解到这三个副词的差异。为了进一步说明这三者的区别,请再比较分析下面的例句:

	只	净	都
(7)a 这个箱子里～是书。	+	+	+
b 这个箱子里～有书。	+	−	−
(8)a 这些箱子里～是书。	+	+	+
b 这些箱子里～有书。	+	−	+

例（7）（8）中的句子都是存在句，例（7）的主语是单数，例（8）的主语是复数。特别要注意的是，这两个例子a句是"是"字句，b句是"有"字句。"是"字句有排他性，排斥书以外的事物存在，即除了书没有别的；"有"字句无排他性，不排斥书以外的事物存在，即除了书还可能有别的。"是"字句的排他性和"净"强调单一性是一致的，所以"净"能用于"是"字句（如例（7）a、（8）a），"有"字句不具有排他性，"净"不能用于其中（如例（7）b、（8）b）。"只"一般表示限制，限制事物的范围，无论是"是"字句还是"有"字句，都可以用。"都"表示总括，总括前面的主语成分"这个箱子里"（例（7））和"这些箱子里"（例（8））。既是总括，总括的对象必须在两个以上，"是"字句里，总括的是箱子里每一件东西，所以，不管是一个箱子还是几个箱子，都能用"都"（如例（7）a、（8）a）；"有"字句是总括箱子这个空间，必须有两个以上的箱子才能用表示总括的范围副词，例（7）b只一个箱子，一个空间，所以不能用"都"，例（8）b是"这些箱子"，所以能用"都"。

　　从上面的比较分析中，我们可以清楚地了解，副词"净"既不同于"只"，也不同于"都"，它自身具有特殊的意义，那就是表示单纯而没有别的，强调单一性，即属于同一类。正因为"净"强调单一性，所以有时它会让人感到含有限制的意思，可以用"只"替换；也正因为"净"强调单一性，即事物在种类上属于同类，这意味着事物总是多数，这样又会让人感到它好像有总括的意思，所以有时可以用"都"来替换。但要注意的是，如果用"只"或"都"来替换，语义的着重点有区别：

　　（9）a. 这些箱子里只是书。

　　　　 b. 这些箱子里都是书。

　　　　 c. 这些箱子里净是书。

a. 句用"只"，意在限制，强调所存在的事物限制在书籍；b. 句用

"都"意在总括，强调每个箱子里的东西都是书；而 c. 句用"净"意在强调单一性，含有排他意味，强调这些箱子里除了书，没有别的东西。

总之，"只""都""净"的区别是明显的——"只"表示限制，"都"表示总括；而"净"，强调单一性。

从上面这个例子可以了解到，通过比较，可以将同义或近义的虚词分辨清楚。

第二种比较 把说明同一方面问题的虚词放在一起进行比较辨析，以显示这些虚词各自所表示的语法意义。比如汉语里有一些副词可以直接修饰数量词，以说明说话人对这个数量的看法，例如：

（10）正好三杯　　只三杯　　才三杯
　　　都三杯了　　都三杯　　大约三杯

我曾经在《语言教学与研究》1981年第1期上发表过《修饰数量词的副词》一文，这篇文章把能用来说明数量的副词放到一起进行比较辨析。这就属于这一种比较。能用来说明数量的副词主要有这样一些：

（11）表达的意义　　　　　　　所用副词
　　　a. 言够　　正好　刚好　恰巧　恰好　恰恰　刚刚　刚
　　　b. 言少　　刚　　只　　仅　　仅仅　就　　才　　不过
　　　c. 言多　　已经　就　　足足　都
　　　d. 等量　　都　　也
　　　e. 估量　　大概　大约　约　约摸　大致　大抵

第三种比较 把意义相对的虚词放在一起进行对比分析，以辨明各自表示的语法意义。

譬如比较介词"把"和"被"，比较语气词"吗"和"呢"，比较副词"就"和"才"，等等，就属于这一种比较。副词"就"和"才"的意义和用法都比较复杂，这里不妨比较一下表示时间的副词"就"

和"才",也就是"他今天就走""他今天才走"里的"就"和"才"。

时间副词"就"和"才",到底各自表示什么样的语法意义?它们在表示时间上的区别是什么呢?先前有人以为,"就"表示将来,"才"表示过去。这对不对呢?如果我们把它们放在一起并运用大量实例进行对比分析,就会发现,它们的区别并不在这里。它们都是不定时的时间副词,"就"也能用于过去,"才"也能用于将来。例如:

(12) a. 他前天就走了。

b. 他前天才走。【用于过去】

(13) a. 他明天就走。

b. 他明天才走。【用于将来】

(14) a. 他现在就走。

b. 他现在才走。【用于现在】

例(12)—(14) a、b 两句所用实词相同,词序也相同,就是虚词不同,a 句用"就",b 句用"才",两句意思就不同:例(12)—(14)各例的 a 句用"就",都表示在说话人看来,"他"走得早,或者说"他"走得快,而不管是前天走,还是明天走,还是现在走;而各例 b 句用"才",就都表示在说话人看来,"他"走得晚,或者说"他"走得慢,而不管是前天走,还是明天走,还是现在走。从上面的例句中,我们不难看出,"就"和"才"在表示时间早晚、快慢上形成对立,二者的根本区别在于:

"就"表示在说话人看来,行为动作或情况发生、进行、完成得早或快。

"才"表示在说话人看来,行为动作或情况发生、进行、完成得晚或慢。

为了进一步验证这个结论,请再比较下面的例(15)—(18):

(15) a. 三两分钟就能修好。

b.* 三两分钟才能修好。

（16）a.*好半天就能修好。

　　　b.　好半天才能修好。

（17）a.　一会儿工夫就能修好。

　　　b.*一会儿工夫才能修好。

（18）a.　三小时就能修好。

　　　b.　三小时才能修好。

这四个例句副词"就""才"之前都有表示时段的词语，由于表示时段的词语的意思不同，用"就"用"才"的情况也就不同。例（15）里的"三两分钟"在汉语口语里是一种表示时间很短的习惯说法，所以例（15）用表示动作行为完成得早或快的"就"的 a 句能成立，而用表示动作行为完成得晚或慢的"才"的 b 句不成立。例（16）里的"好半天"在汉语口语里是一种表示时间长的习惯说法，所以例（16）用表示动作行为完成得晚或慢的"才"的 b 句能成立，而用表示动作行为完成得早或快的"就"的 a 句不能成立。例（17）里的"一会儿"本身也表示不长的时间，一般认为表示时间短，所以例（17）使用表示动作行为完成的早或快的"就"的 a 句能成立，而使用表示动作行为完成得晚或慢的"才"的 b 句就不成立。例（18）里的"三小时"本身无所谓长短，所以句子既可以用"就"，也可以用"才"，但是用"就"用"才"的意思却不同：用"就"表示，在说话人看来用三小时修好，是完成得早，修得快，所用时间短；用"才"表示，在说话人看来用三小时修好，是完成得晚，修得慢，所用时间长。

附带说明，最近有人认为，"就"和"才"的语法意义分别是：

"就"：进度提前

"才"：进度延迟（《当代修辞学》2004 年第 3 期，作者：何瑾）大家觉得这看法怎么样？不妨自己去思考一下。

第四种比较　把使用了某虚词的句子跟不用该虚词的句子拿来比较，即作有无某虚词的比较，以显示出这个虚词的语法意义。

这里不妨以"好了"为例。"好了"是现代汉语里用在句末表示语气的一个词,例如:

(19)"师傅,没米饭了。""没米饭吃面条好了。"

(20)既然他不愿意带我们去,我们自己去好了。

(21)"这水能喝吗?""你喝好了,准保没事儿。"

这个词已有的工具书都未收录。它到底表示什么语法意义?表示什么语气?为了把握这个词所表示的语法意义,所表示的语气,我们就可以采用比较包含"好了"和不包含"好了"这两种句子的方法。例如:

(22)没米饭吃面条好了。　～　没米饭吃面条。

　　　我们自己去好了。　　～　我们自己去。

　　　你喝好了。　　　　～　你喝。

　　　你吃好了,不会中毒。～　你吃,不会中毒。

通过比较,我们就可以发现,"好了"表示"不介意,不在乎,尽管放心"的语法意义。

再举个例子。我在《说"也"》一文中,以具体语言事实论证了在各种复句中的"也"实际都仍然表示类同。我们论证的方法之一,就是运用"有无某虚词的比较"。譬如,我们在论证并列复句里的"也"表示类同,并不表示并列,就举了下面这样的例子:

(a)他吃了一个苹果,我也吃了一个苹果。

(b)他吃了一个苹果,我吃了一个苹果。

(a)例用了"也",(b)例没用"也"。这两个句子大家都会承认是并列复句。因为不管是(a)例还是(b)例,都是把"他吃了一个苹果"和"我吃了一个苹果"这两件事并列起来说的。这样说来,一个复句是不是并列复句,不取决于是否用了副词"也"。那么用"也"不用"也"的区别在哪里呢?细细地比较、分析,我们可以发现,(a)例用"也",强调后者(我吃了一个苹果)与前者(他吃了一个苹果)类同;而(b)例没用"也",就不含有"强调类同"的意味。我们又举了下面这样的例句:

（c）"你们俩代数考得怎么样？"

"他考了72分，我考了75分。"

（d）"你们俩代数考得怎么样？"

"我们俩考得都不理想。他考了72分，我也只考了75分。"

从内容上看，（c）例、（d）例的答话都说了两个并列的情况——"他"的考分情况和"我"的考分情况。但（c）例答话人没有用"也"，只是客观说明了"他"和"我"两个人的考分情况，并未强调二者在考分上的类同之处；而（d）例答话人用了"也"，就不只是客观地说明"他"和"我"两个人的考分情况，而且还强调说明"我"和"他"在代数考试成绩不理想这一点上有类同之处。

在语言研究中具体运用哪种比较，那得根据具体情况来定。

二　要进行多角度、多方位、多层面的比较

在具体运用比较方法时，要注意进行多角度、多方位、多层面的比较。这里我们不妨举"曾经"和"已经"的辨析来说明这一点。

关于"曾经"和"已经"的异同，过去也已有不少人谈到过，但我们觉得二者的同和异还不是说得很清楚。而要把它们分辨清楚，就需要进行多角度、多方位、多层面的比较。

首先，必须注意到，"曾经"和"已经"是不同性质的时间副词。过去，有一些语法书把"曾经"和"已经"都看作表"过去时"的时间副词。例如早期的黎锦熙《新著国语文法》（1924；1992）就把"已经""曾经"都看作"表示过去时"的时间副词。吕冀平《汉语语法基础》（1983）也认为"曾经""已经"都"表示动作发生的时间已经成为过去"。他们的看法并不符合事实。我们知道，在汉语里，"时间副词"其实大多不是表示"时"的，而是表示"态"的。如果沿用

"时间副词"这个术语,那么时间副词可以分为两小类:甲类是"定时时间副词",即这类时间副词只能用来说某一特定时间里完成或发生的事;乙类是"不定时时间副词",即这类时间副词可以用来说不同时间里完成或发生的事情。

"曾经"属于定时时间副词,因为它只能用来说过去的事;而"已经"就属于不定时时间副词,它既能用来说过去的事,也能用来说现在、将来的事。下面不妨来比较一下,请看例(1)—(3):

(1)去年,我____看过这本书。　　【已经/*曾经】

(2)现在他____看到120页了。　　【已经/*曾经】

(3)明天这个时候他大概____看完了。【已经/*曾经】

从例(1)—例(3)可以初步了解到,"曾经"是只能用于过去的"定时时间副词","已经"则是既能用于过去又能用于现在或将来的"不定时时间副词"。它们之间的差异可列表如下:

(4)　　　　过去时　　现在时　　将来时

　　曾经　　　+　　　　-　　　　-

　　已经　　　+　　　　+　　　　+

值得注意的是,它们用于过去时也有明显的区别。《现代汉语八百词》注意到了这一点,在比较了"曾经"和"已经"的语法意义后认为区别有二:

第一,"曾经"表示从前有过某种行为或情况,时间一般不是最近。"已经"表示事情完成,时间一般在不久以前。

第二,"曾经"所表示的动作或情况现在已结束;"已经"所表示的动作或情况可能还在继续。

但是这两点我们认为都还值得商榷。

就第一点来说,容易给人(特别是给外国学生)一个错觉,以为说从前的事得用"曾经",说最近的事得用"已经"。其实,不管是说从前的事还是最近的事,"曾经"和"已经"都可以用。特别是当"曾经"

或"已经"后的动词一带上助词"过",更难分时间的先后了。例如:

（5）a. 二十年前他曾经学过法语。

b. 二十年前他已经学过法语。

（6）a. 上个月我曾经去过一趟。

b. 上个月我已经去过一趟。

（7）a. 这件事,刚才我曾经问过他,他说不知道。

b. 这件事,刚才我已经问过他,他说不知道。

例（5）说的是从前的事,例（6）说的是过去的事,例（7）说的是最近的事。显然,"曾经"和"已经"的区别并不在于"一个是时间一般不是最近,一个是时间一般在不久以前"。

就第二点来说,前半句所说的"'曾经'所表示的动作或情况现在已结束",这是符合实际的。后半句所说的"'已经'所表示的动作或情况可能还在继续",这说法就需要斟酌。请先看几个实例:

（8）我们已经走了两个小时了。【可以认为"还在继续"】

（9）我已经等了你三个小时了。【不一定"还在继续"】

请看下面例子:

（9'）我已经等了你三个小时了,你怎么还不来!

【打电话说的,等的动作还在继续】

（9"）我已经等了你三个小时了,怎么现在才来!

【当面说的,等的动作已经结束】

再如:

（10）那本书,我上个月已经烧了。

【不可能认为现在还在烧】

（11）你要的计算机我已经给你买来了。

【不可能认为现在还在买】

例（8）,可以说"所表示的动作或情况还在继续"。例（9）,就要看上下文了,例（9'）和例（9"）的差异说明了这一点。而像例（10）、例（11）就不能说动作或情况还在继续，既不好说"烧"或"买"这个动作还在继续，也不好说"烧书"或"买电脑"的情况还在继续。

总之，说"'已经'所表示的动作或情况可能还在继续"，这不是很确切。但这个说法有启发，可以让我们思考怎么在这个基础上做更准确的概括。下面我们先对比一些实例：

（12）a. 我曾经在这里住过三年。【现在不住这里了】
　　　b. 我已经在这里住了三年。【现在还住在这里】

（13）a. 她三年前曾经是个很红的演员。【现在不再是很红的演员】
　　　b. 她三年前已经是个很红的演员。【现在还是很红的演员】

（14）a. 我曾经戒过烟。【现在又抽烟了】
　　　b. 我已经戒烟了。【现在不抽烟了】

（15）a. 他的胃上个月曾经作过检查，说没问题。
　　　　【说话人认为，说他的胃没有问题，那是过去的事，现在不一定是这样，也就是说，在说话人看来，检查的事已经过去，而且检查的结论今天也不一定有效】
　　　b. 他的胃上个月已经作过检查，说没问题。
　　　　【检查的事虽然已经过去，但说话人认为过去的检查结论至今有效，他的胃现在不会有问题，也不用再检查】

（16）a. 大门口曾经种过两棵枣树。
　　　　【种树的事已成为过去，而且现在那枣树也没有了】
　　　b. 大门口已经种了两棵枣树。
　　　　【种树的事虽然已经过去，但是枣树还在，而且现在也不必再种枣树，甚至不必再种树】

从上面的对比分析中，可以看到，用"曾经"意在强调"过去一度如此，现在不如此了"，或者说"那是以前的事了，现在又当别论"。而用"已经"则意在强调"所说的事情或情况虽在某个特定的时间之前（包括说话之前和某个特定的行为动作之前）就成为事实，而其效应与影响一直作用于那个特定时间之后"。显然，用"已经"含有延续性和有效性，而用"曾经"，所说的事情或情况是以往的一种经历，含有非延续性和非有效性。

当然，不要以为通过上面的比较就已经将"曾经"和"已经"的差异完全说清楚了。语言事实表明，它们还有不同。比如"他已经牺牲/去世/了""那一年，他已经出生了""那块玻璃已经打碎了"中的"已经"不能换用"曾经"，而"那个窗户的玻璃已经打碎了"却可以说成"那个窗户的玻璃曾经打碎过"，这为什么？前面所讲的两点都无法解释这一现象。这就需要换一个角度，从另一个层面来分析比较。这就是具体用法的不同，具体说就是所修饰的词语的范围还有差异——"曾经"不能用来修饰属于一次性的行为动作的动词，"已经"没有这个限制。"曾经"不能用来说明属于一次性的事件，"已经"则没有这个限制。例如"孩子已经长大了"，从不说"*孩子曾经长大过"；"那花儿已经谢了"，从不说"*那花儿曾经谢过"。在具体用法上的不同主要表现在以下五点：（1）跟助词"了""过"以及跟语气词"了"的共现情况不同；（2）修饰否定形式的情况不同；（3）相应的否定形式不同；（4）跟其他词语的搭配不同；（5）所修饰的词语的范围不同；等等。这里也不细说了，有兴趣的请具体参看我在《语言科学》2003年第1期上发表的文章《"已经"和"曾经"的语法意义》。

通过上述多角度、多方位、多层面的比较，我们就可以较好地了解、掌握"曾经"和"已经"的语法意义和用法，以及他们之间的异同。

再举个例子。"X比Y怎么样"是现代汉语里的"比"字句。"比"

字句的基本格式是：

  X 比 Y 怎么样

X 和 Y 都是比较项，"怎么样"部分一般都是形容词性词语。例如：

（17）今天比昨天暖和。

这里我们不想全面谈论"比"字句，只想说一种情况，那就是当 X 和 Y 都为名词修饰名词即"名词＋名词"的偏正词组时，其格式为：

  名$_1$的名＋比＋名$_2$的名＋形容词性词语

例如：

（18）我的汽车　比　你的汽车　新。
    X　　 比　　Y　　怎么样

这种"比"字句在实际使用中有一些很有意思的现象。具体说，为了表达的经济，这种"比"字句里"比"的宾语"名$_2$的名"，有时可以省去"名$_2$"，有时连"的"一起都省去，而有时又什么都不能省。具体可以归纳为以下四种情况：

（19）A 我的马比你的马跑得快。
  ⟹ 我的马比你的跑得快。
  ⟹ *我的马比你跑得快。【可以说，但意思变了】
  B 飞机的速度比汽车的速度快。
  ⟹ *飞机的速度比汽车的快。
  ⟹ 飞机的速度比汽车快。
  C 我们的马比你们的马多
  ⟹ 我们的马比你们的多。
  ⟹ 我们的马比你们多。
  D 我的父亲比你的父亲健谈。
  ⟹ *我的父亲比你的健谈。
  ⟹ *我的父亲比你健谈。【可以说，但意思变了】

它们格式相同，为什么会有不同的替换？是什么因素造成"名$_2$的名"

的替换呈现不同的情况？这其中有无规律可循？要对这些问题做出较好的回答，找出规律性的东西来，除了要收集大量的语料外，也需要从句法、语义、语音、语用甚至汉民族的社会心理等多方面去比较分析，才能获得满意的结果。通过研究发现，造成不同替换的因素一共有五个：（一）"名词之间的不同的语义关系"，（二）"名词本身的不同性质"，（三）"表示'怎么样'部分的词语的不同性质"，（四）"社会心理"，（五）"句子重音"。限于篇幅，不能在这里一一细说，这里只跟大家说说社会心理对不同替换的影响。

试比较：

（20）我的姑妈比你的姑妈有经验。

　　　⟹* 我的姑妈比你的有经验。

　　　⟹* 我的姑妈比你有经验。

（21）你的女儿比我的女儿能干。

　　　⟹ 你的女儿比我的能干。

　　　⟹* 你的女儿比我能干。

例（20）里的"名""姑妈"是指长辈，只能采用 D 类替换；例（21）里的"名""女儿"指晚辈，就采用 A 类替换了。为什么呀？原来，一般我们不用"……的"这种说法来称呼人，这样称呼人是不礼貌的。"理发师、理发的师傅"和"理发的"，"厨师、炒菜的厨师"跟"烧饭的/烧菜的"所指相同，但后面的说法显然是不礼貌的说法。对长辈更不能用"……的"这种说法。下面再举一个有意思的例子：

（22）我的妻子比你的妻子年轻。

（23）我的丈夫比你的丈夫年轻。

表面看，"丈夫""妻子"属同辈的称呼。按说都可以采用 A 类替换。但由于长期以来丈夫在家庭占主导地位，为一家之主。这种社会心理，决定了例（22）能采用 A 类替换，而例（23）不能采用 A 类替换，得采用 D 类替换。请看：

（22'）我的妻子比你的妻子年轻。

⟹ 我的妻子比你的年轻。

⟹ *我的妻子比你年轻。【可以说，但意思变了】

（23'）我的丈夫比你的丈夫年轻。

⟹ *我的丈夫比你的年轻。

⟹ *我的丈夫比你年轻。【可以说，但意思变了】

下面的例子更有意思：

（24）他的朋友比你的朋友大方。

⟹ 他的朋友比你的大方。

⟹ *他的朋友比你大方。【可以说，但意思变了】

（25）他的朋友比你的朋友小气。

⟹ *他的朋友比你的小气。

⟹ *他的朋友比你小气。【可以说，但意思变了】

（26）他的朋友比你的朋友更小气。

⟹ 他的朋友比你的更小气。

⟹ *他的朋友比你更小气。【可以说，但意思变了】

例（24）因为是说"他的朋友比你的朋友大方"，言下之意"你的朋友小气"。这在说话者的心目中，暗含着对"你的朋友"有意见，甚至看不起。所以例（24）可以用 A 类替换。而例（25）是说"他的朋友比你的朋友小气"，言下之意"你的朋友"是比较大方的，所以不会去采用 A 类替换，因为前面说过 A 类替换所得的句子是一种不很礼貌的说法。例（26）则又可以用 A 类替换了，因为在说话人心目中不管是"他的朋友"还是"你的朋友"，都是小气的，就又可以采用不礼貌的说法。大家会觉得有意思吧！这都是通过比较获得的。有兴趣的老师和同学，可以具体参看我在《中国语文》1986 年第 2 期上发表的《"比"字句内比较项 Y 的替换规律试探》一文。

总之，我们在语言研究中，进行多角度、多方位、多层面的考察、分析是十分重要的。

三 比较，一定要注意步步深入

我们在运用比较的方法时，还必须注意这样一点：比较，一定要步步深入，具体说，每当获得一个新的看法后，要反复地问自己："这样行不行？"

这里不妨以"常常"和"往往"的比较为例来加以说明。

"常常"和"往往"，一般认为，它们的意思、用法差不多。一些工具书用"常常"来注释"往往"，如《新华字典》。对我们中国人来说，这两个副词是不会用错的，可是外国留学生出错的不少，主要是错用"往往"。请看：

（1）*据说他往往说谎。

（2）*他呀，往往去香港玩儿。

为什么例（1）（2）不能用"往往"？"往往"和"常常"在意义和用法上到底区别在哪儿呢？这也需要通过比较分析才能获得答案。先看下面几个例子：

（3）北方冬季常常会有人不注意煤气而不幸身亡。

（4）星期天他常常去姥姥家玩儿。

（5）每当跳高运动员越过横杆时，观看的人常常会下意识地抬一下腿。

（6）他呀，常常开夜车。

（7）听说他常常赌博。

（8）这种水果我们那儿很多，我们常常吃。

例（3）—（5）里的"常常"可以替换为"往往"。请看：

（3'）北方冬季往往会有人不注意煤气而不幸身亡。

（4'）星期天他往往去姥姥家玩儿。

（5'）每当跳高运动员越过横杆时，观看的人往往会下意识地抬一下腿。

可是例（6）—（8）里的"常常"不能用"往往"替换。请看：

（6'）*他呀，往往开夜车。

（7'）*听说他往往赌博。

（8'）*这种水果我们那儿很多，我们往往吃。

比较例（3）—（5）和例（6）—（8），我们对"往往"和"常常"的差异，似可以获得这样一个看法：用"往往"前面一定得先说出某种前提条件，说明在某种条件下，某种事情或行为动作经常出现或发生；"常常"则没有这个限制。例（3）—（5）所以能用"往往"，因为交代了条件。

上面这个看法怎么样？是不是就把"常常"和"往往"的异同说清楚了呢？我们还需回到语料中去检验。结果发现上述结论还不能说明下面的语言现象：

（9）以后周末，你要是没事儿，常常去看看姥姥。

（*以后周末，你要是没事儿，往往去看看姥姥。）

（10）明年回上海，你得常常去看看她。

（*明年回上海，你得往往去看看她。）

例（9）—（10）在"常常"前都说出了前提条件，可是却不能换用"往往"。这又为什么呢？我们不妨将例（9）（10）和前面的例（3）—（5）比较一下，我们会发现，例（3）—（5）说的都是过去的事，而例（9）（10）说的是未来的事。这样，我们似又可以得出一个新的结论：在交代前提条件的情况下，"往往"只用来说过去的事，即过去在某种条件下某种事情或行为动作经常出现或发生。"常常"则不受这个限制。

上面新得出的结论怎么样呢？上面那个新的结论解释不了下面的例子：

（11）去年冬天我常常去滑雪。

（*去年冬天我往往去滑雪。）

（12）上个星期我常常接到匿名电话。

（*上个星期我往往接到匿名电话。）

例（11）（12）讲的是过去的事，也说了条件——说了时间条件，为什么不能用"往往"呢？如果我们在这两个句子里加上一点东西就可以用"往往"了：

（13）去年冬天每到周末我常常去滑雪。

去年冬天每到周末我往往去滑雪。

（14）上个星期每晚9点我常常接到匿名电话。

上个星期每晚9点我往往接到匿名电话。

例（13）（14）跟例（11）（12）比较，我们发现：例（13）（14）所说的事件都带有一定的规律性；而例（11）（12）不具有规律性，只是客观叙述在过去某个时间里发生了些什么事。细细体味，前面能用"往往"的实例，所说的事件也具有某种规律性。至此，我们可以重新描写说明"往往"与"常常"的差异：

"往往"只用来说明根据以往的经验所总结出的带规律性的情况或事情，"常常"则不受此限。

总之，"往往"和"常常"的用法是有区别的："常常"强调事情或行为动作发生的经常性，"往往"则强调按经验，在某种条件下，情况通常是这样，带有规律性。看来上面这个新的结论比较周全了。可是，又遇到了下面这样的语言事实：

（15）高房子往往比较凉快。

（16）胖的人往往浮力大。

（17）南方往往比较潮湿，北方往往比较干燥。

例（15）—（17）的情况倒过来了，这些句子里的"往往"不能换用"常常"，即不能说成：

（15′）*高房子常常比较凉快。

（16′）*胖的人常常浮力大。

（17′）*南方常常比较潮湿，北方常常比较干燥。

这说明原先的结论还需要修改。"往往"与"常常"的异同似宜修改为：

> 某情况如果只具有经常性，不具有规律性，只能用"常常"，不能用"往往"；如果既具有经常性，又具有规律性，"常常"和"往往"都可以用；而如果只具有规律性，不具有经常性，则只能用"往往"，不能用"常常"。

从对"往往"与"常常"的对比分析中，我们可以看到，虚词的比较分析一定要步步深入，而且每当获得一个新的看法后，一定要反复地问自己："这样行不行？"这样做的目的有两个：一是为了使自己的结论经得起推敲，更符合语言实际，要知道反复地否定自己正是为了更好地肯定自己；二是为了使自己养成反复思考的良好习惯，而这种习惯是科学研究所必需的。

（原载于《民俗典籍文字研究》2015年第16辑）

汉语二语教学研究

在汉语教学中要重视词语使用的语义背景

一 为什么要谈词语使用的语义背景问题？

关于词语使用的语义背景问题，我在1983年《中国语文》上所发表的《说"反而"》一文中就明确提出来了，在后来我所发表、出版的论著中又多次谈到。所谓词语使用的语义背景，就是指某个词语能在什么样的情况或上下文中出现，不能在什么样的情况或上下文中出现。

我注意虚词使用的语义背景问题就是从"反而"开始的。（马真《说"反而"》，《中国语文》1983年第3期）。我从80年代初开设"现代汉语虚词研究"课，一个学期给中国学生讲，一个学期给外国学生讲。在给外国学生讲课时，我发现，许多外国学生不会使用"反而"这个书面语词。例如：

(1)*大家都看电影去了，她反而在宿舍看书。

(2)*玛沙干得比谁都卖力，这一次我想老师准会表扬他，谁知老师反而没有表扬他。

(3)*他以为我不喜欢跳舞，我反而很喜欢跳舞。

后来我们又发现，在我们的书报上也有错用这个书面语词"反而"的情况。例如：

(4)*大家都主张种植大棚蔬菜，老村长反而反对，主张种植棉花。

甚至在个别语言学文章里也有错用"反而"的。例如：

（5）*黎锦熙先生把主语规定为动作行为的施事（即动作者），或性质状态的具有者，赵元任先生反而认为汉语的主语不限于此，其他如动作行为的工具、时间、处所等都可以做主语。

这五个例子里的"反而"都用得不恰当，句中的"反而"都宜换成"却"。（当然，例（2）（3）可以有更好的改法——例（2）干脆把"反而"删去就是了，或者将"反而"换成"并"；例（3）删去"反而"后，在后一分句"我"的前头加"其实"）

为什么会用错"反而"呢？这不能不说跟目前我们的工具书对"反而"的注解或说明有关。我们不妨具体看一些最有代表性的工具书对"反而"的注释：

《现代汉语八百词》：表示跟前文意思相反或出乎预料之外，在句中起转折作用。

《现代汉语词典》（第5版）：表示跟上文意思相反或出乎预料与常情。

这些工具书对"反而"的解释，对读者，特别是对外国学生起了误导作用。上面这些病例正是这种笼统的甚至是不确切的解释所误导的结果。而这些工具书之所以对"反而"不能作出准确的解释，原因之一，工具书的作者都只注意词的基本意思，而不太注意或者说根本就不注意使用"反而"的语义背景。

那么到底什么情况下可以使用"反而"呢？请看下面这个例句：

（6）今天午后下了一场雷阵雨，原以为天气可以凉快一些，可是并没有凉下来，却更闷热了。

例（6）的最后一个分句跟前面的分句之间有转折关系，句中用"却"来显示这种转折关系。值得注意的是，这个句子里的"却"可以用"反而"来替换，说成例（7），而意思基本不变。请看：

（7）今天午后下了一场雷阵雨，原以为天气可以凉快一些，可是并没有凉下来，反而更闷热了。

那么为什么这个句子里的"却"可以用"反而"来替换,而上面所举的表示转折关系的句子不能用"反而"呢?这个问题本身正好说明了这样一点:不是所有表示转折关系的复句里都能用"反而",只有在某种语义背景下,转折复句里才能用"反而"。因此,要确切了解并掌握"反而"的意义和用法,必须考察和了解"反而"使用的语义背景。

例(7)的"反而"是用得很贴切的,这个例句也充分显示了使用"反而"所应具备的语义背景。这个语义背景包含四层意思:

A. 甲现象或情况出现或发生了;〔例(7)里的"午后下了一场雷阵雨"就属于甲现象〕

B. 按说(常情)/原想〔预料〕甲现象或情况的出现或发生会引起乙现象或情况的出现或发生;〔例(7)里的"天气可以凉快一些"就属于乙现象〕

C. 事实上乙现象或情况并没有出现或发生;〔就是例(7)里所说的"天气并没有凉下来"〕

D. 倒出现或发生了与乙现象或情况相背的丙现象或情况。〔例(7)里的"更闷热了"就属于丙现象〕

"反而"就用在说明 D 意思的语句里。至此,我们可以给使用"反而"的语义背景作如下的概括与描写:

"反而"使用的语义背景是,当某一现象或情况的出现,没有导致理应出现的结果,却出现了相悖的结果,这时就用"反而"来引出这相悖的结果。

弄清了使用"反而"的语义背景,并告诉外国学生,学生在使用"反而"时就会少犯一些错误。

事隔 20 多年,那么现在为什么还要来谈词语使用的语义背景问题呢?大家都很了解,现在外国学生在汉语词汇学习上,普遍存在的问题是在说和写方面常常出现用词不当的毛病,特别是书面语词使用不当的毛病。例如，副词"不免"，是书面语词，就有不少学生用错，他们会说出这样的句子：

(8)*我到中国学中国语，不免要亲自到中国使馆办签证。

(9)*如果我不把到中国留学的事告诉她，她以后知道了不免要骂我。

造成外国留学生使用虚词不当的原因当然是多方面的，其中最主要的一个原因，就是学生对所学的虚词只是了解、掌握了它的基本意义，而没有确切了解那个虚词使用的语义背景，也就是说没有搞清楚那个虚词在什么场合能用，在什么场合不能用。而目前许多工具书或汉语教材，一般就只注释了虚词的基本意义，很少指明虚词使用的语义背景。就拿上面举到的例(8)(9)里的"不免"来说，目前的辞书是这样注释的：

不免：免不了。(《现代汉语词典》)

不免：不可避免；免不了。(《两岸现代汉语常用词典》)

不免：免不了，难免(某种结果)。(《商务馆学汉语词典》)

学生根据这样的注释，就会以为只要意思是"免不了"的地方，就能用"不免"，所以就说出了例(8)(9)这样的病句。事实上不是能用"免不了"的地方都能用"不免"替换。下面例子里的"免不了"就不能用"不免"来替换：

(10)我嫂子第一次老远来北京，免不了/*不免要陪她玩儿几天。

(11)这件事如果不向许局汇报，许局知道了免不了/*不免又要批评我们一通。

(12)贵客来到，免不了/*不免要热情招待一番。

《现代汉语八百词》对"不免"的释义就比较好些，请看：

不免　免不了。表示由于某种原因导致并非理想的结果。多用于后一小句，只修饰肯定形式的多音节动词、形容词。

按照这一注释，例(9)—(11)为什么"免不了"不能换用"不免"，就能解释了，因为句中由原因所导致的结果并非是"不理想"的。如果对原文改动一下，使得所导致的结果明显含有"不理想"的意思，就能用"不免"换用"免不了"，请看：

（9'）如果我不把到中国留学的事告诉她，她以后知道了，我免不了／不免要挨她骂。

（10'）我嫂子也要来北京，我免不了／不免也要陪她玩儿几天，你说这些日子我还有什么时间赶写这篇论文啊？

（11'）这件事如果不向许局汇报，许局知道了我免不了／不免又要挨他批评。

可是，《现代汉语八百词》的注释也还是没法解释下面例（13）使用"不免"为什么是不合适的：

（13）*他老不听我的劝告，不免犯了这么大的错误。

例（13）"他老不听我的劝告"就是导致"（他）犯了这么大的错误"的原因，"不免"也用于后一小句，所修饰的也是个肯定形式的多音节动词性词语，那为什么例（13）不能说呢？例（13）里的"不免"宜改为"所以"。

很明显，要使外国学生准确掌握和运用"不免"，一定要将"不免"使用的语义背景告诉学生。那么"不免"使用的语义背景该是什么？现在还说不清楚，很值得去研究。

以上说明，汉语作为第二语言教学的词汇教学中必须重视词语使用的语义背景问题，供外国学生学汉语需要的词典的释义也必须重视词语使用的语义背景问题。可是，事实告诉我们，词语使用的语义背景问题既没有引起对外汉语教学界的足够重视，也没有引起辞书编纂者的充分注意。这可以从下面两方面看出：

第一，2005年、2006年连续举行了两次"对外汉语学习词典学国际研讨会"——2005年在香港城市大学举行，2006年在北京中国人民大学举行，会后均出版了会议论文集《对外汉语学习词典学国际研讨会论文集》（郑定欧 2005，郑定欧、李禄兴、蔡永强 2006）。两本论文集共 717 页（2005 年的 310 页，2006 年的 407 页），共收论文 40 篇（2005 年的 11 篇，2006 年的 29 篇）。两届专门讨论对外汉语学习词典学的国际会议，居然没有一篇文章是专门谈论词语释义中如何注意词语使用的语义背景问题的，只在 2006 年的论文集中，有一篇文章（岑玉珍、白荃 2006）有所提及，说得也不清楚。这说明词语使用的语义背景问题没有引起汉语教学界的重视。

　　第二，近十多年来，自称是针对外国学习者学习汉语用的辞书也出版不少，但基本是《现代汉语词典》和《新华词典》的删节本，很少说明词语的用法，更不用说指明词语使用的语义背景了。可喜的是 2006 年 9 月商务印书馆出版了由北京语言大学执教多年的鲁健冀、吕文华两位教授合编的《商务馆学汉语词典》，这部词典"比较注意说明词的使用环境"（陆俭明序）。但是，即使是这样一部词典，也还是多数词条的释义没有说明词的使用语境。例如对"反而"的注释，并未吸收已有的研究成果，还是注释为"跟预料中的结果正好相反"（201 页），没有把使用"反而"的语义背景融入"反而"的释义中去。有些词的释义虽然注意了使用的语义背景，但说得不到位。例如副词"按说"，目前一般辞书对"按说"的释义，有的注释为"按道理说"，有的注释为"依照事实或情理来说"。这些注释显然都没有交代"按说"使用的语义背景。难怪外国学生会常常用错。例如：

　　（14）*"今天会下雨吗？""我敢肯定按说不会下雨。"
例（14）"按说"，显然用得不恰当，但是他们是按词典的注释来用的。其实，使用"按说"是有条件的。（具体见下文）

　　总之，我们必须重视词语使用的语义背景问题。为了使大家对词语使用的语义背景问题能有一个具体、深刻的认识与印象，下面想举些具体的实例来加以说明。

二 关于表示加强否定语气的副词"并"和"又"

"并"和"又"是副词，可以表示多种语法意义，其中之一，表示加强否定语气。例如：

（15）"你喝酒了？""我并没有喝酒。"

（16）"咱们给王老师买瓶酒吧。""王老师又不喝酒。"

例（15）里的"并"和例（16）里的"又"，都是语气副词。一般词典或讲现代汉语虚词的书都注意到它们的这个用法了。但是一般只是说，"并"放在否定词前加强否定语气，"又"用在否定句或反问句里，加强否定语气。应该说，这些说法不能说不对，因为第一，语气副词"并"和"又"确实只能用在否定词的前边；第二，语气副词"并"和"又"确实有加强否定语气的作用。但是，这些说法太简单，太笼统。对我们中国人来说，可以凭自己的习惯和语感去用，不需要去问老师，也不需要去查阅语法书或工具书。但是，对于外国留学生来说，这种说法对他们就很容易起误导作用。外国学生原本就不知道汉语里的语气副词"并"和"又"到底该怎么用，看了书上或词典上这些说法，他们就会以为，(a)作为语气副词，"并"和"又"的用法基本是一样的；(b)当需要加强否定语气时，就可以在否定词前边用"并"或"又"。而且他们往往就本能地按书上、词典上所说的去运用、去类推，结果就说出或写出了下面这样的病句：

（17）"你再吃一点儿。""*我并不能再吃了。"

（18）"李敏，你就向慧玉小姐赔个不是，事情不就解决了吗？"*"我并不向她赔不是！"

（19）"老孙卖房子的事你也知道了？"
　　　*"我又不知道哇。"

（20）*你又别收她的钱！

（21）*这件事要保密，你又不能告诉任何人。

这些句子里的"并"和"又"都用得不合适。如果真要加强否定语气的话，这些句子都该这样改：

例（17）宜将"并"改为"确实"，说成"我确实不能再吃了"。

例（18）宜将"并"改为"就（是）"或"偏"，说成"我就不向她赔不是"，或者说成"我偏不向她赔不是"。

例（19）里的"又"倒应该改为"并"，说成"我并不知道哇"。

例（20）里的"又"改为"千万"比较好，说成"你千万别收她的钱"。

例（21）里的"又"则改为"决"好像比较适宜，说成"这件事要保密，你决不能告诉任何人"。

上面的例子说明，第一，不是什么情况下都可以用"并"或"又"来加强否定语气的；第二，"并"和"又"虽然都能起加强否定语气的作用，但二者又有区别。如病例（19）"*我又不知道哇"要改为"我并不知道哇"。

那么到底在什么情况下可以用语气副词"并"，在什么情况下可以用语气副词"又"呢？在什么情况下不能用语气副词"并"或"又"呢？关于这些问题我曾在《表加强否定语气的副词"并"和"又"》一文中作过一些说明，但今天看来还可以说得更明白一些。现在借此机会重新分析说明一下它们各自使用的语法意义和语义背景。为使读者全面了解，将不避重复。

一、先说"并"

语言事实告诉我们，不是随便什么时候都能用语气副词"并"来加强否定语气的。我们先看两个例子：

（22）她并没有灰心。

（23）我并不认识他！

当我们说"他并没有灰心"时，一定是有人说"他已经灰心了"；同样，当我们说"我并不认识她"时，一定是有人认为我认识她。这说明，只有当说话人为强调说明事实真相或实际情况而来否定或反驳某种看法（包括自己原先的想法）时才用这个语气副词"并"。下面的例（24）—（27）更清楚地说明了这一点：

（24）"小张昨天又去打麻将了？"

"他昨天并没有去打麻将，他一直跟我在一起。"

（25）"他的态度是不是有一些变化？"

"并没有什么变化，还是坚持自己的意见。"

（26）他们说小明那孩子傻，其实他并不傻。

（27）我以为他也去中国了，谁知他并没有去。

例（24）—（27）用"并"的句子都含有强调说明真实情况而否定某种看法的意味。譬如例（24）问话"小张昨天又去打麻将了？"明显地含有问话人以为"小张又去打麻将了"的意思；例（25）问话"他的态度是不是有一些变化？"也明显地含有问话人以为"他的态度有所变化"的意思。所以这两个句子的答话都能用语气副词"并"来加强否定语气。至于例（26），也很明显，说话人为否定"他们"说"小明傻"的说法，而用"并"来加强否定语气，以强调说明"他不傻"。例（27）是说话人自己否定自己原先的想法，所以也用"并"来强调说明实际的情况，以加强否定语气。

前面我们说例（17）和例（18）里的语气副词"并"使用得不当，就因为这些句子不存在使用语气副词"并"的语境，也就是语义背景。就拿例（17）来说，对方先说"你再吃一点儿"，答话人的回答意思是"我不能再吃了"，这明显地不属于辩驳性的否定，所以用"并"不合适。例（18），对方劝李敏向慧玉小姐赔个不是，李敏的答话"我不向她赔不是"，从性质上看，也不属于辩驳性的否定，而纯粹属于表示自己意愿的性质，所以也不能用"并"来加强否定语气。如果对方不是劝李敏向慧玉小姐赔个不是，而是向李敏提出下面这样的问题："你向慧玉小姐赔不是啦？"那么李敏就可以用"并"来加强否定语气，回答说："我并没有向她赔不是。"现在再来看前面举的例（19）。那例（19）答话里的"又"倒应该改用语气副词"并"，这为什么呢？例（19）问话人的问话是："老孙卖房子的事你也知道了？"——明显地包含了问话人这样一种想法："老孙卖房子的事想必听话人已经知道了"。其实听话人不知道。听话人为否定问话人的想法，说明真实情况，当然应该用"并"来加强否定语气，回答说："我并不知道哇。"而不应该用语气副词"又"（关于语气副词"又"，见下文）。

根据上面所说的，我们可以将使用"并"的语义背景和它的语法意义概括如下：

语义背景：

当说话人为强调说明事实真相或实际情况而来直接否定已有的某种看法或想法时才用它来加强否定语气。

语法意义：

强调说明事实不是对方所说的、或一般人所想的、或自己原先所认为的那样。

可见，这个语气副词"并"除了有加强否定语气的作用外，还往往含有辩驳或说明真实情况的意味。

二、现在说"又"

语气副词"又"也确实有加强否定语气的作用。我们不妨把包含这个"又"的句子和不用这个"又"的句子拿来比较一下，请看例（28）：

（28）a. 你又没有病，吃什么药啊！

b. 你没有病，吃什么药啊！

例（28）a 句用"又"，b 句不用"又"，a 句的否定语气显然要比 b 句强。现在的问题是，在什么情况下可以用这个"又"来加强否定语气。下面不妨先看几个对话：

（29）小张：小王，明天我们去叶老师家，带一瓶茅台酒吧。

小王：叶老师又不喝白酒。

（30）玉萍：你带上一把伞吧。

俊峰：天气预报又没说今天要下雨。

（31）秘书：经理，李美珠小姐来出席我们的招待会了。

经理：我们又没有请她，她怎么也来啦？

（32）杨琳：这条烟我是在昆明买的，你给你爸爸带去。

陈祥：我爸爸又不抽烟，你买烟干吗。

（33）文祥：这什么鬼地方，一点儿也不好玩儿，真不该来。

淑英：又没有人强迫你来，你自己要来的呀！

（34）宝莲：山田，你不是说日本到处是樱花吗？我怎么跑了那么多地方也没见着啊？

山田：现在又不是三四月份，樱花又不是一年四季都开的。

上面这些句子都用了"又"，而且用得都比较贴切。为什么这些句子都能用这个语气副词"又"呢？我们不妨来具体分析一下这些例句。拿例（29）来说，小张提出给叶老师带一瓶茅台酒，小王不同意，但他不直接说"不要给叶老师带茅台酒"，而是采取否定"叶老师喝酒"这一事实来达到否定小张意见的目的。这里小王就用了"又"来加强否定语气。例（30）玉萍叫俊峰"带上一把伞"，俊峰不想带，但他不直接说"我不带"，而是否定有下雨的可能性，来达到否定玉萍意见的目的。这里俊峰也用了"又"来加强否定语气。现在看例（31），很明显，经理并没有请李美珠来参加他举行的招待会，李美珠是不该来的，但经理先不直接说"李美珠不该来"，而是先说"我们没有请她"，以达到他表述正面意见——"李美珠不该来"——的目的。这里，说话人也用了"又"来加强否定语气。再拿例（32）来说，很清楚，这是针对听话人来说的。杨琳在昆明买了条烟，准备送给陈祥的父亲，陈祥对杨琳的做法持否定态度，但是他不直接说"你不该买"，而是说"我爸爸不抽烟"，这样来达到否定杨琳做法的目的。这里，说话人也用了"又"来加强否定语气。其他例句情况也类似。从这里，我们可以明显地看出，有时人们要否定某种事情、某种做法、某种说法或某种想法时，不采取直接否定的方式，而是通过强调不存在该事情、该做法、该说法或该想法的前提条件或起因来达到否定的目的。上面所说的这个"又"就只能用在上述语境中，起加强否定语气的作用。现将使用"又"的语义背景和"又"的语法意义概括如下：

语义背景：

语气副词"又"只能用在直接否定前提条件或起因的句子里起加强否定语气的作用。

语法意义：

强调说明不存在对方或人们所说的某种事情、某种做法、某种说法或某种想法的前提条件或起因。

前面我们说，第二小节里的例（19）—（21）里的"又"都用错了，原因就在于这些句子都不是直接否定前提条件的句子，都不具有使用语气副词"又"的语义背景。因此，对于语气副词"又"，我们既要看到它有加强否定语气的作用，更要知道在什么语义背景下才能使用这个"又"。如果我们既把语气副词"又"的基本作用——起"加强否定语气"的作用——告诉大家，又把这个"又"出现的语义背景，或者说语境条件，告诉大家，我想外国学生就不容易把这个"又"用错了。

三、"并"和"又"的比较

为使大家进一步了解与认识"并"和"又"的异同，不妨将"并"和"又"的语法意义和使用的语义背景具体比较一下。

"并"和"又"的共同点是：

都能起加强否定语气的作用，都带有一定的辩驳语气，都含有主观性。

但它们有区别。我们不妨先来看看前面所举的例（24）—（27）用"并"的句子，能否用"又"来替换"并"：

(24′)"小张昨天又去打麻将了？"

　　*"他昨天又没有去打麻将，他一直跟我在一起。"

(25′)"他的态度是不是有一些变化？"

　　*"又没有什么变化，还是坚持自己的意见。"

(26′)*他们说小明那孩子傻，其实他又不傻。

(27′)*我以为他也去中国了，谁知他又没有去。

很清楚，都不能替换。再来看看前面所举的例（29）—（34）用"又"的例子能否用"并"来替换：

(29′) 小张：小王，明天我们去叶老师家，带一瓶茅台酒吧。

　　a. 小王：叶老师又不喝白酒。

　　b. 小王：叶老师并不喝白酒。

(30′) 玉萍：你带上一把伞吧。

　　a. 俊峰：天气预报又没说今天要下雨。

　　b. 俊峰：天气预报并没说今天要下雨。

(31′) 秘书：经理，李美珠小姐来出席我们的招待会了。

　　a. 经理：我们又没有请她，她怎么也来啦？

　　b. 经理：我们并没有请她，她怎么也来啦？

(32′) 杨琳：这条烟我是在昆明买的，你给你爸爸带去。

　　a. 陈祥：我爸爸又不抽烟，你买烟干吗。

　　b. 陈祥：我爸爸并不抽烟，你买烟干吗。

(33′) 文祥：这什么鬼地方，一点儿也不好玩儿，真不该来。

　　a. 淑英：又没有人强迫你来，你自己要来的呀！

b. 淑英：并没有人强迫你来，你自己要来的呀！

（34'）宝莲：山田，你不是说日本到处是樱花吗？我怎么跑了那么多地方也没见着啊？

a. 山田：现在又不是三四月份，樱花又不是一年四季都开的。

b. 山田：现在并不是三四月份，樱花并不是一年四季都开的。

用"又"的例子有的能替换为"并"，有的替换后会让人觉得别扭。两相比较，清楚地显示，直接否定已有的某种看法或想法时，只能用"并"，不能用"又"；而当直接否定前提条件或起因时，主要用"又"，有的似乎也可以换用"并"，但是，细细体会，用"又"、用"并"还是有所区别的。具体说：

在否定前提条件的句子里，用"又"是直接对说话人谈及的事情、做法、想法得以成立的前提条件加以否定，而用"并"意在答话人揣摩到说话人说话的预设，因而直接对那预设加以否定。

归结起来说，"又"只用于否定"作为已有的看法或想法得以成立的前提条件"的句子里，即只用于否定前提条件的句子里；而"并"主要用于直接否定已有的看法或想法的句子里，有时也可以用于否定"作为已有的看法或想法得以成立的前提条件"的句子里，但与用"又"还是有所区别。

《修辞学习》上载文说：(杨彬 2008）

"并"和"又"存在着较为明显的差异，前者的功能侧重客观陈述、辩明事理，语气客观平和；而后者则侧重主观评价，语气强烈，在不同的场合可以表示不同的情感态度倾向。……前者重在否定语境预设，以指明事实、阐明事理，而后者通过否定事实来指涉言外之意，对受话人的观念或行为进行辩驳。二者在语体选择上也存在着明显的差异。

对杨彬的上述说法,我们不想在这里加以评论。我们只想请读者思考,按这种说法,读者(特别是留学生)是否能真正明了"并"和"又"在意义和用法上的区别?

三 关于"按说""把"字句和"被"字句以及"好端端的"

一、先说"按说"

关于副词"按说",前面已经说了,学生常常用错,原因就是我们的辞书和课本只注释了"按说"的基本意思,没有说明使用"按说"的语义背景。事实上,使用"按说"是有条件的。这一点,《商务馆学汉语词典》好像意识到了,所以在 注意 一栏里对"按说"的使用特点作了这样一点说明:

> "按说"用在句子的前面,可用逗号表示停顿,也可不用。"按说"后面先说一般情况和道理,下面的话常常表示事实上或结果往往不是这样。

但这个说法并没有将"按说"使用的条件说清楚。"后面先说一般情况和道理"中的"一般"指什么,学生不清楚。另外语言事实告诉我们,在说了一般的情况后,后面也不一定有"表示事实上或结果往往不是这样"的话语。例如:

(35)明天是星期天,按说他会在家。

例(35)用"按说"的小句后面就没有"表示事实上或结果往往不是这样"的话。所以,外国学生看了《商务馆学汉语词典》的这个说明还是会摸不着头脑,还是会错用"按说"。事实上,使用"按说"时,一定有所隐含。如果用于说已经发生了的事情,则一定隐含着"实际并不是如此"的意思,例如:

（36）按说他这个时候该回来了。

　　　［隐含着他这个时候还没有回来］

（37）按说你不该告诉他。

　　　［隐含着"你"已经告诉了他］

如果是用于说未来发生的事情，则一定隐含着"实际会是怎么样现在没有把握"的意思，例如：

（38）"你说他会来吗？""今天他不上班，按说他会来的。"

　　　［隐含着"他"会不会来，没有把握］

使用"按说"时，一定有所隐含，这就是"按说"使用的语义背景，也可以认为是"按说"使用的条件。外国学生所以常常用错，就因为不了解"按说"使用的语义背景。前面所举的病句例（14）"今天会下雨吗？""*我敢肯定按说不会下雨。"，其毛病就出在这里。这个句子说的是未来的事情，但并不隐含"实际会是怎么样现在没有把握"的意思，所以"按说"用得不恰当。

二、再说"把"字句和"被"字句

不只是虚词有使用的语义背景问题，由虚词构成的某些句法格式也有这个问题。譬如说，现代汉语里的"把"字句和"被"字句，留学生普遍用不好。留学生用不好"把"字句和"被"字句，主要有两方面的原因。一是语法方面的原因，如教学中常举的"*把饺子吃在五道口"（"五道口"是北京语言大学附近的一个商业区）这种有毛病的句子，就是由于语法方面的原因造成的。这方面大家已经十分注意了。另一方面的原因，就是外国学生不了解现代汉语里的"把"字句和"被"字句使用的语义背景。就外国学生来说，在"把"字句和"被"字句的使用上，有相当一部分是该用不用，不该用却用了。即使已经是研究生了，有时也会免不了写出不合情景的"把"字句、"被"字句。请看：

（39）*洪水是退了，但是眼前是一片不好的景象：洪水把村舍的房屋冲倒了一大半，把猪、鸡、羊都淹死了，空气里充满了难闻的臭味儿；洪水也把成堆的木材几乎都冲光了，……。

（40）*玛丽是个勤快的孩子，每天都是她最早起来。等我们起床，早饭已经被她准备好了，屋子也已经被她整理得干干净净。

例（39）冒号以后的部分，是要具体描绘洪水过后的荒凉景象的，按说应顺着上文的意思，用表示遭受的"被"字句，不宜用"把"字句，可是却用了好几个"把"字句，使前后文气很不连贯、很不协调。宜改为：

（39'）洪水是退了，但是眼前是一片不好的景象：村舍的房屋被洪水冲倒了一大半，猪、鸡、羊都被淹死了，空气里充满了难闻的臭味儿；成堆的木材也几乎都被洪水冲光了，……

例（40）的毛病是该用"把"字句而没有用。后一句是来具体描述玛丽的勤快的，按上下文的意思，这里宜用表示处置的"把"字句，而不该用"被"字句。例（40）后一个句子宜改为：

（40'）玛丽是个勤快的孩子，每天都是她最早起来。等我们起床，她已经把早饭准备好了，还把屋子整理得干干净净。

三、最后说"好端端的"

不只是虚词以及由虚词构成的某些句法格式有使用的语义背景问题，其实实词在使用上也有这个问题。这里不妨举一个状态形容词"好端端的"的实例。

目前一般辞书、教科书对"好端端的"这个状态形容词或者说状态词的注释只说明了基本意义，没交代使用的语义背景。请看：

好端端的：形容情况正常、良好。（《现代汉语词典》）

这样的释义对缺乏汉语语感的外国学生来说，意思上可以理解，但容易用错。下面就是外国学生使用"好端端的"的病例：

（41）*他坚持锻炼，身体一直好端端的。

我们高兴地看到，鲁健冀、吕文华主编的《商务馆学汉语词典》开始注意到了"好端端（的）"的使用特点，在 注意 一栏里说明："用'好端端'先说情况正常，然后一定要有表示不正常、不好的情况的句子。'好端端'后边常带'的'。"但是这个说明还是说得不清楚、不到位。没有明确指出什么情况下才能用这个词。另外，实际上表示不正常、不好的情况的句子不一定在"好端端的"后面出现。

我们觉得，使用"好端端"这个词时，要受到一定的限制，那就是在已经出现或者预计可能会出现某种非理想状况的情况下，才用"好端端"这个词来说明原先的良好状况。这也可以说，这就是使用"好端端"这个词的语义背景。因此，在使用"好端端"这个词的后面或前面一定要有说明所出现的或可能会出现的某种非理想状况的句子或话语。例如：

（42）好端端一桩买卖，全给他弄砸了。

（43）他们怎么吵起来了？刚才不还是在一块儿喝酒，大家好端端的？

（44）你可别让他把这桩好端端的婚事给搅黄了。

上面所举的例（41），从句子意思看，显然不具备使用"好端端的"语义背景，所以会成为病句。

四　结束语

过去不注意词语使用的语义背景，是因为没有这方面的意识。具备这种意识，对于从事汉语教学的老师来说，特别重要。其实，造成外国学生词语使用不当的主要原因是，他们不了解词语使用的语义背景。这也告诉我们，在汉语教学中，对我们老师来说，不能只满足于了解某个词语或某个句法格式所表示的基本意义，一定要进一步了解这个词语、这个句法格式使用的语义背景。只有这样，我们才能将汉语中一个个词语、一个个句法格式教给学生，帮助学生真正了解、掌握所学的每个词语、每个句法格式的意义和用法。

当然，要说清楚词语使用的语义背景不是一件很容易的事情。举例来说，"一概"和"都"都是表示总括的副词，但"一概"是书面语词，"都"则书面语、口语都用。学生一般会用"都"，但不大会使用"一概"。例如：

（45）*菲菲生日那天，我们班男同学一概打上了领带。

例（45）里的"一概"就用得不恰当，要改用"都"，得说成：

（45'）菲菲生日那天，我们班男同学都打上了领带。

外国学生为什么不会使用"一概"呢？外国学生为什么会错用"一概"呢？这也跟目前一般辞书对"一概"的注释有关。目前的辞书，有的注释为"表示没有例外"，有的注释为"表示适用于全体，没有例外"。按这种注释，外国学生很容易以为"一概"跟"都/全"的意义、用法完全一样。其实，"一概"跟"都"并不完全一样。如例（45）用"一概"不行，用"都"就成为一个合格的句子。原因就在于"一概"使用的语义背景不同于"都"。副词"都"，凡表示总括都可以用它；而副词"一概"则只在特定的语义背景下才能用它。

可是，要说清楚副词"一概"使用的语义背景可不是那么容易。请看实例：

（46）a.*我们班同学一概回来了。

　　　b.这些票据一概作废了。

（47）a.这些道德败坏的学生一概开除。

　　　b.这些违章建筑一概拆除。

（48）a.*他们一概不认真。

　　　b.这些意见一概不正确。

单就例（46）—（48）看，"一概"用来总括物（包括具体的和抽象的），没有条件；用来总括人，有条件：所总括的人得是受事，不能是动作者。可是下面的句子总括的是物，但也不能说：

（49）a.*这些意见一概正确。

　　　b.*这些意见一概很正确。

　　　c.*这些食品一概不卫生。

　　　d.*这些房子一概不贵。

这为什么？目前还说不清楚。看来，"一概"使用的语义背景，不是简单举几个例子比较一下就能把握的，这还得依据大量语料来分析清楚。谁有兴趣，可以进行研究。不过研究时，最好同时比较一下"一律"和"全都"。

在汉语教学中，教词语也好，教句法格式也好，都得告诉学生所教的词语或句法格式使用的语义背景，而这方面内容并没有现成的参考文献，都得靠汉语老师自己去琢磨，去研究。显然，树立起重视词语或句法格式使用的语义背景这一意识，极为重要。从事汉语教学的每一位汉语教师，如果都能自觉地树立起"重视词语或句法格式使用的语义背景"这一观念或者说意识，同时又具有强烈的研究意识和一定的研究能力，就将大大有利于提高汉语教学质量。

参考文献

岑玉珍、白荃:《预防偏误是学习词典的重要特点》，见郑定欧、李禄兴、蔡永强主编:《对外汉语学习词典学国际研讨会论文集（二）》，中国社会科学出版社，2006年。

鲁健冀、吕文华:《商务馆学汉语词典》，商务印书馆，2006年。

吕叔湘:《现代汉语八百词》，商务印书馆，1980年。

马真:《表加强否定语气的副词"并"和"又"》，《世界汉语教学》2001年第3期。

马真:《说"反而"》，《中国语文》1983年第3期。

马真:《现代汉语虚词研究方法论》，商务印书馆，2004年。

王还:《对外汉语教学：汉语内部规律的试金石——以"反而"为例》,《世界汉语教学》1994年第1期。

杨彬:《"并、又"与否定词连用的多角度分析》,《修辞学习》2008年第2期。

郑定欧主编:《对外汉语学习词典学国际研讨会论文集》,香港城市大学出版社,2005年。

郑定欧、李禄兴、蔡永强主编:《对外汉语学习词典学国际研讨会论文集（二）》,中国社会科学出版社,2006年。

（见蔡建国主编《中华文化传播：任务与方法》,
上海人民出版社,2008年。）

教有法，教无定法

教学法，现在时常成为对外汉语教学界或者说"汉语国际教学"界的一个热门话题，甚至举行专门的研讨会。现在大家又都在热议"后方法"。大家关心教学法，应该说是个好事儿。可是我们要了解这样一点——方法是这里能用那里不一定能用，这里好用那里不一定好用，对这个老师来说好用对那个老师来说不一定好用，对这样的学生适用对那样的学生不一定适用的一种技巧和艺术而已。"后方法"，按我的体会，就是强调不要拘泥于某一种教学方法，要因人、因时、因地、因条件采用有针对性的教学手段。而这也就是我们的先师孔夫子早就教导的"因材施教"，也就是我们前辈老师所总结的"教有法，教无定法"之说。

要做到"因材施教"，做到"教有法，教无定法"，我觉得有两样东西特别重要——

第一样东西，就是高度的教育责任心。我1960年毕业留校任教后一直从事现代汉语（主要是现代汉语语法）的教学与研究。语法课，不少人觉得不好讲，认为语法本身就枯燥无味，不容易引起学生的兴趣。可是我们的老师朱德熙先生能将现代汉语语法课讲到大家都爱听，甚至觉得听朱先生的课是一种艺术享受这样的程度。这是什么原因？起初都认为这是朱先生的教法好。后来我们毕业留校任教以后，才明白这不是根本原因，根本原因是朱先生有高度的教育责任心。记得当年我们一些年轻教员向朱先生请教时，朱先生语重心长地说了那么一句话："要多从学生的角度考虑。"在几十年的教育生涯中，我们总记着朱先生这句话，也努力这样去做，并深深地感觉到，教好课的关键就是教育责任心，具体说眼睛里要有学生，心里要有学生。课程是教学计划所规定的。但是该讲什么内容、所讲内容前后该怎么安排，具体讲解时又该怎么开头、怎么提出问题，该从哪里切入，该怎么展开，说明问题时最好举什么样的例子，最后，该出什么样的练习，这都要老师多从学生的角度考虑，考虑怎么讲授学生更好接受、更好理解、更好懂。有了这种教育责任心，就会根据经验，针对不同教学对象、不同教学内容，想出不同的教学方法。

第二样东西，教员自己肚子里要有东西。这也就是我们常讲的"要给学生一碗水，自己就要有一桶水"。作为一名教师必须具有扎实而又较为广博的专业基础知识和一定的研究能力。就对外汉语教师来说，由于汉语教学最直接的目的是要让外国学生学习、掌握好汉语，所以必须具备扎实的汉语言文字学等方面的功底和一定的研究能力。这样才能做到针对不同的教学对象，灵活自如地组织教学内容，采用不同的教学方法。

总之，"教有法，教无定法"，别人的教学法只能作为参考，不能照搬。好的教学法，都是老师自己在教学中用心创造出来的。作为一名教师，首先要有高度的教育责任心，同时自己肚子里要有东西，具备了这两个条件，在教学中就会游刃有余，就能针对不同的对象，根据不同的教学内容琢磨出有针对性的好的教学法。也只有这样，才能较好地吸取、运用别人提出的教学法。

（原载于《世界汉语教学》2014年第4期）

双语教学最需要的是什么？

在大数据信息化时代，在世界逐步走向经济一体化的时代，在国际交通迅猛发展的时代，要求人们从"单言单语"进到"双言双语"，这是社会发展的需要，是历史的必然。发展和加强双语教学，这不仅逐渐提到了各国政府的议事日程上，也推到了每个人面前。

从国际角度看，双语教学首先指母语教学与外语教学。那么在母语教学与外语教学这一双语教学中最需要的是什么？

一　第一需要

第一需要的是母语语文素养与能力。不少人面对外语学习，只想着外语学习，而忽视甚至严重忽视母语学习。其实这是很不恰当的。无数事实表明，母语素养与能力低下的人，外语水准不会高到哪里去。所以，如果想让自己能较为自由地阅读外语专业书刊，甚至想让自己能成为一名译者，那必须要求自己的母语，特别是母语书面语，要具有较好的素养，较高的水平。而要做到这一点，必须加强母语教育。大家知道，1999年联合国教科文组织宣布：从2000年起，每年的2月21日为"国际母语日"。联合国教科文组织提出并确立"国际母语日"的目的，一是为了保护世界语言多样性；二是为了让世界各国都了解和认识到，母语教育是保护世界语言多样性、推进多语教育的基础，因此必须加强母语教学。

总之，在"母语—外语"的双语教学中，第一需要的是要不断提高母语素养，不断增强母语语文能力，这已经成为学界的共识，因此我不想再多说什么。我想着重说说那第二种需要。

二　第二需要

第二需要的，是有关词语、句法格式的用法的语言知识。教学实践告诉我们，中国学生错用汉语书面语词，外国汉语学习者在词语或句法格式使用上出现这样那样的偏误，究其原因，主要都不是因为学习者不知道词语或句法格式的基本意义，而是因为不了解词语或句法格式的用法，具体说，不了解词语或句法格式使用的语义背景。

要知道，汉语本体研究者，包括语法学家、词汇学家、辞书学专家，都不注重词语和句法格式的用法的研究。这就带来两方面的负面影响。

一个方面，对我们自己，特别是对中小学学生，会有负面影响。我们知道，母语学习者，主要是中小学的汉语母语学习者，他们对于母语口语词语和句法格式会熟练运用，因为从小积累了丰富的语感。可是，对于书面语词语，由于辞书与语文教材只注释了基本意思，没有说明具体用法，学生也就只知道各个词语的基本意义，不了解具体用法，结果学生在使用时就会出错。举个例子来说，请看下面这个病例：

（1）*玲玲蹲在清澈的溪水边，俯瞰着水中的游鱼，而且是那样地专心，以至老师走到她身后她都没觉察。

"溪水边"与"水中的游鱼"，二者之间的距离一般说不会超过两米，这样的高度，虽然是从高处往下看，不能用"俯瞰"。那学生怎么会在这里使用"俯瞰"呢？我们知道，"俯瞰"是个书面语词，平时很少用到，一般都缺少使用"俯瞰"的语感。而语文课本上、一般辞书上就对"俯瞰"注释为"从高处往下看"，或采取以词释词的办法，注为"俯视"。而"俯视"注释为"从高处往下看"。按课本、辞书对"俯瞰"的注释，我们很难说例（1）里的"俯瞰"用得不恰当。其实，"俯瞰"与"俯视"在具体用法上是有区别的。从很高的地方往下看，而且视野开阔，才能叫"俯瞰"。而"俯视"不受高度的限制，不受视野的限制，只要是从高处往下看，都可以用"俯视"。例（1）所说的情况不能用"俯瞰"，可以用"俯视"，说成：

（1′）玲玲蹲在清澈的溪水边，俯视着水中的游鱼，而且是那样地专心，以至老师走到她身后她都没觉察。

另一个方面，也是最主要的方面，是对外国汉语学习者会有负面影响。外国汉语学习者，在词语和句法格式使用上出现偏误，是个普遍现象。这里不妨分别举两个虚词、一个实词、一个句法格式共四个【实例】来加以说明。

【实例一】表加强否定语气的"并"和"又"常常用不好（马真 2001）

现代汉语里的副词"并"和"又"有多种意义和用法，其中之一，都可以表示加强否定语气。例如：

（1）"你喝酒了？""我并没有喝酒。"

（2）"咱们给王老师买瓶酒吧。""王老师又不喝酒。"

例（1）里的"并"和例（2）里的"又"，都表示加强否定语气，一般将它们看作"表示加强否定语气的副词"。

这两个副词，母语为汉语的中国人不会用错，因为从小就培养起了丰富的语感。可是外国学生在使用上出错率很高。请看：

（3）"你再吃一点儿。""*我并不能再吃了。"【宜用"确实"】

（4）"李敏，你就向慧玉小姐赔个不是，事情不就解决了吗？""*我并不向她赔不是！"【宜用"偏"或"就"】

（5）"你也知道玛丽卖房子了？""*我又不知道啊。"【宜用"并"】

（6）*你又别收她的钱！【宜用"千万"】

（7）*这件事要保密，你又不能告诉任何人。【宜用"决"】

上面这些句子里"并"或"又"都用得不恰当。如果真要加强否定语气的话，都得改为别的词语。外国学生为什么会错用呢？我觉得这跟我们辞书、教材上对"并""又"的注释有关。目前一般辞书对表示加强否定语气的副词"并"是这样注释的：

《现代汉语八百词》：加强否定的语气。放在"不、没〔有〕、未、无、非"等前边。常用于表示转折的句子中，有否定某种看法，说明真实情况的意味。

《现代汉语词典》（第5版）：用在否定词前面加强否定的语气，略带反驳的意味。

对表示加强否定语气的副词"又"是这样注释的：

《现代汉语八百词》：加强否定。

《现代汉语词典》（第5版）：用在否定句或反问句里，加强语气。

一般汉语教材也就照着辞书的说法给以注解。这些说法不能说不对，因为——

第一，语气副词"并"和"又"确实只能用在否定词的前边。

第二，语气副词"并"和"又"确实有加强否定语气的作用。

但是，这些说法太简单，太笼统，没有告诉读者什么场合该用"并"，什么场合该用"又"。对母语为汉语的中国人来说，可以凭自己的习惯和语感去用，不需要去问老师，也不需要去查阅语法书或工具书。但是对于外国学生来说，这种说法很容易起误导作用，他们会以为，（a）作为语气副词，"并"和"又"的用法是一样的；（b）当需要加强否定语气时，就可以在否定词前边用"并"或"又"。而且，他们往往就会本能地按书本上的说法去类推，去运用，结果就说出或写出了上面所举的病句来。语言事实告诉我们，不是随便什么时候都能用"并"或"又"来加强否定语气的。

那么什么情况下可以用"并"来加强否定语气？什么情况下可以用"又"来加强否定语气？下面我们就来说说"并"和"又"各自的使用环境，也就是它们各自使用的语义背景。

现在先说语气副词"并"。让我们先看两个例子：

（8）她并没有灰心。

（9）我并不认识他！

要知道，当我们说"她并没有灰心"时，一定是有人说"她已经灰心了"；同样，当我们说"我并不认识她"时，一定是有人认为我认识她。这说明，只有当说话人为强调说明事实真相或实际情况而来否定或反驳某种看法（包括自己原先的想法）时才用这个语气副词"并"。根据上面所说的，我们可以将"并"使用的语义背景概括如下：

> 当说话人为强调说明事实真相或实际情况而来直接否定已有的某种看法或想法时才用它来加强否定语气。

如果将"并"使用的语义背景融入释义中，"并"的语法意义可以注释为：

> 加强否定语气，强调说明事实不是对方所说的、或一般人所想的、或自己原先所认为的那样。

前面我们说例（3）和例（4）里的语气副词"并"使用得不当，就因为这些句子不存在使用语气副词"并"的语义背景，都不含有"为强调说明事实真相或实际情况而来否定或反驳某种看法"的意味。

下面说语气副词"又"。语气副词"又"也确实有加强否定语气的作用。现在的问题是，在什么情况下可以用"又"来加强否定语气。我们不妨先看两个例子：

（10）小张：小王，明天我们去叶老师家，带一瓶茅台酒吧。

小王：叶老师又不喝白酒。

(11) 玉萍：你带上一把伞吧。

俊峰：天气预报又没说今天要下雨。

例(10)、例(11)都用了"又"，而且用得都比较贴切。我们不妨先来具体分析一下这两个例句——拿例(10)来说，小张提出给叶老师带一瓶茅台酒，小王不同意，但他不直接说"不要给叶老师带茅台酒"，而是采取否定"叶老师喝酒"这一事实来达到否定小张意见的目的。正是在这种语境里小王用了"又"来加强否定语气。而例(11)玉萍叫俊峰"带上一把伞"，俊峰不想带，但他不直接说"我不带"，而是否定有下雨的可能性，来达到否定玉萍意见的目的。这里俊峰也用了"又"来加强否定语气。从这两个实例中，我们可以明显地看出，有时人们要否定某种事情、某种做法、某种说法或某种想法时，不采取直接否定的方式，而是通过强调不存在该事情、该做法、该说法或该想法的前提条件或起因来达到否定的目的。语气副词"又"就只能用在上述语境中起加强否定的作用。语气副词"又"使用的语义背景可以这样概括：

语气副词"又"只能用在直接否定前提条件或起因的句子里起加强否定语气的作用。

如果将"又"使用的语义背景融入到释义中，语气副词"又"的语法意义可以注释为：

加强否定语气，强调说明不存在（对方或人们所说的）某种事情、某种做法、某种说法或某种想法的前提条件或起因。

前面我们说，例(5)—(7)里的"又"都用得不合适，原因就在于这些句子都不是直接否定前提条件或起因的句子，都不具有使用语气副词"又"的语义背景。

如果我们既把语气副词"并"和"又"的基本作用——起"加强否定语气"的作用——告诉大家，又把它们各自出现的语义背景或语境条件告诉大家，我想外国学生就不容易用错了。

【实例二】外国学生为什么会错用副词"按说"?

目前一般的辞书对副词"按说",有的注释为"依照事实或情理来说"(《现代汉语词典》(从第 1 版到第 6 版)),有的注释为"按道理说"(《现代汉语八百词》(增订本)),有的注释为"按照实际情况或道理来说"(《现代汉语规范词典》(第 2 版)),有的注释为"依照情理或客观的事实来说"(《当代汉语词典》)。这些注释大同小异,显然都源于《现代汉语词典》。这些注释都没有交代"按说"使用的语义背景。我们中国人不会用错,因为有丰富的语感;外国学生按此注释理解,则常常错用"按说"。例如:

(1)"今天会下雨吗?""*我敢肯定按说不会下雨。"

例(1)"按说",显然用得不恰当,但是他们是按词典的注释来用的。其实,使用"按说"是有条件的。那就是使用"按说"时,一定有所隐含,主要隐含着"没有把握"这一层意思——

如果是用于说未来发生的事情,则一定隐含着"实际会是怎么样现在没有把握"的意思,例如:

(2)"你说他会来吗?""今天他不上班,按说他会来的。"

　　　　[隐含着"他"会不会来,没有把握]

如果用于说已经发生了的事情,而说话人并不知道实情,句子也明显地隐含有"没有把握"的意思。请看:

(3)"大哥早已到上海了吧?""按说他已经在上海了。"

　　　　[隐含着"没把握"之意]

如果说话人已经知道实情,则隐含着"实际情况并非如此"的意思,例如:

(4)按说你不该告诉他。

　　　　[实际上是"你"已经告诉了他]

使用"按说"时,一定有所隐含,这就是"按说"使用的语义背景,也可以认为是"按说"使用的条件。外国学生所以常常用错,就因为不了解"按说"使用的语义背景。前面所举的病句("今天会下雨吗?""我敢肯定按说不会下雨。")的毛病就出在这里。这个句子说的是未来的事情,但并不隐含"实际会是怎么样现在没有把握"的意思,所以"按说"用得不恰当。

【实例三】状态词"好端端"为什么会用错?

"好端端"是个状态形容词。有位留学生在作文中出现了这样一个使用"好端端"的偏误句:

(1)*他坚持锻炼,身体一直好端端的。

母语为汉语的中国人不会在这句话里用"好端端的",而会用"很好""不错"。那么这位留学生怎么会在这个句子里用"好端端的"呢?这还得怪辞书对"好端端"的释义。一般辞书对"好端端"都是这样注释的:"形容状况正常、良好。"按此注释,我们能说例(1)里的"好端端的"用错了吗?

那么,难道辞书对"好端端"的注释错了?将"好端端"注释为"形容状况正常、良好",没有错。问题就出在辞书只注释了"好端端"的基本意义,没指出使用"好端端"的语义背景。语言事实告诉我们,并不是要表示"状况正常、良好"就都能用"好端端的"。

那么,在什么情况可以用它来说明"状况正常、良好"呢?请大家先看下面的例句:

(2)好端端的一桩买卖,全给他弄砸了。

(3)他们怎么吵起来了?刚才不还是在一块儿喝酒,大家好端端的?

(4)你可别让他把这桩好端端的婚事给搅黄了。

可以看出,"好端端"这个词的使用有一定限制——在已经出现或者预计可能会出现某种非理想状况的情况下,才用"好端端"这个词来说明原先的良好状况。这就是"好端端"使用的语义背景。因此,在使用"好端端"这个词的后面或前面一定要有说明所出现的或可能会出现的非理想状况的句子或话语。

目前一般辞书、教科书对"好端端"这个词的注释只说明了基本意义，没交代使用的语义背景，这样，对缺乏汉语语感的外国学生来说，当然容易用错。

【实例四】外国学生老用不好"把"字句？

"把"字句，大家公认是现代汉语中一个重要的句式，也是对外汉语教学、汉语国际教育、华文教学中的一个难点，而且长期以来没有能突破。对于"把"字句，从语法意义到具体结构规则都讲得很透彻，很到位，学生做练习一般都没问题。但就是不会用，一用就出错。普遍的毛病是，不该用而用了，该用时却又没有用。这里举两个典型偏误句：

（1）*洪水是退了，但是眼前是一片不好的景象：洪水把村舍的房屋冲倒了一大半，把猪、鸡、羊都淹死了，空气里充满了难闻的臭味儿；洪水也把成堆的木材几乎都冲光了，……。

（2）*玛丽是个勤快的孩子，每天都是她最早起来。等我们起床，早饭已经被她准备好了，屋子也已经被他整理得干干净净。

例（1）和例（2），单就一个个小句孤立地来看，都合语法，但是例（1）冒号以后的部分，是要具体描绘洪水过后的不好景象，按说应顺着上文的意思，用表示遭受义的"被"字句，可是说话者用了"把"字句，使前后文气很不协调，很不连贯。这个句子宜改为：

（1′）洪水是退了，但是眼前是一片不好的景象：村舍的房屋被洪水冲倒了一大半，猪、鸡、羊都被淹死了，空气里充满了难闻的臭味儿；成堆的木材也几乎都被洪水冲光了，……。

而例（2）的后一句是来具体描述说明玛丽的勤快的，按上下文的意思，这里宜用表示积极处置的"把"字句，不该用"被"字句。这个句子宜改为：

（2′）玛丽是个勤快的孩子，每天都是她最早起来。等我们起床，她已经把早饭准备好了，还把屋子整理得干干净净。

为什么外国学生老是掌握不好"把"字句？问题的症结在哪里？就在于我们在汉语教学中只是对学生说了"把"字句表示的语法意义，以及"把"字句在结构上所要遵守的规则，而没有告诉学生"把"字句该在什么语境下使用。学生当然就不了解"把"字句使用的语义背景。

关于这个问题，最近陆俭明（2005）在《消极修辞有开拓的空间》一文中，从语言信息结构的视角重新审视了"把"字句，指出表示"处置"义或"致使"义等，并非"把"字句的专利，其他句式也能表示。拿"处置"义来说，"姐姐把大家的衣服洗干净了""王老师把那词典放回书架上"固然表示处置义，但是"大家的衣服姐姐都洗干净了""那词典王老师放回书架上了"也包含有处置义；"孩子把爷爷哭醒了"固然表示致使义，可是"孩子哭醒了爷爷"同样表示致使义。因此，陆俭明（2015）强调，一定要从语言信息结构的角度比较"把"字句与其他句式在传递信息上的异同，从而准确把握"把"字句的具体用法。陆俭明教授这一意见值得重视。

总之，必须加强词语与句法格式用法的研究与教学。这是双语教学所迫切需要的。

三 用法研究主要该抓什么？

上面我们举实例说明，在双语教学中迫切需要的是有关词语、句法格式用法研究的成果，因此必须加强"用法的研究"。那么用法研究主要该抓什么？

首先要了解，我们所说的用法，不是指词语能作什么句法成分，不能作什么句法成分那样的句法功能，而是指词语在什么语境下可以用、在什么语境下不可以用那样的语用功能。因此我们所说的用法研究也可以说是从篇章的视角进行的用法研究，特别是要抓同义词、同义句式具体用法的辨析研究。

　　我想在座的大概都有学英语的经历与体会。汉语中表示"高"的概念只用一个"高"字——说人用"高",如"他个儿高";说生活中的具体事物用"高",如"那椅子太高";说建筑物用"高",如"那宝塔很高";说自然界的山用"高",如"喜马拉雅山最高";说到抽象的事物也用"高",如"生活水平高""她的思想境界高""那鸟飞得很高";等等。总之,从下到上距离大用"高",在一般标准或平均程度之上的,也用"高"。可是英语用不同的词,最常用的就是 tall 和 high。什么时候该用 tall,什么时候该用 high?初学英语的中国人常常闹不清楚,也就是不知道怎么使用同义词。同样道理,外国人学汉语也会碰到同样的问题,譬如表示程度高,英文一般就用 very,而汉语用"很""挺""怪",外国学生一开始也会分不清它们的具体用法。下面不妨举两个生活中的例子:

　　一个是陆俭明教授亲身碰到的例子。有一次他在校园里碰到一位非洲学生,那学生见到陆老师很有礼貌地打了招呼,并看到陆老师推着"永久28"的自行车,就脱口而出说了一句:"陆老师,你身体优异。"陆老师想问他"你怎么用'优异'这个词",还没等话说完,他就从陆老师问话的语气中意识到刚才自己说的话大概有问题了,所以问陆老师:"我说得不对吗?"陆老师说,"是。说一个人身体好,不能用'优异'。"陆老师问他:"你怎么想着用'优异'这个词?"那学生回答说:"'优异'这个词是我前天刚学的,老师说'优异'是'特别好'的意思。汉语课本上也注释'特别好'。我看着您身体那么好,所以就用了'优异'这个词。"这说明,那学生只知道"优异"的基本意义,而不了解"优异"的具体用法。汉语里表示"特别好"的意思的词语很多,如"优异、优秀、棒、特棒、没得说……"等,各个词语有各个词语的用场。"优异"只适用于说明成绩、表现等方面。

再举个事例,事情发生在"文革"期间的某所高校。当时对留学生也要组织下乡下厂劳动,回来作文就写自己的所见所闻和体会。有位非洲学生,作文中写了这样一个句子:

(1) 农民们在地里辛勤地工作。

老师批改作文时,将"工作"一词给划了,改为"劳动"。作文发下去之后,那位留学生来找老师了:"老师,为什么要把'工作'改为'劳动'?"老师告诉他,写农民在地里播种、耕地、锄草、收割等都不用"工作",一般要用"劳动"或"干活儿";而"工作"一般用在政府干部、老师、医生、会计、售货员、司机等人的身上。那学生听完就走了,老师以为他明白了。过了一会儿那留学生又回来了,手里拿着《现代汉语词典》,到老师跟前,摊开词典对老师说:"老师,您看词典上对'工作'的注释:'从事体力或脑力劳动'。农民在地里播种、耕地、锄草不就是从事体力劳动吗?怎么就不能用'工作'呢?"那老师一时也回答不出来了。那么,"工作""干活儿""劳动""做事儿",这些词在具体用法上的异同是什么?这就很值得我们研究并说清楚,这对外国学生来说,很需要知道。可是我们目前还很少有人这样去研究。

关于同义句式的研究,几乎是一个空白领域。过去只注意辨析过"客人来了"和"来客人了","谁是张三?"和"张三是谁?"这种有限的同义句式,而像上面提到的表"处置"义的"把"字句和其他表"处置"义的句式差异在哪里,没人研究,以致长期来"把"字句一直困扰着汉语教学。再如,下面的句子都属于存在句:

(2) a. 墙上挂着一幅画。

　　b. 墙上有一幅画。

　　c. 墙上有一幅画挂着。

　　d. 那画在墙上挂着呢。

　　e. 有一幅画挂在墙上。

这五个存在句基本意思可以说一样，但它们各自的使用场合是不完全一样的。那么什么场合该用 a 句？什么场合该用 b 句、c 句、d 句或 e 句？目前没人研究。而外国汉语学习者很需要知道它们的异同。

结束语

总之，双语教学迫切需要我们加强词语与句法格式用法的研究与教学，特别是需要从篇章的视角进行用法研究，具体说很需要同义词、同义句式具体用法的辨析研究方面的研究成果。

参考文献

陆俭明：《消极修辞有开拓的空间》，《当代修辞学》2015 年第 1 期。
马真：《表加强否定语气的副词"并"和"又"》，《世界汉语教学》2001 年第 3 期。

（原载于《黔南民族师范学院学报》2015 年第 6 期）

汉语教师所需具备的最重要的素质[*]

引　言

　　大家知道，要确保汉语教学的质量，必须要建设一支高素质的汉语教师队伍。作为一名称职的汉语教师，应具有什么样的知识结构、能力结构和心理素质？必须具备什么样的汉语言文字方面的基本功？这在我和陆俭明合著的《汉语教师应有的素质与基本功》一书中均已作了明确的说明。[①] 这里不再赘述。我这里要着重强调的是，汉语教师必须具备两个最重要的素质，一是要具有高度的教育责任心；二是肚子里要有实实在在的"货"。

一　汉语教师必须具有高度的教育责任心

　　近二十年来，无论国内国外，汉语教学界关于教学法问题谈论得比较多。在原先的听说操练法外，提出了诸如情境导入法、功能教学法、沉浸式教学法等多种多样的教学法。重视教学法，无可非议，但是教好课的关键主要在于教育责任心，就是眼睛里要有学生，心里要

---

　　[*]　本文是作者根据应邀在上海师范大学对外汉语学院所做的报告整理修改而成。
　　[①]　参见陆俭明、马真：《汉语教师应有的素质与基本功》第二章，外语教学与研究出版社，2016年。

有学生。有了这种教育责任心，就会根据经验，针对不同教学内容、不同教学对象，想出不同的教学方法。这是我的教学心得，而我这个教学心得源于我们的老师朱德熙先生。这里不妨给大家讲一个故事。

我 1955 年考入北京大学中文系。那时中文系一二年级不分专业，文学、语言方面的基础课程都得上。其中，"现代汉语"课的语法部分由朱德熙先生讲授。那时我们全年级 103 个学生，朱先生的语法课，人人都爱听，大家甚至觉得听朱先生的课简直是一种艺术享受。一般都认为讲语法容易让人感到枯燥无味，不太能引起学生的兴趣。可是朱先生却能将语法课讲到大家都爱听甚至觉得是一种艺术享受这样的程度。这是什么原因？大家很容易认为那一定是朱先生的教法好。不错，朱先生教法是好。但是，这不是根本的原因。那么根本原因是什么呢？数年之后，也就是 1960 年我们毕业留校任教后才慢慢明白的。

1961 年 9 月开始，教研室安排陆俭明给本专业上课。陆俭明就去请教朱先生："现在要我教本专业的基础课'现代汉语'，我心里有点紧张。大家都觉得听您的课是一种艺术享受。您能不能告诉我，内中有什么诀窍？"朱先生笑笑说："有什么诀窍？"停了一下又说了一句话："不过有一点很重要，要多从学生的角度着想。"陆俭明回来跟我一说，我们就回忆朱先生的每一次上课——怎么开头，怎么跟上一堂课衔接？从哪里提出问题？如何展开？举什么样的例子？甚至板书应该怎么写？这些问题朱先生在备课的时候都精心考虑过，而考虑的出发点是为了让学生更好地接受。我们这才深深感到，朱先生的课讲得好，就来自于他那高度的教育责任心。

在几十年的教育生涯中，我们自己也越来越清楚地认识到，教好课的关键确实就是教育责任心。有了这种教育责任心，就会针对不同教学对象、不同教学内容，想出不同的教学方法。

我 1960 年在北大中文系汉语专业毕业留校任教后，一直从事现代汉语教学与研究工作。在我们之前，本科毕业生毕业任教不能马上上讲坛，要先做三年助教。我们这一届1955级毕业生是一毕业留校任教就要上讲台上课。当时觉得压力很大，在精神上、时间上都觉得特别紧张。开始是分配我给政、经、法①和外语各系上"语法修辞"和"写作"方面的课，后来又给65级汉语专业学生上"现代汉语"课。那个时候的学生都比较"听话"，只要是学校安排的课程，都能努力学习。当时我其实基本上是照着教材内容讲，只是添加一些新例子。由于我讲课的条理还比较清晰，口齿也比较清楚，所以教学效果也还可以。

"文革"后，1977年恢复招生，我们北大中文系那一年只有文学和新闻两个专业招生。教研室安排我给新闻1977级上"语法修辞"课。当时新闻专业领导跟我说，这一届学生不少是省、市的文科状元，基础好，有实践经验，不少是原单位的笔杆子，也有些傲气。根据这个情况，我想，给新闻1977级学生所讲授的"语法修辞"课跟"文革"前给政、经、法和外语各系学生讲授的"语法修辞"课，在讲法上得不一样，得采用新的教学法。同时我有一个强烈的理念，那就是我要让不同程度的学生听了我的课都能感到有收获。怎么能做到这一点呢？

首先，在教学内容上我将"语法知识"和"语言应用"这两部分内容有机地组合在一起。先前的"现代汉语"或"语法修辞"教材一般都是将"知识"和"应用"前后分开安排的——前面只是讲语法知识，到最后集中讲讲语法错误问题。这样的内容安排，教师在前面讲授语法知识时，很容易让学生感到枯燥乏味，引不起他们的兴趣。我改变这种讲法，把"知识"和"应用"结合起来讲。比如，讲句子的"主语和谓语"时，先讲最必需的知识——如何确切理解汉语句子里的主语和谓语，汉语里哪些词语能做主语和谓语，在汉语里由主语和谓语所形成的句式有哪些；重点讲授在汉语里最具特色并有特殊表达

---

① "政、经、法"是指政治系、经济系、法律系。

效果的主谓谓语句和受事主语句等，不面面俱到。然后就接着讲授在主语和谓语组合中容易出现、需要注意的种种问题。我在讲授句子的"述语和宾语""述语和补语""修饰语和中心语"时，也采取这样的讲法。每一讲所出的练习也注意到"知识"和"应用"这两方面。结果教学效果很好。

其次，在讲需要注意的问题时，尽量注意结合实际。我在备课过程中，就有意识地从当时中央和省级各大报①上搜集病例，同时从这个班同学的新闻写作课习作中收集实例。所以在讲需要注意的问题时，所举的病例基本上都是从各大报纸和这个班同学的习作中收集来的。我用这样的病例剖析、讲授，好处是：第一让学生体会到，学习掌握好必要的语法知识对写作是有好处的。让他们懂得，了解句子的结构，就像医生治病必须了解人体构造一样。第二让学生初步学会句子结构分析，特别是掌握查找和订正句子毛病的方法，这也就培养了他们一定的纠错能力。这样教学的结果，让学生有茅塞顿开之感，能引发他们学习现代汉语语法知识的积极性。在学习的过程中，他们不仅没有表现出丝毫的傲气，倒常对我说："马老师，我们的基础太差了，有些句子的问题看不出来，有些虽然看出来了，但也说不清楚。"

再次，在具体授课上，采取讲授与讨论相结合的办法。譬如，在讲"述语和宾语的组合中需要注意的问题"这一内容时，我先举了一个不大容易看出问题的病例让同学讨论：

（1）各地的针灸诊所都有一些治好较难医治的病例。②

---

① 如《人民日报》《光明日报》《解放军报》《北京日报》《解放日报》等。

② 这个病例，就整个句子的主谓的配合来看没有问题；谓语部分"都有一些……病例"，单就谓语中心"有"与其宾语中心"病例"的搭配来看，也没问题；问题出在处于"病例"的定语成分中的"治好较难医治"这个述宾组上。"治好"要求带名词性宾语，而现在它的宾语"较难医治"却是个动词性词组，二者搭配不当。应该在后面加上"的疾病"，变成名词性偏正词组"较难医治的疾病"，这样才能做"治好"的宾语。全句改成："各地的针灸诊所，都有一些治好较难医治的疾病的病例。"

我问他们：这个句子有没有问题？如果有问题，问题在哪里？我先让大家发表意见，然后由我来归纳总结，指出毛病在哪里，应该怎么修改。而我在总结中充分注意吸收同学们发言中的合理意见。

再其次，还采取课后练习与课堂上讨论相结合的方式，每讲完一讲都要求学生课下做练习，然后在课堂上讨论。而练习题，一般都看似简单做起来并不容易，需要动脑子思索才能做好。举例来说，讲完"词组类型"后，给学生出了这样的练习题：

一、指出下列词组分别属于哪种类型：

调查重要（ ）调查提纲（ ）调查清楚（ ）

不怕牺牲（ ）牺牲精神（ ）牺牲生命（ ）

获得奖赏（ ）觉得很好（ ）演得很好（ ）

二、"讲清楚"是什么词组？"讲解清楚"是什么词组？"讲解很清楚"是什么词组？（需分别说明理由）

讲授"述语和宾语"后，我所出的练习中关于要求学生指出并改正句子的语法错误这一大题中，就有这样的病句：

有老船长掌舵，我们一定能冲过一个个暗礁险滩。①

练习后进行课堂讨论，这是同学们主动要求的。他们说，"这种课堂讨论是教学的进一步深入。刚听完课，觉得很清楚，可是一做练习又糊涂了，同学之间看法不同，谁也说服不了谁，而一讨论就清楚了。"这门课最后一个练习是要求每个学生在各大报上找两个病句，并运用所学过的知识和分析方法指出问题之所在，加以改正，并说明理由。我与新闻专业主任联系并征得同意，从这次练习中挑选了一部分分析得比较好的，编辑出版了一期墙报，反响很大，收到了很好的效果。

---

① 应将"冲"改为"绕"。对着暗礁、险滩如果冲过去，船体非"粉身碎骨"不可。

新闻77级学生都很喜欢上我这个课,喜欢做练习,喜欢课堂讨论。学期结束时,新闻专业主任告诉我,同学们对他说:"我们最爱听的是马老师的'语法修辞'课,这个学期收获最大的也是'语法修辞'课。"应该说,这让我感到欣慰。可我也真花了时间,下了功夫。后来我给新的年级讲课也都采用这样的教学思路和教学法,教学效果都比较好。我这样做的结果,不仅比较好地完成了教学任务,而且也为我自己带来了可喜的科研成果——我1981年出版的《简明实用汉语语法》和1997年出版的《简明实用汉语语法教程》(2015年出版了第二版),就都是在给学生讲课的讲稿的基础上不断修改编写而成的。

教学实践表明,高效率的教学方法大都是在自己的教学实践中琢磨出来的,是要花心血的。别人提出的教学方法再好,如果自己没有高度的教育责任心,就不可能真正学到手,更不可能去很好运用。

二 汉语教师还必须肚子里要有"货"

高度的教育责任心,心里要有学生,我觉得这是教好课的最大前提。但光有教育责任心还不行,还必须自己肚子里要有"货",那就是知识和研究能力。

我想汉语教师都一定有过这样的经历:在汉语教学过程中,外国的汉语老师和外国汉语学习者,常常会向你提出这样那样的问题。面对突如其来的提问,该怎么应对?不妨先讲个真实的故事——

1985年我作为客座教授应邀去日本东京外国语大学亚非语言研究所研究、访问一年。在访问期间,有一位教汉语的日本教授问了我这样一个问题:

"别"修饰有的动词时,可以有带"了"、不带"了"两种说

法（当然意思不同①），如："别吃了！、别吃！|别去了！、别去！"；而修饰有的动词时，却只有带"了"一种说法，如："小心，别呛了！"，没有不带"了"说法，不说："*小心，别呛！"。这为什么？那教授告诉我，他曾就这个问题问过多位来自中国的汉语教师，他们都回答说"那是我们汉语的习惯"。他说，这样的回答等于没有回答，因为我没有汉语的习惯，我的学生更没有汉语的习惯。

  面对上面所说的那位日本朋友提出的问题，我们该怎么办呢？（一）千万别说"这是我们汉语的习惯"。这是外行人的回答，也是不负责任的回答。我们应该采取求实的态度——如果你有把握，可以当时就回答；如果你当时不能回答，就可以这样说："你问的问题很有意思，不过我现在还不能给你一个圆满的回答。让我回去想想，过两天回答你。"（二）思考回答时，不要"就事论事"，不要只就对方提出的具体实例来思考，而要善于启动我们自己的天然"语料库"，在自己头脑里思索、寻找相关的语言事实。在此基础上，细细考虑、寻求所要的答案。我当时就想了许多具体例子，请看：

（2）　　　　甲　　　　　　乙
  A.　别吃了　　　　别吃
   别去了　　　　别去
   别看了　　　　别看
   别写了　　　　别写
   别喝了　　　　别喝
   别参观了　　　别参观
   别讨论了　　　别讨论
  ……

---

① "别V了"（如"别看了"）是劝阻别人停止正在进行的行为动作，或者劝阻别人停止实现原先计划中的某行为动作；而"别V"（如"别看"）是禁止或劝阻听话人进行某行为动作。

【A 的例子很多很多】

B. 别噎了　　　　　*别噎①

别呛了　　　　　*别呛

别丢（＝丢失）了　*别丢

别忘了　　　　　*别忘

别烫了　　　　　*别烫

别裂了　　　　　*别裂

别皱了　　　　　*别皱

别病了　　　　　*别病

（鸡蛋）别挤破了　*（鸡蛋）别挤破

……　　　　　　*……

【B 的例子很有限】

实例多了，我们就看出一些道道来了——

首先，从否定副词"别"来看，事实上否定副词"别"应该表示两个意思：

（一）表示禁止或劝阻。如上面所举的例（2）的A组例子，这里不妨重复举三个：

（3）a.你别吃了！｜你别吃。

b.你别去了。｜你别去。

c.你别看了。｜你别看。

（二）是提醒听话人，注意防止发生不如意的事情。如上面所举的例（2）的B组例子，这里不妨重复举三个：

（4）a.你别噎了。｜*你别噎。

b.你别呛了。｜*你别呛。

c.鸡蛋别挤破了。｜*鸡蛋别挤破。

---

① 凡是打上 * 号的语句，表示该语句在现代汉语普通话里不说（不成立）。下同。

例（4）里的"噎了""呛了""挤破了"等，都是不希望发生的不如意的事情，用"别"就是提醒对方注意防止这类不如意的情况发生。

遗憾的是，辞书编撰者至今仍把这一义项给漏了，希望日后能补上。

有个问题请思考一下——"写错"也是属于不希望发生的事情或情况，那为什么既可以说"别写错了"，也可以说"别写错"？怎么解释这一现象？这还需要从动词上找答案。

其次，从动词上看，副词"别"修饰动词时所以会存在A"后面带'了'和不带'了'两种说法"和B"只有后面带'了'一种说法"这样两种情况，跟动词的语义特征有关：A组里的动词都属于自主动词；B组里的动词都属于非自主动词。"别写错了｜别写错"里的"写"属于自主动词，所以"别写错了｜别写错"虽然是不如意的事情，但可以有两种说法，而且意思基本一样。[①]

从上面的实例可以体会到，作为一名称职的汉语教师，必须要有坚实深厚的汉语言文字学方面的基础知识，同时还必须树立研究意识，必须具有一定的研究能力。因为我们不光要回答学生或国外汉语老师的提问，更要面对学生在词语使用上出现的种种偏误现象，而不少是在书本上找不到现成答案的。下面不妨举两个实例来加以说明——

【实例一】关于副词"反而"的使用

副词"反而"是个书面语词，外国汉语学习者常常出现使用上的偏误。例如：

（1）*大家都看电影去了，她反而在宿舍看书。

[①] 关于副词"别"，请参见马真：《说说目前辞书的释义》，载《辞书研究》2016年第5期；马真：《现代汉语虚词研究方法论》（修订版）叁·一实例（五），商务印书馆，2016年。

（2）*玛沙干得比谁都卖力，这一次我想老师准会表扬他，谁知老师反而没有表扬他。

（3）*他以为我不喜欢游泳，我反而很喜欢游泳。

即使在我们的报刊上也会出现错用的病例：

（4）*大家都主张种植大棚蔬菜，老村长反而反对，主张种植棉花。

（5）*黎锦熙先生把主语规定为动作行为的施事（即动作者），或性质状态的具有者，赵元任先生反而认为汉语的主语不限于此，其他如动作行为的工具、时间、处所等都可以做主语。

为什么会出错？根源在哪里？我们发现，这跟我们辞书的注释有关。请看：

《现代汉语八百词》：表示跟前文意思相反或出乎预料之外，在句中起转折作用。

《现代汉语词典》：表示跟上文意思相反或出乎预料与常情。

这样的解释，对读者，特别是对外国学生起了误导作用。依据这样的解释，外国学生就以为只要是表示转折、表示出乎预料就可以用"反而"。其实并不是这样，只有在一定的条件下，在一定的语义背景下才能用副词"反而"。而这些工具书之所以对"反而"不能作出准确的解释，原因之一，就是工具书的作者都不太注意或者说根本就不注意"反而"使用的语义背景。所谓词语使用的语义背景，就是指该词语能在什么情况下出现，能在什么上下文中用，不能在什么情况下出现，不能在什么上下文中用。

那么到底什么情况下可以使用"反而"呢？我们必须去研究。首先需要广泛搜集使用"反而"的例句（在20世纪80年代不像现在那样有语料库，那时我是一本书一本书的翻阅，寻找例句，并抄成一张张卡片）。我在众多的例句中，找到了下面这样一个使用"反而"的典型例句：

(6) 今天午后下了一场雷阵雨，原以为天气可以凉快一些，可是并没有凉下来，反而更闷热了。

例（6）的"反而"是用得很贴切的，这个例句也充分显示了使用"反而"所应具备的语义背景。这个语义背景包含四层意思，下面用A、B、C、D来表示，具体描述如下：

A. 甲现象或情况出现或发生了；〔例（6）里的"午后下了一场雷阵雨"就属于甲现象〕

B. 按说（常情）/原想〔预料〕甲现象或情况的出现或发生会引起乙现象或情况的出现或发生；〔例（6）里的"天气可以凉快一些"就属于乙现象〕

C. 事实上乙现象或情况并没有出现或发生；〔就是例（6）里所说的"天气并没有凉下来"〕

D. 倒出现或发生了与乙现象或情况相背的丙现象或情况。〔例（6）里的"更闷热了"就属于丙现象〕

"反而"就用在说明D意思的语句里。为了使大家更明了起见，我们将例（6）改写成：

(6′)〔A意〕今天午后下了一场雷阵雨，〔B意〕原以为天气可以凉快一些，〔C意〕可是并没有凉下来，〔D意〕反而更闷热了。

在实际的语言交际中，上面所说的A、B、C、D这四层意思，可以在一个句子里一起明确地说出来，如例（6）；也可以不完全说出来。为了表达的经济，常常省去某层意思。请看：

(7)〔A意〕今天午后下了一场雷阵雨，〔C意〕可是天气并没有凉下来，〔D意〕反而更闷热了。（省去B意）

(8)〔A意〕今天午后下了一场雷阵雨，〔B意〕原以为天气可以凉快一些，〔D意〕可是反而更闷热了。（省去C意）

(9)〔A意〕今天午后下了一场雷阵雨，〔D意〕可是天气反而更闷热了。（省去B、C两层意思）

D 意是"反而"所在的语句，当然不能省去。A 意是使用"反而"的前提条件，因此也不能省去。

例（6）（7）（8）（9）具体代表了使用"反而"的四种不同的情况。例（6）—（9）代表了四种不同的句子格式：

［Ⅰ］A＋B＋可是（不但）C＋反而 D。例（6）

［Ⅱ］A＋　　　可是（不但）C＋反而 D。例（7）

［Ⅲ］A＋B＋（可是）　　　＋反而 D。例（8）

［Ⅳ］A　　　（可是）　　　＋反而 D。例（9）

"反而"虽经常用在复句中，但并非总是用在复句中。句式［Ⅳ］，当 A 意以名词短语或介词短语的形式出现时，就不是复句，而是单句了。请看实例：

（10）今天午后这一场雷阵雨，反而使天气更闷热了。【单句】

（11）经过午后这一场雷阵雨，天气反而更闷热了。【单句】

不管属于哪一种格式、哪种句子，使用"反而"的语义背景都是相同的，都包含着 A、B、C、D 这四层意思，只是在例（6）里，那四层意思是全部显露的，而在例（7）、例（8）、例（9）、例（10）、例（11）里，那四层意思是有所隐含的。现在，我们可以给"反而"使用的语义背景作进一步的概括：

　　当某一现象或情况的出现，没有导致理应出现的结果，却出现了相悖的结果，这时就用"反而"来引出这相悖的结果。

弄清了"反而"使用的语义背景，我们就可以比较好地把握"反而"的语法意义。因为我们可以将"反而"使用的语义背景融入它的释义之中。"反而"所表示的语法意义可以这样描写：

　　"反而"表示实际出现的情况或现象跟按常情或预料在某种前提下理应出现的情况或现象相反。

这里特别要注意"理应"二字。前面一开始我们所举的例（1）至例（5）这五个病例之所以不能用"反而"，就是因为这些句子并不具有

"反而"使用的语义背景,并不含有"理应"的意思。拿例(1)来说,虽然前后分句有转折之意,但"大家都看电影去了",不存在"'她'也理应去看电影",所以使用"反而"就不合适。可以用纯粹表示转折的"却"。

弄清了使用"反而"的语义背景,并告诉外国学生,我想学生在使用"反而"时就会少犯一些错误。

【实例二】关于用"也"的并列复句

2012年我在美国访问期间,有个美国孩子在向我们介绍他的朋友佩雷斯时,说了这么一个用"也"的并列复句,引起了我的注意:

(1)*佩雷斯是我很要好的朋友,他是犹太人,从小生活在纽约,很喜欢学习中文,除了母语,现在他会说中文,也会说一口流利的英语。

我总觉得最后这两个小句有点别扭。别扭在哪里呢?最后两个小句的次序好像应该倒一下,应该说成:

(1′)佩雷斯是我很要好的朋友,他是犹太人,从小生活在纽约,很喜欢学习中文,除了母语,现在他会说一口流利的英语,也会说中文。

这个句子引发我思考这样一个问题:用"也"的并列复句,如果A、B两项在同一个复句中出现,那么该哪一项在前,哪一项在后?

如果不好好思索,可能就会这样回答:那就要看说话人着意要说"谁跟谁类同",如果是要说B跟A类同,那么A在前,B在后;如果是要说A跟B类同,那么B在前,A在后。例如:

(2)他吃了个面包,我也吃了个面包。

(3)我吃了个面包,他也吃了个面包。

例(2)是要说"我"跟"他"类同,例(3)是要说"他"跟"我"类同。情况真就那么简单吗?显然不是,因为例(1)的偏误句已经清楚地表明,并列两项孰前孰后应该有讲究。前人没有谈过这个问题。我们要想纠正外国汉语学习者使用上的偏误，就要自己动手去研究。于是我进一步去挖掘语言事实，搜集副词"也"用于并列复句的语料。经研究发现，包含"也"的并列复句，并列各项孰前孰后情况确实不简单，内中有规律。怎么不简单？规律是什么？这可分两种情况：

第一种情况：A 和 B 在语义上不分主次，孰前孰后，确实完全取决于语境，就看说话人是要说"谁跟谁类同"。如上面所举的例（2）、例（3），即：

（2）他吃了个面包，我也吃了个面包。

（3）我吃了个面包，他也吃了个面包。

第二种情况：A 和 B 在语义上不平等，孰前孰后就有讲究。比如：

（4）水库可以用来灌溉、发电，也可以用来养鱼。

（5）李学群是中文系的研究生，也在经济系听些课。

例（4）水库的功用有主次之分，灌溉、发电是主要功能，所以得在前；"养鱼"是次要功用，所以在后。那例（4）就不能说成：

（4'）*水库可以用来养鱼，也可以用来灌溉、发电。

例（5）李学群既然是中文系的学生，它当然主要是听中文系的课，辅以听经济系的课，因此听经济系的课居后，是理所当然的。所以那例（5）就不能说成：

（5'）*中文系研究生李学群在经济系听些课，也在中文系上课。

再如：

（6）第一批出发的已到达指定地点，第二批出发的也到达指定地点了。

（7）今年老大上大学，明年老二也要上大学了。

例（6）、例（7）A 项和 B 项存在着明显的时间先后顺序，所以不采用下面的说法：

（6'）*第二批出发的已到达指定地点，第一批出发的也到达指定地点了。

（7′）*明年老二要上大学了，今年老大也上大学。

再如：

　　（8）到了下午，风停了，浪也小了。

　　（9）爸爸经过一年治疗，病好了，人也变得有精神了。

例（8）在"风停"和"浪小"之间，例（9）在"病愈"和"精神好"之间，都隐含着情理上的因果关系，常规是因在前果在后，所以它们不能采用下面的说法：

　　（8′）*到了下午，浪小了，风也停了。

　　（9′）*爸爸经过一年治疗，人变得有精神了，病也好了。

　　还有其他多种类型，这里不细说了。①

　　上面的事例说明，有了教育责任心，肚子里有了"货"，也就是说有了相关的知识，有了一定的研究能力，我们就容易发现问题，而且就会去思考和追究根源，并进行研究，设法解决。

　　但是，在解决问题的过程中如何能确保我们的思考和研究有效呢？我的体会是，在思考与研究的过程中，要善于运用比较方法，而在比较的过程中，要从多角度、多层面、多方位地去考察比较，同时还必须层层深入，反复思考，不断验证。限于篇幅，这里只举一个例子——副词"常常"和"往往"的比较。

　　"常常"用得多，口语、书面语都用；"往往"是个书面语词，平时用得不是很多。目前一般辞书都注释为"表示某种行为动作或情况经常出现或发生"。而有的干脆直接用"常常"来注释"往往"，如《新华字典》的注释：

　　往往：常常。

这样的注释不影响母语为汉语的中国人对这两个词的使用，因为中国

---

　　① 参见马真：《包含副词"也"的并列复句句式及其他》，载《世界汉语教学》2014年第1期。

人有丰富的语感；外国学生习得和使用"常常"，一般也没什么问题，可是使用"往往"常常出现偏误句。例如：

（1）*她往往说谎。

（2）*克丽丝告诉我，佐拉往往去香港玩儿。

例（1）（2）我们不会用"往往"，一定用"常常"，说成：

（1'）她常常说谎。

（2'）克丽丝告诉我，佐拉常常去香港玩儿。

显然，外国学生以为"往往"和"常常"的意思、用法是一样的。其实这两个副词有很重要的差异。差异就体现在各自使用的条件、使用的语义背景不同。而真要弄清楚"往往"和"常常"各自使用的条件和使用的语义背景，最好的办法是对它们进行对比分析。

我收集了大量语料，进行了细致的对比分析。我从"能否换用"的角度检测那些语料。很容易发现：有的句子，"常常"和"往往"可以互换，例如：

（3）a. 北方冬季<u>常常</u>会有一些人不注意煤气而不幸身亡。

b. 北方冬季<u>往往</u>会有一些人不注意煤气而不幸身亡。

（4）a. 星期天他<u>常常</u>去爬山。

b. 星期天他<u>往往</u>去爬山。

（5）a. 每当跳高运动员越过横杆时，观看的人<u>常常</u>会下意识地抬一下腿。

b. 每当跳高运动员越过横杆时，观看的人<u>往往</u>会下意识地抬一下腿。

有的例子，如下面的例（6）—（8）就不能互换：

（6）a. 他呀，<u>常常</u>开夜车。

b.*他呀，<u>往往</u>开夜车。

（7）a. 那家伙<u>常常</u>赌博。

b.*那家伙<u>往往</u>赌博。

（8）a. 这种水果我们那儿很多，我们常常吃。

　　b.*这种水果我们那儿很多，我们往往吃。

为什么例（3）—（5）里的"常常"可以换说成"往往"，例（6）—（8）里的"常常"却不能换成"往往"？通过对比分析很容易找到如下的答案：

"常常"和"往往"都表示某种事情或行为动作经常出现或发生。可是用"往往"，前面一定得先说出某种前提条件，说明在某种条件下，某种事情或行为动作经常出现或发生，"常常"则没有这个限制。

可是我在不能互换的语料中发现了新的情况——有的虽然说了条件，还是只能用"常常"，不能用"往往"，即不能互换。请看：

（9）以后周末，你要是没事儿，常常去看看姥姥。

（10）明年回上海，你得常常去看看她。

例（9）、例（10）里的"常常"就不能换用"往往"，即不能说成：

（9'）*以后周末，你要是没事儿，往往去看看姥姥。

（10'）*明年回上海，你得往往去看看她。

这又为什么？经对比分析发现，前面能换着说的例句，说的都是过去的事；而不能换着说的例（9）（10）说的则是"未来"的事。看来我们原先的看法只注意到了条件，没注意时态，那答案显然宜修改为：

在交代前提条件的情况下，"往往"只用来说过去的事，即过去在某种条件下某种事情或行为动作经常出现或发生。"常常"则不受这个限制。

得出上面的结论后在语料里又发现了下面这样的实例：

（11）去年冬天我常常去滑雪。

（12）上个星期我常常接到匿名电话。

例（11）（12）都交代了条件，说的也都是过去的事，但还是不能用

"往往"去替换，即不能说成：

(11′)*去年冬天我往往去滑雪。

(12′)*上个星期我往往接到匿名电话。

这又为什么？如果在这两个句子里加上某些词语，就又可以用"往往"了。请看：

(13) 去年冬天每到周末我往往去滑雪。

(14) 上个星期晚上9点我往往接到匿名电话。

例 (11)、例 (12) 加上某些词语成为例 (13)、例 (14) 后，所说的事情或现象具有明显的规律性，而原先例 (11)、例 (12) 所说的内容不含有规律性。于是，对于"往往"与"常常"的差异又获得了下面新的认识：

"往往"只用来说明根据以往的经验所总结出的带规律性的情况（多用于过去或经常性的事情），"常常"不受此限。

这个新的结论看来比较周全了，我曾在一次国际学术研讨会上发表了这个看法，获得大家赞同，所以就写进了2004年我在商务印书馆出版的《现代汉语虚词研究方法论》一书中。可是后来发现还有问题。按上面这个结论，使用"往往"会受到限制，使用"常常"不受限制。"常常"在使用上真不受限制吗？下面的实例做出了否定的回答。请看：

(15) 高房子往往比较凉快。

(16) 南方往往比较潮湿，北方往往比较干燥。

例 (15)(16) 却只能用"往往"，不能用"常常"，不能换说成：

(17)*高房子常常比较凉快。

(18)*南方常常比较潮湿，北方常常比较干燥。

这说明原先的结论似还需要进一步修改为：

某情况如果只具有经常性，不具有规律性，只能用"常常"，不能用"往往"；如果既具有经常性，又具有规律性，"常常"和

"往往"都可以用；而如果只具有规律性，不具有经常性，则只能用"往往"，不能用"常常"。

这个新的结论我写进了2016年出版的《现代汉语虚词研究方法论》（修订本）。

新的结论中说"如果既具有经常性，又具有规律性，'常常'和'往往'都可以用"。事实上，用"常常"还是用"往往"，从说话的角度、从凸显的意思来看，二者还是有差异的：用"常常"意在凸显某情况出现的经常性；用"往往"意在凸显某情况出现的规律性。至此我们可以将"常常"和"往往"使用的语义背景分别表述为：

"常常"用来说明情况的发生或出现具有经常性；所说情况不含经常性，不能用"常常"。

"往往"用来说明根据经验，某情况的发生或出现具有规律性；所说情况不具有规律性，不能用"往往"。

从对"往往"与"常常"的对比分析中，我们可以看到，当自己在研究中获得某种看法后，一定要反复思考，不断验证。这样做的目的是：

（一）使自己的结论经得起推敲。要知道，反复地否定自己是为了更好地肯定自己。

（二）使自己养成反复思考的良好习惯。而这种习惯是科学研究所必需的。

结束语

上面讲的内容当然不适合在汉语教学的课堂上去讲。我所以要讲这些内容，是要提醒广大汉语教师，一定要有高度的教育责任心，要有研究意识和一定的分析问题、解决问题的研究能力，要肚子里有"货"。这样才能使自己在教学中得心应手，游刃有余，才能不断提升教学水平、提高教学质量。

（原载于《对外汉语研究》第 21 期，2020 年，第 95—108 页。）